Boris Reitschuster

Putins Demokratur

Wie der Kreml den Westen das Fürchten lehrt

Econ

Econ ist ein Verlag der Ullstein Buchverlage GmbH

ISBN-13: 978-3-430-20006-6
ISBN-10: 3-430-20006-7

© Ullstein Buchverlage GmbH, Berlin 2006
Alle Rechte vorbehalten.
Karten: Peter Palm, Berlin
Umschlaggestaltung: Etwas Neues entsteht, Berlin
Umschlagabbildung: Ryan McVay/Getty Images
Autorenfoto Umschlag: © Igor Gavrilov
Gesetzt aus der Janson und Helvetica bei LVD GmbH, Berlin
Druck und Bindung: Bercker, Kevelaer
Printed in Germany

Für meine Tochter Sonja und alle anderen Menschen in Russland, die ich liebe. Auf dass sie in einem freien, friedliebenden, demokratischen Land leben können, als Bürger statt als Untertanen, ohne Furcht und ohne Lüge, mit Chancen, Rechten und Pflichten, die für alle wenigstens halbwegs gleich sind.

Inhaltsverzeichnis

Vorwort	9
Der Gas-Schock – Moskaus Warnschuss	17
Mit Stalin in die Zukunft – die verratene Revolution	25
Die Herrschaft der Exkremente	29
Putins bombiger Auftakt	33
Demokratie à la KGB – Andropows Zauberlehrlinge	39
Militarisierung der Macht	42
Spiel ohne Regeln	55
Farce statt Wahlen	63
Das Prügelmädchen des Kreml	67
Zynismus statt Marxismus	70
Gerd-Show auf Russisch	74
Scheinwelt auf der Mattscheibe	76
Korruption und Willkür – die Diktatur der Apparatschiks	89
Apartheid auf Rädern	93
Bestechende Bürokratie	99
»Call-Girls« gegen Yukos	107
Albtraum im Käfig	113
Schwindel des Jahres	122
Putins Politbüro am See	134
Geschäfte ohne Gewähr	148
Investoren als Leckerbissen	152
Exportschlager Mafia	159
Arme Armee	166
Stalins Zeitbomben	175
Der kaukasische Teufelskreis	184

Der kalte Frieden – ein Feind, ein guter Feind   193
  »Tote Neger«   197
  Der Jude als Feind   200
  »Gott hasst die Homosexuellen«   205
  Die faschistische Gefahr   207
  Der mörderische Westen   212
  Chinesischer Flirt mit Nebenwirkungen   221
  Zündhölzer und Feuerlöscher für Teheran   225
  »Trinkt nichts Georgisches«   231
  Der ukrainische Leuchtturm-Krieg   240
  Dominostein Weißrussland   243

Energie statt Raketen – mit Gas zur Großmacht   249
  Der militärische Komplex   253
  Die »Gasölmedienbank-Kolchose«   258
  Der Gaspromi   264
  Progressierende Putinisierung   270
  Gas-Rambo im Diplomatenanzug   277

(Alb-)Traum in Orange   291

Ausblick   297

Danksagung   311
Anmerkungen   313
Personenregister   329

Vorwort

Viktoria Kruglikowa hat das Lachen verlernt. Ihre starren, fast schwarzen Augen wirken hinter ihren Tränen leblos. Die gebrechliche, zarte Frau besuchte mit ihrer Schwester, ihrer Tochter und ihrem Neffen im Oktober 2002 das Musical »Nord-Ost«, als tschetschenische Geiselnehmer das Theater an der Moskauer Dubrowka stürmten. Auf den alten Fotos, die sie vor sich auf den Tisch gelegt hat und mit zitternden Händen hin und her schiebt, als wolle sie sie streicheln, ist eine junge, lebenslustige Frau mit strahlenden Augen zu sehen. Drei Jahre nach dem Drama, im Herbst 2005, liegt ein unsichtbarer Trauerschleier über ihrem Gesicht, ihr Blick ist stumpf. Lange sieht sie mir schweigend in die Augen. Dann fängt sie an zu reden, stockend zuerst, dann immer schneller: »Immer wenn es Nacht wird, kehrt der Schrecken zurück. Seit drei Jahren. Ich habe Angst, mich schlafen zu legen.« Sie greift nach meiner Hand: »Dann ist es, als ob das Gas wieder da wäre. Ich kann nicht mehr atmen, mein Hals ist wie gelähmt. Ich bekomme Panik. Seit dem Gaseinsatz habe ich Gedächtnisausfälle und weiß oft nicht mehr, wo ich bin.« Gezielt behandeln können die Ärzte sie nicht, sagt die Moskauer Lehrerin: »Die Zusammensetzung des Gases ist bis heute Staatsgeheimnis. Offiziell war gar kein Gas im Einsatz, darum werden die Mediziner von ihren Vorgesetzten gezwungen, falsche Diagnosen zu stellen.«

Viktoria Kruglikowas Neffe überlebte die Befreiungsaktion nicht. Insgesamt kamen bei dem bis heute umstrittenen Einsatz einer Spezialeinheit 128 Geiseln ums Leben. 100 von ihnen starben, weil sie nach der Aktion – also schon in Obhut des Staates – achtlos auf den Boden geworfen und nicht in stabile Seitenlage gebracht wurden. Viktoria Kruglikowas Schwester sprang aus Verzweiflung über den Tod ihres einzigen Kindes von einer Brücke in die Moskwa. Mutige Augenzeugen retteten sie. Als die völlig verzweifelte Frau später einer Journalistin erzählte, in der Todesurkunde ihres Sohnes sei in der Zeile »Todesursache« lediglich ein Strich zu finden, wurde sie prompt vom Staatsanwalt einbestellt. »Entweder Sie behaupten, dass die Journalisten lügen – oder wir lassen den Leichnam ausgraben, und Sie werden keinen Ort zum Trauern haben«, drohte er ihr. Eine für Orthodoxe schreckliche Vorstellung. »Meine Schwester blieb bei der Wahrheit. Sie zahlte dafür mit ständiger Angst.« Viktoria Kruglikowa weint: »Wir fuhren wochenlang jeden Tag zum Grab und untersuchten es, um sicher zu sein, dass unser Junge wirklich noch dort unter der Erde liegt.«

Viktoria Kruglikowa hat mich gebeten, ihre Geschichte zu erzählen. Wie viele Menschen kommt sie mit ihrem Schicksal und ihren Nöten in den russischen Medien nicht mehr zu Wort. Weil ihre Geschichten nicht zur Fassade des neuen Russland passen. Wer nicht schweigt und die Missstände öffentlich kritisiert, ja publiziert, muss mit Anfeindungen und Hass rechnen. Münchhausen, Goebbels und »Judensau« – das sind nur einige der Vergleiche und Schimpfwörter, die man heute in Russland zu hören bekommt, wenn man kritisch über die politische Entwicklung im Land berichtet.

»Was kann eine Judensau schon über Russland schreiben«, erregt sich ein Leser auf der Internet-Presserundschau »inosmi.ru«, die zur staatlichen Nachrichtenagentur RIA Nowosti gehört, über meine Berichte. Andere Wortmeldungen sind handfester: »So ein Vieh gehört umgebracht. Ich würde dieses Laus-Ei auf dem Lokus erschießen.«

Weil es gefährlich und aus der Mode ist, laut über den Kreml und negative Folgen seiner Politik zu klagen, schimpfen kremltreue Politiker und Propagandisten lieber auf jene, die diese Probleme beim Namen nennen: die Journalisten. Wer Kritik an den Zuständen in Russland übt, wird schnell zum »Russophoben« abgestempelt, zum Russlandfeind. Nach einem Gesetzentwurf der Kremlpartei »Einiges Russland« müssen Ausländer, die sich »respektlose oder unfreundliche Handlungen« gegenüber Russland und seinen Staatsorganen zu Schulden kommen lassen oder sich despektierlich über »allgemein anerkannte geistige, gesellschaftliche oder kulturelle Werte« äußern, künftig mit einem Einreiseverbot rechnen – ein Plan, der ganz offensichtlich auf Korrespondenten gemünzt ist. Was das Gesetz verbieten möchte, ist der Auftrag eines jeden Journalisten: den Mächtigen ohne Rücksicht auf Ämter und Titel auf die Finger zu sehen und dafür zu sorgen, dass Geschichten wie die von Nord-Ost-Opfer Kruglikowa nicht totgeschwiegen werden. »Kaum einer will es laut zugeben, aber es herrscht eine Stimmung der Angst unter ausländischen Korrespondenten«, sagt Oleg Panfilow, Leiter des Moskauer Zentrums für Journalismus in Extremsituationen: »Die Angriffe auf den Westen und auf Journalisten sind keine Tendenz mehr, sondern ein Verhaltensmuster. Je mehr man den Westen kritisiert, umso patriotischer sieht man aus.«[1]

Der kalte Wind weht von ganz oben. Offenbar an die permanente Bauchpinselei der eigenen Medien gewöhnt, reagierte Präsident Wladimir Putin bei einer groß angelegten Presseshow vor fast tausend Journalisten im Februar 2006 im Kreml äußerst empfindlich auf kritische Nachfragen: »Es gibt notorische Sowjetologen, die nicht verstehen, was in unserem Land passiert. Mit ihnen zu diskutieren ist sinnlos. Sie verdienen nur eine kurze Erwiderung: ›igitt!‹«. Noch im November 2001 hatte sich der Präsident bei einem Bürgerforum am gleichen Ort ständige und leidenschaftliche Kritik an allen Staatsorganen gewünscht, auch an ihm selbst.

Als ich mit den Recherchen für dieses Buch begann, hörte ich viele Warnungen. Ich solle den Mund nicht zu weit aufmachen und Tabuthemen brav ausklammern, rieten Freunde, Kollegen und Verwandte. Ich habe ihre Mahnungen in den Wind geschlagen. Weil ich Dinge erlebt habe, die ich früher für kafkaeske Übertreibungen oder Ausgeburten orwellscher Fantasien gehalten hätte. Als Journalist muss man darüber berichten oder den Beruf wechseln.

Den Anstoß zu diesem Buch erhielt ich bei meinen Besuchen in Deutschland. Wenn ich bei Gesprächen und auf Vorträgen erzählte, welche unmittelbaren Auswirkungen die gefährliche Entwicklung in Russland auf die Menschen in der Bundesrepublik und anderen westeuropäischen Länder hat – vom Geldbeutel angefangen über das Gas für die Heizung bis zur organisierten Kriminalität – sah ich immer wieder erstaunte Gesichter. In den Medien ist zwar viel über die demokratischen Defizite Russlands zu lesen, aber wenig über die Gefahren für Deutschland und Europa. Dieses Buch soll nicht nur Inneneinsichten aus Russland und einen Blick hinter die Propagandafassade ermöglichen, sondern auch die Zusammenhänge mit dem Westen aufzeigen.

Bei der Arbeit an diesem Buch stockte mir immer wieder der Atem, so viele brisante Informationen ergaben meine Recherchen. Die unzähligen Details fügten sich nach und nach wie bei einem Puzzle zu einem Gesamtbild, das meine Befürchtungen bei weitem übertraf: Plötzlich zeichneten sich klar die Motive für das Handeln der Herrschenden ab. Vieles, was zunächst wie ein einzelner Fehltritt aussah, erschien plötzlich als logischer Schritt eines Marsches in die falsche Richtung.

Ich hätte viel lieber ein anderes Buch geschrieben. Etwa über meine wunderbaren Erlebnisse mit den liebenswerten, offenen Menschen in diesem großartigen Land. Über die berühmte russische Seele, die beileibe kein Mythos ist. Ich selbst wohne, mit einer kurzen Unterbrechung, seit 1990 in Moskau. Russland wurde mir zur zweiten Heimat, und seit 15 Jahren lebe ich mit meiner russischen Frau zusammen. Meine kleine Tochter spricht besser Russisch als Deutsch, und ich habe in Russland wohl mehr Verwandte und Freunde als in Deutschland.

Deshalb hat mich ein Brief von einem Kollegen aus Deutschland bewegt. Seit er die Berichte aus Russland aufmerksam verfolgt, zweifelt er an seinen Plänen, in Moskau Urlaub zu machen. »Um Gottes Willen«, so meine prompte Antwort, »ziehen Sie aus dem Fehlverhalten einzelner keine Rückschlüsse auf das Land!« Jeder gutwillige Russlandreisende wird sicher ähnlich gute Erfahrungen machen wie ich, wenn er sich auf das Land einlässt: Wunderbare Erlebnisse mit den Menschen, mit ihrer Herzlichkeit, ihrer Gastfreundschaft, ihrem Humor und ihrer Freundlichkeit wiegen die unangenehmen Seiten, die meistens der Bürokratie und dem Erbe sowjetischen Denkens zu verdanken sind, um ein Vielfaches auf.

Aber gerade die einfachen Menschen, die Russland so liebenswert machen, sind es, die am meisten unter bürokratischer Willkür, Rechtlosigkeit und sozialer Ungerechtigkeit zu leiden haben. Allein ihretwegen wäre es falsch zu schweigen. Wer in einem Haus ein Feuer entdeckt, muss zuallererst die Bewohner und die Nachbarn warnen und sich auf den Brandherd konzentrieren. Niemand würde ihm vorwerfen, er hätte vor den Alarmrufen von der gelungenen Renovierung und der Schönheit der Zimmer schwärmen sollen oder er wolle mit seinen Warnungen das Haus schlechtreden und verachte die Bewohner. Ähnlich absurd sind die Vorwürfe gegen Korrespondenten, sie würden Schwarzmalerei betreiben sowie Russland und die Russen schlechtreden. Kritik an den Regierenden mit Kritik an den Regierten gleichzusetzen – das ist seit eh und je die Taktik autoritärer Regime. Genauso wie ein Staatsanwalt sich eher auf Übeltäter denn auf gesetzestreue Bürger konzentrieren muss und ein Arzt seine Arbeit schlecht macht, wenn er sich weniger mit den kranken Körperteilen beschäftigt als mit den gesunden, sind auch Journalisten gehalten, Missstände aufzudecken und nicht Schönwetter-Bilder zu malen.

Jegliche Kritik an Missständen wird in Moskau regelmäßig mit dem Argument abgeschmettert, im Westen sei alles genauso. Ob Korruption, Willkür oder Machtmissbrauch: Alle Fehlentwicklungen, die derzeit in Moskau zu beobachten sind, lassen sich tatsächlich auch im restlichen Europa und in den Vereinigten Staaten finden. Doch sind sie mehr Ausnahme als Regel. Denn anders als ihre Pendants in Moskau stehen westliche Politiker und Bürokraten nicht über dem Gesetz. Sie sind an strenge Spielregeln, an Gesetze und eine Verfassung gebunden; sie werden kontrolliert von kritischen Medien und unabhängigen Gerichten, von denen sie im Zweifelsfall zur Verantwortung gezogen werden können.

Viele der politischen Unsitten, die in Moskau zu beobachten sind, breiten sich schleichend auch bei uns aus. Beim Schreiben dieses Buches machte ich eine völlig neue Erfahrung: Bisher war es Brauch in Deutschland, dass Politiker aus Achtung vor der Meinungsfreiheit nur in besonderen Ausnahmefällen gegen kritische Äußerungen und Berichte vor Gericht zogen. Altkanzler Gerhard Schröder dagegen ist so schnell bei der Hand mit dem

Einschalten von Anwälten, dass jeder Autor gut daran tut, vorab ein juristisches Gutachten einzuholen – und sich dann auf eine schmale Gratwanderung zwischen dem Anspruch auf Meinungsfreiheit und dem Risiko möglicher Klagen begeben muss. Selbst manche kritischen Äußerungen russischer Oppositioneller und Schilderungen von Sachverhalten konnten nur dank des Mutes meines Verlags vor dem Streichen gerettet werden. Bei der juristischen Prüfung der Passagen über Gerhard Schröder in diesem Buch spürte ich zum ersten Mal in Ansätzen am eigenen Leib, was wohl in meinen russischen Kollegen vorgeht, die manche kritischen Textstellen aus Angst vor Repressionen unzählige Male drehen und wenden müssen – auch wenn ihnen im Ernstfall viel weiter reichende Konsequenzen drohen als Klagen vor Gerichten. Eine Aushöhlung der Meinungsfreiheit droht vor allem dann, wenn sich westliche Politiker mit Systemen einlassen, in denen keine rechtsstaatlichen Maßstäbe gelten, dann aber bei den Berichten über ihre Tätigkeit genau dort diese rechtsstaatlichen Maßstäbe voll ausreizen: Wo Staatsanwälte das Vorgehen von Mächtigen und ihren Freunden nicht hinterfragen, ist es besonders problematisch, wenn Journalisten Angst vor kritischen Fragen haben müssen. Wir sollten die Entwicklung in Russland deshalb als Warnung auffassen, uns antidemokratischen, auf Geheimdienstmethoden und Manipulation beruhenden Praktiken in der Politik zu widersetzen. »Der Nobelpreisträger Andrej Sacharow wollte, dass sich die Sowjetunion dem Westen annähert«, mahnt Grigori Jawlinski, Chef der liberalen Jabloko-Partei: »Heute scheint mir das Gegenteil der Fall, der Westen übernimmt immer stärker unsere Unsitten.«[2]

Wladimir Putin setzte trotz alarmierender autoritärer Signale in seiner ersten Amtszeit viele hoffnungsvolle Akzente, etwa mit liberalen Wirtschaftsreformen. Vor seiner Wiederwahl im März 2004 herrschte bei vielen Beobachtern die Hoffnung, er werde seine gestärkte Position zu einem Richtungswechsel hin zu echter Demokratie nutzen. Leider geschah genau das Gegenteil: In seiner zweiten Amtszeit wurde deutlich, dass sich Putin, allen Sonntagsreden zum Trotz, für ein autoritäres Modell entschieden hat. Die Realität übertrifft in vielem selbst die Befürchtungen von Skeptikern.

Es war ein gewaltiger Irrtum des Westens, lange so zu tun, als könne sich Russland nach siebzig Jahren Kommunismus von heute auf morgen zu einer echten Demokratie wandeln. Niemand darf von Wladimir Putin erwarten, dass er sich im Kreml als Musterdemokrat erweist. Für einen russischen Präsidenten könnte das politischen Selbstmord bedeuten. Doch statt sich mit winzigen Schritten in Richtung Demokratie, Menschenrechte und Bürgergesellschaft zu bewegen, marschiert Russland mit festem Schritt in Richtung autoritärer Vergangenheit, hin zu einer Mischung aus Kommunismus und Zarismus.

Die besondere Tragik liegt darin, dass die Entwicklung in vielem zwangsläufig ist: Boris Jelzin diskreditierte die demokratischen Ideale des Westens derart, dass vielen Russen die alte Sowjetunion im Vergleich zu dem Jelzin'schen Raubkapitalismus, der Günstlinge zu Milliardären und Millionen zu Bettlern machte, als die bessere, sozialere Alternative erscheint. 15 Jahre lang haben die maßgeblichen Politiker im Westen die Entwicklung in Russland durch eine rosarote Brille betrachtet. Und bis heute hält sich bei vielen westlichen Beobachtern der hartnäckige Irrglaube, Jelzin habe Russland auf den demokratischen Weg gebracht. Viele Kremlkritiker hängen der naiven These an, erst ein böser Wladimir Putin habe die Kehrtwende in Richtung eines autoritären Regimes vollzogen. Dabei ist Putins restaurative Politik weitgehend die logische Konsequenz des von Jelzin vor allem in der zweiten Hälfte seiner Amtszeit eingeschlagenen Kurses.

»Können wir es uns anmaßen, Ratschläge zu geben, wie Russland zu regieren ist?«, fragte mich der frühere Bundespräsident Richard von Weizsäcker bei einer Gesprächsrunde im November 2005 in Berlin. Wir können es sicher nicht. Aber genauso falsch wie es wäre, besserwisserisch Rezepte zu erteilen, genauso unverantwortlich wäre es, zu schweigen.

Der Gas-Schock – Moskaus Warnschuss

Der Kälteeinbruch kommt aus dem Fernseher. Das neue Jahr ist kaum ein paar Stunden alt, da weht den Deutschen ein eisiger Wind aus Moskau in die gut geheizten Wohnzimmer. Was am 1. Januar 2006 in den Nachrichten zu hören ist, kann selbst Zuschauer, die in der Silvesternacht nüchtern geblieben sind, in Katerstimmung bringen – und zum Frösteln. Um acht Uhr morgens deutscher Zeit macht Gasprom, Russlands gigantischer Energiekonzern mit direktem Draht zum Kreml, seine Drohung wahr und dreht den Ukrainern – vor kurzem noch als »slawisches Brudervolk« gehätschelt – mitten im Winter den Gashahn zu. Die Auslandsnachrichten gehen den Deutschen an diesem Neujahrstag viel näher, als ihnen lieb ist. Die größte deutsche Boulevard-Zeitung hatte schon zwei Tage zuvor gewarnt: »Alarmierende Nachricht für Millionen Gas-Kunden! Der Gas-Streit zwischen Russland und der Ukraine könnte zu Lieferengpässen in Deutschland führen.«[1]

Der Grund für den kalten Gas-Krieg in der Ferne, der so bedrohlich nah ist: Moskau will von den Ukrainern fünf Mal mehr Geld für sein Gas. Die aber widersetzen sich der Preisexplosion. Von Erpressung ist die Rede, von Diebstahl und von Vertragsbruch. Moskaus Verhalten gegenüber Kiew mit seinen Drohungen und Ultimaten erinnere in der »Stilistik und Ästhetik bis zur Schmerzgrenze« an das Vorgehen des Stalin-Regimes gegen Finnland, das 1939 zum sowjetisch-finnischen Krieg führte, kritisiert Andrej Illarionow.[2] Er hat erst wenige Tage vor dem Konflikt sein Amt als Wirtschaftsberater von Wladimir Putin niedergelegt.

In der Ukraine, dem zweitgrößten Land Europas, geht die Angst um. Präsident Viktor Juschtschenko nimmt das Wort »Krieg« in den Mund. Regierungschef Juri Jechanurow stimmt seine 48 Millionen Landsleute auf frostige Zeiten ein: Nur noch 14 Grad könnten die Behörden garantieren, in Wohnungen, Schulen, Kindergärten und Krankenhäusern. Industriebetriebe müssten schon bald geschlossen werden. In einem Kindergarten am Stadtrand von Kiew fällt die Raumtemperatur auf zwölf Grad. Krankenhäuser testen ihre Notstrom-Aggregate – soweit sie welche haben. Es kommt zu einem Ansturm auf Elektrogeschäfte. Aber alle Heizgeräte sind ausverkauft. Die Menschen in den Dörfern sind im Vorteil. Vielerorts gehen die Männer in den Wald und schlagen Holz. Die meisten haben die alten Öfen nie aus ihren Häusern entfernt. Alleinstehende Rentner in den Städten tun sich schwerer. Manche ziehen zu ihren Kindern – aus Angst, der Kälte allein nicht trotzen zu können.

»Sie werden es nicht überleben«, prophezeite kurz zuvor in Moskau der bekannte Fernsehkommentator Michail Leontjew in einem Rundfunkinterview, das auch in Teilen der Ukraine zu hören war: »Die ›Orangenen‹ werden verschwinden, mit Schande, bespuckt vom eigenen Land.«[3]

Kiew, Tatarskaja Straße, unweit vom Zentrum. Alexander Penkisowitsch hat einen dicken Pullover und einen Bademantel übergezogen. Aber das ist immer noch zu wenig. Die Temperatur in seiner Drei-Zimmer-Wohnung sinkt teilweise bis auf zehn Grad. Der 67-jährige Ingenieur flüchtet gemeinsam mit seiner Frau in die Küche; das Ehebett schleppt er durch die ganze Wohnung hinterher. Denn in der der Küche kann er wenigstens den Herd anstellen. Ein bisschen Gas kommt noch; die Flamme ist schwach. Aber das hat auch sein Gutes: Der 67-Jährige muss in der Nacht nicht so oft aufstehen, um den Herd aus- und einzuschalten – aus Angst, das Gas könne ihn und seine Frau vergiften. Immer wieder ruft sein Sohn Alexej an: »Papa, ich mach mir Sorgen, kommt doch zu uns, da ist es etwas wärmer.« Penkisowitsch bemüht sich, jedes Zittern in seiner Stimme zu verbergen: »Uns geht es gut«, sagt er. Er will seinem Sohn nicht zur Last fallen.

»An sich war der Vorgang legitim«, schreibt Monate später im warmen Berlin Roger Köppel, der Chefredakteur der *Welt*. Moskau habe nur deshalb einen »Image-GAU« erlebt, weil es keine »Erklärungsoffensive« machte und die Russen »böswillig missverstanden« würden: »Nach dem von der EU blauäugig mitorchestrierten Wahlsieg eines Putin-Gegners in Kiew reagierte der Kreml, wie alle Regierungen handeln würden, wenn sie sich einem feindselig gestimmten Regime gegenübersehen«, schreibt er. »Man beschloss, die politisch motivierten Preisrabatte aufzuheben und das Gasprom-Gas nach Marktpreisen anzubieten. Womit die Russen nicht gerechnet hatten, war die Heuchelei der Europäer.«[4] Das Verhalten Russlands sei Vertragsbruch, beteuert dagegen in Moskau Ex-Putin-Berater Illarionow: »Russland nutzt Gas als politische Waffe. In einem Abkommen aus dem Jahr 2004 sicherte Moskau Kiew nicht nur günstige Gaspreise bis 2009 zu, sondern garantierte auch, den Bedarf der Ukraine voll zu decken. Dieser Vertrag lag mir im Kreml vor. Eine einseitige Ausstiegsklausel ist darin nicht enthalten.« Vor dem internationalen Schiedsgericht in Stockholm hätte Russland keine Chance gehabt, glaubt Putins früherer Mann für die Wirtschaft. »Aber bis zu einer Entscheidung hätte es Monate, ja Jahre gedauert – und der Gashahn war ja zugedreht.«[5] Solche Gas-Krisen könnten sich jederzeit wiederholen, mahnt der Kremlinsider. Die Gefahr liege darin, dass Russland ein Tabu gebrochen habe, warnt der frühere Moskauer Vizeenergieminister Wladimir Milow: »Gas dreht man nicht zu.«[6]

Politiker verschiedener Lager fordern Altbundeskanzler Gerhard Schröder (SPD) auf, sich als Vermittler in den Konflikt einzuschalten: Schließlich hat der Duzfreund des russischen Präsidenten angekündigt, künftig als Aufsichtsratschef[7] einer Gasprom-Tochtergesellschaft zu fungieren. Doch von Schröder ist nichts zu hören. In den Zeitungen tauchen erste Forderungen auf, der Exkanzler möge angesichts des Gas-Krieges auf den Posten bei Gasprom verzichten.

Nach den ersten Meldungen über den Lieferstopp dauert es keine 24 Stunden, bis die Befürchtungen der Experten Wahrheit werden: Die Ukraine zweigt offenbar Gas aus den Transitleitungen ab, die in Länder der Europäischen Union führen. Entgegen allen Beteuerungen aus Moskau registrieren die Messstationen an der ukrainischen Grenze einen starken Druckabfall. Deutschland, Frankreich, Italien, Polen, Österreich, Ungarn, Rumänien und die Slowakei melden einen 14- bis 40-prozentigen Rückgang der gelieferten Gasmenge. Der ungarische Energiekonzern MOL fordert Großkunden auf, von Gas auf Öl umzusteigen. In Polen reichen die Reserven gerade noch für eine Woche.[8] Gasprom wirft der Ukraine Gas-Diebstahl vor.

Deutschland wappnet sich für den Ernstfall. Die Industrie stellt sich auf Gasknappheit ein. E.on-Ruhrgas-Vorstandschef Burckhard Bergmann, der auch im Vorstand von Gasprom sitzt und sich stets für eine engere Energie-Partnerschaft mit Russland eingesetzt hat, warnt: »Wenn sich die Lieferkürzungen als sehr groß herausstellen sollten, lang anhalten und der Winter besonders kalt wird, stoßen auch unsere Ausgleichsmöglichkeiten an Grenzen.«[9] Die 17 Millionen Deutschen, die mit Gas heizen, müssten sich »noch keine direkten Sorgen« machen, verkündet Wirtschaftsminister Michael Glos.[10] Doch was als Entwarnung gemeint ist, klingt eher alarmierend.

»Rohstofflieferung als Waffe, das kannte man bisher vor allem aus dem Nahen Osten – und selbst dort hat seit den siebziger Jahren kein Staat mehr gewagt, Forderungen an das Ausland mit der Unterbrechung von Öl- und Gaslieferungen Nachdruck zu verleihen«, schreibt die *Frankfurter Allgemeine Zeitung*. Das »rüde, die Erpressung kaum verschleiernde Auftreten Russlands« gebe zu denken.[11] »Mit diesem Muskelspiel führte Putin der Welt vor Augen, dass die Erdgasvorräte seines Riesenreichs das atomare Arsenal als Druckmittel abgelöst haben«, schreibt ein großes deutsches Nachrichtenmagazin: »Noch schlimmer: Statt wie seine Vorgänger in der ehemaligen Sowjetunion mit der A-Waffe nur zu drohen, kennt er offensichtlich keine Skrupel, die E-Waffe tatsächlich einzusetzen.«[12]

Erst nach mehr als 72 aufreibenden, kalten Winterstunden schließen Moskau und Kiew einen Kompromiss: Die zwielichtige Zwischenhändler-Firma Rosukrenergo, nach den Worten der früheren ukrainischen Ministerpräsidentin Julia Timoschenko »ein kriminelles Krebsgeschwür« und Gegenstand von Mafia-Ermittlungen,[13] wird demnach künftig Gas für 230 Dollar pro 1000 Kubikmeter in Russland einkaufen und der Ukraine für 95 Dollar weiterverkaufen. Wie der Unterschied zwischen den Preisen zustande komme, sei ein Rätsel, das kein Fachmann auf der Welt lösen könne, sagt Putins Exberater Illarionow.[14]

Die russischen Fernsehsender verkaufen den Gas-Lieferstopp als großen Erfolg des Kreml. Man habe den ukrainischen Gasdieben das Handwerk gelegt, so der Tenor. Das russische Außenministerium glaubt an eine Provokation: »Es entsteht der Eindruck, dass die ukrainischen Machthaber (...) absichtlich die Verhandlungen mit Russland scheitern ließen, um das Gasproblem zum Aufbau eines Feindbildes zu nützen und so die innenpolitische Situation zu manipulieren«, heißt es in einer Erklärung des Moskauer Außenministeriums.[15] Die Kremlführung hofft, mit dieser Auslegung des Gas-Krieges auch den Westen zu überzeugen. Vergeblich. Die Menschen in Europa fühlen mit den frierenden Ukrainern und sind schockiert über die harte Haltung des Kreml. Der Gaskonflikt hätte auf keinen ungünstigeren Termin fallen können. Der 1. Januar 2006 ist der erste Tag der russischen G8-Präsidentschaft. Moskau verspricht sich vom Vorsitz im Club der acht wichtigsten Industrienationen der Welt, den Wladimir Putin nur bekam, weil Gerhard Schröder verzichtete, einen gewaltigen Prestigegewinn. Kremlkritiker glauben, dass die Moskauer Führung die Lage falsch eingeschätzt habe, weil sie allmählich der eigenen Propaganda aufsitze.

Deutsche Fachleute sehen »Europas nächsten Kalten Krieg« heraufziehen.[16] Die Perspektiven sind alarmierend – und wurden bislang weitgehend verdrängt. 44 Prozent des Gases, das nach Deutschland importiert wird, kommt aus Russland. Längerfristig sollen es sogar 60 bis 80 Prozent werden.[17] Energie-Experten halten diese Abhängigkeit für höchst problematisch, weil jede starke Drosselung der Lieferungen – ob aus technischen, wirtschaftlichen, politischen Gründen oder wegen Terroranschlägen auf die Leitungen – zu Notlagen bis hin zu einer volkswirtschaftlichen Katastrophe führen könne.[18]

Ausgerechnet der Gas-Krieg zwischen Russland und der Ukraine kann deshalb für Deutschland und den Westen eine Chance bedeuten: Wenn man ihn zum Anlass nimmt, vor der Entwicklung in Russland nicht mehr die Augen zu verschließen, sondern endlich die nötigen Konsequenzen zu ziehen, bevor es zu spät ist. Moskaus Griff zum Gashahn, auf den ersten Blick scheinbar eine isolierte Fehlentscheidung, ist die logische Folge einer dramatischen Entwicklung im größten Land der Erde, die im Westen noch nicht ins allgemeine Bewusstsein vorgedrungen ist.

Allem Zweckoptimismus zum Trotz: Zwanzig Jahre nach der Perestroika ist die Demokratie in Russland gescheitert. Wie zu Sowjetzeiten setzt Wladimir Putin auf die »Vertikale der Macht«: auf einen allmächtigen Staatsapparat, nationalistische Stimmungen, die Manipulation der Medien, Geheimdienst-Methoden und potemkinsche Fassaden. Die im Kreml herrschende KGB-Denkweise, kaum verhüllte Großmachtambitionen und die Abhängigkeit des Westens von russischem Gas und Öl machen die Atommacht immer mehr zum außen- und energiepolitischen Unsicherheitsfaktor. Unter Federführung der alten KGB-Riege um Putin entsteht in Moskau ein autoritäres System in neuer, moderner Bauweise, konstruiert mit den Steinen der sowjetischen Vergangenheit: Ein »Bolschewismus im Schafspelz«, eine Demokratur, die ihr diktatorisches Antlitz mit demokratischen Etiketten und – etwa im boomenden Moskau – hinter einer westlichen Glitzerfassade versteckt. Weil ihr jede Ideologie fehlt und statt einer langfristigen Strategie offenbar die kurzfristige Taktik des Machterhalts das Handeln bestimmt, ist Putins Demokratur zwar weniger angreifbar, weniger totalitär und wohl auch weniger aggressiv als ihre Vorgängerin, die Sowjetunion, aber sie ist auch weitaus unberechenbarer und instabiler – und deshalb umso gefährlicher. Der autoritäre Kurs Moskaus ist keineswegs allein ein Thema für biedere Moralisten und ergraute Menschenrechtler. Vielmehr birgt die Rückkehr zu den Methoden der Vergangenheit enorme Gefahren für Deutschland und die anderen europäischen Staaten.

Die Bundesrepublik macht sich immer stärker abhängig von russischem Öl und Gas. Die politischen Folgen hat der Gas-Krieg zwischen Kiew und Moskau drastisch gezeigt: Deutschland droht wie die Ukraine erpressbar zu werden. Aber auch technische Probleme mit den zum Teil desolaten Pipelines oder überhöhte Preisforderungen und Terroranschläge könnten die Wirtschaft in arge Bedrängnis bringen. Vieles spricht dafür, dass die deutschen Gaskunden über ihre Gasrechnungen schon bald die außenpolitischen Großmacht-Ambitionen Russlands mitfinanzieren müssen. Experten halten die deutsche Energiepolitik für gefährlich naiv. Die

Bundesrepublik wird künftig mehr Gas und Öl einführen müssen, weil sie aus der Atomkraft aussteigt; gleichzeitig will Russland 40 neue Atomreaktoren bauen, um die erhöhte Rohstoffnachfrage aus dem Ausland befriedigen zu können.

In vielen anderen Bereichen bergen innenpolitische Entwicklungen in Russland große Gefahren weit über die Grenzen des Landes und ganz Europas hinaus. Etwa die brutale, auf korrupte örtliche Eliten bauende Kaukasus-Politik des Kreml, die einen idealen Nährboden für Terrorismus schafft. Der Krieg in Tschetschenien hat sich, von der Öffentlichkeit kaum beachtet, zu einem Flächenbrand im ganzen Kaukasus ausgeweitet, der außer Kontrolle zu geraten droht. Eine Flüchtlingswelle wäre die kurzfristige Folge, islamische Gottesstaaten als Unruhestifter und Aufmarschplätze für radikale Islamisten in Europa die längerfristige Gefahr. Wie die frühere Sowjetunion ist auch Russland ein Vielvölkerstaat, dessen Dutzende Nationen durch Druck und zunehmend durch Unterdrückung zusammengehalten werden. Mittelfristig droht ein Auseinanderbrechen Russlands. Bewaffnete ethnische Konflikte und eine Spirale der Gewalt, deren Ausmaß und Folgen die Balkankriege der 1990er Jahre weit in den Schatten stellen könnten, wären die Folge.

Ein weiterer Risikofaktor ist die russische Verbrecherwelt, die ihre Position auch in Deutschland immer stärker ausbaut. Rechtsunsicherheit, Beamtenwillkür und Korruption gefährden Investitionen in Russland und machen westeuropäischen Unternehmen schwer zu schaffen, auch wenn Firmenvertreter dieses Tabuthema gerne verschweigen.

All diese Probleme zeigen: Der Gaskonflikt im Januar 2006 war nur die Spitze des Eisbergs – und vielleicht die letzte Warnung. Es ist höchste Zeit zum Umdenken. Nur wenn wir die alarmierende Entwicklung in Russland genau zur Kenntnis nehmen und versuchen, ihre Hintergründe zu verstehen, können wir die in ihr schlummernden Gefahren richtig einschätzen und rechtzeitig nach Gegenmitteln suchen. Je früher wir versuchen, Einfluss zu nehmen und je besser wir uns auf mögliche Ernstfälle vorbereiten, umso größer ist die Chance, dass sie nie eintreten werden.

Mit Stalin in die Zukunft – die verratene Revolution

Der »Dschungel« ist grau und baufällig. Hinter den alten Mietshäusern in der Baskowgasse, einem alten Arbeiterviertel in Sankt Petersburg, versteckt sich ein Labyrinth aus düsteren Hinterhöfen mit überquellenden Mülltonnen. Die Jahrzehnte haben einen tiefen verstaubten Schleier auf die abblätternden Fassaden aus dem 19. Jahrhundert gelegt, nur wenige Autominuten entfernt von Petersburgs Prachtbauten am Newskiprospekt. Drinnen in den modrigen Treppenhäusern machen Kinder Jagd auf Ratten. Unten auf der Straße gibt das Gesindel den Ton an. Unrasierte, dreckige Jugendliche mit billigen Portwein-Flaschen und Zigaretten schlagen die Zeit tot. Und nicht nur die Zeit: In den Hinterhöfen der Baskowgasse herrscht das Faustrecht. Nur wer stark ist, hat etwas zu sagen. Nachgiebigkeit ist Schwäche.

Und Schwäche kann ins Auge gehen. Im wahrsten Sinne des Wortes. Das muss auch ein kleiner Junge erfahren, der hier in der Baskowgasse aufwächst und der etwas schmächtig ist für diesen »Dschungel«. Wolodja nennen sie ihn. Sein Vater ist ein stramm kommunistischer Fabrikarbeiter. Er verprügelt den Kleinen manchmal mit dem Gürtel und tut sich schwer, väterliche Gefühle zu zeigen. Wolodja, ein Blondschopf mit stechenden blauen Augen, denkt nie über die Folgen nach, wenn eine Schlägerei ansteht. Wenn es nötig ist, haut er direkt drauf los. Ins Gesicht. Wolodja kratzt und beißt, reißt seinen Gegnern büschelweise die Haare aus. Meist aber ist er es, der die Prügel einsteckt. Blaue Flecken und Schrammen zeugen regelmäßig von seinen Kämpfen. Er sei »nicht kräftig, aber sehr frech«, wolle immer beweisen, dass er den anderen überlegen sei, klagt seine Lehrerin.

Noch vor der Einschulung macht Wolodja einen Ausflug in einen Nachbarhof. Und begeht einen folgenschweren Fehler. Er legt sich mit einem anderen Jungen an, schätzt ihn als »Jämmerling« ein und beleidigt ihn – grundlos. Doch der vermeintliche Schwächling entpuppt sich als älter und stärker – und vermöbelt Wolodja nach Strich und Faden. Es sind die ersten kräftigen Prügel, die Wolodja auf der Straße bekommt. Und sie prägen sich ein. So sehr, dass der kleine Junge seine Lehren daraus zieht. Eine lautet: »Egal, ob man im Recht ist oder nicht – man muss stark sein, um die Möglichkeit haben, etwas zu erwidern!«[1]

Mehr als vier Jahrzehnte sind seitdem vergangen, und der Junge aus dem Petersburger Hinterhof erinnert sich noch immer an die Lebensweisheiten von damals. Viele der Gossenjungen von einst sind inzwischen völlig versoffene, heruntergekommene Gestalten; einige saßen zwischenzeitlich im Gefängnis. Wolodja dagegen sitzt im Kreml – und erzählt seinem Biographen die Geschichte der Baskowgasse. Aus dem kleinen, schmächtigen Jungen ist der mächtige Präsident Russlands geworden: Wladimir Putin. Im Hinterhof aufzuwachsen, das sei wie im Dschungel zu überleben, sagt der Staatschef: Die Prügel von damals seien eine »erste, wichtige Straßen-Universität« gewesen.

Stark sein, um Recht zu bekommen. Wie ein roter Faden durchzieht das Streben nach Stärke Putins Lebensweg: Der Knabe beschließt, Judo zu lernen. Der Jugendliche geht zum KGB. Beschattet Ausländer in Petersburg. Kommt später als Agent in die DDR. Und ausgerechnet dort, in Deutschland, holt ihn die Schwäche wieder ein. Die Schwäche kommt mit Glasnost und Perestroika. Während seine Landsleute dank Gorbatschows Reformen aufatmen, lebt Wladimir Putin in Erich Honeckers Reich. Und er ist sehr angetan von der kleinen, heilen DDR-Welt. Die Bürgersteige sind sauberer als in seiner Heimat, und vor den Geschäften stehen nicht so oft Warteschlangen wie daheim in der Sowjetunion. Doch dann erreicht die Perestroika auch die DDR. Und sie bringt Putins ruhige, kleine Welt um die KGB-Residenz in Dresden-Loschwitz in Gefahr.

»Als die Berliner Mauer fiel, wurde klar, das ist das Ende. Es war ein schreckliches Gefühl, dass das Land, das fast zur Heimat geworden war, aufhörte zu existieren«, erinnerte sich Putin später: »Um ehrlich zu sein, tat es mir leid, dass wir die Einflusszone der

Sowjetunion in Europa verloren hatten.«[2] Tag und Nacht musste der heutige Präsident mit einem Genossen KGB-Akten vernichten, die eigene Arbeit von Jahren: »Wir mussten so viel verbrennen, dass der Ofen platzte.« Die Gesellschaft, wundert sich Putin noch im Jahr 2000 als Staatschef, sei damals »völlig verstört« gewesen und habe »im Geheimdienst ein Monster« gesehen.

An einem kühlen Abend im Dresdener Herbst 1989 wird die politische Wende endgültig zur Bedrohung. Eine erzürnte Menschenmasse hat gerade die Stasi-Zentrale an der Elbe gestürmt. Dann marschiert sie weiter durch die dunkle Stadt. Nach Loschwitz. Zu einer Villa: der Residenz des KGB. Die aufgebrachten Bürger wollen die Unterlagen des russischen Geheimdienstes in ihre Gewalt bringen. Weil sein Chef weggefahren ist, hat Wladimir Putin an diesem Abend das Kommando. Er ist 37 Jahre alt und seine Liebe zum deutschen Bier ist inzwischen an seiner Figur abzulesen, die er bis dahin mit Sport immer gut in Form hielt. Putin tut so, als sei er Dolmetscher, und spricht mit den Menschen. Wenn er den Demonstranten nachgibt und die Unterlagen herausrückt, kann man ihn vor ein sowjetisches Kriegsgericht stellen. Wenn er sich weigert und die Stellung hält, droht ein blutiger Aufstand. Die Situation ist so dramatisch, dass Putin die wenigen Männer, die seinem Befehl unterstehen, mit der Kalaschnikow im Anschlag in den Fenstern Stellung beziehen lässt. Eher werde er sterben als Geheimunterlagen herauszugeben, sagt er. Und tut in seiner Not das, was das Sowjetsystem ihm als Offizier für solche Situationen eingebläut hat: Er greift zum Telefonhörer und hofft, dass andere eine Entscheidung treffen. Er bittet die Westgruppe der Streitkräfte um Beistand.

Die Antwort muss ihn zutiefst erschüttert haben. Moskau schweige, und ohne Erlaubnis aus der Hauptstadt könne man gar nichts unternehmen, sagt der Kommandeur am anderen Ende der Leitung. Nichts passiert. Draußen steht die Menge, drinnen Wladimir Putin mit seinen paar Leuten und weiß nicht, wie lange er die Lage noch unter Kontrolle halten kann. Der Staat, der so mächtig war, der ihm einst alles gab, ist plötzlich machtlos, versagt ihm jede Hilfe. Lässt ihn Blut und Wasser schwitzen. Erst nach Stunden schickt Moskau endlich Unterstützung; die Soldaten jagen die Menge schnell auseinander. Bis heute klingen sie nach, diese Worte: »Moskau schweigt.« Sie haben ihn schwer getroffen, bekennt Putin mehr als ein Jahrzehnt später: »Mir war so, als ob es unser Land nicht mehr gibt. Mir wurde klar, dass die Sowjetunion erkrankt ist. An einer tödlichen, unheilbaren Krankheit mit dem Namen Lähmung. Die Lähmung der Macht.«[3]

Gut zehn Jahre nach jenem schicksalsträchtigen Abend in Dresden, am 31. Dezember 1999, gelangt Wladimir Putin selbst an die Spitze des russischen Staates. Im Kreml angekommen, tut er alles, um die »Lähmung der Macht« zu beenden, um den Staat wieder stark zu machen. Freiheit und Glasnost erlebte er mehr als Bedrohung denn als Chance. Die dramatischen Momente von Dresden hat er bis heute nicht vergessen. Mehr als alle anderen Erfahrungen werden sie künftig seine Politik bestimmen.

In seinen Reden betont der Kremlchef stets seine demokratische Gesinnung. Kritiker halten dagegen, er bringe Russland auf einen autoritären Kurs, der an die Sowjetunion erinnere. Putin führt die rote Militärflagge mit dem Sowjetstern ebenso wieder ein wie die sowjetische Nationalhymne, mit neuem Text vom alten Autor. An den Denkmälern längs der Kremlmauer lässt er den Städtenamen Wolgograd herausmeißeln und durch Stalingrad ersetzen

Als die baltischen Staaten und Polen zum Jahrestag des Sieges über Hitler-Deutschland im Mai 2005 darauf verweisen, dass mit der Niederlage des Dritten Reiches für sie eine neue Okkupation durch die Rote Armee begonnen habe, lösen diese Worte in Moskau einen Sturm der Entrüstung aus. Schon 1994 verließ Putin als Vizebürgermeister von Sankt Petersburg mit einem lautstarken Türknall eine internationale Konferenz, als Estlands Präsident die Russen als »Okkupanten« bezeichnete.[4] Im Mai 2005 empfiehlt Putin, dessen Großvater einst Lenin und Stalin als Leibkoch auf deren Datschen diente, »Historikern, die die Geschichte umschreiben wollen, erst mal Bücher lesen zu lernen«. In den Unterrichtswerken, die das russische Bildungsministerium neuerdings vorschreibt, erscheint Stalin wieder als »großer Feldherr«. Ein Schulbuch, das über Stalins Säuberungen berichtet und die Rolle des Diktators im Krieg ohne falschen Patriotismus hinterfragt, wird 2003 aus den Schulen verbannt. Schritt für Schritt wird, von Lehrbüchern für Hochschulen oder Schulen bis hin zu Gedenktagsreden, eine tragikfreie Version der sowjetischen Geschichte verbreitet, in der Menschenleben, Freiheit und persönliche Würde kaum eine Rolle spielen. Stattdessen werden Heimtücke, Verrat, Niedertracht und Grausamkeit erneut gerechtfertigt, solange sie im Namen des Imperiums geschehen.

Parlamentspräsident Boris Gryslow, ein enger Vertrauter des Präsidenten, dem Kritiker unterstellen, er habe zu nichts eine Meinung, bevor er sich nicht mit dem Präsidenten abgestimmt habe, bezeichnet Stalin zu dessen 125. Geburtstag am 21. Dezember 2004 als »herausragenden Mann«, der »viel für den Sieg der UdSSR im Großen Vaterländischen Krieg« geleistet habe. Der Sowjetführer, so Gryslow, habe großes Ansehen in der Anti-Hitler-Koalition genossen und eine entscheidende Rolle bei den Verhandlungen in Jalta und Teheran gespielt. »Die Übertreibungen in der Innenpolitik, die es aber meines Erachtens gab, sind ohne Zweifel keine Zierde für ihn.«[5] Anscheinend meint Gryslow damit die Gräueltaten Stalins, den Historiker für den Tod von Millionen seiner Landsleute verantwortlich machen.

Hinter der Nostalgiewelle steckt offenbar politisches Kalkül. Stalin steht für Stärke, für die Sowjetunion als Weltmacht, die überall gefürchtet, aber auch geachtet war. Weil die russische Realität auch unter Putin nicht so viel Stärke und Glanz bietet, wie es die patriotische Propaganda gern glauben machen möchte, nutzt der Kreml die Vergangenheit, um die Gegenwart aufzupolieren. Dabei kommt den Regierenden entgegen, dass die Sehnsucht nach seligen Sowjetzeiten immer noch weit verbreitet ist. Um die Ursachen zu verstehen, ist ein kurzer Blick in die jüngste russische Geschichte notwendig.

Die Herrschaft der Exkremente Russland wird Opfer eines neuen, tragischen Missverständnisses, wenn es sich bei der Suche nach neuer Stärke von den schlechten Erfahrungen der wirren 1990er Jahre leiten lässt. Was den Menschen im Raubkapitalismus unter Boris Jelzin damals als »Demokratie« verkauft wird, ist in Wirklichkeit Etikettenschwindel. Vielen Politikern geht es keinen Augenblick ernsthaft darum, den alten Nomenklaturstaat abzuschaffen. Das Ziel ist vielmehr, die alten Eliten, die Apparatschiks, die Schattenwirtschaft, die roten Direktoren in die neue Zeit zu retten. Es gilt, ihre Privilegien zu sichern und das, was sie bisher als Staatseigentum kontrolliert haben, durch Privatisierung in ihren eigenen Besitz zu bringen. Man habe sie getäuscht, klagen heute viele Reformer: Der Kreml habe ein wenig Demokratie gespielt, um Dampf abzulassen, aber ernst gemeint habe er es nie. Die letzten wirklich freien Wahlen waren 1993.

So wie die Nomenklatur einst den kommunistischen Staat als Selbstbedienungsladen betrachtete, so tut sie das unter Jelzin weiter – nur dass sie ihre Privilegien jetzt unter dem Deckmantel der Demokratie genießt. Sobald den Herrschenden Widerstand oder gar ein Machtwechsel droht, handeln sie alles andere als demokratisch: 1993 lässt Jelzin das Parlament, das ihn drei Jahre zuvor zu seinem Vorsitzenden gewählt hat, auflösen und anschließend von Panzern unter Beschuss nehmen. Ein Staatsstreich Jelzins – trotz aller Sünden der Abgeordneten. Der Verfassungsbruch bringt ihm im Westen sogar Beifall ein, weil er ihn als Niederschlagung eines Putsches der Altkommunisten verkauft. Gut ein Jahr später, Ende 1994, lässt Boris Jelzin russische Truppen in Tschetschenien einmarschieren. Die westliche Kritik hält sich in engen Grenzen – so wie über die ausufernde Korruption meist nur hinter vorgehaltener Hand geklagt wird.

Vor den Wahlen im Jahr 1996 scheint die Niederlage Jelzins eine ausgemachte Sache. Doch mit Tricks, Manipulationen und Fehlinformationen schaltet er seine Gegner aus. Die führenden Medien lassen sich freiwillig gleichschalten und werden zu Propaganda-Instrumenten Jelzins. Seine Wahlkampfhelfer, darunter auch US-Amerikaner, spielen gnadenlos mit der Angst der Menschen, denen sie einreden, ein Wahlsieg der Kommunisten werde im Bürgerkrieg enden. Es gibt zahlreiche Hinweise auf Unregelmäßigkeiten bei der Stimmabgabe und der Auszählung; Jelzin gewinnt in der Stichwahl gegen seinen Konkurrenten Gennadi Sjuganow.

Seit Jelzin 1991 in den Kreml einzog, wurden die Verhältnisse von Jahr zu Jahr undemokratischer. Die Wahl von 1996 beweist den Mächtigen, dass sich Stimmungen und der Wählerwille auch in großem Umfang manipulieren lassen. Doch Jelzin und sein Clan vergreifen sich nicht nur an der Demokratie. Die »Semja«, auf Deutsch »Familie«, wie die Russen Jelzins Angehörige und Freunde nennen, bereichert sich derart, dass Kritiker von einem der größten russischen Raubzüge des 20. Jahrhunderts sprechen. Geschäftsmänner mit dubioser Vergangenheit wie Boris Beresowski und Roman Abramowitsch, die enge Kontakte zu Jelzins Tochter Tatjana pflegen, kommen zu Milliarden-Vermögen. Russlands Reichtümer werden zu Spottpreisen an Günstlinge des Präsidenten versteigert, die sich die Kaufsumme teilweise sogar vom Staat leihen dürfen. Im Gegenzug füllen sie Jelzins Wahlkampfkassen und angeblich auch die Privatschatullen seiner Familie.

Auch der Einfluss der organisierten Kriminalität erreicht ungeheure Ausmaße. Einem internen Bericht der US-Bundespolizei FBI zufolge finden in der Jelzin-Zeit allein in den Vereinigten Staaten 317 Treffen »zwischen Repräsentanten der russischen Mafia und Top-Offiziellen des inneren Kreises« um den russischen Präsidenten statt; wie viele Treffen es in Russland selbst sind, ist nicht einmal zu erahnen.[6] Banditen und Kriminelle fühlen sich als die wahren Herren des Landes. Berater aus den USA und Westeuropa, vor allem die berüchtigten »Harvard boys«, also US-Experten mit jeder Menge theoretischem Wissen, aber ohne praktische Russland-Erfahrung, verordnen dem sowjetisch geprägten Land im Auftrag Jelzins einen neoliberalen Wirtschaftskurs wie aus dem Lehrbuch. Dabei verkennen sie die Besonderheiten des Landes und die Begehrlichkeiten seiner Elite. Während der mit teuren Automobilen, Privatflugzeugen und Jachten zur Schau gestellte Reichtum einzelner ins Unermessliche steigt, nimmt die Armut der breiten Masse bedrohliche Züge an. Rentner, die zu Sowjetzeiten immerhin ein karges Auskommen hatten, müssen in Mülltonnen nach Essensresten suchen. Jelzin und seine »Harvard boys« machen das linke Parlament und in den Augen der Menschen damit auch die Demokratie für alle Probleme verantwortlich.

Der Verfall des Ölpreises Ende der 1990er Jahre trifft die russische Wirtschaft hart; dem Staat entgehen Milliardensummen. Im August 1998 ist der russische Staat zahlungsunfähig. Die Wirtschaft bricht zusammen. Binnen Stunden sinkt der Wert des Rubels dramatisch, Millionen Russen verlieren ihre Ersparnisse. Weltweit stürzen die Aktienkurse. Anleger im Westen machen ebenso große Verluste wie viele Firmen, die in Russland investiert haben. Schätzungen zufolge kostet der Staatsbankrott Russlands im fernen Deutschland 50 000 Menschen ihre Arbeitsplätze.[7]

Der August 1998 ist für die Menschen in Russland ein Wendepunkt: Das beinahe feudale Modell, das man ihnen zu Unrecht als Demokratie und westlichen Weg verkauft hat, ist gescheitert. Die alten Apparatschiks haben einen Kapitalismus geschaffen, der genau dem Zerrbild entsprach, das die Partei ihnen einst eingebläut hatte: ein ausbeuterisches, menschenverachtendes System ohne feste Regeln und Moral. Der Volksmund macht aus der Demokratie, der Herrschaft des Volkes, die »Dermokratie« – die Herrschaft der Exkremente.

Die Zügel drohen Jelzin aus der Hand zu gleiten; immer mehr Beamte und Politiker kündigen ihre Loyalität auf, um im Falle eines Machtwechsels auf der richtigen Seite zu sein. Es scheint nur noch eine Frage der Zeit, wann die Opposition endgültig das Ruder übernimmt. Dann wären das gewaltige Vermögen und sogar die Freiheit Jelzins und seiner Vertrauten in Gefahr. In dieser Not treffen die Männer um den greisen Präsidenten und seine Tochter Tatjana eine Entscheidung, die sich seit langem angebahnt hat, und die schicksalhafter ist, als sie selbst es ahnen können: Sie gehen ein Bündnis mit dem Sicherheitsapparat ein – vor allem mit dem Geheimdienst FSB, dem Nachfolger des berüchtigten KGB. Nur noch die Geheimdienstler können der »Familie«, so offenbar das Kalkül, eine Sicherheitsgarantie geben. Dies ist einer der Schlüsselmomente für das Verständnis der Umwälzungen im heutigen Russland: Jelzin und seine »Familie« haben sich selbst und das, was sie Demokratie nennen, derart diskreditiert, dass sie ausgerechnet einen Pakt mit jenen Kräften eingehen müssen, in denen sich der Geist des alten bolschewistischen Systems wohl am stärksten und reinsten erhalten hat. Die weitere

Entwicklung ist damit zu einem nicht unwesentlichen Teil vorgegeben. Als sie den Geist der Vergangenheit und des KGB aus der Flasche lassen, hoffen Jelzins Vertraute offenbar wie Goethes Zauberlehrling, die Kräfte, die sie rufen, beherrschen zu können. Sie unterliegen einem folgenschweren Irrtum.

Putins bombiger Auftakt Im Jahr 1999 zweifelt fast niemand daran, dass die Tage von Jelzin und seinem Clan gezählt sind. So nimmt es auch kaum jemand wichtig, als der alte, kranke Mann im August mit zittriger, lallender Stimme und aufgeblähtem Gesicht wieder einmal einen neuen Ministerpräsidenten präsentiert: den Blondschopf aus dem Petersburger Hinterhof, der sich mit Stärke ganz nach oben durchgeboxt hat: Wladimir Putin, als Chef des Geheimdienstes nur politisch Interessierten bekannt. Im Parlament machen sich die Abgeordneten über den Neuen lustig, sprechen ihn mit »Wladlenowitsch« an, eine Anspielung auf den aus »Wladimir« und »Lenin« zusammengesetzten, früher populären Vornamen Wladlen. Eine Zeitung bescheinigt Putin den »Charme eines getrockneten Haifischs«. Mit seiner bleichen, stets etwas gequält wirkenden Miene tritt Putin auf wie ein Schauspieler, der eine Rolle spielt, die ihm nicht behagt. Der Neue habe sich lange geziert, erinnert sich der Oligarch Boris Beresowski, damals einer der Königsmacher Putins, einige Jahre später dessen Intimfeind. Beresowski zufolge wäre Putin viel lieber Chef von Gasprom geworden, dem gigantischen russischen Gaskonzern.[8] Ein Wunsch, den man ihm bis heute nachsagt.

»Der Neue« hat der Jelzin-Familie kurz zuvor seine Treue glaubhaft bewiesen: Als Generalstaatsanwalt Juri Skuratow 1999 plötzlich gegen die Familie des Staatschefs ermittelt, wird er von Geheimdienstchef Putin zu einem Treffen einbestellt. Der spielt ihm eine Video-Kassette vor, die einen dem Chefankläger auffallend ähnlich sehenden Mann mit zwei nackten jungen Damen in Posen zeigt, die mit einem hohen Amt kaum zu vereinbaren sind. Putin habe ihn vor die Wahl gestellt, berichtet Skuratow[9]: »Entweder du brichst die Ermittlungen ab – oder der Porno-Streifen läuft in den Nachrichten.« Nach dem Treffen mit Putin wird Chefankläger Skuratow mit einer Herzattacke in ein Krankenhaus eingeliefert. Weil er nicht klein beigibt, läuft der Streifen im Staatssender RTR. Tagesgespräch sind nun nicht mehr Korruption und Misswirtschaft, sondern die Sitten des Generalstaatsanwalts, der später zurücktreten muss. Der Direktor der staatlichen Medienanstalt WGTRK, deren Sender die anstößigen Bilder ausstrahlte, wird nach Putins Wechsel in den Kreml Kultusminister.

Als der greise Jelzin Putin kurz nach dessen Ernennung zum Ministerpräsidenten auch zu seinem Thronfolger ausruft, fassen die meisten Wahlforscher das als politisches Todesurteil für den Neuen auf: »Zar Boris« ist derart unbeliebt, dass sein Segen alles andere als imagefördernd ist. Bei Meinungsumfragen erzielt Putin Beliebtheitsraten knapp über dem Gefrierpunkt. Die meisten Wahlforscher sind sich einig: Nur ein Wunder oder eine Katastrophe kann noch die Wende bringen. Einige Wochen später kommt es zur Katastrophe: Im Dezember 1999 explodieren in Bujnaksk, Wolgodonsk und Moskau etliche Bomben in Wohnhäusern. Mehr als 300 Menschen sterben. Die Anschläge sind für die Russen, was der 11. September 2001 für die Amerikaner ist: ein gewaltiger Schock, eine Zeitenwende. Die Menschen sind in Angst und Schrecken, fühlen sich nicht mehr sicher in ihren Wohnungen. Niemand spricht mehr über Jelzins Vetternwirtschaft, die wirtschaftliche Misere, die Armut – alle reden von Terrorismus, von Gefahr fürs Vaterland. In den Medien werden Tschetschenen verdächtigt. Der neue Ministerpräsident Putin ist ständig im Fernsehen zu sehen und verspricht: »Ich werde die Terroristen auch auf dem Abort abmurksen.« Der kleine, schmächtige Junge aus dem Petersburger Hinterhof weiß, dass es auf Stärke ankommt. Und auf starke Töne. Er lässt russische Truppen in Tschetschenien einmarschieren: Es ist der Beginn des zweiten Tschetschenien-Krieges. Binnen weniger Wochen wandelt sich der unscheinbare Mann mit den kühlen Augen im Bewusstsein der Russen vom Ziehsohn des korrupten Jelzin-Clans zum Hoffnungsträger und Retter Russlands vor dem Terrorismus. Zweieinhalb Jahre später behauptet der inzwischen in Ungnade gefallene damalige Putin-Vertraute Boris Beresowski, der russische Geheimdienst habe die Bombenexplosionen inszeniert, um die innenpolitische Stimmung zugunsten Putins zu wenden.[10] Triftige Beweise kann er nicht vorlegen. Doch es gibt eine lange Liste von Merkwürdigkeiten. So verkünden die Behörden in Rjasan bei Moskau am 22. September 1999 stolz, sie hätten eine Bombe in einem Wohnhaus gefunden und einen Anschlag verhindert. Doch als die Spuren der Ermittler plötzlich statt nach Tschetschenien zum Geheimdienst führen, heißt es, alles sei nur eine Übung gewesen. Einer der Anwälte, der die Opfer vor Gericht vertritt, kommt unter merkwürdigen Umständen selbst hinter Gitter. Mehrere Zeugen verschwinden spurlos. So lange die russischen Behörden die zahlreichen Verdachtsmomente nicht entkräften können, wird nicht zu widerlegen sein, dass der Geheimdienst in die Anschläge verwickelt war. Jedenfalls hätte Wladimir Putin ohne den Bombenterror und den Tschetschenien-Krieg, der ihm folgte, kaum zum Präsidenten Russlands aufsteigen können.

So aber klettert die Zustimmungsrate zu Putin kurz vor den Duma-Wahlen im Dezember auf mehr als 50 Prozent. Der Tschetschenien-Krieg ist das zentrale Thema im Wahlkampf; Kritik an Putin von der Opposition weist die Regierung als »unpatriotisch« zurück. Die neu gegründete Putin-Partei »Einigkeit« kommt mit 23,2 Prozent auf Platz zwei hinter den Kommunisten: Die politischen Rivalen klagen über massive Propaganda, Rufmordkampagnen und heftige Schützenhilfe der Behörden. Jelzins »Familie« veranlasst das Wahlergebnis zu einem ungewöhnlichen Schritt: 13 Tage nach der Wahl erklärt der greise Präsident am Silvestertag 1999 mit Tränen in den Augen seinen Rücktritt. Laut Verfassung hätte er bei den bevorstehenden Neuwahlen ohnehin nicht mehr kandidieren dürfen. So aber kann Putin Jelzins Nachfolge antreten und startet dadurch mit einem entscheidenden Vorteil in den Wahlkampf: Als geschäftsführender Präsident kann er nicht nur auf den in Russland enormen »Zaren«-Bonus setzen, sondern hat auch die gesamte Staatsmaschine unter Kontrolle – kein unwesentlicher Faktor in einem Land, in dem bis heute in gewissem Grad der Ausspruch Stalins gilt, wonach nicht entscheidend ist, wem die Wähler ihrer Stimmen geben, sondern wer die Stimmen auszählt.

Putins Wahlkämpfer entwerfen das Image des früheren KGB-Oberstleutnants am Reißbrett. Ob man Waschpulver oder Politiker verkaufe, mache keinen großen Unterschied, sagt einer von Putins Beratern, ein Moskauer Werbefachmann, der zuvor Fernseher unter das Volk brachte.[11] Die Pose ersetzt die Politik, die Show die Inhalte – eine Strategie, die sich Putins Wahlkämpfer wohl im Westen abgeschaut haben. Von Journalisten nach seinem Programm befragt, antwortet der Kandidat: »Das sag ich Ihnen nicht.« Was hierzulande ein Eigentor wäre, erweist sich in Russland als geschickter Schachzug: Vom Kommunisten bis zum Antikommunisten, vom Atheisten bis zum Orthodoxen – Putin ist für jedermann wählbar. Mit 52,9 Prozent der Stimmen gewinnt er im März 2000 die Präsidentschaftswahl; die Opposition wirft ihm Wahlfälschungen vor.

Mit seiner ersten Amtshandlung im Kreml macht Wladimir Putin schon am 31. Dezember 1999 deutlich, was das Hauptmotiv des Jelzin-Clans für die Übergabe der Macht ist: Der neue Interimsstaatschef garantiert seinem Vorgänger per Ukas völlige Straffreiheit, auch für die Zukunft; später lässt er den Erlass zum Gesetz machen. Putin ist der Garant dafür, dass die erweiterte »Familie« Jelzins für die mutmaßlichen Korruptionsvergehen, die sie begangen hat, nicht zur Rechenschaft gezogen wird. Seit der ehemalige KGB-Offizier in Sankt Petersburg seinem früheren Chef, dem Bürgermeister Anatoli Sobtschak, auch nach dessen Abwahl eisern die Treue hielt und kurz vor Sobtschaks geplanter Festnahme offenbar sogar dessen Flucht nach Paris organisierte, gilt Putin als jemand, auf den Verlass ist. Vieles spricht allerdings dafür, dass die »Familie« als zusätzliches »Faustpfand« für Putins Treue kompromittierendes Material über den Präsidenten in Händen hält. Generalstaatsanwalt Skuratow erinnert sich später, dass Putin ihm, als er ihn mit den Pornoaufzeichnungen konfrontierte, sagte, auch gegen ihn selbst gebe es solches »Kompromat«.

Als Wladimir Putin an die Macht kommt, sitzt seit knapp einem Jahr ein neuer Hausherr im deutschen Bundeskanzleramt, der mit dem Anspruch angetreten ist, dass für »Saunafreundschaften« in den deutsch-russischen Beziehungen kein Platz sei: Gerhard

Schröder hatte im Wahlkampf die enge Beziehung zwischen Helmut Kohl (CDU) und Boris Jelzin heftig kritisiert und einen nüchtern-pragmatischen Neuanfang angekündigt. Als Putin zunächst ins Moskauer »Weiße Haus« am Moskwa-Ufer und später in den Kreml einzieht, herrscht Eiszeit zwischen Deutschland und Russland.

Demokratie à la KGB –
Andropows Zauberlehrlinge

Viele glauben an einen Scherz. Es ist der 18. Dezember 1999, der Tag der »Tschekisten«, wie die Geheimdienstler in Russland in Anlehnung an die Vorgängerorganisation des KGB, die berüchtigte »Tscheka«, genannt werden. 13 Tage, bevor er offiziell die Geschäfte im Kreml übernimmt, spricht Wladimir Putin als Ministerpräsident in der Geheimdienstzentrale vor Kollegen. Die Fernsehbilder von dem Auftritt wirken grobkörnig und leicht verschwommen, als handele es sich um Aufnahmen mit der versteckten Kamera. »Erlauben Sie mir, Bericht zu erstatten, dass die von Ihnen in die Regierung abkommandierten Mitarbeiter des FSB ihre Aufgabe erfolgreich erfüllen«, eröffnet Putin seinen Geheimdienstkollegen – in Anspielung auf das verbreitete Gerücht, der Geheimdienst plane seit langem eine schleichende Machtübernahme im Kreml. Die Agenten klatschen begeistert, und viele im Lande lachen.

Jahre später ist den meisten das Lachen vergangen. Was nach diesem Vortrag geschah, zeigt: Putins Worte waren kein Witz; das Land sei »blitzartig unter die Kontrolle der Geheimdienste geraten«, so der KGB-Kenner Sergej Tschesnokow.[1] Im Nachhinein hält es auch niemand mehr für einen Zufall, dass Putin im Dezember 1999 am früheren KGB-Sitz am Moskauer Lubjankaplatz, dem heutigen FSB-Hauptquartier, die Gedenktafel für Juri Andropow wieder anbringen ließ: Das 1984 angebrachte Konterfei war nach dem Augustputsch 1991 entfernt worden.

Wie Putin war auch Andropow 1982 aus dem Chefsessel des Geheimdienstes in das mächtigste Amt im Staat gelangt. Genau wie Putin einst die Wende in der DDR erlebte, wurde auch Andropow Augenzeuge eines Umbruchs, der ihn sehr stark prägte: Als Botschafter erlebte der asketische Funktionär den ungarischen

Volksaufstand 1956. Aus Angst vor den Aufständischen soll er sich im Keller der Budapester Sowjetbotschaft versteckt gehalten haben. Dieses Ohnmachtgefühl, seine Angst vor einem Umsturz von unten und die Erfahrung, dass das sowjetische System nicht so stabil war, wie er gern geglaubt hätte, prägten Andropow ein Leben lang. Der Generalsekretär mit dem fahlen Gesicht und dem Röntgenblick war, als er nach 15 Jahren an der Spitze des KGB an die Macht kam, durch und durch Geheimdienstler – ebenso wie Putin, der seine beruflichen Erfahrungen beim »Komitee für Staatssicherheit«, wie der KGB übersetzt hieß, sammelte, bis er Anfang der 1990er Jahre in die Politik wechselte.

Bürgerrechtler und Russland-Experten denken beim Namen Andropow zuerst an den Ost-West-Konflikt, die Unterdrückung von Andersdenkenden und einen weiteren Ausbau des Überwachungsstaates. Die Kontrolle unter ihm ging so weit, dass Kinobesucher überprüft wurden, um auszuschließen, dass sie die Arbeit schwänzten. Weil er angeblich hinter der Erschießung von Hunderten Dissidenten in Ungarn 1956 stand, bekam Andropow den Spitznamen »der Metzger von Budapest«. In den Augen vieler Sowjetbürger dagegen steht Andropow für eine Epoche, in der zumindest der Versuch unternommen wurde, für Ordnung und Disziplin im Lande zu sorgen. Die Geheimdienstmänner galten damals als Elite im Land. Sie stachen durch bessere Bildung, einen gepflegteren Umgangston und eine geringere Anfälligkeit für allgegenwärtige Laster wie Schlendrian und Alkoholismus aus der breiten Masse hervor. Andropow erkannte die Fehler des bolschewistischen Systems. Aber er erlag dem Irrglauben, an der Krise sei nicht das System selbst schuld, sondern die mangelnde Umsetzung.

In diesem Sinne setzt Putin heute das um, was Andropow Anfang der 1980er Jahre als schwerkranker Mann begann, aber wegen seines frühen Todes nach nur 15 Monaten im Amt nicht vollenden konnte. Putin ist kein Sowjet-Nostalgiker, der die Sowjetunion oder den Kommunismus als Gesellschaftsform wiederherstellen möchte. Im Gegenteil. Auch wenn die Worte des Präsidenten nur bedingt etwas über seinen Standpunkt verraten, weil sie in KGB-Tradition oft eher der Verschleierung als der

Aufklärung von Sachverhalten und Absichten dienen, legen seine Handlungen doch den Schluss nahe, dass der Staatschef die Sowjetunion und vor allem ihre sozialistische Planwirtschaft für ineffektiv hält. Somit ist er durchaus aufrichtig, wenn er versichert, es gebe kein Zurück in Richtung UdSSR.[2]

Was wie eine Entwarnung klingt, ist in Wirklichkeit eher das Gegenteil: Ganz auf den Spuren seines Vorbilds Andropow scheint Putin zutiefst überzeugt davon, dass nicht eine Überdosis, sondern ein Mangel an Behördenmacht das Lenin'sche System scheitern ließ. Statt den Apparat zu verschlanken, verstärkt er ihn. Statt politische Konkurrenz und Meinungsvielfalt zuzulassen, setzt er auf das De-facto-Monopol einer Partei – heute »Einiges Russland« statt KPdSU. Er bekämpft die Andersdenkenden, baut auf Repression statt auf Argumente, auf das Vorgaukeln von Demokratie statt auf Volksherrschaft. Wie einst unter den Generalsekretären der KPdSU ist es wieder ein kleiner Zirkel von Eingeweihten, der heimlich im Kreml die Entscheidungen trifft: ohne irgendjemandem Rechenschaft abzulegen, ohne unterschiedliche politische und gesellschaftliche Gruppen in den Prozess der Entscheidungsfindung einzubinden. Kritik am Präsidenten gilt als Majestätsbeleidigung.

Zu den Folgen der politischen Inzucht à la Sowjetunion und KGB gehört die Angst, Verantwortung zu übernehmen. Diese Angst nimmt oft groteske Züge an – etwa wenn im Gebäude des Moskauer *Focus*-Büros nach einem nächtlichen Wasserrohrbruch im 17. Stock das Wasser langsam eine Etage nach der anderen überflutet – weil der staatliche Wachmann sich nicht traut, ohne Erlaubnis seines Chefs die Speichertür aufzuschließen, hinter der sich der Absperrhahn befindet.

Im Kreml ist die Entscheidungsfreude oft nicht größer. So bestellte Putin auf dem Höhepunkt des Gas-Krieges mit der Ukraine plötzlich die Unterhändler beider Seiten auf seinen Landsitz und kanzelte sie vor laufender Kamera ab wie Schuljungen. »Er verhielt sich wie ein General, der seinen Soldaten den Marschbefehl gibt und dann, wenn sie unerwartet auf Widerstand stoßen, so tut, als wisse er von nichts und sie schimpft, dass sie losgelaufen sind«, empört sich ein Beamter anonym. Auch wenn keine Krise herrscht, versteckt sich der Präsident hinter der Regierung, die zwar wenig zu sagen, aber alles zu verantworten hat.

»Durch die Übernahme der alten bolschewistischen Methoden war der Kremlherrscher zur Niederlage verurteilt«, urteilte der verstorbene Historiker Dmitri Wolkogonow über Andropows Situation im Jahr 1983.[3] Doch seine Analyse trifft auch auf die Gegenwart zu. Die »Fundamente des Lenin'schen Systems«, die Wolkogonow zufolge zum Untergang der Sowjetunion führten, decken sich fast hundertprozentig mit den Grundpfeilern von Putins Politik: Lügen, Geheimniskrämerei, Informationskontrolle und Manipulation des öffentlichen wie privaten Bewusstseins. Putin nutzt im 21. Jahrhundert jene Bausteine als Fundament seiner Macht, die einst die Sowjetunion zum Einsturz brachten: einen allmächtigen Staatsapparat, allumfassende Kontrolle, den Geheimdienst, Zensur und Potemkin'sche Dörfer, eine monopolisierte Wirtschaft, Großmachtansprüche und militärische Stärke. Völlig vernachlässigt werden dagegen Bürgerrechte, Mitbestimmung und soziale Verantwortung für die Menschen.

Militarisierung der Macht Alles hatte ganz anders angefangen. Als Wladimir Putin zum Jahreswechsel 2000 in den Kreml einzog, war er dort mehr Hausverwalter denn souveräner Herrscher. Er hatte zwar nach außen hin die Verantwortung für Russland übernommen – aber wegen mangelnder Hausmacht noch nicht sonderlich viel zu sagen. Selbst bei zweitrangigen Entscheidungen musste er anfangs noch oft auf Jelzins »Familie« hören – wie bei der Ernennung des Generalstaatsanwalts. Doch langsam, fast unmerklich, aber mit System, umgab sich Wladimir Putin mit alten Kollegen. Nach einigen Jahren sind die entscheidenden Kommandopositionen in Politik und Wirtschaft heute mit Kadern aus dem Sicherheitsapparat besetzt. 150 Männer mit Geheimdiensthintergrund sitzen im Jahr 2006 auf Schlüsselpositionen in Politik und Wirtschaft.[4] 43,5 Prozent der Männer in der Umgebung Putins stammen aus dem Geheimdienst oder dem Militär, so die Sozialforscherin Olga Kryschtanowskaja.[5] Da jedoch nicht jeder

Geheimdienstler als solcher zu erkennen ist, dürfte der tatsächliche Anteil viel höher liegen.

77 Prozent der neuen Staatselite kommen aus der sowjetischen Nomenklatur. 1988 waren 5 Prozent der Regierung Uniformträger, 1999 sind es rund 20 Prozent. Unter Putin trug im Jahr 2003 fast jeder Dritte am Kabinettstisch Offiziers- oder Generalssterne. Unter den höchsten Entscheidungsträgern Russlands wuchs der Anteil der Geheimdienstler und Militärs von knapp 4,8 Prozent im Jahr 1988 auf 58,3 Prozent im Jahr 2002 – eine Steigerung um das Zwölffache. In fast allen Ministerien, allen wichtigen staatlichen Organisationen und in den meisten großen Unternehmen sitzen heute Geheimdienstler auf der Führungsebene – häufig offenbar als Aufpasser und Vollstrecker des FSB-Willens, so Kryschtanowskaja. Die Expertin spricht von einer »Militarisierung und Sowjetisierung der Macht« und einer »Militokratie«, also einer Herrschaft der Uniformierten.

Das »Komitee«, wie der berüchtigte Geheimdienst in der Umgangssprache genannt wird, war der bewaffnete Arm der Diktatur des Proletariats. Eingefleischte KGB-Kritiker sprechen gar von einem Monster, das sich die Partei erschaffen habe. Tatsächlich waren der KGB und seine Vorgängerorganisationen stets willfährige Werkzeuge der Partei zur Bekämpfung von Andersdenkenden und Abweichlern. Schon während der Ausbildung wurde den KGB-Offizieren ein sehr spezifisches Weltbild eingetrichtert: Es ist geprägt von Krisen, Kampf und Krieg – die quasi ihre Existenzberechtigung sind. Sie fühlen sich tendenziell von Feinden umzingelt, wittern überall Intrigen und Verschwörungen, fassen Kritik als Propaganda und Provokation auf und neigen dazu, alle Mittel der Gegenwehr für erlaubt zu halten. Die meisten sehen in der Niederlage im Kalten Krieg eine Schmach und sehnen sich nach Revanche.[6] Nachdem die kommunistische Partei das Land in den Bankrott geführt hat, wirkt es beinahe wie ein makabrer Streich der Geschichte, dass ausgerechnet die Zöglinge ihres bewaffneten Arms nun die Geschicke Russlands lenken. »Mit Putin hat die Denkart des KGB im Kreml Einzug gehalten«, klagen alte Weggefährten des Präsidenten.

Anders als in den meisten anderen früheren Ostblockstaaten hat es in Russland nie eine Abrechnung mit dem KGB gegeben. Nie stürmten Demonstranten die Geheimdienstzentralen wie in Ost-Berlin, Warschau und Prag. Gilt dort die Zusammenarbeit mit den »Organen« noch heute als Makel, so überstand der KGB die Wende weitgehend unbeschadet, wenn auch – durch einen Jelzin'schen Erlass – mit neuem Namen und einigen Abspaltungen. Der Inlandsgeheimdienst FSB verstand sich stets als Wahrer der KGB-Tradition. So wartete der Geheimdienst, das »Schild und Schwert« der Partei, in einer Art Dornröschenschlaf auf seinen Prinzen.

Das Wachküssen erfolgte in Raten. Im März 2003 verschafft Putin dem KGB-Nachfolger FSB Zuwachs: Die 210 000 Mann starken Grenztruppen und die Föderale Agentur für Regierungsfernmeldewesen und Informationen (FAPSI) stehen jetzt wieder unter dem Oberbefehl der »Lubjanka« – wie der KGB und der FSB nach ihrem Sitz am gleichnamigen Platz im Zentrum Moskaus genannt werden. Die Lauscher von der früheren FAPSI sind unter anderem für das Abhören von Telefonen und die Überwachung des Internets zuständig; letztere reicht vom Mitlesen von E-Mails bis zur Kontrolle der Surfbewegungen gewöhnlicher Nutzer. Alle russischen Internet-Provider müssen dem Geheimdienst auf eigene Rechnung rund um die Uhr den Zugriff auf den gesamten Datenverkehr ermöglichen, wodurch, so die Warnung des deutschen Verfassungsschutzes, »zwangsläufig auch ausländische Staatsangehörige in das Blickfeld des FSB« geraten und gezielt geheimdienstlich überwacht werden können.[7] Der FSB-Apparat vergrößert sich durch die Neuordnung um das Vierfache – von 80 000 auf 344 000 Mitarbeiter.

16 Monate später, im Juli 2004, unterschreibt Präsident Putin den »Erlass Nummer 870«. Weite Teile des Papiers bleiben geheim. Doch auch die veröffentlichten Absätze zeigen, dass der FSB wieder ähnliche Vollmachten hat wie einst der KGB. Der Geheimdienstchef hat von nun an Ministerrang. Kontrollen des mächtigen Apparats sind nicht vorgesehen. Nur der Präsident steht über dem Geheimdienst. Nach den Neuerungen darf der FSB nun selbst Ermittlungen der Justiz kontrollieren. Bereits aufgrund älterer Bestimmungen hat die Staatsanwaltschaft kein Recht, gegen Personen vorzugehen, die dem Geheimdienst »geheim Hilfe leis-

ten oder leisteten«; ebenso ist für die Strafverfolger alles tabu, was Aufschlüsse über »Organisation, Taktik, Methoden und Mittel« des FSB gibt.[8] Damit verfügt der Geheimdienst inklusive seiner Mitarbeiter faktisch über einen Freibrief, was Ermittlungen gegen ihn betrifft. »Es geht um einen Versuch, den KGB wiederauferstehen zu lassen«, sagt Anna Neistat, Direktorin des Moskauer Büros der Menschenrechtsorganisation Human Rights Watch: Die Nachricht habe ihr einen Schauer über den Rücken gejagt.[9]

Geheimdienstler sei man für das ganze Leben, bekannte der spätere Präsident im Juni 1999 als FSB-Chef. Viele hielten diese Worte für einen von Putins Scherzen – und wurden später eines Besseren belehrt. Der Putin-Vertraute Viktor Tscherkessow erklärt 2004 in einem viel beachteten Interview, dass im KGB keinesfalls Henker, Spitzel und Freiheitsunterdrücker gedient hätten, sondern mutige Kämpfer, die den Staat gegen jene verteidigt hätten, die »Instrumente eines fremden, bösartigen Willens« waren – womit er den Westen meint.[10] Vier Jahre nach Putins Amtsantritt sind Dissidenten und Regimegegner wieder die Bösen – und die KGB-Männer die mutigen Vaterlandsverteidiger, die das Sowjetreich vor den bösen Imperialisten schützten. Tscherkessow arbeitete gemeinsam mit Putin beim KGB in Sankt Petersburg. Dort ließ er als einer der letzten KGB-Gebietschefs noch Jagd auf Dissidenten machen, als im Rest des Landes bereits Glasnost herrschte. Heute ist er Chef der Anti-Drogen-Behörde, die im Volksmund »Drogen-Handels-Behörde« heißt und mit mehreren tausend Bewaffneten auch einen Machtfaktor darstellt.

Die Tschekisten, also Geheimdienstler, sind nach Ansicht Tscherkessows »starke und aktive Patrioten«, auf deren Schultern heute – wie früher – »die schwere Last der Bewahrung der russischen Staatlichkeit« liegt. Grundlage der neuen Staatlichkeit sei der »Tschekismus«, so der General. In dieser Ideologie ist der Staat alles, alles andere ist nichts. Wer gegen den Staat ist – also auch gegen den Geheimdienst, der den Staat schützt –, ist ein Feind Russlands. Nicht die allgegenwärtige Korruption, Gesetzlosigkeit und Willkür, gerade auch im Geheimdienst, sind demnach eine Gefahr für Russland – die wahre Bedrohung ist die Kritik an den »Geheimen«.

Natürlich kann man die Ansichten Tscherkessows trotz seiner engen Bande zu Putin als Privatmeinung abtun. Dagegen spricht allerdings, dass Vertreter dieser Weltanschauung heute im staatlich gesteuerten russischen Fernsehen und in den kremltreuen Medien sehr häufig zu Wort kommen, während viele Liberale vom Bildschirm verbannt sind. Dass dem Vaterland Gefahr drohe, dass Russland von Feinden umzingelt sei, das Bild von der »belagerten Festung Russland«, all dies gehört heute zu den Leitmotiven in Fernsehen, Funk und Presse – mit gefährlichen Folgen, auf die später noch einzugehen ist. Die Verklärung des KGB zur Elite innerhalb des Sowjetsystems ist nicht nur gefährlich, sie widerspricht auch den historischen Tatsachen – die allerdings nur vereinzelt ans Licht der Öffentlichkeit kommen, weil die Geheimdienstzentrale ihre Archive nach einer kurzen Phase der Öffnung Anfang der 1990er Jahre wieder geschlossen hat und »die Tschekisten mit allen Mitteln versuchen, die Wahrheit unter Verschluss zu halten«, wie Nikita Petrow von der Bürgerrechtsorganisation Memorial beklagt.[11]

In ihrem »Schwarzbuch des KGB« berichten der KGB-Überläufer Wassili Mitrochin und der britische Geheimdienstexperte Christopher Andrew eindrucksvoll von den internen, systemtypischen Schwächen des Dienstes: Selbst das Hören westlicher Popmusik wurde als große Gefahr für das Land betrachtet und kontrolliert – wodurch wertvolle Ressourcen gebunden wurden. Aber auch in anderen Bereichen verhedderte sich der Apparat hoffnungslos in unrealistischen Plänen, wie dem Versuch, Willy Brandt, Oskar Lafontaine und andere hohe westliche Politiker als Agenten zu rekrutieren. Solch unsinnige Unterfangen entsprangen der Grundüberzeugung des KGB, dass jedermann bestechlich oder erpressbar sei.

Da sich der KGB im freien Westen mit dem Anwerben von Agenten weitaus leichter tat als westliche Geheimdienste in den Überwachungsgesellschaften des Ostblocks, mangelte es der Ljubjanka nie an Informanten. Dafür fehlte es an der Fähigkeit, deren Informationen richtig auszuwerten und einzuschätzen. Aus Furcht, in Widerspruch mit der politischen Führung zu geraten, scheute der Geheimdienst etwa unter Stalin oder Chruschtschow davor zurück, notwendige Konsequenzen aus seinen Informationen zu ziehen. Auch zur Zeit des Kalten Krieges setzte der KGB stattdessen lieber auf Verschwörungstheorien – worin sein Nachfolger FSB es ihm allem Anschein nach gleichtut. Wie die Sowjetführung einst hinter dem Prager Frühling amerikanische Agenten sah und sich um keinen Preis vom Gegenteil überzeugen lassen wollte, so sehen die heutigen Herrscher im Kreml in der ukrainischen Revolution von 2004 das Werk des Westens und nicht das Resultat eines Versagens der politischen Führung und der eigenen, aus Moskau nach Kiew entsandten Wahlkämpfer. Eben diese kolossale Realitätsflucht hindert auch das System Putin daran, überlebenswichtige Schlussfolgerungen aus den eigenen Fehlern zu ziehen.

In den ersten beiden Jahren nach dem Zerfall der Sowjetunion werden rund 300 000 KGB-Mitarbeiter entlassen. Ein großer Teil von ihnen wechselt in die Wirtschaft. Dort lernen sie auf der einen Seite die angenehmen Seiten und den Komfort des westlichen Lebens schätzen und werden zu Anhängern eines wirtschaftlichen Liberalismus. Auf der anderen Seite aber bleiben sie ihrer alten nationalistischen, feindbild-geprägten Denkhaltung verbunden, die ihnen zu Sowjetzeiten von Politoffizieren vermittelt wurde. Der klassische Geheimdienstler ist weder links noch rechts, er ist in gewisser Weise jenseits jeder Politik im traditionellen Sinne – losgelöst von jeglichen Inhalten ist sie für ihn einzig und allein ein Kampf um die Macht. Ideologien, Überzeugungen und Grundsätze sind aus dieser KGB-spezifischen Perspektive nichts anderes als Tarnungen oder Nebelkerzen, die je nach Notwendigkeit eingesetzt werden – und die man bei Bedarf natürlich ebenso nach Gutdünken austauschen kann.[12] Es gibt zahlreiche Indizien dafür, dass zwischen den in die Wirtschaft gewechselten Geheimdienstlern und ihren aktiven Kollegen feste Verbindungen bestehen, die nicht immer legalen Charakter haben. So ist der Geheimdienst in zahlreiche Skandale verwickelt. Deutsche Staatsschützer warnten 1997 in einem Dossier davor, dass Mafia und Teile des FSB »symbiotische Beziehungen zum gegenseitigen Nutzen« eingegangen seien.[13]

»Der Geheimdienst spielt in allen Bereichen des öffentlichen Lebens wieder eine gewaltige Rolle«, so der KGB-Experte

Tschesnokow. Er warnte bereits im August 2000, fünf Monate nach Putins erster Wahl zum Präsidenten, vor einer Machtergreifung des Geheimdienstes – was sich heute fast wie eine erfolgreich umgesetzte Handlungsanleitung liest, sind in Wirklichkeit seine Vorhersagen von damals:[14]
- eine geheime, zuweilen auch offene Umverteilung des Eigentums,
- ein Wiedereinsetzen der so genannten »Ersten Abteilungen«, also eines Geheimdienstablegers, in Staatsbetrieben und Organisationen, über die der KGB zu Sowjetzeiten sämtliche Bereiche des öffentlichen und privaten Lebens kontrollierte,
- eine Wiederherstellung und Erweiterung eines Systems von Spitzeln in der Bevölkerung, die ihre Mitbürger kontrollieren,
- eine Aktivierung und Modernisierung des Geheimdienstes, unter anderem mit einem weit reichenden, »prophylaktischen« Ausspionieren der Bürger und vor allem derjenigen, die ins Augenmerk des Geheimdienstes geraten sind,
- die Wiederherstellung der im letzten Jahrzehnt verlorenen Kontrolle über die Medien als eines der entscheidenden Momente, um auf das Bewusstsein der Menschen einzuwirken,
- die Schaffung eines wirksamen Systems zur Kontrolle des Internets.

Auch wenn sich – zumindest bislang – nicht alle Prognosen Tschesnokows bewahrheitet haben, die Tendenz geht eindeutig in die von ihm aufgezeigte Richtung. Der KGB-Experte geht so weit, dass er Parallelen zieht zwischen der »Partei Andropows«, wie er den gewaltigen, auf 26 Millionen Menschen geschätzten Spitzelapparat des einstigen KGB-Chefs und Generalsekretärs des Zentralkomitees (ZK) der KPdSU nennt, und Putins aktivsten Anhängern sowie der heutigen Kremlpartei »Einiges Russland«. Die Spitzel hießen im KGB-Jargon »Seksoty«, was übersetzt so viel bedeutet wie »geheime Mitarbeiter« und in etwa dem entspricht, was in der DDR die »IM« waren, also inoffizielle Mitarbeiter der Stasi. Die Anwerbung dieser geheimen Mitarbeiter durch den FSB habe inzwischen, glaubt Tschesnokow, wieder Ausmaße erreicht wie zu Sowjetzeiten. Die These von der »Partei Andropows« als »Partei Putins« ist gewagt und mag überzogen sein. Tatsache ist jedoch, dass der Geheimdienst die wesentliche Stütze für das System Putin ist. Ohne »Agentur«, also das Netz von geheimen Mitarbeitern, sei kein Kampf gegen den »Banditismus« möglich, warnte der Präsident schon im März 2000.[15]

Wie zu Sowjetzeiten sind in Moskau wieder »Hausälteste« dafür zuständig, den Behörden alles »Ungewöhnliche« aus Treppenhäusern und Wohnungen zu melden – auch verdächtige neue Anwohner oder Gäste. In Saratow an der Wolga stehen die Straßen und das Umfeld der Häuser unter Aufsicht von freiwilligen Umweltschutz-Kontrolleuren.[16] In Jekaterinburg im Ural patrouillieren wie zu Sowjetzeiten »Druschniki« – freiwillige Helfer der Miliz. In einer privaten Moskauer Klinik klagen die Ärzte über eine strikte Kontrolle durch den Geheimdienst; dessen besonderes Interesse gelte Diagnosen und Befunden: Die Mediziner schicken Blutproben etwa für AIDS-Tests, wie sie für Ausländer vorgeschrieben sind, unter falschen Namen in die Labors ein, um die Anonymität ihrer Patienten zu schützen.[17] An den mehr als hundert Moskauer Hochschulen sollen 10 000 Freiwillige nach einer Kurzausbildung bei der Miliz ein Auge auf ihre Kommilitonen werfen und für Ordnung sorgen.[18]

Die neue Wachsamkeit hat Folgen. Im Januar 2006 vermeldet der FSB einen großen Coup: Nach sechs Monaten Beschattung habe der Dienst in einer »einzigartigen Aktion« vier britische Diplomaten »als Spione entlarvt«. Die Geschichte beherrscht tagelang die Nachrichten. Der FSB verwickelt sich zwar in absurde Widersprüche. Doch entscheidend ist offenbar, dass bei den Menschen eine Botschaft hängen bleibt: Die Briten sollen humanitäre Organisationen in Russland finanziert haben. Letztere haben nie einen Hehl daraus gemacht, dass sie Hilfe aus dem Westen bekommen. Doch was ganz legal ist, rücken die Medien durch den Spionageskandal in ein schiefes Licht: Die Bürgerrechtler und Kremlkritiker stehen jetzt wie Agenten des Westens und Feinde des Vaterlands da. Die Mehrzahl der humanitären Organisationen sei »gegründet, finanziert und unter Patronage der USA und ihrer Verbündeten bei der NATO«, sagt eine FSB-Sprecherin. Ins Visier gerät auch die angesehene Helsinki-Gruppe. Die nicht-staatlichen Organisationen (NGOs) weisen die Vorwürfe als »völligen Unsinn« zurück. Die Opposition hält die »Spionage-Affäre« nicht für Zufall: Sie kommt just in dem Moment ins Rollen, als im Ausland und auf russischen Websites heftige Kritik an einem Gesetzesprojekt laut wird, das die strikte Kontrolle von NGOs vorsieht – von Rechenschaftsberichten über Vereinssitzungen bis hin zu einem möglichen Verbot. Zuvor hatte Präsident Putin mehrmals scharf kritisiert, dass NGOs ausländische Gelder erhielten und eine derartige Einmischung unzulässig sei.[19] Nicht nur Bürgerrechtsorganisationen und Menschenrechtsgruppen sehen sich in ihrer Existenz bedroht: Das Spektrum reicht von Verbraucherverbänden über Selbsthilfegruppen bis hin zu Drogenprojekten – die jetzt allesamt ums Überleben bangen.

Spione wittern die Geheimdienstler an der Macht nicht nur in den humanitären Organisationen. Mehrere Wissenschaftler wurden in Prozessen unter Ausschluss der Öffentlichkeit zu hohen Haftstrafen wegen Spionage verurteilt. Als eine Geschworenen-Jury im sibirischen Krasnojarsk den Physiker Valentin Danilow freisprach, hob das Oberste Gericht das Urteil einfach auf. Anschließend wurde er wegen Landesverrats zu 14 Jahre Haft verurteilt, weil er seit langem veröffentlichte Informationen an eine chinesische Firmen weitergegeben hatte. Weil sie zu viel Verständnis für den Angeklagten zeigten, wurden in einem ähnlichen Fall Richter und Geschworene einfach ausgetauscht – obwohl das laut Gesetz verboten ist. In neuer Besetzung verurteilte das Gericht den Wissenschaftler Igor Sutjagin unter Ausschluss der Öffentlichkeit zu 15 Jahren verschärfter Lagerhaft. Der 41-jährige Mitarbeiter des renommierten Nordamerika- und Kanada-Instituts hatte amerikanischen Firmen Informationen über russische Waffensysteme verkauft. Auch in diesem Fall stammten alle Angaben aus frei zugänglichen Quellen; Sutjagin habe gar keinen Zugang zu Staatsgeheimnissen gehabt, betonte sein Chef. Darauf kam es aber offenbar nicht an, denn die Anklage lautete schlicht auf »Weitergabe von Informationen«, was Sutjagin nie bestritten hatte und wofür er nun 15 Jahre absitzen muss.[20] Menschenrechtler sprechen von einer Rückkehr der sowjetischen »Spionageparanoia«. Namhafte Wissenschaftler klagen im März 2006 in einem offenen Brief über »ein Klima der Verdächtigungen, der

Angst und der Unsicherheit«, das mit den »absurden Anklagen« absichtlich geschürt werde. Mühsam aufgebaute Kontakte für den wissenschaftlichen Austausch mit dem Ausland würden zerstört, eine ganze Reihe von Forschungsbereichen der Eigenfinanzierung beraubt.[21]

Auch im Ausland sind die russischen Geheimen fast wieder so aktiv wie zu Sowjetzeiten. Eines der bevorzugten Ziele ist die Bundesrepublik. Während Putin und Schröder ihre Freundschaft zelebrierten, beschrieben vertrauliche Analysen der deutschen Spionageabwehr eine frostige Stimmungslage: Putin lasse Deutschland in »äußerst aggressiver Manier ausspähen«, so ein Experte des Bundeskriminalamtes gegenüber *Focus*.[22] Moskau schickt immer mehr Agentenführer und Kundschafter nach Deutschland; sie sollen die politischen Parteien und ihre Spitzenleute durchleuchten, sensible Studien und Nachrichten aus Wirtschaft, Forschung, Verwaltung und Militär beschaffen, zumeist mit Hilfe bezahlter Spitzel. 130 russische Geheimdienstler sollen 2005 in Deutschland im verdeckten Einsatz gewesen sein, die meisten in Russlands Botschaft in Berlin sowie an den vier Generalkonsulaten in Bonn, Hamburg, Leipzig und München, wo ihr diplomatischer Status sie vor deutschen Ermittlungen schützt.

Auch deutsche Diplomaten und Geschäftsleute in Russland geraten offenbar immer öfter ins Visier der russischen Geheimen. Manager westlicher Hotelketten in Moskau klagen, es würden dreist Überwachungstechniken installiert, ohne dass sie sich wehren können. Die Bundesregierung beklagt Methoden wie im Kalten Krieg. Mehrfach versuchte der FSB demzufolge, Mitarbeiter der deutschen Konsulate und Geschäftsleute unter Hinweis auf angebliche Liebesaffären und außereheliche Fehltritte zur Kooperation zu bewegen.[23] Die deutschen Auslandsvertretungen in Russland werden »intensiv vom FSB überwacht und mit nachrichtendienstlichen Mitteln aggressiv bearbeitet«, heißt es etwa im Verfassungsschutzbericht 2003: »Auch gegen Geschäftsreisende, Firmenrepräsentanten oder Touristen, die nach Russland reisen, richten sich Kontroll- und Überwachungsmaßnahmen des FSB«. Umgekehrt versucht der Geheimdienst, russische Austauschstudenten nach ihrer Rückkehr aus Deutschland anzuwerben.

Im April 2006 planten die deutschen Dienste, ihre Abwehreinheiten gegen russische Spione weiter zu verkleinern, obwohl Fachleuten zufolge die Rücksicht gegenüber Moskau unter fachlichen Aspekten nicht geboten ist.[24]

Auch in der Politik sind die gefürchteten Methoden des KGB heute wieder allgegenwärtig: Geheimdienstaktionen treten an die Stelle der politischen Auseinandersetzung, etwa wenn Oppositionelle eingeschüchtert, bedroht und verprügelt werden. Verfassung und demokratische Werte sind zur Makulatur verkommen. »Als ich im Gefangenenlager saß und mich auf die Verfassung berief, lachte der Staatsanwalt nur«, erinnert sich der Dissident Kowaljow an Sowjetzeiten: »Die Verfassung, sagte er mir, die ist nicht für solche wie dich geschrieben, das ist für die Neger in Amerika, damit wir denen sagen können, dass wir Demokratie haben. Heute ist es wieder genauso.«[25]

Wie einst die Sowjets glauben auch die neuen Herrscher im Kreml, die Russen seien nicht reif genug, um das Schicksal ihres Landes selbst zu bestimmen. »Bei ihrer KGB-Tätigkeit haben sie verinnerlicht, dass die westliche Demokratie Augenwischerei ist. Für sie ist es unvorstellbar, dass das Volk sich seine Regierung selbst wählt. Es muss eben gelenkt werden.«[26] Insofern ist Wladimir Putin wohl aufrichtig, wenn er sich als Demokraten bezeichnet und versichert, er wolle in Russland eine Demokratie errichten. Er versteht darunter nur etwas völlig anderes als seine Gesprächspartner aus den westlichen Staaten. Im Westen hat man offenbar allzu schnell vergessen, dass sich auch die sozialistischen Staaten formal stets zur Demokratie bekannten – die DDR führte sie sogar in ihrem Staatsnamen.

Das ganze politische Leben in Putins Russland erinnere ihn an die Sowjetunion, sagt der Menschenrechtler Sergej Kowaljow: »Die Staatsspitze hat die absolute Macht, es gibt keine Kontrolle, alle wichtigen Entscheidungen werden von oben diktiert, ohne echte Diskussion.« Im wesentlichen, so die provokative Schlussfolgerung des wohl bekanntesten russischen Menschenrechtlers, unterscheide sich Putins Russland vor allem in zwei Belangen von der UdSSR: »Die neue Führung hat begriffen, dass sich Wahlen im demokratischen Schafspelz genauso gut steuern und manipulieren lassen wie die sowjetischen Wahlen, bei denen nur eine Partei zur Auswahl stand. Und man hat verstanden, dass man keine breit angelegten Repressionen und Verfolgungen Andersdenkender mehr braucht – es reicht, Exempel zu statuieren, mit dem Skalpell statt mit der Sense gegen Regimegegner vorzugehen, und die meisten Widersacher sind leichter zu kaufen als einzusperren.«

Die Kommunisten hielten sich wegen ihres ideologischen Anspruchs für überlegen und gaben sich keine große Mühe, ihre Menschenrechtsverletzungen zu verbergen – der Kampf gegen den Klassenfeind heiligte alle Mittel. Putins Russland habe keine Ideologie außer dem Macht- und Bereicherungsanspruch der Apparatschiks und müsse sich deswegen mehr Gedanken um eine »Maskerade für den Westen« machen, so Kowaljow: »Bei unseren Politikern ist im Kopf alles verdreht. Im Westen will man an der Macht bleiben, um seine Politik, sein Programm durchzusetzen. Bei uns geht es nur darum, an der Macht zu bleiben, und dazu ist jedes Programm recht.«[27] Man muss hier wohl entgegnen, dass eine ähnliche Tendenz auch in den westlichen Staaten auszumachen ist und Programme, Ideale und Überzeugungen immer öfter und stärker dem Instinkt des Machterhalts weichen.

Als 1999 die Kremlpartei »Einheit« aus der Retorte geboren wurde, erfolgten ihr Aufbau und die Auswahl ihrer Parlamentskandidaten nach Methoden, die durchaus die Handschrift von KGB und KPdSU erkennen ließen. Bis heute ist »Einiges Russland«, wie »Einheit« inzwischen heißt, weniger eine Partei im westlichen Sinne denn eine Kaderorganisation zur Unterstützung der Machthaber. Im März 2006 zählte »Einiges Russland«, zu deren erklärten politischen Zielen unter anderem die »Kontrolle über die Massenmedien« gehört, bereits mehr als eine Million Mitglieder.[28] Wer Karriere machen will in Putins Russland, und sei es in der Wirtschaft, ist gut beraten, in die Kremlpartei einzutreten; schon heute wird selbst in privaten Konzernen auf die Mitarbeiter bis hinab zum Abteilungsleiter sanfter Druck ausgeübt, das Parteibuch zu erwerben. Die führenden Köpfe von »Einiges Russland« fallen ebenso wie die meisten Männer an der Staatsspitze vor allem dadurch auf, dass sie nicht auffallen – eine typische Eigenschaft von

Geheimdienstlern, wenn man Verteidigungsminister Sergej Iwanow, selbst Geheimdienstgeneral, glaubt: »Ich kann nicht alles erzählen, was ich in der Agentenschule gelernt habe, aber uns wurde eingebläut, in der Menge nicht aufzufallen und zweitens professionell und viel zu reden, ohne dabei etwas zu sagen.«[29]

Der abtrünnige Abgeordnete Anatoli Jermolin berichtet, wie er gemeinsam mit Abgeordneten-Kollegen von einem der höchsten Präsidialamtsbeamten im Kreml zusammengestaucht wurde: »In absolut roher Form, ohne jede Möglichkeit zum Widerspruch, wurde uns gesagt, dass wir keine Volksvertreter seien, sondern für jeden von uns persönlich konkrete Leute aus dem Präsidialamt gebürgt hätten, so dass uns allen die Hände gebunden seien.« Als ein Abgeordneter Widerworte wagte und die Gesetzesvorlagen als »dumm, verfassungswidrig und schädlich für das Ansehen der Fraktion« bezeichnete, habe ihm der Kremlbeamte geantwortet: »Stimmt so ab, wie man es euch sagt, wir klären dann später alles!« Regelmäßig müssten die Abgeordneten von »Einiges Russland« im Kreml antreten und für Gesetze und Vorlagen stimmen, die sie gar nicht kennen.[30] Tatsächlich fühlen sich die Abgeordneten von »Einiges Russland« mehrheitlich offenbar weniger als Politiker denn als Teilchen des Staatsapparats. Die Fraktion erhielt sogar den Spitznamen »Pager«-Fraktion – nach den kleinen Funkgeräten, auf deren Display die Abgeordneten von »Einiges Russland« laut Kollegen Instruktionen erhalten, wann sie bei Abstimmungen die Hand zu heben haben.

»Was wir erleben, ist eine KGBisierung der Gesellschaft«, klagte der inzwischen verstorbene Alexander Jakowlew, einer der Väter der Perestroika.[31] Juri Afanassjew, der große Vordenker der Reformer, spricht von einem »Staatsstreich auf Raten und vor aller Augen, den keiner wahrnehmen will«. Anders als zu Sowjetzeiten fühlten sich die Geheimdienstler heute keinerlei Ideologie mehr verpflichtet – und damit auch keinem sozialen Gewissen. Der KGB-Experte Tschesnokow zieht ein düsteres Fazit: »Was den Putschisten gegen Gorbatschow 1991 misslungen ist, hat Putin erfolgreich umgesetzt: die Machtergreifung des KGB.«

Spiel ohne Regeln Es ist ein armseliges Aufgebot, das die Staatsmacht in den Kampf schickt. Die Sonne brennt auf den Asphalt, Staub beißt in den Augen. Stundenlang. Weil der Angreifer Verspätung hat. Als er endlich anrückt, werden Aufrufe zur Fahnenflucht laut: »Mama, ich habe Durst und bin müde. Wann darf ich endlich heim?«, klagt eine der Frontkämpferinnen. Sie trägt eine kurze Hose, einen Zopf und eine Zahnspange.

Die Staatsmacht hat Erstklässler in die Schlacht geschickt. Ausgerechnet hier, nur eine halbe Autostunde von Beslan entfernt, vor dem Kulturpalast der Metallarbeiter in Wladikawkas, im Juni 2005. Die Kinder sind die Bauern in einer Schachpartie der anderen Art. Der Angreifer: Garri Kasparow, der beste Schachspieler aller Zeiten. Heute will er ganz Russland zu seinem Spielfeld machen. Doch diesmal ist der Mann, der 15 Jahre lang Weltmeister war, der Außenseiter. Früher trieb oft schon sein durchdringender Blick Gegnern den Angstschweiß auf die Stirn. Seinem neuen Widersacher kann der Mann mit den buschigen Augenbrauen nicht mal in die Augen sehen: Er sitzt hinter riesigen Ziegelmauern im Kreml und nimmt ihn nicht wahr. Oder tut vielleicht nur so. Garri Kasparow tritt gegen Wladimir Putin an. Es ist die schwerste Partie seines Lebens.

Für einen Moment huscht ein Lächeln über Kasparows müdes Gesicht, als er vor dem Stahlarbeiter-Palast aus dem rostigen Kleinbus steigt, als er all die Kinder sieht und die Musik hört, die blechern aus den Lautsprechern donnert. Früher haben sie oft Musik gespielt und Kinder antreten lassen, wenn er anreiste. Zu seinen Ehren. Und so scheint Kasparow erst nach ein paar Sekunden aufzugehen, dass die Kinder und die Musik diesmal von seinem Gegner bestellt wurden. Um ihn in Schach zu halten.

Mit solch unerwarteten Zügen attackiert die Staatsmacht den 42-Jährigen mit der Nase eines Boxers und einem Gehirn wie ein Rechenzentrum ständig, seit er im März 2005 überraschend seine Schachkarriere beendete und ankündigte, dass er von nun an nur noch den König im Kreml matt setzen wolle. Das Geiseldrama von Beslan war sein politisches Erweckungserlebnis, sagt er.

Seit Monaten reist Kasparow, der es mit dem königlichen Spiel zu einem Vermögen gebracht hat, mit einem Tross von Beratern und Leibwächtern durch Russlands Regionen, um Anhänger für seine neu gegründete »Vereinigte Bürgerfront« zu gewinnen. Finanziert wird Kasparows vorgezogener Wahlkampf von Unternehmern, die aus Angst anonym bleiben wollen: Leute aus dem Yukos-Konzern[32] stünden hinter ihm, glauben seine Gegner. Ausgerechnet Kasparow, der die Schachwelt gespalten hat, will die chronisch zerstrittene Opposition einen: »Rechts, links, Kommunist oder Nationalist, das darf in diesen Tagen keine Rolle spielen. Solange es keine freien Wahlen gibt in Russland, müssen alle Aufrichtigen miteinander statt gegeneinander kämpfen – den Meinungsstreit um die richtige Richtung können wir beginnen, wenn es wieder faire Spielregeln gibt.«

Kasparow muss sich sein neues Spiel wohl anders vorgestellt haben. Damals, im Jahr 1985, als er dem Breschnew-Liebling Anatoli Karpow im Tschaikowski-Saal in Moskau die Schachkrone abnahm, mussten sich die Menschen die Eintrittstickets in endlosen Warteschlangen buchstäblich stundenlang erstehen. Heute kommt oft nur eine Hand voll Mutiger, wenn er sich ankündigt. Damals wurde Kasparow zum Symbol einer Generation, zu einem Aushängeschild für die Perestroika. Bei den schachbegeisterten Russen ist er bis heute so beliebt wie Beckenbauer in Deutschland. Aber er gilt auch als Rebell seiner Zunft, als egomanischer Chaot. Heute wirkt er einsam und fast ein bisschen fehl am Platz auf dem Gehsteig vor dem Kulturpalast in Wladikawkas. Am Schachbrett zwang Kasparow seine Gegner mit atemberaubenden Kombinationen in die Knie. Doch in seiner neuen Partie hilft ihm sein Intellekt wenig. »Meine Widersacher halten sich an keine Regel«, klagt der etwas zerknautscht wirkende Champion bitter und streckt die Hände zum Himmel, als bitte er um göttlichen Beistand: »Es ist, als ob dein Gegner die Schachfiguren nicht auf dem Brett zieht, sondern mit ihnen auf dich einschlägt.«

Kasparows Reisen gleichen absurdem Theater. Seine Fahrt durch den Kaukasus ist ein grotesker Hindernislauf durch das neue Russland. Wo immer das Flugzeug des Champions landen will, sind plötzlich Steine oder Kühe auf der Landebahn, beginnen plötzlich völlig unerwartet Reparaturarbeiten. So verbringt

Kasparow die meiste Zeit mit Warten. In den Sälen, in denen er auftreten soll, fällt entweder der Strom aus oder die Behörden entdecken plötzlich irgendwelche Baumängel und müssen die Räume dringend sperren – oder es kommt zu einem Wasserrohrbruch wie in einer Bibliothek in Rostow am Don – wo der Zeitpunkt der Havarie schon vorab auf einem Warnschild stand und sich der »Rohrbruch« auf einen eigens angebrachten Schlauch beschränkte, aus dem ein Rinnsaal auf den Gehsteig tröpfelte. Auf Schritt und Tritt wird Kasparow von Mitarbeitern des FSB verfolgt, die kein Geheimnis aus ihrer Anwesenheit machen. In Wladikawkas erkundigen sie sich bei Kasparows Mitarbeiter nach dem weiteren Programm: »Dürfen wir schon heimgehen oder macht ihr noch was?«

Die Medien boykottieren Kasparow. Entweder verschweigen sie seinen Besuch oder sie kürzen seine Aussagen so zusammen, dass nur vom Schach die Rede ist. In fast allen Regionen kommt es zu Szenen wie in Ulan-Ude, der Hauptstadt von Burjatien an der Grenze zur Mongolei. Um Fassung ringend erklärt der Moderator einer Talkshow kurz vor der Sendung seinem Gast Kasparow, er dürfe nicht live auf Sendung, das sei eine Anweisung von oben: »Sonst bin ich meinen Job los!«

In Stawropol, der Heimat Michail Gorbatschows, kommen Kasparows Gastgeber viel zu spät zum Flughafen, weil die Verkehrspolizei sie endlos kontrolliert. Die Stadtverwaltung verbietet dem Hotel, in dem Kasparow Zimmer reserviert hat, ihn einzuquartieren. Auch die anderen Hotels dürfen ihn nicht aufnehmen, überall ist angeblich alles ausgebucht – aber nur für Kasparow und seine Begleiter. Eine Reservierungsanfrage auf den Namen »Reitschuster plus fünf Begleiter« wurde bei den gleichen Häusern problemlos akzeptiert. Alle drei gemieteten und bezahlten Säle, in denen Kasparow sprechen soll, sind plötzlich geschlossen. Ein Treffen mit der Presse muss gestrichen werden, weil in dem dafür vorgesehenen Restaurant der Strom ausfällt – die Kühlschränke und Fernseher jedoch laufen einwandfrei. Die Chefkellnerin drängt Kasparows Begleiter aus dem Speisesaal: »Hauen Sie bloß ab, in Gottes Namen, sonst bekomme ich die größten Unannehmlichkeiten.« Sie nimmt nicht mal das Geld für die Getränke. Am Eingang zu dem Restaurant haben zwei Milizionäre Stellung bezogen und lassen niemanden hinein.

Einen Straßenzug weiter stehen Ordnungshüter bei einer Gruppe älterer Männer und Frauen mit Spruchbändern, auf denen steht: »Wir lassen nichts auf Putin kommen.« Ständig sprechen sie in ihre Funkgeräte. Als Kasparow das Hotel verlässt und weiterfährt, geben die Milizionäre der Gruppe ein Zeichen – sie rollen die Spruchbänder ein und gehen. Am Abend platzt ein Treffen mit Geschäftsleuten. Das Hotel quartiert Kasparow doch noch ein, nachdem er in Telefonaten so getan hat, als wolle er auf dem Zentralplatz der Stadt ein Zelt aufschlagen. Offenbar hat die Aussicht auf einen öffentlichkeitswirksam im Freien campierenden Weltmeister die Geheimdienstler, die seine Telefonate abhörten, mehr erschreckt als ein Hotelgast Kasparow. Spät in der Nacht schleicht sich eine der eingeladenen Geschäftsfrauen in die Hotellobby. »Wir wollten Sie sehen«, flüstert die Unternehmerin ängstlich: »Aber wir haben Drohbriefe unter der Wohnungstür bekommen, dass es Ärger gibt, wenn wir zu Ihnen gehen.«

In Machatschkala, der Hauptstadt von Dagestan am Kaspischen Meer, bittet der Direktor der örtlichen Schachschule den Champion händeringend, als Ehrengast zur Siegerehrung eines Kinderturniers zu erscheinen. Am nächsten Tag schickt er ihn jedoch mit einer falschen Adresse ans andere Ende der Stadt – den Kindern erzählt er, der Champion habe sie sitzen lassen. Von Eltern informiert, fährt Kasparow dennoch zu der Schachschule. Der Haupteingang ist verriegelt. Eltern öffnen dem Exweltmeister von innen den Hintereingang. Die Kinder jubeln, schreien vor Begeisterung. Der Direktor hat sich in seinem Kabinett verbarrikadiert. Als er den Jubel hört, kommt er heraus: Die Regierung habe ihm mit der Entlassung gedroht, wenn er den Großmeister zu seinen Schülern lasse, entschuldigt er sich: »Aber jetzt sind Sie da, jetzt ist mir das egal, jetzt will ich mich freuen, dass Sie da sind! Jetzt habe ich die Angst besiegt.«

Im Kulturpalast in Wladikawkas wollte sich der Exweltmeister eigentlich mit den Opfern des Massakers von Beslan treffen. Doch wie so oft sperrten ihn die Behörden aus, setzten den Vermieter unter Druck. Diesmal ist offiziell der Vorhang kaputt. Die

Tänzer, die gerade noch im Saal übten, wissen davon nichts. Als Kasparow ankündigt, das geplante Treffen auf den öffentlichen Platz vor den Palast zu verlegen, organisieren die städtischen Behörden eilig ein Kinderfest – offenbar um Kasparow zuvorzukommen und ihn zu übertönen. Mit tiefer, heiserer Stimme brüllt die Schachlegende gegen ein Lied über die Bremer Stadtmusikanten an: »Das ist der Gipfel des Zynismus, dass sich die Staatsmacht hinter Kindern versteckt, hier, bei Beslan.«

Kasparow ist umringt von Frauen in schwarzen Gewändern und mit roten Augen, die wie lebende Mahnmäler wirken: Es sind Hinterbliebene von Beslan-Opfern. Sie sind überzeugt, dass die Behörden bis heute die Wahrheit über das Massaker mit mehr als 300 Toten vertuschen. Von Kasparow erhoffen sie Aufklärung. Viele sind überzeugt, dass die Sicherheitskräfte die Explosion in der Turnhalle und damit den blutigen Sturm auf die Schule selbst auslösten, um weitere Verhandlungen mit den Terroristen zu verhindern – just in dem Moment, als Tschetschenen-Führer Aslan Maschadow sich aus dem Untergrund als Vermittler anbot.

Eine junge Frau läuft wütend auf einen der fünf Leibwächter Kasparows zu. Offenbar verwechselt sie ihn wegen seiner reichlichen Muskelausstattung mit einem der vielen Geheimdienstler auf dem Platz: »Wie viele Stunden wollen Sie unsere Kinder noch hier festhalten? Die sind doch fertig von der Hitze, können kaum noch stehen.« Ein Milizionär drängt die Frau hastig ab.

Die schwarz gekleideten Beslan-Hinterbliebenen erzählen, dass die Behörden vertuschen und versuchen, sie einzuschüchtern. Dass nachts Männer an ihre Türen klopfen und sie warnen, nicht mit Journalisten zu sprechen. Wenn sie es doch tun, kommen diese Männer wieder und verhören selbst kleine Kinder. Sie haben Angst vor ihrem eigenen Staat, sagen sie. Und sie hoffen auf Kasparow: »Helfen Sie uns, damit wir die Wahrheit erfahren, damit die Schuldigen bestraft werden. Damit sich so etwas nicht wiederholt. Nur das gibt unserem Leben noch Sinn, wenn unsere Kinder nicht ganz umsonst gestorben sind, wenn man wenigstens die nötigen Lehren zieht und sich so etwas nie wiederholt.«

Mit einem Mal zucke ich zusammen: Ich spüre einen Schlag auf der Schulter. Ein Ei prallt von mir ab und platscht auf den Asphalt.

Ein Querschläger – es hätte Kasparow treffen sollen, der ein paar Meter weiter mit seinen Anhängern spricht. Nur zwei Sprünge von mir holt einer der Eierwerfer, ein Halbwüchsiger, zu einer erneuten Attacke aus. Ich falle ihm ihn den Arm. Er starrt auf den Boden, wehrt sich nicht; er wirkt geistig abwesend, als hätte er Drogen genommen. Genau in diesem Moment rennen die Milizionäre, die gerade noch völlig untätig die Eier-Attacke beobachtet haben, auf mich zu. »Hier, das ist der Übeltäter«, rufe ich ihnen zu und bin überzeugt, dass sie sich den jungen Mann gleich schnappen werden. Doch die Ordnungshüter stürzen sich auf mich. »Lass sofort den Jungen los!«, schreien sie mich an, als wäre ich hier derjenige, der Unrecht getan hat. »Aber das ist doch der Eierwerfer! Sie müssen ihn festhalten, nicht mich«, sage ich. Der Halbwüchsige läuft davon, die Milizionäre sehen seelenruhig zu. Ich reiße mich los und renne dem Eierwerfer hinterher. Dabei hole ich meine Kamera aus der Tasche und versuche, den Rowdy zu fotografieren. Ein Mann in Zivil rennt auf mich zu, zerrt mich am Arm und versucht mich in den Polizeigriff zu bekommen. »Ich will den Täter fotografieren und Beweise sichern, lassen Sie mich los«, wehre ich mich. »Die Miliz beschützt die Täter«, schreit eine der Frauen in den Trauergewändern fast hysterisch: »Als ob der Tod unserer Kinder in der Schule noch nicht genug wäre!«

»Du Hure, was bildest du dir ein, wer du bist, du wirst jetzt gleich was erleben«, brüllt der Mann in Zivil mich an. Sofort kommt ihm ein Milizionär zur Hilfe, hält mich am anderen Arm fest und reißt mir die Kamera aus der Hand. Ein paar Meter weiter läuft der Eierwerfer seelenruhig durch die Reihen der Miliz davon.

»Das ist Widerstand gegen die Staatsgewalt«, herrscht mich der Mann in Zivil an. »Welche Staatsgewalt? Sind Sie Zivilfahnder? Oder vom Geheimdienst?«, hätte ich eigentlich zurückfragen sollen. »Was Sie da tun, ist Strafvereitelung im Amt und Behinderung der Presse«, sage ich stattdessen und kann mit Mühe meine rechte Hand losmachen und meinen Akkreditierungsausweis – ausgestellt vom russischen Außenministerium – zücken. Doch das Papier macht wenig Eindruck.

Ein Mann in einem weinroten Hemd, der sich gerade noch etwas abseits gehalten hat, kommt plötzlich auf mich zu und schreit mich unflätig an: »Geh zurück nach Deutschland und kommandier dort!«, brüllt er. Wie sich später herausstellt, handelt es sich um den Sprecher des nordossetischen Innenministeriums, zuständig für Kontaktpflege und Information der Presse.

Als die Eierwerfer etwas später vor den Augen der Ordnungshüter eine neue Attacke auf Kasparow beginnen, ballt der Champion die Hände zur Faust, zieht die Augenbrauen zu einem einzigen breiten, schwarzen Strich in seinem Gesicht zusammen und tut das, was schon am Schachbrett immer seine Stärke war: Er holt zum Gegenschlag aus – diesmal verbal: »Dieses Regime ist kriminell. Sie glauben, die Menschen seien dazu da, ihnen zu dienen, und es geht ihnen nur um persönliche Bereicherung«, schreit Kasparow, und seine Stimme verliert allmählich den Kampf gegen die Kinderlieder. »Der Kaukasus ist ein Pulverfass, das Putin absichtlich gefüllt hat, für seinen Wahlkampf. Das ist die Quelle des Terrorismus.« Kasparows Stimme versagt, er ringt nach Luft: »Wie Lenin und Stalin hetzen Putin und seine KGBler die Menschen gegeneinander auf, damit sie die eigentlichen Probleme nicht sehen. Nur indem sie Krieg schüren und Blut vergießen, halten sie sich an der Macht.«

Zwanzig Kilometer weiter, in Beslan selbst, ergeht es Kasparow nicht besser. Der Raum, den er angemietet hat, bleibt versperrt – wegen einer Kinder-Kinovorführung. Drei unrasierte, glatzköpfige Männer mit roten Backen und Mienen wie auf Fahndungsplakaten steigen gemeinsam mit Milizionären aus einem Jeep, springen auf Kasparow zu und schreien ihn an: »Wo warst du, als die Terroristen hier waren? Warum machst du Politik mit dem Tod von Kindern? Warum besudelst du dich mit Blut?« Immer wieder kommt es zu Handgreiflichkeiten, die Uniformierten stoßen die Mütter verstorbener Geiseln weg. Die Frauen schreien, weinen, einige geraten fast in Panik. »Das ist alles, was uns dieses Regime zu sagen hat, nur so kann es mit uns sprechen, das sind die Methoden von 1917«, erregt sich Kasparow in Anspielung an die Oktoberrevolution: »Mit dem Unterschied, dass sie heute dick gefüllte Bankkonten in der Schweiz haben. Seit 80 Jahren tun sie nichts als Feindbilder aufzubauen, Hass zu schüren, um von ihren eigenen Taten abzulenken.« Gegenüber steht Lenin auf einem abbröckelnden Fundament. »Sie haben einen großen Nachteil, Sie sind ein anständiger Mensch, und deshalb sind Sie denen nicht gewachsen«, ruft eine schwarz gekleidete Frau Kasparow zu: »Die haben vor allem Angst. Selbst vor uns, vor schwachen, trauernden Frauen.« Doch die Glatzköpfe übertönen die Schreie der Frauen. Wieder fliegen Eier. Und Tomaten.

Eine Frau fasst Kasparow an der Hand, spricht, ja schreit mit heiserer, sich ständig überschlagender Stimme: »Garri, wir sind mit Ihnen! Sechs Verwandte von mir sind gestorben, zwei wurden zu Krüppeln, und jetzt wird hier so ein Schauspiel aufgeführt, das ist unwürdig. Für uns Kaukasier steht die Gastfreundschaft über allem, was hier aufgeführt wird, ist eine Schande für uns alle!« Sie wischt sich mit einem Taschentuch die Tränen aus den Augen. Zwei andere Frauen ziehen Kasparow am Arm zur Seite: »Hier werden wir keinen Frieden finden, lassen Sie uns hinübergehen, zur Ruine der Schule, das ist ein heiliger Ort, da starben unsere Kinder, da werden sich diese Provokateure nicht hintrauen, vor so einer Sünde schrecken selbst sie zurück, das ist der einzige Ort, an dem wir noch sicher sind.«

Tatsächlich bleiben die Glatzköpfe und die Uniformierten 200 Meter vor der Ruine der Beslaner Schule stehen, als seien sie an eine unsichtbare Mauer gestoßen. Das Gebäude ist ein Schlachtfeld. »Warum hält man bis heute geheim, wer damals den Befehl zum Schießen gegeben hat? Warum wurde abgestritten, dass mit Panzern und Flammenwerfern auf die Schule geschossen wurde? Wer gab den Befehl?«, fragt Kasparow. Neben ihm steht Susanna Dudijewa und starrt ins Leere. Alles um sie herum sei für sie unwichtig, seit ihr zwölfjähriger Sohn in der Schule starb, sagt sie. Ihr schwarzes Kopftuch hat sie fast bis zu den Augenbrauen in die Stirn gezogen: »Solange die Wahrheit über Beslan nicht ans Licht kommt, wird der Terror kein Ende nehmen.« Vor den Männern in Moskau habe sie weder Angst noch Respekt, beteuert sie: »Was ist schon ein Amt? Wenn du dein Kind siehst, verbrannt wie ein Stück Holz, wenn du nicht mehr unterscheiden kannst, ob es ein Mädchen war oder ein Junge, dann verstehst du, dass kein Amt dieser Welt etwas zu bedeuten hat.«

Direkt vor der Turnhalle, wo die meisten Opfer ums Leben kamen, zupft ein zahnloser alter Mann mit dreckiger, viel zu weiter Hose den Schachmeister am Ärmel: »Ich hoffe, Sie haben gute Bewacher, denn Sie leben gefährlich«, zischt er und blickt sich ängstlich in alle Richtungen um: »Ich saß unter Stalin im Lager. Sie haben meinen Respekt! Lieber einen Tag leben wie ein Löwe als das ganze Leben wie ein Hase vegetieren.«

Am nächsten Tag berichten russische Medien, Kasparow habe versucht, aus der Tragödie von Beslan, mit dem Blut der Opfer, billig politisches Kapital zu schlagen und die Hinterbliebenen auszunutzen. Doch die Menschen in Nordossetien hätten das nicht mit sich machen lassen, und der Volkszorn habe sich spontan in Form von Eierwürfen entladen. »Niemals in seinem Leben hat der Schachkönig so eine Erniedrigung erlebt«, schreibt die staatliche Nachrichtenagentur RIA Nowosti: »Ohne diese Form rechtfertigen zu wollen, muss man eingestehen, dass die Emotionen der Eierwerfer nachvollziehbar sind.«[33] Durch die Reise nach Beslan habe Kasparow jene moralische Grenze überschritten, die Politiker von Demagogen trenne, denen alle Mittel recht seien: »Mit den Gefühlen der Opfer zu spielen, absichtlich die Glut im Kaukasus anzufachen, das ist eine schmutzige Sache. Ich denke, genau dafür hat Kasparow sein Rührei serviert bekommen.«

Farce statt Wahlen Um vom Staatsmann zum Staatsfeind zu werden, können ein paar Worte ausreichen. Von Januar 2000 bis Februar 2004 war Michail Kassjanow als Ministerpräsident der zweithöchste Mann in Putins Russland. Im Mai 2005 kritisierte der groß gewachsene Hüne mit dem tiefen Bass öffentlich den Staatschef und kündigte an, für die Präsidentschaft zu kandidieren. Fast über Nacht wurde er zur Unperson. Prompt leitete die Staatsanwaltschaft am 1. Juli 2005 Ermittlungen gegen den Expremier ein: Er soll im Jahr 2003 seine staatliche Luxus-Datscha im Wert von 27 Millionen Dollar für 370 000 Dollar privatisiert haben – was die Anklagebehörde offenbar wenig interessierte, solange Kassjanow dem Kreml nicht den Fehdehandschuh hingeschmissen hatte.

Kassjanows zweite politische Karriere abseits vom Kreml wurde zum Spießrutenlauf. Mal kann er seine Versammlungen wegen angeblicher Bombendrohungen nicht abhalten, mal blockiert die kremltreue Jugendbewegung »Die Unsrigen« den Eingang. Unternehmer, die den Expremier unterstützen, bekommen Ärger mit den Steuerbehörden und der Miliz. Als Kassjanow im Dezember 2005 zum Vorsitzenden der Demokratischen Partei Russlands gewählt werden soll, fühlt er sich plötzlich wie in einer abstrusen Burleske: Abtrünnige okkupieren in den Morgenstunden mit Unterstützung muskelbepackter Wachleute den Versammlungssaal im Moskauer »Haus der Sowjets«, verweigern allen Kassjanow-Anhängern den Zutritt, geben sich als die »echte« Partei aus und wählen einen ganz anderen Vorsitzenden.

Solche grotesken Inszenierungen stehen ganz in der Tradition des KGB, wie eine der wenigen Erzählungen von Wladimir Putin über seine Arbeit als KGB-Offizier nahelegt. In Petersburg, das damals noch Leningrad hieß und wo Putin von 1975 bis 1984 diente, wollten Dissidenten am Geburtstag von Zar Peter dem Großen aus Protest gegen die Sowjetmacht einen Kranz niederlegen. Sie hatten dazu Dissidenten und ausländische Journalisten eingeladen. Die Petersburger KGB-Männer standen vor einem Dilemma: Egal, ob sie mit Gewalt gegen die Aktion vorgehen oder sie erlauben würden – Schlagzeilen im Westen schienen garantiert. Der Ausweg, so Putin: »Man musste sozusagen hinter einer Ecke hervor agieren, so, dass auf keinen Fall die Ohren hervorstehen.« Abstehende Ohren – im KGB-Jargon ein Synonym für missglückte Geheimdienstaktionen, die nicht geheim bleiben. Die KGB-Agenten griffen laut Putin zu einem Trick: »Man organisierte selbst eine Kranzniederlegung, genau dort, wo die Journalisten hinkommen sollten. Dann holte man das Gebietskomitee, die Gewerkschaft, man ließ die Miliz alles absperren und marschierte dann selbst unter Musikklängen vor. Die Journalisten und die Diplomaten haben geschaut, haben ein paar Mal gegähnt und sind gegangen. Als sie alle weg waren, haben wir die Absperrungen wieder aufgehoben, bitte – jeder, der will, kann gehen. Aber natürlich war es für niemanden mehr interessant.«[34] Unverrichteter Dinge kehrten die Regimegegner um.

Dieses Prinzip der »doppelten Kranzniederlegung«, der inszenierten Farce, ist im heutigen Russland allgegenwärtig. Wo es nicht weiterhilft und sich Gegner nicht aussperren lassen, greifen die Machthaber zu handfesteren Methoden. So berichtet der frühere Vizepremier Boris Nemzow, bis vor kurzem Berater bei der privaten »Neftjanoi«-Bank, der Verbindungen mit Kassjanow nachgesagt werden, von einem Anruf aus dem Kreml Ende 2005: »Einer der engsten Vertrauten Putins, Igor Setschin, sagte mir: ›Es passt uns gar nicht, dass du mit der Opposition gemeinsame Sache machst. Dich können wir nicht einbuchten, du bist zu bekannt, da ist der Aufschrei im Westen zu groß. Aber deinen Chef können wir festnehmen. Wenn du nicht innerhalb von drei Tagen kündigst, kommt er in den Knast!‹«[35] Nemzow kündigt. Nachdem Kassjanow im Dezember 2005 die Gründung einer breiten demokratischen Opposition ankündigt, lässt die Staatanwaltschaft die Räume der »Neftjanoi«-Bank durchsuchen. Auch bei der MDM-Bank, deren Besitzer ebenfalls Kassjanow nahesteht, kommt es zu Durchsuchungen. Der Chef der »Neftjanoi«-Bank wird kurz darauf zur Fahndung ausgeschrieben, dem Kreditinstitut die Lizenz entzogen.

Als der Moskauer Satiriker Viktor Schenderowitsch im Herbst 2005 für ein Nachrückermandat in der Duma kandidiert, warnt ihn ein Mann mit besten Kontakten zur Regierung: Es stoße im Kreml auf Missfallen, dass er gegen die Machthaber antrete. Als Familienvater solle er sich Sorgen um seine Angehörigen machen – schließlich könnte seine Frau in einen Autounfall verwickelt werden.[36]

Dabei hätte der Kreml von seinen Widersachern kaum etwas zu befürchten, weil die Wahlergebnisse ohnehin zurechtgebogen würden, behauptet die Moskauer Opposition. Tatsächlich treibt die »gesteuerte Demokratie« manchmal absurde Blüten. So kam Präsidentschaftskandidat Achmat Kadyrow in Tschetschenien im Jahr 2003 in einigen Wahllokalen auf mehr als 100 Prozent.[37] Die Oppositionszeitung *Nowaja gaseta* veröffentlicht zehn Tage vor der Duma-Wahl im Dezember 2003 bereits das angebliche Endergebnis – nach »Vorgaben«, die ein Beamter im Präsidialamt der Zeitung zukommen ließ. Und tatsächlich ähnelt später das tatsächliche Wahlergebnis diesen »Vorgaben«. Die Opposition klagt über massive Manipulationen und Fälschungen bei den Wahlen. Unliebsame Kandidaten streichen die Wahlkommissionen zuweilen einfach von den Listen.

Ein Gesetz vom Juni 2002 verbietet Journalisten im Wahlkampf jede Analyse. Ein Mitglied der Wahlkommission erklärt den Sinn dieser Vorschrift: Wenn ein Kandidat mietfreies Wohnen versprochen hat, ist es statthaft, darüber zu schreiben. Nicht zulässig – da Analyse – wäre hingegen ein Hinweis darauf, dass derselbe Kandidat ein identisches Versprechen nach den letzten Wahlen gebrochen habe. Nach Ansicht des Chefs der Wahlkommission bedroht das neue Gesetz nicht die Meinungsfreiheit, sondern die Freiheit zu lügen.[38]

Die liberale Jabloko-Partei untersucht nach der Duma-Wahl 2003 die von den Wahlhelfern unterzeichneten Wahlprotokolle aus 14 065 Wahllokalen. In 2 648 Fällen stimmen die Ergebnisse nicht mit den später von der Zentralen Wahlkommission veröffentlichten überein. Insgesamt ergibt sich eine Differenz von 433 356 Stimmen.[39] In mehreren Wahllokalen werden Beobachter Zeugen, wie Unbekannte ganze Stöße von Wahlzetteln in die Urnen werfen.[40] Die OSZE bezeichnet die Wahl als frei, aber nicht fair.

Neue Gesetze erhöhen seit 2005 die Hürden für die Gründung und das Fortbestehen von Parteien. Die geplante Einführung elektronischer Stimmzählungsgeräte ohne nachprüfbare Wahlzettel öffne neuen Methoden der Wahlfälschung Tür und Tor, fürchten die Kommunisten, zumal für die automatische Stimmenzählung der Geheimdienst zuständig sei.[41] Der liberale Abgeordnete Wladimir Ryschkow ist überzeugt, dass die Idee freier und ehrlicher Wahlen völlig ad absurdum geführt werde und eine »Konterrevolution im Wahlsystem« im Gange sei.[42] Von den russischen Wählern glauben nach einer Umfrage vom Juli 2005 55 Prozent nicht daran, dass die Wahlen die Meinung des Volkes widerspiegeln; nur 31 Prozent sind der Auffassung, alles ginge ehrlich zu.[43]

Das Prügelmädchen des Kreml »Was soll mir schon passieren?« – mit einem entwaffnenden Lächeln beruhigte Marina Litwinowitsch jeden, der sie auf mögliche Gefahren ansprach. Nur die Melancholie in ihren Augen verriet, dass sie selbst nicht so recht an den eigenen Mut glaubte. Marina Litwinowitsch ist viel zu intelligent und viel zu lange im Geschäft, um sich der der drohenden Gefahren nicht bewusst zu sein. Die junge attraktive Frau zählt zu den klügsten und aktivsten Köpfen hinter der Moskauer Opposition. Im Frühjahr 2000 machte sie noch Wahlkampf für Putin. Der zeigte ihr, als sie hochschwanger war, schüchtern mit dem Zeigefinger auf den Bauch und wünschte, so wörtlich, »viel Erfolg bei der Sache«. Später wechselte Litwinowitsch die Fronten, beriet Yukos-Chef Michail Chodorkowski und gehörte bei den Präsidentschaftswahlen 2004 zum Stab von Putins Gegenkandidatin Irina Chakamada. Inzwischen berät sie Garri Kasparow, sammelt Unterschriften für den Rücktritt des Verteidigungsministers, betreibt die Internet-Seite »Die Wahrheit über Beslan« und bemüht sich um Aufklärung über das blutige Ende der Geiselnahmen in der Schule im Kaukasus und bei der Moskauer Musical-Aufführung »Nord-Ost«. Wer sich im heutigen Russland mit solchen Dingen befasst, erhöht damit nicht unbedingt seine eigene Sicherheit. Auch Marina Litwinowitsch erhielt immer wieder diskrete Warnungen, es sei besser für ihre Gesundheit, wenn sie die Arbeit für die Opposition aufgibt.

Der 20. März 2006 ist ein ganz gewöhnlicher Arbeitstag für die 31-jährige Mutter eines Sohns. Wie so oft ist es schon später Abend, als sie ihren Arbeitsplatz, das Büro von Kasparows »Vereinigter Bürgerfront« in einem alten Herrenhaus in der Moskauer Makarenko-Straße, verlässt. Draußen auf der Straße, kurz vor ihrem Wagen, spürt sie plötzlich einen Schlag auf den Hinterkopf und verliert sofort das Bewusstsein. Litwinowitsch erinnert sich, dass sie in stabiler Seitenlage aufwachte – so, wie man es bei Erste-Hilfe-Kursen lernt. Zwei Männer stehen neben ihr. »Sei in Zukunft vorsichtiger, Marina«, sagen sie.

»Was waren das für seltsame Leute? Woher kannten sie meinen Namen? Warum diese seltsame Mahnung, vorsichtig zu sein? Warum holten sie keine Hilfe? Warum waren meine Wertsachen unberührt, die Tasche mit dem Notebook nicht einmal aufgemacht? Warum lag ich in stabiler Seitenlage?« All diese Frage gehen Marina immer wieder durch den Kopf. Zwei Zähne hat sie bei der Attacke verloren. Ihr Gesicht und ihr Körper sind übersät mit Schrammen und Hämatomen. An den Beinen hat sie Prellungen und Blutungen. Das schlimmste sei, dass sie sich freue, sagt Litwinowitsch. Dass sie überlebt habe. Dass ihr hübsches Gesicht halbwegs wieder herzustellen ist und keine bleibenden Schäden zu erwarten sind.

Das Klima der Angst, das mittlerweile in Moskau herrscht, hat eine neue Qualität erreicht. »Ich wurde überfallen, weil ich versuche, die Wahrheit über die Geiselnahme im ›Nord-Ost‹-Musical in Moskau und das Kindermassaker von Beslan ans Licht zu fördern«, ist sich die junge Frau sicher. Der Überfall auf Litwinowitsch ist kein Einzelfall. Einer ganzen Reihe von Oppositionellen erging es ähnlich. Den demokratischen Politiker Iwan Starikow, ein Exhockeyspieler mit Oberarmen so breit wie Oberschenkel, prügelten Unbekannte im Oktober 2005 krankenhausreif. Auf dem Weg zu einer Pressekonferenz, auf der er Korruptionsfälle enthüllen wollte, fand er morgens einen Zettel vor seiner Wohnungstüre: »Wir wissen, wann und wo deine Tochter zur Uni geht; wenn du den Mund aufmachst, wirst du sie nicht wiedersehen.« Im Oktober 2003 wurde der kritische Journalist Otto Lazis niedergeschlagen. Im gleichen Jahr kam der kritische Duma-Abgeordnete und Mafia-Jäger Juri Schtschekotschichin unter mysteriösen Umständen ums Leben – eigenen Angaben zufolge war er wichtigen Enthüllungen auf der Spur, die endlich Licht in die Bombenanschläge auf Wohnhäuser im Herbst 1999 bringen würden.

Die Opposition ist überzeugt, dass die Übergriffe gelenkt sind. »Der Angriff auf Marina Litwinowitsch ist politisch motiviert, es geht darum, die Opposition einzuschüchtern«, glaubt Kasparow. »Die Handschrift der Regierung« macht Ex-Vizepremier Boris Nemzow bei der Attacke aus. Zu belegen sind solche Vorwürfe nicht, es gibt lediglich Indizien. Etwa dass die Angreifer nicht auf Beute aus sind, nicht einmal nach Wertsachen suchen. Dass ausgerechnet Kremlkritiker so häufig Opfer von Kriminalität werden. Dass die Miliz keinen Verfolgungseifer zeigt. Selbst wenn die

Opposition sich irrt und die Übergriffe nicht von oben gesteuert sind: Die staatlich gelenkten Medien und kremltreuen Politiker in Russland schüren eine Atmosphäre des Extremismus, des Hasses und der Intoleranz. Wer den Kreml kritisiert, wird zwischen den Zeilen schnell zum Faschisten, zum Agenten des Westens oder zum Volksfeind erklärt, ein Verdikt, das den Betroffenen unter Stalin für vogelfrei erklärte. So bereitet die staatliche Propaganda das Feld, auf dem Prügel und Angst vor Gewalt an die Stelle von Politik und Diskussion treten.

Wer tatsächlich hinter Attacken wie der auf Litwinowitsch steht, wird wohl niemals ans Licht kommen. Ebenso ungeklärt ist bis heute, wer im September 2000 dem Kiewer Journalisten Georgi Gongadse den Kopf abschnitt. Zuvor hatte sich der ukrainische Präsident Kutschma, wie heimlich mitgeschnittene Tonbandaufnahmen belegen, in unflätigen Worten über den unbequemen Journalisten ausgelassen und gegenüber seinen Vertrauten geäußert, es sei am besten, Gongadse von Tschetschenen entführen zu lassen, die dann ein unbezahlbares Lösegeld fordern sollten. Dabei gilt Kutschma unter seinen Kollegen im postsowjetischen Raum eher als Taube denn als Falke.

»Politische Huren« – unter dieser Überschrift kommentiert der bekannte Moskauer Publizist Maxim Kononenko im Internet den Angriff auf die junge Russin. Der untersetzte Mitdreißiger mit Wuschelkopf und Fünf-Tage-Bart betreibt nicht nur die bekannte Satire-Website »Wladimir Wladimirowitsch«, auf der er mit Anekdoten weniger den gleichnamigen Präsidenten als vielmehr dessen Widersacher durch den Kakao zieht. Er tritt auch unter dem Pseudonym »Mr. Parker« jeden Samstagabend zur besten Sendezeit im staatlich kontrollierten, zu Gasprom gehörenden Fernsehsender NTW in der Sendung »Realpolitik« auf. Hier bekommen Putin-Gegner ihr Fett weg – ebenso wie Russlands »Feinde« im Ausland, das heißt die zur Demokratie übergelaufenen ehemaligen Sowjetrepubliken und Satelliten sowie der Westen insgesamt. Kononenko, auf gewisse Weise eine Kultfigur des Systems, beschimpft Marina Litwinowitschs Freunde auf seiner Website als »Dirnen«. Ein Russe, der etwas auf sich hält, würde dieses Wort indes nie in den Mund nehmen, und im Fernsehen wird es stets mit einem Pfeifton übertönt. Doch »Mr. Parker« hält sich nicht an die Regeln. Er wirft Litwinowitschs Freunden vor, die Prügelattacke selbst inszeniert zuhaben: »Ihr Hundesöhne benutzt die herausgeschlagenen Zähne unserer alten Freundin, um eure Aufgaben zu lösen. Ihr, gemeines Vieh und Galgenvögel ... ihr habt Eure Freundin verprügelt ... Fresst das und erstickt daran! Stinkende Miststücke!«[44]

Vor diesem Hintergrund wirkt es makaber, wenn staatstreue Publizisten Marina Litwinowitsch zur Zurückhaltung mahnen. »Das, was Marina tut, darf eine Frau nicht tun«, schreibt etwa Alexej Tschadajew, Mitglied der neu geschaffenen »Gesellschaftskammer«, ein von Putin neu eingeführtes Organ, das Spötter eine »Parlamentsprothese für Impotente« nennen, weil es nur beraten darf und seine Mitglieder nicht demokratisch gewählt, sondern zu einem großen Teil vom Kreml ernannt werden. Kammermitglied Tschadajew schreibt in seinem Blog im Internet: Marina sei jetzt »wichtigster Anwärter für die Rolle eines russischen Gongadse«. Eine Anspielung auf den oben erwähnten ukrainischen Journalisten, den Unbekannte bestialisch köpften. Von der Miliz musste sich die junge Frau nach dem Angriff sagen lassen, sie könne auch gestolpert oder von einem Wagen angefahren worden sein. Einen alten Mann, der Zeuge der Schläge war, hatten die Beamten nach Angaben von Litwinowitsch auch eine Woche nach dem Überfall nicht einmal vernommen. Marina Litwinowitsch will sich nicht einschüchtern lassen und weiter für die Opposition arbeiten. Doch frei und ungestört wird sie das nicht mehr tun können: Sie wird sich künftig von Leibwächtern begleiten lassen. Den Überfall und die verbalen Attacken hat sie verdrängt: »Sonst würde meine Psyche es wohl nicht aushalten.«

Zynismus statt Marxismus Es war ausgerechnet der Chef der berühmt-berüchtigten Moskauer Gefängnisverwaltung, der sich plötzlich ganz fürsorglich zeigte. Es gehöre zu seinen Pflichten, dafür zu sorgen, dass die Privatsphäre der Gefangenen nicht verletzt werde, sagte Wladimir Dawydow. Schließlich könne niemand in die Seele eines Gefangenen eindringen. Vielleicht wolle der Häftling ja gar nicht, dass irgendjemand erfährt, wo genau er sich befinde – wer weiß? Schließlich könne es ja sein, dass auch ein Gefangener einmal seine Ruhe haben wolle. Zum Beispiel vor wissbegierigen Journalisten.

So viel Sorge um das Wohl eines Häftlings wäre beinahe rührend – wüssten nicht die meisten Russen, dass sich der Betroffene haargenau das Gegenteil wünschte: Mehr als eine Woche hielten die Justizbehörden im Oktober 2005 den Aufenthaltsort von Michail Chodorkowski, Putin-Kritiker und ehemals Chef des Ölkonzerns Yukos, geheim. Weder seine Frau noch seine Eltern oder seine Anwälte bekamen Auskunft, wo der einst reichste Mann Russlands gefangen gehalten wurde. Was die Justizverwaltung als »Schutz der Privatsphäre« ausgab, war nach Ansicht von Chodorkowskis Anwälten nichts anderes als Psychoterror. Aber es ist nicht nur Dawydows Gefängnisverwaltung, die genau das Gegenteil von dem sagt, was sie tut. Auch beim Präsidenten und vielen anderen Politikern gehen Wort und Tat oft diametral auseinander. Damit steht der Staatschef in der Tradition der kommunistischen Herrscher, unter denen der Zynismus mehr Staatsreligion war als der Marxismus: Regelmäßig sagten sie das Gegenteil dessen, was sie meinten. So pries Stalin die Sowjet-Verfassung von 1936 als das demokratischste Grundgesetz der Welt. Die ungezügelte, schamlose Lüge wurde unter dem Diktator zum Fundament des Systems. Er zwang die Menschen, das Offensichtliche zu leugnen. Diese Kluft zwischen Anspruch und Wirklichkeit habe zu einem Rückfall in präkonventionelle Moralstrukturen geführt, schrieb der Schweizer Sowjetexperte Tim Guldimann 1984 in seinem Buch »Moral und Herrschaft in der Sowjetunion«. Figuren wie Pawlik Morosow wurden zu Vorbildern stilisiert: Der 13-Jährige hatte in den dreißiger Jahren seinen Vater wegen Getreidehortung bei den sowjetischen Behörden angezeigt, weshalb er angeblich von Verwandten als Vergeltung für diese Denunziation ermordet wurde. Andere Diktatoren begingen Völkermord. Stalin ermordete das Bewusstsein seines Volkes. Er zerstörte nicht nur über Jahrhunderte gewachsene soziale Strukturen: Er untergrub das Wertesystem und die moralischen Wurzeln der Menschen.

Vor allem in der politischen Elite sind die Folgen bis heute allgegenwärtig. Der vorherrschende Zynismus ist einer der Grundpfeiler des Systems. Er stellt Werte nicht nur generell in Frage – er macht sich auch noch lustig über sie, ahmt sie nach und parodiert sie. Manche russische Politiker bekennen ganz offen, dass sie Werte und Moral im westlichen Sinne für Scharlatanerie halten, für ein aufgesetztes Schauspiel. So blauäugig wie überzeugt behaupten sie, alle anderen Menschen würden es schließlich genauso halten und sich nur verstellen, wenn sie von Werten wie Ehrlichkeit oder Unbestechlichkeit reden. So etwas gebe es nicht. Wer anderes behaupte, sei ein Heuchler.

Diese Logik muss man kennen, um viele Aussagen russischer Politiker richtig zu verstehen. Etwa, wenn Wladimir Putin den Prozess gegen Yukos-Chef Chodorkowski mit einem Zitat aus einem alten Sowjetfilm kommentiert: »Das sowjetische Gericht ist das gerechteste Gericht in der Welt.« Kokettierte der Staatschef hier mit dem Zynismus des alten Systems, so greift er in vielen Fällen ohne jegliche Anflüge von Humor darauf zurück. Etwa, wenn er am »Tag Russlands«, dem 12. Juni 2006, verkündet, die Veränderungen der vergangenen Jahre hätten Demokratie, Gerechtigkeit, geistige Freiheit und Bürgersinn in das Leben der Russen gebracht. Oder wenn er verspricht, der Ölkonzern Yukos werde nicht in den Konkurs getrieben – und genau das Gegenteil eintritt. Oder wenn er beteuert, er wolle die Gouverneure weiter vom Volk wählen lassen und nicht selbst einsetzen – und später genau das Gegenteil bewirkt. Nicht anders bei der Pressefreiheit, deren Bedeutung der Staatschef stets betont – während seine Präsidialverwaltung eifrig unabhängige Fernsehsender und Zeitungen unter ihre Kontrolle bringt.

Weil Moskaus Machtelite die demokratischen Werte, ganz so wie es einst die kommunistische Partei lehrte, für Lug und Trug hält, unterstellt sie der Kritik des Westens eine Doppelmoral und verbittet sich empört jede Einmischung. Etwa, wenn Moskauer Politiker in ehrlicher Überzeugung einwenden, dem Westen gehe es in Tschetschenien doch gar nicht um die Menschenrechte: »Die sind euch doch auch egal, ihr wollt doch nur Druck auf Russland machen!« Oder wenn Außenminister Sergej Lawrow behauptet, Washington benutze »doppelte Standards« und die US-Amerikaner könnten von den Russen lernen, was kritische Medien seien.

Nicht einmal vor russischen »Heiligtümern« wie höchsten staatlichen Orden macht der Zynismus halt. Tausende Weltkriegsveteranen glaubten ihren Augen nicht, als Putin ausgerechnet dem berüchtigten Tschetschenenführer Ramsan Kadyrow im Dezember 2004 die wichtigste Auszeichnung des Landes überreichte: Den Stern des »Helden Russlands«. Der Ordensträger hatte einst gesagt, der beste Weg, einen radikalen Islamisten umzuziehen, sei die Trennung seines Kopfes von seinem Rumpf. Am 8. März 2005 stand Kadyrow vor laufenden Fernsehkameras am Leichnam des Expräsidenten und Rebellenführers Aslan Maschadow – dessen Tötung, so sagte er, sei »ein Geschenk für die russischen Frauen zum Weltfrauentag«.

Dass Regierungen Sprache nutzen, um Dinge zu verschleiern, statt sie beim Namen zu nennen, ist kein neues Phänomen. Schon George Orwell beschrieb in seinem Roman *1984* das »Neusprech«: eine manipulierende Sprache, die mit Leitsprüchen wie »Krieg ist Frieden« oder »Freiheit ist Sklaverei« das Gegenteil dessen sagt, was sie eigentlich bedeutet. Ihr Zweck ist, das Bewusstsein der Menschen so zu manipulieren, dass sie niemals an Aufstand denken, weil ihnen schlicht die Worte dazu fehlen.

Während viele russische Politiker ihre sowjetische Lektion bis heute verinnerlicht haben, scheinen im Westen die historischen Vorbilder bei manchen Politikern, Geschäftsleuten und Experten in Vergessenheit geraten zu sein. Wenn sich einst Honecker und Breschnew eifrig zu Meinungsfreiheit, Reisefreiheit und freien Wahlen bekannten, lösten diese Lippenbekenntnisse nur Kopfschütteln aus. Heute nehmen viele die Aussagen Moskauer Politiker für bare Münze – oder tun zumindest so.

Manch einer beurteilt die Entwicklung in Russland vielleicht auch deshalb rosig, weil der Kreml ihn mit Streicheleinheiten verwöhnt: Für Staatsmänner gibt es zuweilen Unterstützung an der Propagandafront, für Journalisten und Fachleute großzügige Einladungen mit luxuriösem Ambiente, Besuch beim Staatschef inklusive. Solche extra eingeflogenen Gäste tun sich schwer, den

Präsidenten mit der Realität im Lande zu konfrontieren, weil sie die meist nur von Kurzaufenthalten kennen. Im Gegensatz zu Russland-Korrespondenten, die an den entscheidenden Stellen nachhaken könnten – ihnen steht Putin nur noch ganz selten Rede und Antwort.

Gerd-Show auf Russisch Es gab Momente in seiner Karriere, in denen Altkanzler Gerhard Schröder es sehr bereut haben muss, dass er kein Russisch spricht. Zumindest in den letzten Wochen vor der Bundestagswahl 2005. Im russischen Fernsehen hätte der Titelverteidiger im Rennen um das Kanzleramt erleben können, wie schön Demokratie à la KGB und Lenin ist – oder das, was sein Duzfreund Putin geschaffen hat. In Deutschland galt Schröder bereits als abgeschlagen, kaum ein Wahlforscher glaubte daran, dass er weitere vier Jahre Kanzler bleiben kann. Wer vorausgesagt hätte, dass der Sozialdemokrat seiner Herausforderin Merkel noch einmal gefährlich nahe kommt, wäre zu diesem Zeitpunkt – je nach politischer Überzeugung – als realitätsferner Träumer oder Paranoiker abgetan worden. Überall hatte der Amtsinhaber die Wahl schon vorab verloren. Überall? Nein! In *einem* Land leisteten die Medien hartnäckigen Widerstand gegen die sich abzeichnende Abwahl des Sozialdemokraten: in Russland.

Könnte Schröder Russisch, hätte er in den staatlich kontrollierten Sendern in Russland – also allen landesweit empfangbaren – immer wieder finden können, was ihm in Deutschland vor der Wahl so fehlte: Streicheleinheiten und Siegesprognosen. Als Staatsfreund Nummer 1 genoss der Deutsche die Meistbegünstigungsklausel.

»Der Kanzler bekommt schon Wein geschenkt für seinen Wahlsieg; seine Widersacher sagen jedoch, es sei noch zu früh, sich über den Sieg zu freuen.« So begann wenige Wochen vor dem Urnengang ein Beitrag im Staatsfernsehen über die Wahl in »Germania«. Als Merkel-Anhänger war lediglich ein tattriger Greis mit gewaltiger Biernase zu sehen: »Sie ist eine Frau mit Kopf, obwohl sie Chemikerin ist.« Es folgte ein Warnhinweis des Sprechers: »Es gibt Zweifel an ihrer Fähigkeit, ein Land zu führen, wegen fehlender Erfahrung und Charisma. Sie ist nervös, versucht vor Auftritten, wie eine Schülerin noch einmal auf den Spickzettel zu blicken.« Prompt war auf dem Bildschirm eine zitternde Merkel zu sehen, die sich an ein Papier klammerte wie an einen Rettungsring. Nach dem Mitleid erregenden Auftritt der Kandidatin dann der strahlende Auftritt des Gegenspielers: Gerhard Schröder bei der Entgegennahme von drei Flaschen Wein, die ihm ein Bürgermeister schenkt; der Sprecher bescheinigte dem Sozialdemokraten »Humor und Redefähigkeit«.

Auf den ersten Blick mag so eine Nachrichtenparodie ein Lächeln hervorrufen. Den Vorgang völlig auf die leichte Schulter zu nehmen, wäre indes fahrlässig. Was wie eine harmlose Farce erscheint, hatte in Wirklichkeit offenbar einen ernsten Hintergrund – und vielleicht nicht unbeachtliche Folgen. So hieß es in Diplomatenkreisen, die »Gerd-Show« im russischen Fernsehen gehe auf eine Regie-Anweisung des Präsidialamtes in Moskau zurück. Die dortigen Medienlenker hätten die Fernsehsender und Zeitungen zu wohlwollenden Berichten über Schröder aufgefordert – und für Kanzlerkandidatin Merkel allenfalls Neutralität erlaubt.[45] Besonders brisant ist das, weil Zeitungen und Fernsehnachrichten aus Russland Tag für Tag beinahe eine halbe Million nach Deutschland ausgewanderte Russlanddeutsche erreichen. Sie sind fast alle wahlberechtigt, und für viele von ihnen sind die russischen Medien die einzige Informationsquelle. Es ist müßig zu spekulieren, ob angesichts der knappen Resultate der letzten beiden Bundestagswahlen den Stimmen derart manipulierter Bundesbürger entscheidende Bedeutung zukam.

Als Schröders Wahlniederlage schon unumkehrbar schien, sicherte der Pragmatiker Putin sich ab: Statt in Nibelungentreue fest zu Schröder zu stehen, zeigte sich der Kremlchef in den letzten Tagen vor der Wahl ungewöhnlich flexibel. Aus dem Unterstützungsfeuer für Schröder in den russischen Medien wurde eine Sparflamme, und die Kommentare zu Merkel wurden freundlicher. Entgegen allen Ankündigungen entschied sich der Kremlchef sogar offenbar in letzter Sekunde, bei seinem Deutschlandbesuch vor der Wahl auch mit Angela Merkel vor die Kamera zu treten. Die Kandidatin hatte damit mehr Glück als ihr Gegenspieler: Putins Vorgänger Boris Jelzin hatte dem sozialdemokratischen Herausforderer 1998 einen gemeinsamen Fototermin verweigert – aus Rücksicht auf seinen Sauna-Freund Kohl.

Doch es war nicht nur Putins Gruppenbild mit Dame, das Schröders Stimmung zu trüben schien. Ausgerechnet in Anwesenheit zahlreicher Journalisten produzierte Putins Suche nach netten Worten für den Kanzler, der breit strahlend neben ihm Platz genommen hatte, einen verbalen Rohrkrepierer: »Egal, ob er seinen Posten behält, wir beide werden sicher Freunde bleiben.« Nach ein paar Schrecksekunden war das Dauerlächeln Schröders für einige Augenblicke schockgefroren. Doch echter Männerfreundschaft können solche Missgeschicke wohl nichts anhaben.

Scheinwelt auf der Mattscheibe Die »polit-ideologische Hauptaufgabe Russlands« sei der Aufbau einer »freien, demokratischen Gesellschaft«, sagt Putin in seiner Rede an die Nation im April 2005. Die Medien seien endlich von der »Zensur durch die Oligarchen« befreit worden. »Das Recht der Bürger auf eine objektive Information ist die Hauptpriorität in der Entwicklung einer Bürgergesellschaft«, fügt der Präsident hinzu – und betont, wie wichtig Glasnost in den Staatsorganen und Objektivität vor allem im Fernsehen seien. Man müsse Garantien dafür schaffen, dass die staatlichen Fernsehsender »maximal objektiv sind, frei vom Einfluss von irgendwelchen Gruppen, und dass sie das Spektrum aller Meinungen im Land wiedergeben«. Das sei eine »äußerst wichtige politische Frage, die direkt mit der Wirksamkeit der Prinzipien von Freiheit und Gerechtigkeit in unserer Staatspolitik verbunden ist«, fügt der Präsident hinzu.

Knapp ein Jahr später veröffentlicht der Journalistenverband eine Studie: Vier Wochen lang wurden im März 2006 die Nachrichtensendungen der wichtigsten Kanäle verfolgt. In den vier Hauptsendern war demzufolge in den 28 Tagen keine Kritik an Präsident Putin zu hören. Im »Ersten Kanal« drehten sich gleichwohl 91 Prozent der Nachrichten um den Kreml und die Regierung. 71 Prozent davon hatten einen positiven, 28 Prozent einen neutralen und nur 1 Prozent einen kritischen Grundton. Auf die Opposition entfielen nur 2 Prozent der Meldungen – und das mit negativem Tenor. Im »Zweiten«, dem Sender RTR, kamen die Kremlkritiker gar nur auf einen 0,6-prozentigen Anteil an den Nachrichten, wurden aber genauso schlecht dargestellt. Beim Gasprom-Sender NTW war Präsident Putin in jedem vierten Nachrichtenbeitrag zu sehen, die Regierung in jedem zweiten, die Kremlpartei »Einiges Russland« in jedem zehnten – bei durchweg positiver Darstellung.[46]

»Die Medien in Russland haben aufgehört, ein Platz für den Meinungsaustausch und öffentliche Debatten zu sein, für Auseinandersetzungen und Kritik, sie bieten den Menschen keine Möglichkeit, die Meinung der Opposition zu erfahren«, beklagt Igor Jakowenko, Vorsitzender des Journalistenverbands, bei der Vorstellung der Studie: Es gebe kaum noch Journalisten in Russland, denn die meisten seien zu Propagandisten und Agitatoren geworden. Die russischen Sender seien einseitig, würden durch Befehle aus dem Präsidialamt gesteuert und sparten eine ganze Reihe von Tabuthemen einfach aus, klagt Wladimir Posner, Präsident der russischen Fernsehakademie: »Sie verdummen die Bevölkerung, denn die erfährt nicht, was in Wirklichkeit passiert im Land.«[47] Die Menschen in Russland spürten, dass etwas nicht stimme, aber sie wüssten nicht genau, was. »Zensur ist, wenn ein Zensor die Texte durchsieht, Streichungen macht. Heute haben wir etwas anderes: Erstens Kontrolle von oben, durch Treffen und Telefonate, wo es Anweisungen gibt, was zu tun und zu unterlassen ist. Zweitens durch eine gewaltige Selbstzensur, wenn bei Journalisten schon bei jedem Hinweis auf irgendeine Gefahr wie beim Pawlow'schen Hund der nötige Reflex einsetzt«, empört sich Posner. Er weiß, wovon er spricht. Posner zählt zu den beliebtesten Talkmastern in Russland und ist wöchentlich auf Sendung.

Alle Parlamentsfraktionen sollen Zugang zum Fernsehen haben, sagt Putin in seiner Ansprache an die Nation im April 2005. Genau das Gegenteil sei eingetroffen, klagt Dmitri Rogosin, Fraktionschef der Vaterlandspartei im Parlament: »Ich habe gegenüber Putin im Herbst 2005 die Korruption kritisiert und ihm gesagt, dass bei den neuen ›Nationalprojekten‹ für jedes Projekt 10 Prozent Bakschisch in seinen Apparat flössen. Putin antwortete, er wisse das. Seit diesem Tag darf ich in keinem Fernsehsender mehr gezeigt werden. Aber auch vorher gab es schon absurde Dinge. Nach der orangenen Revolution etwa verbot man mir, in einem orangenen Pulli aufzutreten – dabei hatte ich einfach nichts anderes dabei.«[48] Gennadi Sjuganow, der Chef der Kommunisten, ist im Staatsfernsehen seltener zu sehen als US-Präsident Bush. Wenn er doch einmal zu Wort kommt, sind seine Zitate meist so ausgewählt, dass sie wenig Sinn ergeben, und schon gar keinen kritischen. Als der sonst regimetreue Sänger Oleg Gasmanow ein Lied über Korruption im Kreml schreibt, erhält sein Videoclip Bildschirmverbot: Er zeigt, wie Apparatschiks Steine aus der Kremlmauer klauen.[49] Laut »Reporter ohne Grenzen« steht Russland auf einer 167 Länder umfassenden weltweiten Rangliste der Pressefreiheit auf Platz 138 – zwischen dem Iran und den Philippinen.

Die »Reporter ohne Grenzen« wenden sich im September 2004 mit einem offenen Brief an den Kremlchef: »Seit Ihrem Amtsantritt im Jahr 2000 werden Journalisten eingeschüchtert und bedroht – vor allem in den Provinzen. Russland gehört zu den wenigen Ländern in Europa, in denen kritische Journalisten um ihre Freiheit, ihre Gesundheit oder im Extremfall um ihr Leben fürchten müssen. Seit Ihrem Amtsantritt sind bereits 21 einheimische Journalisten getötet worden. Anfang Juni wurde der Fernsehjournalist Leonid Parfjonow entlassen, weil er in seiner Sendung über Zensurversuche berichtet hatte. Sein Politmagazin ›Namedni‹ wurde abgesetzt. Kritische Informationssendungen verschwinden aus dem Programm. Am 2. Februar detonierte ein Sprengsatz vor dem Moskauer Apartment von Jelena Tregubowa, einer unabhängigen Journalistin. Sie hatte zuvor ein umstrittenes Buch mit Geschichten aus ihrer Zeit als Kremlberichterstatterin veröffentlicht. Im Vorjahr stieg die Zahl gewalttätiger Übergriffe auf Journalisten auf 24.«[50]

Staatlich gesteuerte Unternehmen wie Gasprom kaufen die wenigen noch kritischen Medien auf und bringen sie auf Kremlkurs, etwa die einflussreiche Traditionszeitung *Iswestia*: Trotz steigender Verkaufszahlen entließ die Gasprom-Tochter Gaspromedia wenige Monate nach der Übernahme 2005 den Chefredakteur. Eine der anspruchsvollsten russischen Zeitungen verwandelte sich in kürzester Zeit in ein Verlautbarungsorgan mit Schlagzeilen wie etwa: »Der Kampf gegen die Korruption ist die Aufgabe eines jeden Einzelnen« oder »Die Russen haben gar nicht bemerkt, dass ihre Einnahmen gestiegen sind«. Daneben findet sich ein großes Interview mit dem Geheimdienstchef Nikolaj Patruschew, das sich mit Fragen wie »Wer hat Vorrang, wenn es darum geht, dem Land zu dienen?« über weite Strecken liest wie eine Anwerbekampagne des Geheimdienstes. Allgegenwärtig auf der *Iswestia*-Titelseite ist auch Vizepremier Medwedew, der in Überschriften Botschaften verkündet wie: »Der Wunsch Geld zu spenden definiert den Menschen – Wohltätigkeit ist das beste Mittel gegen Passivität«[51] – Zeilen, die angesichts von Vorwürfen, der Kreml presse Unternehmern regelrecht Geld ab, nicht einer gewissen Pikanterie entbehren.

Als Angela Merkel im April 2006 zum zweiten Mal nach Russland reist, gibt sie nicht etwa dem kritischen Radiosender »Echo Moskaus« ein Interview, wie das Kanzler Schröder im April 2001 noch tat. Merkel wählt als Medium für ihren Auftritt die *Iswestia*. Anders als Schröder 2001 bleiben ihr dabei kritische Fragen erspart. In ihrem ersten Interview für eine russische Zeitung ist kein einziges kritisches Wort zur Entwicklung in Russland zu finden. Worte wie Demokratie, Menschenrechte oder Tschetschenien sucht man vergeblich. Als Gipfelthemen nennt Merkel »Fragen der Außenpolitik, der Zusammenarbeit in der Bildung, Wissenschaft, Verteidigungspolitik und anderen Bereichen«. Die Zusammenarbeit entwickle sich sehr gut, die Gespräche mit Putin seien offen und ehrlich. Selbst zwischen den Zeilen, wo Russen normalerweise recht gut lesen können, ist keine kritische Botschaft Merkels zu erkennen – entweder schwieg sie oder die Redakteure kürzten. Im Gegensatz zu ihrem Vorgänger Schröder vermeidet es die Kanzlerin aber auch, die Entwicklung in Russland zu loben.

Im Oktober 2005 bekommt eines der Flaggschiffe der Glasnost, die *Moskowskie Nowosti* – im Westen als *Moscow News* bekannt – einen neuen Eigentümer: den dubiosen Geschäftsmann Arkadi

Gaidamak, der aus seiner Wahlheimat Frankreich nach Israel fliehen musste, weil gegen ihn ein Haftbefehl wegen Verdachts des illegalen Waffenhandels erlassen wurde. Gaidamak erklärt, er sehe die Aufgabe einer Zeitung nicht darin, die Machthaber zu kritisieren, sondern sie zu unterstützen. Wenn Russland von frei gewählten Leuten geführt werde, sei es falsch, die öffentliche Meinung gegen diese aufzubringen. Kritiker sprechen von einer »Loyalitätsshow« des umstrittenen Unternehmers. Mit seiner Demutsgeste hoffe er auf die Beißhemmung des Kreml und damit auch der russischen Staatsanwaltschaft. Im Juni 2006 berichtet die Presse, dass der kremlnahe Oligarch Roman Abramowitsch die kritische Zeitung *Kommersant* aufkaufen wird.

Während es in der Presselandschaft zumindest noch auflagenschwache Blätter gibt, die sich einen kritischen Kurs erlauben, so ist das russische Fernsehen bis auf unbedeutende Regionalsender gleichgeschaltet. Am Abend der Präsidentschaftswahl im März 2004 zeigt das russische Fernsehen nach Schließung der Wahllokale statt aktueller Hochrechnungen Spielfilme. Unterbrachen die Staatssender noch im Wahlkampf ihr Programm für eine halbstündige Rede Putins an seine Unterstützer, so ist ihnen am Wahlabend nicht einmal eine Katastrophe ein paar Meter neben dem Kreml eine längere Meldung wert: Die fast 200 Jahre alte »Manege«, eines der bekanntesten Bauwerke Moskaus, steht lichterloh in Flammen. Weithin sichtbar erhebt sich eine gewaltige, rote Feuersäule gespenstisch über den Kreml in die Luft, nur ein paar hundert Meter vom Arbeitszimmer Wladimir Putins und der Zentralen Wahlkommission entfernt. Statt Bildern von der Brandkatastrophe, bei der zwei Feuerwehrleute ums Leben kommen, zeigt der Staatssender RTR mehrfach eine Reportage über die Symbole von Putins Macht: Ausführlich können die Zuschauer die Verfassung bewundern, auf deren Einband er seine Hand beim Amtseid legte; sodann berichtet eine Näherin, wie sie einst die Landesflagge mit Gold bestickte, die heute über Putins Amtssitz im Kreml weht. Die Gegenkandidaten des Präsidenten kommen kaum zu Wort. Dafür ist zu sehen, wie Putin vor einer handverlesenen Journalistenrunde verspricht, er werde die Pressefreiheit sichern.

Wie zu Sowjetzeiten ist wieder zu bemerken, dass abends zu den vollen Stunden, wenn die Spielfilme enden und die Nachrichten beginnen, vermehrt Hunde ausgeführt werden. Tatsächlich verpassen »Herrchen« und »Frauchen« wenig: Wie im Sozialismus vermitteln die Nachrichten im Jahr sechs unter Putin eine Scheinwelt, in der es ernste Probleme nur im Westen und in den früheren Sowjetrepubliken gibt. Es ist viel von großen Plänen und Projekten für die Zukunft die Rede und wenig von den Problemen der Gegenwart.

Zuweilen gibt es kritische Berichte über Minister oder örtliche Politiker und Beamte, Bestechungsfälle dürfen offenbar hin und wieder gezeigt werden, wenn sie nicht über die lokale Ebene hinausgehen; nach Ansicht von Kritikern handelt es sich dabei um ein »gesteuertes Dampfablassen«: Der Zuschauer soll sich in dem Glauben wiegen, die Bösewichter würden bestraft. Korruption erscheint so als Ausnahme, die erfolgreich bekämpft wird, obwohl sie in der Realität die Regel ist. Jegliche noch so sanfte Kritik an Putin, an seiner Umgebung, am politischen System, an demokratischen Defiziten und dergleichen ist tabu. Zuweilen greift die Zensur sogar auf die Werbung über. Nachdem das Wochenmagazin *Russki Newsweek*, das von einer Tochter des deutschen Axel-Springer-Verlages in Moskau herausgegeben wird, auf dem Titelbild in einer Fotomontage Stalin neben Putin zeigte, versagte der zu Gasprom gehörende Sender NTW dem Verlag die Fernsehwerbung und drohte an, einen siebenstelligen Werbevertrag mit dem Heft aufzulösen.

Neben Druck sind Finten an der Tagesordnung. Nach den Regionalwahlen in Magadan zeigt der Staatssender RTR eine Balkengraphik mit dem Ergebnis. Ganz links ist der Balken der Kremlpartei »Einiges Russland« zu sehen, der beeindruckend hoch bis zur Überschrift reicht. Bescheiden macht sich daneben der Balken des Zweitplatzierten aus – der »Partei der Veteranen«, die offenbar eines der vielen Kremlprojekte zur Schaffung einer loyalen, steuerbaren Opposition ist. Der Balken der »Veteranen« kommt gerade einmal auf die halbe Höhe der Kremlpartei, die anderen Parteien schneiden noch schlechter ab. Der Eindruck, den die Zuschauer bekommen, ist eindeutig: »Einiges Russland«

ist doppelt so stark wie der Nächstplatzierte. Nur wenige machen sich wohl die Mühe, die genannten Prozentzahlen gegeneinander aufzurechnen – denn dann wäre das Ergebnis ein ganz anderes: Im Gegensatz zur Graphik hat »Einiges Russland« mit einem Stimmenanteil von 28,89 Prozent keinesfalls 100 Prozent mehr Stimmen als der Zweitplatzierte mit 20,59 Prozent, sondern nur etwa 40 Prozent mehr.[52]

Einen Tag, nachdem eine Messerattacke auf Ex-Yukos-Chef Michail Chodorkowski im Straflager im Fernen Osten bekannt wurde, sind die wichtigsten Themen in den staatlichen Fernsehsendern am 15. April 2006 unter anderem, wie Gasprom-Aufsichtsrat »Dmitri Medwedew von den Erfolgen von Gasprom erzählt« (NTW) – und wie derselbe Medwedew, gleichzeitig Vizepremier, sich »mit den reichsten Russen traf« (»Erster Kanal«). Kritische Fragen werden keine gestellt. Weiter heißt es: »In dieser Woche wurde Russland noch reicher, folglich wurde auch jeder von uns reicher.« Medwedew war in den Monaten zuvor als Präsidialamtschef so gut wie gar nicht im Fernsehen zu sehen; seit ihn Putin zum Vizeregierungschef ernannte und damit zu einem seiner möglichen Nachfolger auserkor, gehört er aber ebenso zum festen Inventar der Nachrichtensendungen wie der Wodka zu jeder russischen Feier – auch wenn ein konkreter Anlass fehlt. Auch wichtige Neuigkeiten über das Staatsoberhaupt fehlen nicht: »Wladimir Putin hat einen Dienst-Passierschein für das bekannte Theater ›Zeitgenossen‹ erhalten«, das der Präsident anlässlich dessen Jubiläum besuchte. Kein Wort erfahren die Zuschauer dagegen über Berichte von Chodorkowskis Anwälten, wonach das Gesicht des einstmals reichsten Manns in Russland durch die Messerattacke entstellt wurde. Ebenso unerwähnt bleibt eine Demonstration von 1500 Moskauern gegen die Pressezensur auf dem Moskauer Puschkinplatz. Während die Protestaktion den russischen Fernsehzuschauern ebenso vorenthalten wird wie die meisten nicht vom Staat organisierten Aktionen, findet sie selbst im fernen Deutschland in den »Tagesthemen« breiten Widerhall. Stattdessen erfahren die Zuschauer viel von einer Sitzung der kremltreuen Jugendorganisation »Die Unsrigen« und von den Resultaten der größten Übungen der Langstreckenflieger seit Jahren.

Die Scheinwelt auf der Mattscheibe treibt bizarre Blüten. Russland ist auf den Hund gekommen – zumindest auf dem Bildschirm. Während Kremlkritiker dort kaum noch das Wort ergreifen dürfen, rücken die Vierbeiner des Präsidenten zunehmend ins Rampenlicht. Etwa beim Besuch von Italiens Ministerpräsident Silvio Berlusconi in Putins Sommerresidenz im September 2005. Russlands Fernsehzuschauer erleben den Gipfel aus Vierbeiner-Perspektive: »Die ersten, die die Italiener zum Abschiedsfrühstück begrüßten, waren die beiden Zwergpudel von Ljudmila Putina, Rodeo und Toska.« Anschließend erfuhr der politisch interessierte Russe, dass sich Conny, der Präsidenten-Labrador, reservierter zeigte als die Pudel der First Lady und nur mit dem Schwanz wedelte. Wie einst im alten Rom Seher aus den Eingeweiden von Vögeln die Zukunft lasen, so könnte den Bürgern im modernen Russland bald blühen, aus dem Wedeln von Hundeschwänzen politische Neuigkeiten entnehmen zu müssen: Denn über die politischen Hintergründe des Treffens erfuhr der Fernsehzuschauer nichts. Auch bei den Duma-Wahlen 2003 war in den Nachrichten fast mehr von Kreml-Hündin Conny die Rede als von der Opposition – hatte das Tier doch just in der Nacht vor dem Urnengang Nachwuchs zur Welt gebracht. »Die Zunge weigert sich, im Zusammenhang mit ihr das ordinäre Wort Hündin zu gebrauchen«, begeisterte sich etwa ein Kommentator; ein anderer bezeichnete die schwarzfellige Conny, die ihren Namen bösen Gerüchten zufolge US-Außenministerin Condoleezza Rice verdankt, als »nationale Errungenschaft«.

Im September 2005 stellt sich der Präsident in einer Fernseh-Sprechstunde drei Stunden lang sechzig Fragen von sorgfältig ausgewählten Zuschauern. Themen wie Beslan oder Yukos kommen nicht vor. Dafür sind Fragen zu hören wie: »Warum lachen Sie so selten«, »Wie kann man eine Arbeit im Präsidialamt bekommen?« oder »Waren Sie in der Jugend ein vorbildlicher Besucher der Bücherei?« Als sich eine Rentnerin aus einem Dorf bei Stawropol im Nordkaukasus beklagt, dass sie keine Wasserleitungen habe, versichert Putin ihr, entweder werde die Röhre sofort gebaut oder er werde den Gouverneur nicht wieder ernennen.[53] Die Röhre wird noch am selben Tag gelegt. Es sind Auftritte wie dieser, die Putins Beliebtheit mit begründen. Bürger, die kritische Fragen stellen wollten, berichten später, sie seien abgedrängt worden; in Workuta wurde ein Bürgerrechtler mit Prügeln vom Fragen abgehalten.[54] »Wer in unserem Fernsehen die Nachrichten anschaltet, bekommt den Eindruck, er befinde sich in einem Schlaraffenland ohne innere Probleme, aber dafür mit schlimmen Feinden im Ausland – wo die Menschen unter schrecklichen Missständen leiden«, sagt der Moskauer Soziologe Leonid Sedow. Die heile Scheinwelt und die Feindbilder des russischen Fernsehens, das für die meisten Russen die wichtigste und oft auch einzige Informationsquelle ist, haben weitgehende Folgen auf das Bewusstsein der Menschen.

Die Zensur ist auf doppelte Weise verhängnisvoll. Wenn die Mehrzahl der Russen heute eine Abneigung gegenüber der Demokratie hat und dieses Fremdwort in erster Linie mit Chaos und Wirrwarr zu Jelzins Zeiten verbindet, so wird dieses Urteil nicht zuletzt durch einen Umstand verstärkt, der rückwirkend beinahe tragikomisch wirkt: Anders als früher zu Sowjetzeiten und heute unter Putin berichteten die Medien unter »Zar Boris« offen über die Missstände im Land. Zwar gab es keine Pressefreiheit im westlichen Sinne, mit unabhängigen Medien, denn fast alle wichtigen Sender und Zeitungen dienten Oligarchen und publizierten, was ihnen aufgetragen wurde – aber es gab kaum Zensur. Da die Fernsehsender, Radiostationen und Zeitungen unterschiedlichen Eigentümern gehörten, wiesen sie – wenn nicht gerade Wahlen anstanden – eine ansehnliche Meinungsvielfalt auf. Man konnte ganz verschiedene Nachrichten sehen und sich dann selbst ein Urteil bilden.

Für die Menschen in Russland, die aus Sowjetzeiten gewohnt waren, dass selbst über Katastrophen nur kurz und mit dem beruhigenden Tonfall eines Psychiaters berichtet wurde, musste das Fernsehen in den Reformjahren den Eindruck erwecken, um sie herum geschehe die Apokalypse: Da war immer wieder von neuen Gräueln in Tschetschenien die Rede, von endlosem Streit im Parlament und in der Regierung, von Korruption und Armut, von Misswirtschaft und Behördenwillkür und von Kriminalität, die man unter den Sowjets eher verschwiegen hatte. Dass die Presse halbwegs frei berichten konnte, trug ganz wesentlich zum negativen Bild der Jelzin-Zeit in den Köpfen der Russen bei. Müssten Historiker in ferner Zukunft allein anhand von archivierten Nachrichtensendungen über die Geschichte Russlands urteilen, kämen sie zu dem Schluss, das Land sei nach Jahren fast ohne Kriminalität, Armut, soziale Ungerechtigkeit und Korruption unter Gorbatschow beinahe von einem Tag auf den anderen zu einem Hort des Verbrechens, der Armut und kriegerischer Konflikte geworden – bevor Wladimir Putin all diese Probleme wieder weitgehend ausmerzte.

Anders als die Sowjetherrscher haben ihre Nachfolger im Kreml begriffen, dass es nicht notwendig ist, alle kritischen Stimmen zu unterdrücken. Im Gegenteil: Es ist weitaus sinnvoller, wenn man sie zu Wort kommen lässt, aber dafür sorgt, dass nur ein kleiner Teil der Bevölkerung ihre Äußerungen zu hören bekommt und der Großteil ausschließlich der staatlichen Propaganda ausgesetzt ist. Der Radiosender »Echo Moskaus« sowie einige unabhängige, kritische Zeitungen und Websites im Internet sind das Ventil, über das die Unzufriedenen Dampf ablassen dürfen. Mit Verweis auf dieses Feigenblatt des Systems wird die Kritik an Zensur und Medienkontrolle zurückgewiesen – nach dem Motto: »Seht her, wir haben doch kritische Medien.« Eine ähnliche Rolle erfüllte zu Sowjetzeiten die *Literaturnaja gaseta* – auch wenn die Kommunisten ängstlicher waren und dem Blatt weit weniger Freiheiten einräumten.

Die Taktik geht auf. 51,6 Prozent der Russen glauben an die Informationen der Medien, wie eine Umfrage im Oktober 2005 ergab.[55] Bemerkenswerterweise ist das Vertrauen umso größer, je jünger die Befragten sind – offenbar haben sie die Propaganda des Sowjetsystems nicht mehr in Erinnerung und tun sich schwerer, die Steuerung der Medien zu durchschauen. Nach einer Umfrage des kremlnahen Meinungsforschungsinstituts WZIOM vom Oktober 2005 nutzen 92 Prozent der Russen das Fernsehen als Informationsquelle; nur 40 Prozent lesen zusätzlich Zeitung, 34 Prozent informieren sich übers Radio.[56] Nur 4 Prozent der Russen, also jeder 25., nennt als Nachrichtenquelle das Internet. Ausländische Medien liest nur jeder 50. Russe. Unter den sozial

Schwachen mit Einkünften unter 1500 Rubel (ca. 45 Euro) im Monat liegt der Anteil derjenigen, die sich per Internet informieren, gar bei nur einem Prozent. Zeitungen und Journale liest nur ein gutes Drittel dieser Gruppe. Der Umfrage zufolge sind knapp zwei Drittel der Russen (64 Prozent) zufrieden »mit dem Umfang«, in dem sie über die Politik des Präsidenten in den russischen Medien informiert werden. 24 Prozent fühlen sich nicht ausreichend informiert, immerhin 8 Prozent sind der Auffassung, sie hörten zu viel über den Präsidenten. Anders als mit der Quantität sind die meisten Russen mit der Qualität der Nachrichten jedoch unzufrieden. Mehr als die Hälfte der Befragten (56 Prozent) bemängelt den »zu protokollarischen, formellen Charakter der Berichte« über Putin in den Nachrichten. Jeder dritte Russe dagegen findet, dass die im Fernsehen ausgestrahlten Berichte eine ausreichende und ausgewogene Berichterstattung bieten. Groß ist die Skepsis bei den Befragten mit vergleichsweise höheren Einkommen und damit wohl auch höherer Bildung – hier sind 74 Prozent unzufrieden mit den Nachrichten.

Eine ganz andere Meinung hat der Berliner Russland-Experte Alexander Rahr. Er gibt den Vorwurf der falschen Berichterstattung an die deutschen Auslandskorrespondenten zurück. »Der Hintergrund, auf dem sich heute die deutsch-russischen Beziehungen abspielen, ist in der Tat leider katastrophal geworden. Katastrophal negativ, was die deutsche Berichterstattung über Russland angeht. Es werden Floskeln und Halbwahrheiten gebraucht«, kritisiert Rahr die westlichen Medien: Sie stiegen »gar nicht dahinter, warum im Sender NTW das eine oder andere Programm geschlossen oder reduziert wurde. Sei es vielleicht weil die Zuschauerquoten wegbrechen oder weil es eine Programmreform gibt. Stattdessen wird hier auch wiederum die Keule eingesetzt, Putin trete die Pressefreiheit in Russland mit Füßen.«[57] Der Programmdirektor der Gesellschaft für Auswärtige Politik in Berlin schreibt regelmäßig für die *Welt* und andere Zeitungen; bei wichtigen Ereignissen ist er der wohl gefragteste Russland-Experte in deutschen Nachrichtensendungen und Talkshows und damit ein entscheidender Meinungsmacher in Sachen Russland. Auch im russischen Fernsehen kommt er regelmäßig zu Wort.

Während Rahr die Medienpolitik des Kreml verteidigt, kursieren in Russland wie zu Sowjetzeiten wieder politische Witze: »Bush senior, Schröder und Bush junior fliegen im Jet über Moskau. ›Hätte ich so willfährige Staatsanwälte und Richter gehabt, wäre Clinton nie ins Weiße Haus gekommen und säße bis heute im Knast‹, klagt Bush senior. ›Hätte ich so eine Wahlkommission gehabt, wäre ich mit 70 Prozent wiedergewählt worden und Merkel wäre an der Fünf-Prozent-Hürde gescheitert‹, schluchzt Schröder. Darauf Bush junior wehmütig: ›Hätte ich die Journalisten so im Griff gehabt wie Putin, würden heute alle glauben, dass der Irak-Krieg eine Erfolgsgeschichte ohnegleichen war.‹«

Wenn viele westliche Politiker Kritik an Putin zurückweisen und sich dabei auf seine hohen Umfragewerte und seine Beliebtheit in Russland berufen, sei das angesichts der Medienmanipulation zynisch, sagt Andrej Piontkowski, Leiter des Moskauer Instituts für strategische Forschung: »Wenn die Fernsehsender drei Tage lang unabhängig, professionell und ausgewogen berichten würden und sich der Kremlchef Kritik und einer offenen, ehrlichen Fernsehdebatte stellen müsste, würde das System Putins zusammenfallen wie ein Kartenhaus«, glaubt Piontkowski: »Dann würde den Menschen auffallen, dass der Kaiser gar nicht so viele Kleider anhat, wie seine Medien ihm nähen.«[58]

Korruption und Willkür –
die Diktatur der Apparatschiks

Es gibt Momente, da es ist es eher schlecht, wenn man Durchblick hat. Hoch über den Wolken etwa, im März 2006, irgendwo zwischen Moskau und Minsk, in einer alten Tupolew, die ihre besten Zeiten schon vor Jahren hinter sich hatte. Mit einem Mal lüftet eine Stewardess den Vorhang, der den Veteran der Luftfahrt in zwei Hälften teilt. Die bittere Erkenntnis: Ein Stück Stoff kann zuweilen eine Schranke zwischen den Welten sein. Im hinteren Teil kauern sich die Passagiere in Legebatterie-Haltung in wacklige, mit dürftigem Stoff und fadenscheinigen Polstern überzogene Drahtsitze. Die drückende Enge nötigt zu Posen, die mehr an Indien erinnern denn an Russland – an Yogis und Fakire. Dabei müssten sich die beengten Passagiere glücklich schätzen, denn der Flieger war seit Tagen ausverkauft. Doch der unverhoffte Blick hinter den Vorhang in der Mitte des Fliegers konnte einem das Glücksgefühl gründlich verderben: War doch plötzlich zu sehen, dass sich auf den ersten 13 Sitzreihen der Tupolew nur ein knappes Dutzend älterer Herren verlor – ein Mann pro Sitzreihe, sechs Sessel pro Person. Naiv ist, wer glaubt, sie hätten auch den sechsfachen Preis bezahlt – eher fliegen sie gratis. Denn auch Business-Class-Tickets waren für diesen Flug nicht zu haben. Als Antwort auf die Frage nach der seltsamen Sitzverteilung zieht die Stewardess hastig den Vorhang zu: »Das ist eine offizielle Delegation!«

Wie das rote Tuch in dem Flugzeug trennt zwanzig Jahre nach dem Beginn der Perestroika ein unsichtbarer Vorhang noch immer die Nomenklatur von den gewöhnlichen Sterblichen oder, um es volkstümlicher zu formulieren, die »Dickärsche« oder »Blutegel« vom »Pöbel« oder der »Masse«. Vom Fliegen und Autofahren über den Hotel- oder Krankenhausaufenthalt bis hin zum Arbeitsplatz und zum Strafgesetzbuch: Kein Mensch, der sich zur

Kaste der höheren »Apparatschiks« oder des jungen Geldadels zählt – oft sind beide identisch –, würde sich mit Iwan Normalverbraucher auf eine Stufe oder gar in eine Warteschlange stellen.

Während sich das Fußvolk am Flughafen die Zeit vor dem Abflug in Warteschlangen bei Check-in, Zoll und Passkontrolle vertreibt, können besonders wertvolle Söhne von Mütterchen Russland schon einen gemütlichen Drink im VIP-Saal nehmen – mit Extra-Zubringer zum Flugzeug. Der Service ist auch gegen Geld erhältlich: Wer bei der An- und Abreise etwa im Moskauer Flughafen Scheremetjewo Warteschlangen meiden will, darf sich für 400 Euro im VIP-Saal fühlen wie ein Apparatschik. »Privilegien light« sind für den halben Preis zu haben – gegen 200 Dollar in Bar bieten spezielle Agenturen Reisenden ganz offiziell an, sie dezent an den Warteschlangen vorbeizuschleusen.

Auch auf der Weiterfahrt in die Stadt sind die Volksdiener privilegiert: Wer etwas auf sich hält, braust auf den ständig verstopften Straßen der Hauptstadt mit Blaulicht an seinem Volk vorbei. Mit erhöhter Geschwindigkeit zu fahren, gehört dabei geradezu zum Gewohnheitsrecht der »Großkopferten« – denn die Stoppkeule zu schwingen, würde sich ein gemeiner Verkehrspolizist nie trauen. Schließlich gehört er nur zur niederen Kaste der »unteren Apparatschiks«, weshalb er nach oben buckeln muss, sich dafür aber am gemeinen Pöbel am Steuer schadlos halten darf.

Wer den hohen Herren in die Quere kommt, muss mit dem Schlimmsten rechnen. Zwei junge Moskauer fanden sich im Herbst 2000 unverhofft im Gefängnis wieder, weil sie – ahnungslos – auf dem Moskauer Kutusowprospekt dem Konvoi des Präsidenten allzu schnell hinterherfuhren. Ein Jeep der Leibwache bremste die beiden aus und verwickelte sie in einen Unfall. Der 26-jährige Beifahrer kam nach zehn Tagen wieder auf freien Fuß, der Fahrer, ein Arzt, saß monatelang in Haft. »Krampfhaft hat die Polizei versucht, uns zu Attentätern zu machen, dabei waren wir doch nur auf einen Jux aus«, klagte der Beifahrer später.[1]

In seinen Reden kündigt Präsident Putin regelmäßig Bürokratie-Abbau und einen Kampf gegen die Allmacht der Apparatschiks an. Tatsächlich stärkt er ihre Privilegien. Sozusagen als Neujahrsgeschenk an seinen Apparat vergrößerte der Staatschef am Silvestertag 2005 per Ukas die Liste der Extrawürste. Auf der Überholspur und in der ersten Klasse durchs Leben reisen dürfen künftig selbst einfache Abteilungsleiter in ausgesuchten Ämtern und Gerichten oder der Chefsekretär des Leiters der Verwaltung der Duma und des Föderationsrates. Von den mühsamen Amtsgeschäften erholt sich der russische Apparatschik kostenlos in staatlichen Datschen und Sanatorien (wenn er nicht eine eigene Villa am Mittelmeer vorzieht). Muss der gemeine Russe oft Operationen aus dem eigenen Geldbeutel bezahlen, so wird der vom Dienst am Volk gebeugte Apparatschik in Elitekliniken kostenlos behandelt. Die Privilegienwirtschaft nimmt zuweilen kuriose Formen an: etwa wenn Kommunistenchef Sjuganow Anfang 2006 bei einem Empfang im Kreml den Präsidenten darum bittet, einen seiner Genossen statt in der Eliteklinik für einfache Abgeordnete in einer ganz besonders privilegierten Spezialklinik behandeln zu lassen, die nur Fraktionschefs der Duma offen steht. Dass der Staatschef seine kostbare Zeit sogar während einer Besprechung mit den Fraktionschefs im Parlament, bei der es eigentlich um die Zukunft des Landes gehen sollte, mit privaten Fragen vergeuden muss, zeigt, wie ineffizient Russlands Machtstrukturen bis heute noch sind.

Vorteile haben auch Verwandte der Apparatschiks. Hochrangige Staatsdiener scheinen bevorzugt Wunderkinder zur Welt zu bringen: Schon in zartem Alter, wenn viele Deutsche noch an der Uni schwitzen, haben viele Nomenklatur-Sprösslinge bereits Chefsessel in der Wirtschaft erklommen. Beobachter sprechen in Anspielung auf die Machenschaften des Jelzin-Clans schon wieder von einer neuen »Familie«. So wurde der Sohn von Premierminister Michail Fradkow bereits mit 26 Jahren Stellvertretender Generaldirektor der Fernöstlichen Schifffahrtsgesellschaft – einem der größten Unternehmen in diesem Sektor. Fradkow hatte gerade die Universität abgeschlossen und erst sehr kurz Berufserfahrung als Vize-Niederlassungsleiter der staatlichen Wneschekonom-Bank in New York erworben. Der Sohn von Verteidigungsminister Sergej Iwanow wurde Informationen des Wirtschaftsmagazins *Forbes* zufolge mit 24 Jahren Vizedirektor der Gasprom-Bank, einer Tochter des Gasprom-Konzerns. Über diese Personalien ist in den gesteuerten Medien keine Silbe zu finden. Ebenso tabu ist der neue Posten von Igor Putin, einem Cousin des Präsidenten, der seit 2005 Direktorenrat der Samaraer Tankfabrik ist. Wobei dieser Fall wohl weniger mit Protektion als mit der Findigkeit der Eigentümer zu tun hat, den Verwandten des Präsidenten als Aushängeschild zu nutzen und sich abzusichern – welcher russische Staatsanwalt würde gegen den Cousin des Kremlchefs Ermittlungen beginnen? Die Liste von Verwandten hochrangiger Politiker in lukrativen Ämtern ließe sich lange fortsetzen. Politikerfrauen bringen es durch Posten in Unternehmensbereichen zu riesigen Vermögen, für die ihr Gatte zuständig ist. So gelten etwa Gesundheitsminister Michail Surabow und seine Frau Julia als »Business-Tandem«, weil die Gattin lange Zeit eine der größten Firmen für den Import von Medikamenten führte.[2] Die Frau des Rechnungshofchefs und Putin-Freundes Sergej Stepaschin wiederum hält ein Aktienpaket im Wert von bis zu 30 Millionen Dollar an der Promstroi-Bank.[3]

Wie so manche Bilderbuchkarriere zustande kommt, zeigt die Erzählung des Gründers und Chefs eines großen Medienkonzerns, der anonym bleiben möchte. Ein Kremlbeamter bat ihn, seine Tochter einzustellen – direkt nach ihrem Hochschulabschluss. Weil er sie für nicht kompetent hielt, aber nicht wagte, die Bitte abzuschlagen, gründete er extra eine Abteilung für den unfreiwilligen Neuzugang. Die war nach wenigen Monaten total heruntergewirtschaftet, die junge Dame stiftete darüber hinaus Unfrieden im ganzen Haus. Prompt beklagte sie sich bei ihrem Vater im Kreml über »unhaltbare Zustände« in ihrem neuen Betrieb; der ranghohe Kremlbeamte rief daraufhin den Unternehmer zu sich und forderte, er solle seine Tochter befördern und zu einer der Direktorinnen seiner Firma machen – sonst würde er »ernste Probleme mit den Steuerbehörden« bekommen.

Apartheid auf Rädern In ihrem Leben auf der Überholspur sind die »oberen Zehntausend« auch gegen Ausrutscher gefeit. Wer ihnen in die Quere kommt, ist rechtlos. Wie die 68-jährige Rentnerin Swetlana Beridse. Am 20. Mai 2005 will sie im Süden Moskaus bei Grün eine Straße überqueren. Kaum tritt sie auf die Fahrbahn, wird sie von einem Volkswagen Bora erfasst, der mit enormer Geschwindigkeit auf sie zuraste und nicht einmal bremste. So jedenfalls erinnert sich Beridses Tochter, die gerade aus dem Fenster ihrer Wohnung blickt und so Augenzeugin des tragischen Moments wurde. Zwanzig Meter weit und vier Meter hoch sei ihre Mutter durch die Luft geschleudert worden, erinnert sie sich später.[4] Sie rennt sofort hinunter auf die Straße, doch sie kann ihrer Mutter nicht mehr helfen. Beridse stirbt noch an der Unfallstelle. Zuerst deutet alles auf einen zwar tragischen, aber gewöhnlichen Verkehrsunfall hin. Doch die Notärzte, die am Unfallort eintreffen, fahren nach wenigen Minuten wieder weg. Stattdessen fährt eine andere Unfallwagen-Besatzung vor. Innerhalb kürzester Zeit erscheinen mehrere West-Limousinen mit getönten Scheiben, Männer mit Kalaschnikows im Anschlag steigen aus und sperren den Unfallort ab. Sie lassen niemanden mit den Verkehrspolizisten sprechen, die den Unfall aufnehmen – reden aber selbst lange auf diese ein. Auch die Tochter der Toten, Nina Pljuschtsch, schicken die Männer mit den Kalaschnikows weg. Pljuschtschs Mann, den Schwiegersohn der Toten, nehmen sie in den Polizeigriff und setzen ihn in eines der Autos. Als Nina erfährt, wer ihre Mutter totgefahren hat, wird ihr klar, was vor sich geht – und sie begräbt ihre Hoffnung, dass der Unfall je aufgeklärt wird. Alexander Iwanow, ein Sohn von Verteidigungsminister Iwanow, lenkte den Wagen.[5] Den Vater hindert der tragische Unfall des Sohnes nicht daran, am nächsten Tag bei einem Empfang zu Ehren des UEFA-Cup-Sieges von ZSKA Moskau mit Präsident Putin mitzufeiern. »Interessant, wie viel Sekt wohl in den Cup passt«, fragt Iwanow gut gelaunt vor laufenden Kameras den Vereinstrainer.[6]

Die Ermittler legen zwar großen Eifer an den Tag, aber offenbar nur, um den Ministersohn reinzuwaschen. Noch am Unfallort sagt ein Zeuge, dass die Frau bei Grün losgelaufen war. Ermittler nehmen ihn sofort zur Seite; in den Ermittlungsunterlagen findet sich kein Wort mehr über den Zeugen, so die Tochter der Toten.[7] Auch die Besatzung des Krankenwagens, der zuerst am Unfallort eintraf, wird nicht befragt. In den Akten heißt es, Iwanows Auto habe das Opfer von rechts erfasst. In Wirklichkeit fuhr er sie nach Erinnerung der Tochter von links an. Nach einigen Monaten stellt die Staatsanwaltschaft das Verfahren »wegen Abwesenheit des Tatbestandes eines Verbrechens« ein, ohne Gerichtsverhandlung. Iwanow habe keine Chance gehabt, den tödlichen Unfall zu verhindern, heißt es in einem Gutachten.

Er habe keinerlei Druck auf die Staatsanwaltschaft ausgeübt, erklärt Verteidigungsminister und Vizepremier Iwanow, als er im März 2006, zehn Monate nach dem Unfall, bei einer Pressekonferenz mit ausländischen Journalisten zum ersten Mal auf den Vorfall angesprochen wird.[8] Die Aussage des Ministers ist durchaus glaubwürdig: Dass die Ermittler nicht ernsthaft gegen den Sohn des Vizepremiers vorgehen würden, ist in Russland eher eine Selbstverständlichkeit. Prompt dreht Iwanow den Spieß um: Sein Sohn habe nicht nur psychisch, sondern auch physisch stark unter dem Unfall gelitten. Die Verwandten des Opfers hätten ihn schlimm verprügelt. »Er hatte eine Gehirnerschütterung, aber jetzt geht es ihm wieder besser«. Auf einmal gibt es nun ein Ermittlungsverfahren: nicht gegen den Fahrer des Wagens, sondern gegen den Schwiegersohn der Toten, wegen Körperverletzung. Der Sohn des Ministers mutiert vom Tatverdächtigen zum Opfer. »Was man uns vormacht, ist, dass das Weiße Schwarz ist«, empört sich Nina Pljuschtsch, die nicht nur ihre Mutter verloren hat, sondern nun auch um ihren Mann bangen muss.

Russlands Öffentlichkeit erfährt nichts über den Vorfall. Der Fernsehjournalistin, die bei dem kleinen Sender REN-TV als einzige im Land einen kritischen Bericht über den Fall bringen möchte, widerfährt Merkwürdiges. Mit heftigem Körpereinsatz versperren drei Männer mit breiten Oberarmen und schwarzen Uniformen der blonden Frau im November 2005 den Weg ins Studio; die Senderleitung erteilt ihr Bildschirm-Verbot. Dabei ist Olga Romanowa eine der bekanntesten Fernsehjournalistinnen Russlands.

Offiziell begründete REN-TV das Bildschirm-Verbot für Romanowa unter anderem mit der Sorge um ihre Gesundheit. »An allen Arbeitstagen die Abendnachrichten zu moderieren, ist für einen einzigen Menschen schwierig; da kann man sich schnell unwohl fühlen«, so der neue Generaldirektor des Senders, Alexander Ordschonikidse. Mit Romanowas Verbannung vom Bildschirm sei »der letzte Sender verlorengegangen, der eine gewisse Unabhängigkeit und Objektivität wahrte«, empörte sich der sowjetische Expräsident Michail Gorbatschow. Vollstreckungsgehilfe bei dem Zensurakt war ein deutscher Konzern. Die RTL Group, eine Luxemburger Tochter des deutschen Bertelsmann-Konzerns und seit Sommer 2005 im Besitz eines 30-prozentigen Anteils an dem russischen Sender, habe im Fall REN-TV von Anfang an die wahren Hintergründe gekannt und eine gefährliche sowie »sehr schlechte, unschöne Rolle gespielt«, glaubt Pawel Gutiontow, einer der Leiter des russischen Journalistenverbandes: »Warum sie das tun, weiß ich nicht, aber es ziert sie nicht, dass sie so ein Spiel mitspielen.«[9] Ein Sprecher der RTL Group sagt auf Anfrage, man wolle einzelne Vorgänge bei Sendern der Gruppe nicht kommentieren.

Der Fall Iwanow zeigt, wie eng die Kontrolle über die Medien und die Allmacht der Apparatschiks zusammenhängen: Der Machtmissbrauch, die Straflosigkeit und die Privilegien der Herrschenden sind nur so lange in vollem Umfang aufrechtzuerhalten, solange die Mehrzahl der Menschen allenfalls vom Hörensagen davon erfährt und nicht übers Fernsehen. Wie schnell die Regierung inzwischen nervös wird, wenn über die Willkür zu viel bekannt wird, zeigt der Fall von Oleg Schtscherbinski: Im Februar 2005 verurteilt ein Gericht in der Altai-Region unweit von China den erschrockenen, unbedarft wirkenden Mann unter Ausschluss der Öffentlichkeit zu vier Jahren Haft. Dem Familienvater ist anzusehen, dass er nicht weiß, wie ihm geschieht. Noch im Gerichtssaal wird er in Handschellen gelegt und abgeführt. Sein Vergehen: Er war im August 2004 mit seinem Wagen, in dem auch seine Frau und seine Tochter saßen, zur falschen Zeit am falschen Ort. Der 35-jährige Eisenbahnarbeiter fuhr auf einer Landstraße, als von hinten der Mercedes des örtlichen Gouverneurs auf ihn zurauschte und zum Überholen ansetzte – laut Gerichtsakten mit

149 Stundenkilometern, nach Angaben von Augenzeugen dagegen mit 200 Sachen – also in jedem Fall mit weit überhöhter Geschwindigkeit. Der Mercedes touchierte den Wagen nicht allzu heftig, doch ein Reifen der Nobelkarosse platzte, sie prallte gegen einen Baum, der Gouverneur, der Fahrer und ein Leibwächter starben. Unglücklicherweise äußerte sich nach dem Unfall Präsident Putin negativ über das Automobil des späteren Angeklagten: Wagen mit Steuer auf der rechten Seite, wie Schtscherbinski einen fuhr und wie sie im Osten Russlands wegen der vielen Importe aus Japan sehr verbreitet sind, seien gefährlich, man müsse etwas unternehmen, sagt der Präsident. Der Schuldspruch habe damit festgestanden, hieß es in kremlkritischen Medien. Tatsächlich lehnt das Gericht alle 13 Beweisanträge der Verteidigung ab. Die Richter warfen dem Unglücklichen vor, er habe das Blaulicht des Gouverneurs nicht beachtet – was aber angesichts der kurvenreichen Strecke ein Ding der Unmöglichkeit war.

Es gehört zu den Absurditäten des russischen Alltags, dass die Gewissheit der Mächtigen, über dem Gesetz zu stehen, sie offenbar häufig zu der Annahme verleitet, sie stünden auch über den Gesetzen der Physik: So kostet es immer wieder Apparatschiks das Leben, dass sie bei viel zu schlechtem Wetter den Befehl zum Start ihres Flugzeugs oder Hubschraubers geben oder, wie in vorliegendem Fall, mit überhöhter Geschwindigkeit durchs Land rasen.

Weil im Fall Schtscherbinski ein bekannter Gouverneur umkam und nicht eine kleine Rentnerin, kann er in den Medien nicht einfach ausgeblendet werden. Das Urteil trifft den Nerv der Bevölkerung – jeder russische Autofahrer hat sich schon oft über unverschämte Drängler mit Blaulicht geärgert, jeder kann sich in den unglücklichen Schtscherbinski hineinversetzen, der nun zum Sündenbock gemacht wird. Noch am Tag des Schuldspruchs kommt es zur ersten Protestaktion. Ein Dutzend Autofahrer will vor dem Gerichtssaal vorfahren; auf einem ihrer Plakate steht: »Oleg ist am Leben geblieben – das ist seine einzige Schuld.« Die Miliz stoppt die Demonstranten – sie sperrt die Straße zum Gericht für eine angebliche »Anti-Terror-Aktion«. Doch damit ist es nicht getan. In zwei Dutzend russischer Städte kommt es in den folgenden Wochen zu weiteren Protesten. Allein in Moskau machen sich nach unterschiedlichen Angaben 250 bis 1000 Autos aus Solidarität mit Schtscherbinski auf den Weg zu einer Protestfahrt. Auf ihren Plakaten stehen Losungen wie »Die Meinung des Präsidenten ist noch kein Gesetz« oder »Blaulicht für die Rettungsdienste und nicht für Mörder«. An vielen Antennen flattern orangefarbene Bänder. Moskaus Mächtige reagieren seit der orangenen Revolution in der Ukraine derart allergisch auf diese Farbe, dass die Eisenbahnverwaltung bei der Rallye Murmansk-Wladiwostok 2005 den Begleitzug nur unter der Bedingung auf die Schiene lässt, dass er »in jede Farbe außer orange« umgefärbt wird.

Als sich der Protest gegen die Bestrafung des unglücklichen Schtscherbinski ausweitet, versucht »Einiges Russland«, die Partei der Apparatschiks, sich selbst an die Spitze des Protests gegen die Straflosigkeit der Apparatschiks zu stellen – drei Wochen, nachdem ihre Duma-Abgeordneten einen Antrag der Kommunisten abgelehnt haben, eine Anfrage zum Fall Schtscherbinski an das Innenministerium zu stellen.[10] Nach der 180-Grad-Wende beginnen die »Einheitsrussen«, wie die Mitglieder der Kremlpartei sich selbst bezeichnen, eine Unterschriftensammlung für den verurteilten Fahrer. Plötzlich berichtet auch das Fernsehen wieder über den Fall – und vor allem über den Einsatz der Kremlpartei. Wenige Wochen später spricht ein Gericht im Altai den Familienvater in zweiter Instanz frei.

Der Fall Schtscherbinski ist nicht nur ein Musterbeispiel dafür, wie die russischen Gerichte ihre Urteile nach dem Wind aus dem Kreml drehen. Die Geschichte zeigt vor allem, dass entgegen allen anders lautenden Meinungen in Russland zumindest in Ansätzen eine Bürgergesellschaft im Entstehen ist. Beispiele gibt es zur Genüge. In der Regel handelt es sich um Proteste in der Provinz gegen Entscheidungen aus Moskau: Da gibt es im burjatischen Ulan-Ude unweit der Mongolei heftige Proteste gegen die Zusammenlegung von Verwaltungsgebieten, in Wladiwostok protestieren Autofahrer gegen Pläne, Autos mit Rechtslenkrad zu verbieten und gegen die Erhöhung der Importzölle für Autos; in Petersburg streiken die Hafenarbeiter für einen Inflationsausgleich, in Woronesch gehen die Menschen gegen Preiserhöhungen und die Reform des Wohnungswesens auf die Straße, in Irkutsk gegen eine Ölpipeline, die am Baikalsee entlangführen soll. Alle diese Protestaktionen haben vor allem eines gemeinsam: Sie werden im Fernsehen und in den wichtigsten Medien meistens totgeschwiegen. Die vermeintliche politische Stabilität im heutigen Russland beruht vielfach schlicht darauf, dass Widerspruch von den Oberen ignoriert wird. Dabei zeigt sich an der Angst der Regierung, die sie vor Berichten über Proteste hat, dass sie selbst die Lage bei weitem nicht für so stabil hält, wie es die eigene Propaganda weismacht.

Tatsächlich birgt das riesige Gefälle zwischen Arm und Reich, Privilegierten und einfachen Menschen enormes Unruhepotential. Soziale Gerechtigkeit steht auf der Werteskala der Russen ganz oben. Die relativ hohe Geduld mit dem sowjetischen System war nicht zuletzt darauf zurückzuführen, dass es zumindest äußerlich nur geringe soziale Unterschiede gab. Selbst die Nomenklatur musste ihre Privilegien größtenteils im Geheimen genießen. Ein Minister durfte zwar mit Blaulicht durch die Stadt rasen, aber nicht in einem Mercedes, und seine Luxus-Datscha musste er hinter einem hohen Zaun verstecken.

Der »Allrussische Bürgerkongress« hat für die schamlose Selbstübervorteilung der Machtelite historische Gründe ausgemacht. Vor der Oktoberrevolution habe der Adel mit seinem Ehrenkodex die Bürokraten kontrolliert, in der Sowjetunion habe das die Parteiführung getan, die oft ihren ideologischen Prinzipien folgte. Unter Gorbatschow und Jelzin hätten die Apparatschiks ein Gegengewicht in Gestalt der Opposition, der Pressefreiheit und der Bürgergesellschaft gehabt. Unter Putin dagegen fehle nicht nur jedes Gegengewicht zu den Bürokraten. Gab es früher Konkurrenz zwischen zivilen und die uniformierten Apparatschiks und damit auch gegenseitige Kontrolle, ziehen sie heute an einem Strang. Russland, so das Fazit des Bürgerkongresses, lebe in einer »kleptokratischen Diktatur, die gekonnt moderne Informationstechniken ausnutzt, um das Volk und die Weltöffentlichkeit irrezuführen«.[11]

Das Sowjetsystem war darauf angelegt, dem einzelnen Menschen das Rückgrat zu brechen, ihn zum Duckmäuser zu machen, zu einem kleinen, steuerbaren und berechenbaren Rädchen im

Getriebe des sozialistischen Staates. Vor diesem Hintergrund ist die gewaltige bürokratische Maschinerie zu sehen, die jeden Russen von Geburt an in Beschlag nimmt und jede Neuausstellung eines Passes oder jeden Umzug zu einem Spießrutenlauf durch die Behördeninstanzen macht. »Die Hälfte seiner Lebenszeit verbringt jeder Mensch in den Ländern der früheren Sowjetunion damit, unter Aufwand all seiner Kräfte irgendwelche völlig unnötigen Papiere aufzutreiben, mit denen er unnötigen Behörden beweisen muss, dass er ein Mensch und kein Kamel ist«, spottet der frühere weißrussische Staatschef und Reformer Stanislaw Schuschkewitsch.[12] Der angenehme Nebeneffekt: Ein Volk, das die meiste Zeit damit beschäftigt ist, Schlange zu stehen und Apparatschiks zu bestechen, kommt gar nicht dazu, sich Gedanken über Politik zu machen oder gar auf die Straße zu gehen und zu demonstrieren.

»Wir hatten eine Diktatur des Proletariats, jetzt haben wir eine Diktatur der Apparatschiks«, klagte Alexander Jakowlew, einer der Väter der Perestroika, kurz vor seinem Tod 2005.[13] Die Methoden haben sich geändert, das System kaum. Schon zu Sowjetzeiten war es für viele Parteibonzen unter ihrer Würde, von der Wurst zu essen, die fürs gemeine Volk bestimmt war. Solange die allgegenwärtige Apartheid nicht aufgehoben und die Apparatschiks nicht wie sterbliche Menschen behandelt werden, solange sie nicht aufhören, das Volk als Pöbel zu verachten, werden sich keine Veränderungen zu Gunsten der einfachen Menschen durchsetzen.

Bestechende Bürokratie Nur um ein Haar entgeht Irina Charitonowa, Mitarbeiterin im Moskauer *Focus*-Büro, bei ihrem Winterurlaub in Thailand im Dezember 2004 der Tsunami-Katastrophe. Sie hat sich mit dem Frühstücken verspätet und trinkt gerade noch eine letzte Tasse Kaffee auf der Terrasse, als die Flutwelle in ihr Hotelzimmer bricht. Ihre gesamten Unterlagen sind vernichtet, bis auf den Pass, den sie an der Hotelrezeption hinterlegt hat. So sehr sie sich über die wundersame Rettung freute, unwohl wurde ihr bei dem Gedanken, was für ein Spießroutenlauf beginnen würde, wenn sie wieder in Moskau ist, klagt die zierliche Frau: Fast eine Woche ist die junge Moskauerin damit beschäftigt, sich einen neuen Führerschein, einen neuen Kfz-Schein, eine neue TÜV-Bescheinigung zu beschaffen. Mal fällt im Amt ein Computer aus, mal ist Mittagspause, mal befindet sich die Kassenstelle in weiter Entfernung. »Am schlimmsten war, dass ich zu insgesamt vier Abteilungen der Verkehrspolizei musste, zu zwei davon gleich zweimal, und dort stehen lange Schlangen, manchmal sogar unter freiem Himmel. Und das alles im Winter.«

Ebenfalls fast eine Woche benötigt Irina Charitonowa, um nach einem Umzug innerhalb Moskaus ihre Dokumente auf den neuesten Stand zu bringen. So muss sie sich bei ihrem alten Finanzamt persönlich abmelden – was sehr viele andere Moskowiter auch wollen, weshalb es zu langen Wartezeiten kommt; danach muss sie sich bei ihrem neuen Finanzamt anmelden, wo sie das gleiche Problem hat. Das sowjetische System der »Propiska«, bei dem der Staat entschied, wo die Menschen ihren Wohnsitz nehmen durften, ist zwar offiziell abgeschafft. De facto gilt es aber bis heute für all diejenigen Russen, die keine staatliche Wohnung haben und sich nicht leisten können, eine zu kaufen: Wer zum Beispiel als Student oder Arbeiter von auswärts nach Moskau kommt und privat Wohnraum anmietet, darf dort in der Regel nicht »amtlich wohnhaft« werden: Deshalb muss er für jede Verlängerung seines Passes und manchmal sogar zur medizinischen Behandlung in seine Heimatstadt zurückreisen – angesichts der Entfernungen in Russland oft eine teure und langwierige Prozedur. Wer seinen Wohnsitz nicht offiziell in Moskau nehmen darf, muss sich dennoch wie alle Besucher der Hauptstadt bei den Behörden registrieren lassen – obwohl das Verfassungsgericht diese Meldepflicht wegen der strengen Auflagen verbot. Spötter nennen die Regelung ein »Bakschisch-Beschaffungsprogramm für die Miliz«: Das Meldeverfahren ist so bürokratisch, dass viele Moskau-Besucher lieber bei den häufigen Kontrollen die Ordnungshüter bestechen als den Behördenmarathon auf sich zu nehmen, um eine Registrierungsbestätigung zu bekommen – zumal die oft nur sechs Monate gültig ist.

Wer als ausländischer Tourist privat in einer Wohnung bei Russen übernachtet, muss gemeinsam mit allen in der Wohnung seines Gastgebers gemeldeten Personen zur Passbehörde und dort eine Registrierung beantragen.[14] Auch ohne böse Absichten werden viele Russlandbesucher notgedrungen zu Gesetzesbrechern, weil sie offiziell nach der Einreise nur drei Tage ohne Registrierung im Land bleiben dürften – aber die Bearbeitungszeit, etwa in Moskau, meist fünf Tage oder mehr beträgt. War die Registrierung früher eher eine Formalie und wegen der geringen Strafen als potentielle Einnahmequelle von Bestechungsgeldern für die Miliz kaum von Interesse, so erhöhte die Duma 2004 die Strafen bei Verstößen auf das 15-fache des minimalen monatlichen Arbeitslohns, also 260 Euro.[15] Die Bürokratur nimmt in vielen Bereichen des Lebens bizarre Formen an. Selbst für einfache Zeitungsabos muss der Empfänger regelmäßig »Warenfrachtbriefe« unterzeichnen, mit denen er den »Erhalt der Ware auf Grundlage der Vollmacht« bestätigt – und auch noch seinen »Dienstgrad« eintragen, als würde ein solcher einen erst zum Menschen machen. So jedenfalls wird die *Moskauer Deutsche Zeitung* ausgeliefert. Nicht etwa, weil sich der Verlag ein Vergnügen daraus macht, seine Leser zu drangsalieren, sondern weil die Behörden offenbar die Buchhaltung des Verlags gängeln. Weil aber die Post in Moskau nicht hundertprozentig zuverlässig ist, wird für die Warenfrachtbriefe ein eigener Kurierdienst durch die Stadt geschickt. Die Boten werfen die Briefe aber nicht etwa in den Briefkasten, sondern klingeln und lassen sich den Erhalt schriftlich bestätigen. »Bitte nicht vergessen, Durchschriften an die Buchhaltung zurückzusenden!«, steht in dicken Lettern auf einem Zettel, der an einen Rückumschlag geheftet ist. Der ganze Papierkrieg ist notwendig, um den Erhalt von zwei Ausgaben einer Zeitung im Wert von 146,08 Rubel, umgerechnet rund 4,30 Euro, zu bestätigen.

Die Bürokratur führt inzwischen viele Reformen ad absurdum. »Die Sozialabgaben sanken zwar von 28 auf 26 Prozent, und man hat das groß angepriesen, als Beispiel, wie alles vorwärts geht. Doch Unternehmer, die diese Sozialabgaben bezahlen wollen, müssen einen Spießrutenlauf durch die Finanzbürokratie machen. Manche beschäftigen einen hauptberuflichen Schlangensteher«, klagt der Moskauer Steuerberater Dinar Achmetow. Schon zwei Stunden vor Dienstbeginn warten vor Finanzämtern zuweilen Hunderte von willigen Steuerzahlern. Oft vergebens, weil die Ämter keine Formulare vorrätig haben. »Um Rentenbeiträge anzumelden, musste ich fünfmal vorsprechen«, klagt der Steuerfachmann: »Wenn ich heute anfange, zu Hause Brötchen zu backen und zu verkaufen, dann habe ich so viel Papierkram, dass ich sofort einen Buchhalter einstellen muss.« Der Russland-Chef von Ikea schätzt, dass er jede dritte Arbeitsstunde dem Umgang mit Behörden opfern muss. Um Genehmigungen korrekt und pünktlich zu erhalten, winkt das Unternehmen dem Staat mit einem Scheck über eine Million Dollar, offiziell für soziale Zwecke.[16]

Allein auf Bundesebene gibt es heute mehr als doppelt so viele Beamte wie zu Sowjetzeiten: rund 1,5 Millionen – Lehrer und Mitarbeiter von Armee und Sicherheitsdiensten nicht mitgerechnet.[17] Trotz der offiziell meist sehr niedrigen Gehälter sind die Jobs im Dienst des Staates vor allem deshalb beliebt, weil sie die Chance bieten, Bestechungsgelder zu kassieren. »Bürokratie ist das profitabelste Geschäft in Russland, und ein Mehr an Bürokraten bedeutet normal ein Mehr an Korruption«, beklagt Kirill Kabanow, Leiter des Nationalen Anti-Korruptions-Komitees. Bei Durchschnittslöhnen von 700 Dollar im Monat bringe mancher Beamte bis zu eine Million Dollar im Jahr nach Hause. Ein mittlerer Beamter brauche heute in der Regel vier Jahre, um sich eine 200-Quadratmeter-Wohnung in Moskaus Nobelviertel an der Rubljowskoje-Chaussee kaufen zu können – zum Preis von fünf Millionen Dollar.

Angesichts solcher Einnahmeperspektiven seien selbst hochrangige Ämter unter der Hand gegen Dollar zu erwerben, behauptet Leonid Newslin, im israelischen Exil lebender Mehrheitseigner des zerschlagenen Yukos-Konzerns und einer der Intimfeinde von Präsident Putin: Käuflich ist »praktisch alles außer den Schlüsselpositionen. Es geht vom Abteilungsleiter bis zu Vizeministern und Gouverneuren. Die Preise liegen zwischen 50 000 und fünf Millionen Dollar, je nach Amt«. Korruptionsbekämpfer Kabanow hat eine Preisliste der Bestechung erstellt: Ein Offiziersposten bei der Miliz ist demzufolge für 50 000 bis

100 000 Dollar zu haben, ein Amtsrichtersessel für bis zu 300 000 Dollar, höhere Posten bei der Miliz in der Hauptstadt schlagen mit einer halben Million Dollar zu Buche. Einflussreiche Stellen beim Zoll sind im Millionenbereich erhältlich, ein Senatorenplatz im Föderationsrat kann bis zu 6 Millionen Dollar kosten, und richtig teuer werden Ministerämter mit bis zu 10 Millionen »amerikanischer Rubel«, wie der Dollar zuweilen spöttisch genannt wird. Meist platzieren auf diese Weise Unternehmen eigene Leute auf einflussreichen Posten, in der Hoffnung, dass sich das »Investment« auszahlt.

Der moderne »Korruptionär« redet patriotisch, aber investiert westlich, und so lagert ein großer Teil der kassierten Bestechungsgelder jenseits der Grenzen, berichtet Korruptionsbekämpfer Kabanow: »Also kann der Westen auch Druck ausüben.« Als US-Behörden einmal drohten, korrupte russische Apparatschiks auf eine schwarze Liste zu setzen, riefen Leute aus dem Kreml, die offenbar eine eigenwillige Vorstellung von den Aufgaben des »Anti-Korruptions-Komitees« hatten, bei Kabanow an: »Kirill, kannst du mich von dieser Liste streichen lassen?«[18]

Mehrere Studien kamen zu dem Schluss, dass die Korruption unter Putin zugenommen habe, auch wenn die Medien das gegenteilige Bild vermitteln. Nach Angaben des Indem-Fonds wuchs die durchschnittliche Summe der Bestechungsgelder seit 2001 um 70 Prozent. Besonders hart trifft der Bakschisch-Boom Indem zufolge Unternehmer: Gab der durchschnittliche Firmenbesitzer im Jahr 2001 noch 10 000 Dollar Bakschisch pro Jahr aus, kostete ihn das reibungslose Zusammenspiel mit den Behörden 2005 im Schnitt bereits 135 000 Dollar.[19] Waren TÜV-Bescheinigungen bei Putins Amtsantritt noch für 50 Dollar zu haben, sind heute oft 150 oder gar 200 Dollar zu bezahlen. Für eine »rote Ampel« drückten Verkehrspolizisten Ende der neunziger Jahre für 50 Rubel ein Auge zu – heute weist das Auge des Gesetzes meist erst ab 200 Rubeln eine Sehschwäche auf. Geradezu astronomisch stieg die »Bakschisch-Gebühr« für Trunkenheit am Steuer – von einst 100 Dollar auf heute oft 500 – einer der wenigen Bereiche, in denen die zunehmende Korruption wenigstens indirekt zu etwas mehr Sicherheit führen könnte. Von der Geburt

– wo für Aufnahme in einem guten Krankenhaus zu zahlen ist – über den Platz im Kindergarten und auf der Universität, von der Führerscheinprüfung und der Arztbehandlung bis zu einem anständigen Begräbnis und einer ansehnlichen Ruhestätte ist die Korruption ein treuer Begleiter der Menschen in Russland.

Dem einzelnen Glied in dieser Bestechungskette ist dabei kaum ein Vorwurf zu machen: Der Arzt kassiert vielleicht deshalb Bakschisch, weil er seiner Tochter einen Studienplatz beschaffen will, wofür der Professor nur deshalb Bestechungsgeld kassiert, weil er seiner Mutter ein anständiges Begräbnis sichern will, wofür wiederum der Friedhofschef eine »Sonderzahlung« fordert, weil er damit einen Kindergartenplatz für seine Enkelin erkaufen möchte und so weiter. Schuld an diesem Kreislauf der Korruption ist das vor allem auf Sowjetzeiten zurückgehende System zu niedriger Gehälter, bei dem die Menschen fürs Überleben darauf angewiesen sind, sich zusätzliche Verdienstmöglichkeiten zu suchen. Das System war geradezu darauf angelegt, die Menschen zu Gesetzesverstößen zu verleiten, denn sobald sie gegen das Gesetz gehandelt hatten, waren sie erpressbar und damit steuerbar. Viele Politologen halten dies für einen der Grundzüge des bolschewistischen Systems, der bis heute nachwirkt.

»Transparency International« führt Russland auf seiner Liste der 159 korruptesten Länder auf Platz 126, neben Sierra Leone, Niger und Albanien. Nach einer Studie des Instituts für Soziologie an der Akademie der Wissenschaften in Moskau glaubte 2005 die Mehrheit der Russen, dass die Bürokraten seit Putins Amtsantritt 1999 ineffektiver, bestechlicher und unanständiger geworden seien. Die Befragten kamen zu dem Schluss, dass die Beamten eine »geschlossene und arrogante Kaste« bilden. Während die einfache Bevölkerung die »Apparatschiks« als mittelmäßig, korrupt und inkompetent einschätzt, finden sich die Beamten selbst professionell, fleißig und effizient. Die nicht beamteten Befragten machten die allgemeine Straflosigkeit für die hohe Korruption verantwortlich; die Beamten selbst sehen eine hohe Arbeitsbelastung und geringe Gehälter als Ursache für die Bakschisch-Anfälligkeit. Dabei verdienen Beamte der Studie zufolge durchschnittlich dreimal so viel wie der gewöhnliche Russe, und keiner der befragten Apparatschiks klagte, dass sein sozialer Status niedrig sei. Nur 2 Prozent der nicht beamteten Befragten waren der Ansicht, die Beamten seien vor allem am Wohl des Landes interessiert – unter den Apparatschiks selbst waren auch nur 16 Prozent dieser Meinung. Dass damit eine erdrückende Mehrheit der Beamten ganz offen zugibt, eigene Interessen zu verfolgen, die nichts mit den staatlichen zu tun haben, beweise, dass eine neue Kaste entstanden sei, die sich feindlich gegenüber dem Normalbürger verhalte, glaubt Institutsleiter Michail Gorschkow. Die Mehrheit der befragten Nicht-Beamten wünschte sich mehr öffentliche Kontrolle des Apparatschik-Apparats und die Entlassung ertappter »Korruptionäre« aus dem Staatsdienst. Es sei ein Missverständnis, wenn man den Russen unterstelle, sie wünschten eine »harte Hand«, sagt der Sozialforscher: »Die Menschen wollen keine starke Bürokratie, sondern verbindliche Regeln und Gesetze.«[20]

Unter Wladimir Putin nahm die öffentliche Kontrolle infolge der Gleichschaltung der Medien stark ab; selbst bei erdrückenden Verdachtsmomenten wurden hochrangige Beamte und Politiker nicht etwa dazu gezwungen, sich den Vorwürfen zu stellen. – Im Gegenteil konnten sie in der Regel mit Weiterbeschäftigung rechnen. Als im Januar 2001 der frühere Kremlverwaltungschef Pawel Borodin wegen Korruptionsvorwürfen in den USA festgenommen und an die Schweiz ausgeliefert wurde, erfasste eine Welle der Empörung Moskau – nicht über die Korruption, sondern gegen die Festnahme des mutmaßlichen »Korruptionärs«. Prominente forderten in Zeitungen die Freilassung Borodins. Der russische Staat zahlt fünf Millionen Schweizer Franken Kaution, um den einstigen Jelzin-Vertrauten wieder auf freien Fuß zu bekommen.

»Korruption ist in Russland zum Gewohnheitsrecht geworden, zu einem System aus Absprachen, das die Abwesenheit eines echten, auf Konkurrenz basierenden Marktes ersetzt, etwa eines Kapitalmarktes oder eines Kreditmarktes«, sagt die Moskauer Wirtschaftswissenschaftlerin Natalia Smorodinskaja: »Das Schutzgeld, das an die Bürokraten bezahlt werden muss, behindert das Wirtschaftswachstum und die Gesellschaft insgesamt, denn das Bakschisch für die Beamten schlägt sich auf den Preis jeder einzelnen Ware nieder, beeinflusst das Preisniveau insgesamt.« Bei jedem Kilo Wurst zahlt der Käufer für die Bestechungsgelder mit, die der Produzent an die Steuerbehörden, die Feuerschutzämter, die Lebensmittelaufsicht, die Gesundheitsämter, die Bauaufsicht, den Zoll und viele andere staatliche Stellen abgeführt hat. Dies ist einer der Gründe dafür, warum selbst Lebensmittel oft deutlich teurer sind als in Deutschland, obwohl der Hersteller weitaus geringere Lohn- und Energiekosten hat als eine Firma in Westeuropa und obwohl die Zahlungsfähigkeit der potentiellen Kunden wegen des niedrigeren Verdiensts ebenfalls deutlich geringer ist und die hohen Preise sie umso mehr treffen.

Die Mehrzahl der Russen ist – wohl nicht zu Unrecht – davon überzeugt, dass genau jene Einrichtungen besonders korrupt sind, die eine besondere wichtige Rolle im Kampf gegen die Korruption spielen müssten: Die Miliz, die politischen Parteien, das Parlament und die Gerichte.[21]

Die Vorlage des Jahresberichts zur Korruptionsbekämpfung beschäftigte die Duma im Februar 2006 ganze fünf Minuten. Nachfragen wurden nicht zugelassen. Der Bericht umfasst 13 Seiten: Konkrete Beispiele aufgedeckter Korruptionsfälle sind kaum zu finden, dafür weichgespülte Absichtserklärungen. Der Anti-Korruptions-Bericht sei eine Imitation, klagte der Abgeordnete Valeri Subow später: »Man tut nur so, als tue man was.«[22]

Mancher Abgeordnete könnte an Aufklärung wenig Interesse haben. Im Februar 2006 veröffentlichte die Zeitschrift *Finans* eine Liste der russischen Milliardäre. Auf Platz 352 steht mit 2,7 Milliarden Rubel (rund 80 Millionen Euro) Wjatscheslaw Wolodin, Vizechef der Duma und einer der bekanntesten Köpfe der Kremlpartei »Einiges Russland«.[23] 26 Duma-Abgeordnete fordern die Staatsanwaltschaft in einem Brief auf, die Quellen von Wolodins Reichtum zu prüfen. Immerhin sei er seit 1992, also seit seinem 28. Lebensjahr, ununterbrochen im Staatsdienst, weshalb er keine unternehmerische Tätigkeiten ausüben dürfe. Um auf 2,7 Milliarden Rubel Vermögen zu kommen, hätte Wolodin 3214 Jahre lang sein Staatsgehalt beziehen müssen, rechnen die Abgeordneten vor.

Von der Affäre und dem Brief der 26 Abgeordneten erfahren die Leser kritischer Websites und der kleinen Zeitung *Nowaja gaseta* am 4. Mai 2006. Der »Erste Kanal« bringt in seinen Hauptnachrichten am gleichen Tag als wichtigste Meldung einen 18-minütigen Bericht darüber, wie Techniker im Schwarzen Meer die Black Box eines am Vortag abgestürzten Flugzeugs suchen. Nachricht Nummer zwei ist das 70-jährige Jubiläum der Kremlgarde, zu deren Ehre die Fahne im Kreml heruntergelassen wurde. Es folgen zahlreiche Berichte über die Vorbereitungen zum Tag des Sieges über Nazi-Deutschland fünf Tage später. Über die Korruptionsvorwürfe gegen einen der ansonsten meistgezeigten Abgeordneten im Lande erfahren die Millionen Zuschauer kein Wort.

Wenige Tage später sagt Putin in seiner Rede zur Nation wieder einmal der Korruption den Kampf an. Prompt berichten Fernsehen und Medien ausführlich über Bestechungsskandale beim Zoll und anderen Behörden. Die Verdächtigen sind nachrangige Beamte. Was ihnen genau zur Last gelegt wird, bleibt unbekannt, von weiteren Konsequenzen ist nichts zu hören. Kremlkritiker sprechen von Verteilungskämpfen innerhalb der Führung, bei der »die einen Korruptionäre die Konkurrenz durch andere Korruptionäre ausschalteten«. Neuer Chef des Zolls wird ein Vertrauter Putins.[24] Die Nachrichtenagentur Reuters berichtet den Lesern im Westen über den Vorgang unter der Überschrift »Putin greift gegen Korruption durch«.

»Call-Girls« gegen Yukos Der Krieg beginnt am Runden Tisch. Im Frühjahr 2003 hat Wladimir Putin im Kreml die wichtigsten Wirtschaftsführer des Landes um sich versammelt. Solche Treffen sollen schöne Fernsehbilder liefern. Die Superreichen haben einen Deal mit den Mächtigen geschlossen: Anders als zu Boris Jelzins Zeiten sollen sie sich aus der Politik heraushalten. Dafür lässt der Kreml sie im Gegenzug bei ihren Geschäften ruhig walten.

Doch ein Mann hält sich nicht an den Burgfrieden: Michail Chodorkowski. Der Chef des Yukos-Konzerns ist auf ebenso zwielichtige Weise an sein Vermögen gekommen wie die anderen

Superreichen. Als Funktionär des Jugendverbands Komsomol gründete er noch zu Sowjetzeiten in einem Moskauer Kellerraum die Bank Menatep. Es ist eine Zeit, in der die Grenze zwischen legalen und illegalen Geschäften fließend ist; Putin selbst sagt später, wer damals reich werden wollte, konnte es nicht ganz so genau nehmen mit den Gesetzen. Chodorkowski gelingt 1995 der große Coup: Als seine Bank mit der Versteigerung des zweitgrößten russischen Ölkonzerns Yukos beauftragt wird, schlägt er mit List, Tücke und einer Strohfirma zu – für 350 Millionen Dollar kauft er drei Viertel der Yukos-Anteile. Als das Unternehmen zwei Jahre später an die Börse kommt, ist es neun Milliarden Dollar wert. Chodorkowski bedankt sich für das Schnäppchen mit großzügigen Wahlkampfspenden an Jelzin. Gegner sagen Yukos ruppige Methoden nach. Viele Kleinaktionäre klagen, man habe sie mit fiesen Tricks um ihre Yukos-Aktien gebracht. Mehrere Widersacher des Unternehmens sollen unter mysteriösen Umständen ums Leben gekommen sein.

Chodorkowski ändert als einer der ersten Oligarchen seinen Geschäftsstil. Um den Zufluss westlichen Kapitals zu sichern, verwandelt er das sowjetisch geprägte Unternehmen in einen westlichen Konzern. Er gibt große Summen für gemeinnützige und soziale Zwecke aus, bemüht sich um Offenheit und Gesetzestreue. Selbst mit seinem Äußeren verkörpert Chodorkowski wie kein zweiter russischer Wirtschaftsführer den Wandel vom wilden Raubtier-Kapitalismus der Jelzin-Ära zu westlich orientiertem Unternehmertum. Viele ältere Chodorkowski-Fotos muten wie Fahndungsbilder an. Sie zeigen einen etwas unwirsch wirkenden Mann, der trotzig und mit leicht trübem Blick in die Kamera sieht. Er trägt eine gewaltige Hornbrille und Schnauzer und hat eine Frisur, die als Fellmütze durchgehen könnte. Auf den neueren Bildern lächelt hingegen ein smarter, durchgestylter Manager-Typ mit Designerbrille, ohne Bart und mit windschnittiger Modefrisur.

Unter Putin lässt Chodorkowski kaum eine Gelegenheit aus, um den Kreml und vor allem die dort amtierenden alten KGB-Leute gegen sich aufzubringen. Ob es sich bei all dem um echten Wandel handelt oder um Fassade, ist strittig. Chodorkowski spendet Geld für kremlkritische Parteien und versucht vor den Präsidentschaftswahlen 2003 offenbar, eine Zwei-Drittel-Mehrheit des Kreml in der Duma zu verhindern – und ein Drittel der Mandate mit ihm ergebenen Abgeordneten zu besetzen. Mitarbeiter von Yukos rufen bei Journalisten an und fragen nach kompromittierendem Material über den Kremlchef. Der reichste Mann Russlands kündigt ohne Rücksprache mit der Regierung an, ein großes Aktienpaket seines Konzerns an den amerikanischen Multi Exxon Mobil zu verkaufen – womit Yukos dem Zugriff des Kreml entzogen würde. Chodorkowski will sein Unternehmen zudem mit dem Konkurrenten Sibneft zusammenschließen, was den Ölgiganten noch mächtiger machen würde. Zu allem Überdruss möchte Yukos auch noch eine eigene Ölpipeline von seinen Förderstätten in Sibirien nach China bauen und kommt damit den Plänen des Kreml, mit seinen Rohstoffen Weltpolitik zu betreiben, in die Quere. In Moskau gibt es sogar Spekulationen, der Multimilliardär hege Ambitionen auf das höchste Staatsamt. Ein Verdacht, der in Russland schwerer wiegt als manches Kapitalverbrechen.

Chodorkowski verstößt gegen alle Regeln, die Putin für die Superreichen eingeführt hat. Der Konflikt zwischen ihm und dem Kreml steht für die Auseinandersetzung zwischen den beiden führenden Interessengruppen im Lande: Auf der einen Seite die Apparatschiks und die Männer aus den Sicherheitsorganen, auf der anderen Seite die Oligarchen, die in der Jelzin-Zeit zu Einfluss und Geld gekommen sind. Weder die eine noch die andere Konfliktpartei kann den strahlenden Helden geben. Während die Apparatschiks sich unter »Zar Boris« übervorteilt, vernachlässigt, erniedrigt gefühlt haben und deshalb auf Revanche sinnen, sind die steinreichen Reformgewinnler auf dem Weg, sich von Raubtier-Kapitalisten zu wenigstens halbwegs verantwortungsbewussten Unternehmern zu entwickeln. Anders als in den Jahren unter Jelzin sind sie nicht mehr so stark auf die Staatsdiener angewiesen, weil die lukrativsten Brocken des alten Volkseigentums bereits aufgeteilt sind. Im Gegenteil, die Wirtschaftsmagnaten finden immer mehr Gefallen am westlichen Modell: Halfen in den Umbruchjahren Rechtlosigkeit und Beamtenwillkür beim Erwerb ihrer gewaltigen Vermögen, so sind sie zur Bewahrung ihres Besitzes nun stärker an Rechtsstaatlichkeit interessiert. Ebenso wichtig ist ihnen, mit dem Westen zusammenzuarbeiten, weil dies Wachstumschancen bietet. Absolut gegenläufig sind indes die Interessen der Apparatschiks: Sie wollen sich selbst ein dickes Stück vom Wirtschaftskuchen abschneiden. Wo westliche Manager in den Konzernzentralen sitzen, kommen die Staatsdiener mit ihren telefonisch übermittelten Anweisungen schwerer durch. Und wenn westliche Wirtschaftsprüfer kommen, fällt es schwerer, Bestechungsgelder zu kassieren.

Der Yukos-Skandal ist der Höhepunkt im Interessenkonflikt zwischen Apparatschiks und Oligarchen. Vieles spricht dafür, dass Chodorkowski die eigenen Kräfte und den eigenen Einfluss ebenso überschätzt hat wie die Solidarität unter den Wirtschaftsbossen. Bei dem Treffen am runden Tisch im Kreml 2003 wagt der Yukos-Chef etwas, was im Westen seine Pflicht wäre, in Russland jedoch als Sakrileg gilt: Vor laufender Kamera beklagt er sich beim Präsidenten bitter über Korruption, Amtsmissbrauch und die unfairen Taktiken des staatlichen Ölkonzerns und Yukos-Konkurrenten Rosneft, dem enge Kontakte zur KGB-Schiene im Kreml nachgesagt werden und dessen heutiger Aufsichtsratschef Igor Setschin ein enger Vertrauter Putins ist.

Igor Setschin hat nicht nur den Präsidenten zum Freund, er hat auch einflussreiche Verwandte. Seine Tochter ist mit dem Sohn des Generalstaatsanwalts Ustinow verheiratet. Einer von dessen Anklägern lässt am 2. Juli 2003, kurz nach Chodorkowskis Besuch im Kreml, dessen Vertrauten Platon Lebedew verhaften. Am 3. Oktober 2003 meldet die *Financial Times*, der US-Konzern Exxon Mobil wolle bei Yukos einsteigen. Am selben Tag dringen Männer mit Kalaschnikows in die Wohnhäuser von Chodorkowski und seinen Vertrauten ein. Geheimdienstler fahren vor der Schule seiner zwölfjährigen Tochter vor, befragen ihre Lehrer und nehmen Akten über sie mit. Staatsbeamte durchsuchen ein von Yukos finanziertes Waisenhaus. Im April 2006 beschlagnahmen Sicherheitsbeamte das Heim; unter den 150 Kindern, die dort eine neue Heimat gefunden haben, sind auch Hinterbliebene der Geiselnahmen beim »Nord-Ost«-Musical und in Beslan.

Ein Anwalt, der bereits inhaftierte Yukos-Manager vertritt, wird zum Verhör vorgeladen; Beamten durchsuchen seine Kanzlei – ein Verstoß gegen das Anwaltsgeheimnis. Das Vorgehen trägt die Handschrift des KGB. Es ist ungesetzlich und soll die Betroffenen offenbar einschüchtern. Chodorkowski erhält warnende Hinweise, er solle Russland verlassen und seine Yukos-Anteile weit unter Preis hergeben, wenn er nicht selbst im Gefängnis landen wolle. »Wenn man mich loswerden will, muss man mich verhaften«, verkündet er trotzig. Die Staatsmacht scheint diese Aussage als Aufforderung aufzufassen.

Am Morgen des 25. Oktober 2003 legt Chodorkowski mit seinem Firmenflugzeug auf einer Reise durch Sibirien einen Zwischenstopp in Nowosibirsk ein. Plötzlich treten Geheimpolizisten in Masken und mit Sturmgewehren die Tür ein und führen Chodorkowski ab – ohne Haftbefehl. Offizielle Begründung: Der Milliardär sei zu einer Befragung als Zeuge nicht erschienen. Die Festnahme sei das Werk von »Call-Girls« in Uniform, empört sich der Vizepräsident der Duma, Wladimir Lukin, über die Staatsanwaltschaft.

An den russischen Börsen brechen die Aktienkurse ein, das Gerücht eines KGB-Putsches macht die Runde. Wie so oft in Krisensituationen hüllt sich der Präsident in Schweigen. Erst nach zwei Tagen kommentiert er die Festnahme – am Ministertisch, wo kein Journalist nachfragen kann. Etwa, warum andere Oligarchen, die auf die gleiche Weise wie Chodorkowski handelten, weiter im Kreml ein und aus gehen. Mit starrer Miene, die Augen auf einen Notizblock fixiert, liest er einen Text ab. Dünnhäutig und gereizt verbittet er sich Kritik und beteuert, in Russland herrsche Demokratie und Rechtsstaatlichkeit. Für andere Oligarchen, die auf die gleiche Weise wie Chodorkowski zu Milliarden gekommen sind und die gleichen Steuersparmodelle nutzten. Der Multimilliardär Roman Abramowitsch, im Nebenberuf Gouverneur der Alaska gegenüberliegenden Tschuktschen-Halbinsel und Eigner des Fußballclubs Chelsea London, läuft schnell weg, als ihn Journalisten auf dem Weg in den Kreml fragen, was er über die Festnahme seines Kollegen denke: »Ich denke nichts.«

Während der Verband der deutschen Wirtschaft in Russland

die Festnahme des Yukos-Chefs als »Hochschrauben von Rechtsstandards« begrüßt, herrscht unter den russischen Geschäftsleuten Unbehagen: Die Angst geht um.[25] Statt ihrem inhaftierten Kollegen beizuspringen, gehen Russlands Konzernlenker bei einer Vorstandssitzung ihres Verbands vor dem Kremlchef in die Knie. »Es war gespenstisch, wie lange sie applaudierten, wie bei Stalin, als jeder Angst hatte, als erster mit dem Klatschen aufzuhören«, sagt der Moskauer Politologe Andrej Piontkowski.[26] Im Fernsehen ist nur wenig über die Yukos-Affäre zu sehen. Dass wegen der Krise die Aktienkurse fallen, verkauft die Nachrichtenagentur RIA Nowosti als gute Nachricht: Man könne jetzt billig einsteigen.

Als Folge der Yukos-Affäre nimmt die Kapitalflucht aus Russland gewaltig zu. Viele russische Unternehmer klagen, sie fühlten sich vogelfrei. Vor allem russische Investoren bringen aus Furcht vor einer neuen Umverteilung ihr Geld jenseits der Grenzen in Sicherheit. Mit der Festnahme Chodorkowskis setzt Putin einen Schlussstrich unter seine erste Amtszeit, in der er zwischen liberalen Wirtschaftsreformen und autoritären Einschnitten balancierte. Die Yukos-Krise, sagte Putins damaliger Wirtschaftsberater Andrej Illarionow, war »der Beginn eines kalten Bürgerkrieges«. »Wenn das Gesetz selektiv angewandt wird, wenn von zwei Menschen, die auf die gleiche Weise reich geworden sind, der eine Orden umgehängt bekommt und der andere Handschellen, dann ist etwas faul im Staat, dann haben wir eine Willkür-Herrschaft«, meint Illarionow.[27]

Es kommt jedoch kaum zu den Fieberwellen an den weltweiten Aktienbörsen, die Russlands Liberale als Folge der Yukos-Krise vorausgesagt haben. Tatsächlich beeinflusst das Vorgehen der russischen Behörden bis zu einem gewissen Maße den Anstieg des Ölpreises. Aber genau davon profitiert Russland als einer der größten Ölexporteure. Trotz einer deutlichen Erhöhung der Kapitalflucht bleibt nicht zuletzt deshalb eine einschneidende Wirtschaftskrise aus. Im Gegenteil: Die immer neuen Höchststände beim Ölpreis bescheren der Moskauer Staatskasse gewaltige Mehreinnahmen. Im Inland stabilisiert das Vorgehen gegen Yukos das Ansehen Putins: Da die ungerechte Privatisierung der

Rohstoffvorkommen unter Jelzin in der Bevölkerung zu Recht als großer Raubzug gilt, fassen die meisten die Festnahme Chodorkowski als späte Wiedergutmachung auf. Nicht zuletzt dank der strikten Medienkontrolle dringen die anderen Aspekte der Yukos-Affäre kaum ins Bewusstsein der meisten Russen vor: etwa, dass die Behörden willkürlich nur gegen einen einzigen Privatisierungsgewinnler vorgehen und offenbar keine sozial gerechtere Eigentümerstruktur angestrebt wird, sondern lediglich eine Umverteilung innerhalb der Nomenklatur.

Albtraum im Käfig Harsch schlägt der Beamte im Kampfanzug dem alten Mann die Antenne seines Funkgeräts auf die Finger: »Hände weg!« Boris Chodorkowski hat den Gitterkäfig berührt, hinter dem sein Sohn Michail sitzt.[28] Ein knappes Jahr nach seiner Festnahme führt Russlands Justiz den einst reichsten Mann des Landes im August 2004 im Moskauer Meschtschanski-Gericht vor wie einen Gewalttäter. Seine Eltern dürfen ihm nicht einmal die Hand geben.

»Aufstehen!«, »setzen!« – Richterin Irina Kolesnikowa, eine stets gelangweilt und gereizt dreinblickende Frau Anfang vierzig mit Sturmfrisur, kommandiert den früheren Chef des Ölgiganten Yukos und seinen Mitangeklagten und Kollegen Platon Lebedew wie junge Wehrpflichtige auf dem Kasernenhof. Wer von der kräftigen Frau mit der dicken Brille angesprochen wird, muss sich erheben. Auch wenn das nicht allen leicht fällt. Der Angeklagte Lebedew, der an Hepatitis leidet und ein eingefallenes, bleiches Gesicht hat, zieht sich jedes Mal schwerfällig mit der Hand an den Gitterstäben hoch. Lebedew ist 47 Jahre alt, sieht aber aus wie 60. »Er ist so krank, ihm droht der Tod, wenn er nicht endlich behandelt wird«, klagt seine Verteidigerin. Der Staatanwalt hält ihn für einen Simulanten.

Chodorkowski, der noch vor einem Jahr Russlands Vorzeigemanager war und dem nun Steuerhinterziehung und Wirtschaftsvergehen vorgeworfen werden, sitzt in einem schwarzen T-Shirt und einer alten, ausgewaschenen Jeans in seinem Käfig. Die Hose hat keinen Gürtel und ist offenbar etwas zu weit: Mehrmals zieht der Milliardär die Jeans hoch, wenn er aufstehen muss. Im Sitzen starrt er in sich gesunken minutenlang auf den Boden, ohne jede Bewegung. Sein Vater, von den Jahren gebeugt und mit rot unterlaufenen Augen, sucht von der Zuschauerbank aus immer wieder Blickkontakt mit seinem Sohn. Vergeblich.

»Es ist alles ein Albtraum«, flüstert Chodorkowskis Mutter. Die alte Frau mit den weißen Haaren und den großen, traurigen Augen sieht in ihrem weiß getupften blauen Kleid aus, als käme sie gerade vom Kirchgang. Sie kämpft den ganzen Tag mit den Tränen. »Wir dürfen Michail nur wenige Lebensmittel ins Gefängnis bringen; er kocht sich in der Zelle Brei«, erzählt sie.

In dem Käfig nimmt der Mitangeklagte Lebedew immer wieder einen Schluck aus einer grünen Plastikflasche, die neben ihm auf der Anklagebank steht. »Er müsste wegen der Krankheit Diät halten, aber er bekommt nur den üblichen Gefängnisfraß; das einzige, was er gut verträgt, ist Milch, die er selbst zu Dickmilch reifen lässt«, erzählt Lebedews Tochter im Zuhörersaal. Zwei Stuhlreihen weiter kämpfen die Anwälte um die Freilassung ihrer Vaters: »Wir protestieren dagegen, dass der vorliegende Arztbefund im Verfahren verwendet wird. Lebedew ist gesund, heißt es da. Doch das Papier trägt kein Datum, und die Ärzte haben ihn nicht einmal selbst untersucht.« Staatsanwalt Dmitri Schochin, ein junger, kleiner Mann in Uniform mit Goldknöpfen und ironischem Dauerlächeln widerspricht: »Das Papier ist in Ordnung.« Die Richterinnen flüstern ein paar Sekunden miteinander: »Antrag abgelehnt.« Der Anwalt will widersprechen: »Aber da ist doch kein Datum.« Die Richterin blickt ihn durch ihre gewaltige Brille streng an: »Ich sagte, Antrag abgelehnt.«

»Es tut weh, das mit anzusehen«, sagt Chodorkowskis Mutter leise. Was auch immer die Verteidiger beantragen – nach kurzem Flüstern machen die drei Richterinnen das, was Staatsanwalt Schochin sagt. Einmal, erzählt ein Anwalt, beantragt Schochin, ein Papier zu den Akten zu nehmen, das Lebedew unterschrieben haben soll. »Aber da ist keine Unterschrift Lebedews, hier bitte, sehen Sie her, ich widerspreche!«, entgegnet der Anwalt. Darauf Schochin: »Ich beantrage, den Widerspruch der Verteidigung abzulehnen und das von Lebedew unterzeichnete Papier zu den Akten zu nehmen.« Der Anwalt wedelt mit dem Papier in der Luft, will zeigen, dass es gar keine Unterschrift darauf gibt: »Sehen Sie doch her!« Die Richterin unterbricht ihn: »Antrag der Staatsanwaltschaft angenommen, das von Lebedew unterzeichnete Papier wird zu den Akten genomnen.«

»Es ist alles sinnlos«, sagt Lebedews Tochter, doch die Anwälte kämpfen weiter. Sie legen das Attest eines bekannten englischen Facharztes und Institutschefs vor. Nach den vorliegenden Unterlagen, so heißt es dort, bestehe der Verdacht, dass aus Lebedews Hepatitis längst Leberkrebs geworden sei; trotzdem hätten die Gefängnisärzte nicht einmal die notwendigen Tests durchgeführt. »Er bekommt seine Medikamente nicht und hat regelmäßig Schmerzen im rechten Unterbauch«, klagt ein Anwalt: »Wir beantragen, dass ihn ein unabhängiger Spezialist untersucht; in einer Fachklinik.« Staatsanwalt Schochin lächelt. Die Sitzung wird unterbrochen.

»Kein Kontakt!«, ermahnt einer der Polizisten Lebedews Tochter, als sie mit ihrem Vater sprechen will. Nach ein paar Minuten Pause geht es weiter. Staatsanwalt Schochin hält ein maschinegeschriebenes Blatt in Händen – es enthält eine umfassende Antwort auf den Antrag, den der Anwalt gerade erst gestellt hat. Entweder beherrscht Schochin ein »Schnelldruck-Verfahren«, oder er hat schon vorab Einblick in die Unterlagen der Anwälte – anders ist nicht zu erklären, wie er in Windeseile eine schriftliche Antwort fertig brachte. Schochin blickt auf das Blatt, redet langsam, beißt sich immer wieder auf die Lippen, macht quälende, sekundenlange Pausen zwischen den Wörtern: Lebedew sei gesund, die Gefängnisärzte hätten recht, und ein englischer Mediziner habe einem russischen Gericht überhaupt nichts zu sagen.

»Chodorkowski, wollen Sie was hinzufügen?«, fragt die Richterin: »Dann stehen Sie auf!« »Euer Ehren, Sie repräsentieren hier den Staat«, sagt der Milliardär zu seiner Richterin. Er hält seine rutschende Hose fest und gerät ein paar Mal ins Stocken: »Und der Staat kann hier zeigen, dass wir ein zivilisiertes Land sind, in dem Gefahr für Gesundheit und Leben der Bürger nur von Verbrechern ausgeht und der Staat Gesundheit und Leben schützt.«

115

Richterin Kolesnikowa wirft ihm einen verächtlichen Blick zu: »Setzen!«

Das Gericht werde wohl nachgeben und Lebedew von einem Facharzt untersuchen lassen, meint draußen auf dem Flur eine der Anwältinnen, und sie sagt es ohne jede Freude: »Sie werden schon einen finden, der ihnen das passende Resultat ausstellt.« Die Frau irrt sich. »Antrag abgelehnt«, verkündet Richterin Kolesnikowa später mit teilnahmslosem Blick.

Die meisten Journalisten können all diese Eindrücke im Gerichtssaal nicht selbst erleben. Russlands wichtigster Prozess findet in einem kleinen, stickigen Saal statt. Gerade einmal 38 Zuhörer finden Platz, wenn sie eng zusammenrücken. 14 Plätze werden von Polizisten in Kampfanzügen besetzt, vier durch die amerikanischen Anwälte, dazu kommen ein Dutzend Verwandte der Angeklagten und ihre Yukos-Kollegen. Nur eine Handvoll Journalisten darf in den Saal und immer nur für ganz kurze Zeit. Nach jeder Unterbrechung werden die Journalisten ausgewechselt – wenn die Wächter sie nicht aus Versehen für Verwandte halten, wie den Autor. Formell ist das Verfahren damit zwar öffentlich; de facto kann aber niemand den Prozess auch nur halbwegs durchgängig verfolgen und sich damit ein zusammenhängendes Bild machen.

Die Verteidiger beantragen, die Verhandlung per Funk für die Journalisten in einen anderen Raum zu übertragen. »Euer Ehren, jede Technik würde die Prozessteilnehmer ablenken«, mahnt Staatsanwalt Schochin und blickt streng zur Richterin. »Wir haben für so eine Technik kein Geld, und fremdes Geld nehmen wir nicht«, sagt Kolesnikowa und ballt die Hände vor dem Mund, sodass ihre Worte kaum zu hören sind: »Antrag abgelehnt.«

Knapp ein Jahr später, im Mai 2005, wird das Urteil verkündet. Blaue Uniformen wohin das Auge reicht. Absperrgitter entlang der Gehwege, alle drei Meter ein Milizionär. Nachdem am ersten Tag der Urteilsverkündung lautstark Kremlgegner vor dem Gerichtsgebäude demonstriert haben, ist ab dem zweiten Tag der ganze Straßenzug abgesperrt: Genau vor dem Gericht haben Bauarbeiten begonnen, überall steht schweres Gerät. Proteste für Chodorkowski vor dem Gericht sind von der Stadtverwaltung untersagt worden. Unbehelligt vor das Gericht ziehen dürfen dagegen kremltreue Demonstranten mit einheitlichen Spruchbändern. Ein riesiges Aufgebot an Milizionären prüft sorgfältig, wer passieren darf. Selbst Putin-Anhänger werden von den Milizionären zurückgewiesen: »Hier darf nur durch, wer auf den Listen steht!« »Welche Listen?«, fragt ein verhinderter Putin-Anhänger. »Die Listen bei den Vorgesetzten«, antwortet der Uniformierte.

In Sechsergruppen marschieren die Demonstranten zu Kleinbussen, die etwas abseits stehen; dort gibt es kostenlos belegte Brote und Getränke. »Es stehen genügend auf der Straße, die nächste Gruppe kann zur Brotzeit«, spricht ein Milizionär in sein Funkgerät.

Hundert Meter weiter steht ein halbes Dutzend Pro-Chodorkowski-Demonstranten. Ein Miliz-Oberst marschiert mit zehn Uniformierten heran. »Ihre Demonstration ist illegal«, brummt er. »Wir stehen einfach auf dem Gehweg, abseits der Absperrungen, was ist daran verboten?«, erwidert eine alte Frau. »Gehen Sie weg!«, raunzt der Oberst zurück. Er zieht einen der jungen Männer am Ärmel zu sich heran und schreit dann: »Das ist Widerstand gegen die Staatsgewalt, hol einen Bus mit Sondereinsatzkräften, nehmt die alle mit.«

Drinnen im Gerichtssaal sitzen die beiden Angeklagten in ihrem Stahlkäfig, lösen Kreuzworträtsel und schmökern in Zeitschriften. Ein halbes Dutzend Anwälte kämpft mit dem Schlaf. Einige Zuhörer spielen mit ihren Handys. Seit drei Tagen lesen die Richterinnen monoton die Urteilsbegründung vor: Mal schnell, mal langsam, mal stockend und leise, sodass im Saal kaum etwas zu verstehen ist. Das ermattende Schauspiel zieht sich insgesamt zehn Tage hin. Nach zwei oder drei Stunden vertagen die Richterinnen jedes Mal die Sitzungen. »Mit der Salamitaktik wollen sie das Ganze offenbar so lange hinziehen, bis das Interesse der Medien nachlässt«, klagt Chodorkowskis Anwalt Juri Schmidt.

Wladimir Putin weist Kritik am Yukos-Verfahren mehrfach zurück; die Justiz sei unabhängig. Am 31. Dezember 2004 erhält Yukos-Ankläger Schochin, längst vom Major zum Oberst der Staatsanwaltschaft befördert, aus den Händen des Präsidenten den russischen Ehrenorden »für Verdienste bei der Festigung von Gesetzlichkeit und Recht«. Mehrere weitere Staatsanwälte, die mit dem Yukos-Fall befasst sind, werden ebenfalls ausgezeichnet. Generalstaatsanwalt Ustinow erhält später per Geheimerlass vom Staatschef den »Orden für Mut« und die höchste Auszeichnung des Landes, den Orden als »Held Russlands«.[29]

»Bundeskanzler Schröder unterstützt den Prozess gegen Yukos völlig, er ist überzeugt, dass man Menschen bestrafen muss, die jahrelang die Steuern nicht bezahlt haben, die die Duma bestochen haben, bei Korruptionsgeschäften mitgemacht haben.« Mit diesen Worten zitiert am 31. Mai 2005 »Radio Liberty« in Moskau den Berliner Russland-Experten Alexander Rahr. Von Schröder selbst ist zwar kein entsprechendes Zitat überliefert, aber das werden die russischen Hörer kaum nachprüfen können.

Der Staat habe ein Recht, seine Steuern einzutreiben, weist Russlands Außenminister Lawrow Kritik am Yukos-Verfahren zurück: Auch im Westen gebe es Steuerverfahren, etwa in den USA gegen Mitarbeiter von Enron sowie gegen Parmalat in Italien. »Und niemand hält das für einen Abfall von der Demokratie«, klagt der Außenamtschef.[30]

Ranghohe Kremlbeamte sehen das anders. »Der Prozess gegen Chodorkowski ist organisiert worden als Schauprozess zur Belehrung der anderen russischen Unternehmen«, verkündet Igor Schuwalow, ein enger Berater von Präsident Putin, freimütig: »An der Stelle von Yukos hätte jeder andere Konzern stehen können.« Damit gibt Schuwalow nicht nur zu, dass es sich um Willkür handelt, er gebraucht auch ein Wort, das aus der Stalinzeit berüchtigt ist.

Im Juli 2005 veröffentlichen 50 bekannte Sänger, Schauspieler, Künstler, Sportler und Showgrößen in der *Iswestia* einen offenen Brief, in dem sie das Urteil gegen Chodorkowski unterstützen. Der Staat müsse dem Gesetz verpflichtet sein, das für alle gleich sei, heißt es in dem Schreiben. Die Medienkampagne zur Unterstützung von Chodorkowski untergrabe den »Respekt vor dem Gesetz und die Normen von Sittlichkeit und Moral«, so die 50 prominenten Unterzeichner. Der Fernsehjournalist Alexander Gordon und der Schriftsteller Dmitri Lipskerow beschuldigen den liberalen Sender »Echo Moskaus« der tendenziösen Berichterstattung: Die »liberale Propaganda« in Russland werde »immer aufdringlicher« und gebärde sich »totalitärer als das sowjetische Modell«.[31]

Die Redaktion der *Iswestia* distanziert sich am Tag darauf von dem offenen Brief.[32] Wenige Monate später entlässt Gasprom als neuer Eigner der *Iswestia* den Chefredakteur, unter dem dieser kritische Beitrag erschien.[33]

Auf die Bitte um ein Interview mit dem Ex-Yukos-Chef antwortet die Staatsanwaltschaft, dies sei dem Inhaftierten nicht zuzumuten, da man seine Interessen schützen und ihm genügend Zeit lassen müsse, die Gerichtsakten zu studieren.[34]

Die Staatsanwaltschaft erklärt den Yukos-Konzern zur »kriminellen Vereinigung«. Sie bringt fast alle Yukos-Manager hinter Gitter, derer sie habhaft wird. Manchmal vergehen nur wenige Tage zwischen der Ernennung eines neuen Angestellten durch Yukos und dessen eiliger Festnahme durch den Staat. Auch Swetlana Bachmina, stellvertretende Leiterin der Rechtsabteilung von Yukos Moskau und Mutter von zwei Kindern im Alter von vier und neun Jahren, kommt vor Gericht. Bei der ersten Vernehmung eröffnen die Ermittler der 36-Jährigen, sei seien verärgert, dass ihr Vorgesetzter nach London geflohen sei, wo ihm ein englisches Gericht Asyl gewährte – wie vielen anderen Yukos-Managern. Dafür müsse jetzt eben sie, Bachmina, den Kopf hinhalten. Die Staatanwaltschaft wirft ihr Diebstahl und Steuerhinterziehung vor. Die Vertreter des angeblich bestohlenen Unternehmens sagen vor Gericht jedoch aus, ihnen sei keinerlei Schaden entstanden. Selbst Zeugen der Staatsanwaltschaft bescheinigen der jungen Frau, sie habe weder eine Unterschriftsberechtigung noch eine Weisungsbefugnis gehabt. Die Richter verurteilen Bachmina im April 2006 trotzdem zu sieben Jahren Haft; bei einem Strafmaß von sechs Jahren wäre sie als zweifache Mutter kleiner Kinder automatisch unter eine Amnestie gefallen. Die Yukos-Angestellte erhält damit eine viel härtere Haftstrafe als beispielsweise der Unternehmer und mutmaßliche »Pate« Anatoli Bykow, der für die Organisation eines Mordversuchs acht Jahre auf Bewährung erhielt und den Gerichtssaal als freier Mann verließ.

Auch im Berufungsverfahren gegen Michail Chodorkowski

setzt das Moskauer Stadtgericht neue Maßstäbe: Dauerte allein die Verlesung des Urteils in erster Instanz tagelang, wickeln nun drei Berufsrichter das Verfahren, dessen Unterlagen 6500 Seiten Gerichtsprotokolle, 450 Aktenordner Ermittlungsunterlagen und ein 700 Seiten langes Urteil umfasst, in einem »Blitzprozess« innerhalb eines einzigen Tages ab. Vor der Verhandlung dürfen die Anwälte zwei Wochen lang nicht mit dem Angeklagten sprechen. Chodorkowski kann die Aktenberge eigenen Angaben zufolge angesichts der Zeitnot nur zu einem Bruchteil sichten. Entsprechende Einwände wischen die Richter einfach vom Tisch.[35]

»Das war kein Verfahren, das war Formel 1«, klagt Anwalt Schmidt: »Das Gericht versuchte nicht einmal, den Schein des Anstands zu wahren. Das liegt sicher auch am Schweigen des Westens.« Die Hetze sei notwendig gewesen, um zu verhindern, dass Michail Chodorkowski bei der bevorstehenden Nachwahl in Moskau wie geplant für einen Parlamentssitz kandidiert, glaubt der Anwalt: »Erst durch den Richterspruch ist die Verurteilung rechtskräftig, und als Verurteilter darf Chodorkowski nicht kandidieren.« Das Gericht verringert Chodorkowskis Haftstrafe von neun auf acht Jahre.

Im Oktober 2005 verlegt die Gefängnisbehörde Chodorkowski in ein Straflager in Krasnokamensk an der chinesischen Grenze, ein radioaktiv belastetes Uranabbaugebiet. Seinen Aufenthaltsort hält sie tagelang geheim. Das Gesetz schreibt vor, die Angehörigen unverzüglich über Verlegungen zu informieren und Gefangene entweder in ihrer Heimatregion oder benachbarten Regionen ihre Strafe absitzen zu lassen – also im Falle Chodorkowskis in Moskau oder dem Umland. Die Gefängnisverwaltung behauptet zuerst, die Haftanstalt in der sechs Flugstunden von Moskau entfernten Stadt im Fernen Osten sei die nächste mit einem freien Platz gewesen. Als Chodorkowskis Anwälte eine Liste mit zahlreichen näher liegenden Gefängnissen mit freien Kapazitäten vorlegen, verweist die Gefängnisverwaltung darauf, dass Chodorkowski im Fernen Osten sicherer sei.[36]

In dem Straflager wird Chodorkowski mehrfach zu Karzerstrafen verurteilt, unter anderem weil er »unerlaubt Tee trinkt« und »unerlaubte Schriftstücke« aufbewahrt – Erlasse des Justizministeriums. Innerhalb von Monaten bekommt der frühere Ölbaron nur zweimal die abonnierten Zeitungen – angeblich weil die Zensoren mit der Lektüre nicht nachkommen. Ein über ihn erschienenes Buch darf er nicht lesen. Ein Besuch seiner Frau wird unter Hinweis auf Reparaturarbeiten in den Besuchsräumen verboten.[37]

Hinter Gittern bekommt Chodorkowski Zuspruch von Vater Sergej, dem Lagerpfarrer. Die beiden Männer verstehen sich auf Anhieb. Der Vorsteher der russisch-orthodoxen Spaski-Kirche, ein schüchterner Mann, der mit seinem grauem Bart auch ohne Verkleidung ein wenig wie Väterchen Frost aussieht, kennt Russlands Gefängnisse nicht nur als geistlicher Beistand: Mit 18 Jahren kam er wegen »antisowjetischer Handlungen« selbst vier Jahre hinter Gitter. Er fand Zuflucht bei Gott. Nach dem Ende der Sowjetunion wurde er Pfarrer. »Als ich damals selber saß, sagten die KGBler, sie träumten von dem Tag, an dem die politischen Gefangenen wie gemeine Verbrecher behandelt werden. Jetzt hat sich ihr Traum erfüllt«, empört sich Vater Sergej in einem Interview. Der 49-Jährige weigert sich, einen Verwaltungsbau im Lager zu segnen, weil dort mit Chodorkowski ein »politischer Häftling« sitze. Sein Bischof versetzt Vater Sergej in ein tausend Kilometer entferntes, abgelegenes Taiga-Dorf. Er dürfe nicht schweigen, glaubt er. Und nennt die Versetzung eine »Verbannung«. Das ist zu viel für die kremltreue Kirchenleitung, die kein Problem damit hat, Waffen für Tschetschenien zu segnen. Am 21. März 2006 entzieht sie dem Geistlichen wegen »Einmischung in die Politik« die Erlaubnis, Messen zu lesen. Vater Sergej ist jetzt arbeitslos. Bürgerrechtler sammeln Spenden für seine Familie. Sergej will keine. Er vertraut auf seine Herztropfen und seinen Glauben: »Gott wird helfen.«[38]

Ein Beamter aus der Leitung des Straflagers habe ihm anvertraut, dass aus Moskau der Befehl gekommen sei, »den Bock fertigzumachen« – also Chodorkowski, berichtet Vater Sergej.[39] Im April 2006 greift ein Mithäftling Chodorkowski im Schlaf mit einem Messer an. Die Behörden versuchen den Vorgang offenbar zu vertuschen; erst zwei Tage später erfahren die Anwälte von der Attacke. »Sein Gesicht ist übel zugerichtet«, berichtet sein früherer Partner Leonid Newslin aus dem Exil in Israel. Die Gefängnisverwaltung wiegelt ab, Chodorkowski habe lediglich bei einem Streit mit »einem jungen Freund« einen Fausthieb auf die Nase bekommen und einen Kratzer davongetragen. Warum er wegen einer solchen Lappalie mehrere Tage auf der Krankenstation bleiben muss, erklärt der Beamte nicht. Die Nachrichtenagentur Interfax meldet später unter Berufung auf nicht näher benannte Quellen, Chodorkowski habe den jungen Mitgefangenen sexuell belästigt. Homosexualität gilt in Russland oft als ehrenrühriger als manches Kapitalverbrechen.

Leonid Newslin, Mehrheitseigner der Menatep-Gruppe, die Yukos kontrolliert, ist überzeugt, dass Putin seine Behörden und den Geheimdienst beauftragt habe, Chodorkowski um jeden Preis zu brechen, ihn zu erniedrigen.[40] Westlichen Menschenrechtsorganisationen wirft Newslin vor, sie hätten mit ihrer Weigerung, Chodorkowski als politischen Gefangenen anzuerkennen, der »Willkür und Gewalt« der Behörden gegen den Inhaftierten den Weg geebnet.

Die Yukos-Affäre sei der letzte Tabubruch gewesen, die Behörden kassierten sie seit der Yukos-Affäre noch ungenierter ab als zuvor, klagt ein Geschäftsmann in der Provinzstadt Kostroma stellvertretend für viele seiner Kollegen: »Da wurde ein Exempel statuiert; ob beabsichtigt oder nicht – das war das Signal an die Apparatschiks im ganzen Land, dass Unternehmer vogelfrei sind.«

»Für meine Freunde alles, für meine Gegner das Gesetz«, soll einst der spanische Diktator Franco gesagt haben. Francos Aussage trifft das Dilemma des Yukos-Verfahrens: Wo Gesetze willkürlich angewendet und verdreht werden, wird aus Recht Unrecht.

Schwindel des Jahres Wer mit einer Strumpfhose über dem Gesicht in ein Schmuckgeschäft rennt, sich nervös nach allen Seiten umsieht, flüsternd eine Goldkette aus der Vitrine verlangt, Geldscheine auf den Tresen wirft und dann hastig wegrennt, wird wohl den Verdacht nicht loswerden, er tue etwas Unrechtes. Etwas ähnlich Bizarres passierte in Moskau auf einer mysteriösen

Auktion: Im Dezember 2005 ersteigern zwei verstört wirkende Vertreter eines bis dahin absolut unbekannten Unternehmens mit dem Namen »Baikal-Finanzgruppe« das milliardenschwere russische Ölunternehmen Yuganskneftegas – die wertvollste Firma innerhalb des Yukos-Konzerns, die in Westsibirien jeden Tag rund eine Million Barrel Öl fördert und rund ein Fünftel der russischen Ölreserven ihr eigen nennt. Die rätselhaften Teilnehmer der Zwangsauktion – ein Mann und eine Frau – bekommen weit unter Wert den Zuschlag und verschwinden hastig.

Die Spurensuche führt tief in die russische Provinz. Der Wodkaladen »Dionis«, eine Mobilfunk-Bude und eine etwas heruntergekommene Kneipe mit dem Namen »Café London« residieren in der Nowortschskaja-Straße 12 B in Twer, einer kleinen Provinzstadt ein paar Autostunden nördlich von Moskau. Hier, inmitten dieser exklusiven Nachbarschaft, residiert die »Baikal-Finanzgruppe«. Zumindest wenn man ihren Geschäftsunterlagen glaubt. Am Haus verweist weder ein Briefkasten noch eine Klingel auf das Unternehmen, und auch ein Büro sucht man vergebens.[41] Dennoch verfügt das Unternehmen über Mittel in Höhe von 9 Milliarden Dollar – mehr als manchem Land als Staatshaushalt zu Verfügung stehen. Die ganze Welt rätselt über die mysteriöse Firma ohne Klingelschild zwischen dem Wodkaladen und der Spelunke. Niemand weiß etwas über sie. Fast niemand. Einer weiß Bescheid: Wladimir Putin. Hinter der Briefkastenfirma stünden Personen, die seit vielen Jahren im Energiebereich tätig seien, offenbart der Staatschef bei einem Deutschlandbesuch in Schleswig. Der Präsident kennt sogar die Absichten der Geisterfirma. Sie wolle mit anderen Energie-Unternehmen zusammenarbeiten. Aussagen, denen später noch besondere Bedeutung zukommt. Die Geschichte von der Briefkastenfirma, die außer dem russischen Staatschef niemand kennt, und die grotesken Szenen bei der Versteigerung im Dezember 2005 sind schillernde Episoden in einem Wirtschaftskrimi der besonderen Art, der im Wesentlichen hinter verschlossenen Türen spielt. Still und leise teilen ranghohe Apparatschiks, die meisten Vertraute von Wladimir Putin, große Teile der russischen Wirtschaft untereinander auf. Offiziell werden die Unternehmen verstaatlicht. De facto aber übernehmen die Apparatschiks die Kontrolle. Es ist ein Spiel um Milliarden.

Schon kurz nach der Festnahme von Yukos-Chef Chodorkowski blockiert die Staatsanwaltschaft erste Konten und Aktienpakete des 110 000 Mitarbeiter beschäftigenden Unternehmens. Die Behörden konfrontieren den Konzern mit immer neuen Steuernachforderungen, blockieren aber gleichzeitig seine Konten, sodass Yukos nicht zahlen kann. Auch Verkäufe von Konzernbestandteilen, mit denen die Forderungen beglichen werden könnten, untersagt die Justiz – ein Verhalten, das nicht schlüssig ist, wenn es den Finanzämtern tatsächlich darum ginge, an ihr Geld zu kommen. Derweil machen ständig widersprüchliche Nachrichten die Runde, die zu erheblichen Kurssprüngen der Yukos-Aktien führen. Dutzende Personen, die der Macht nahestehen, hätten so ihr Vermögen binnen Wochen durch Insidergeschäfte verdoppelt oder verdreifacht, wobei eine Teilnahme der Justiz nicht auszuschließen sei, glaubt Wladimir Pribylowski vom Moskauer Panorama-Institut.

Nachdem die Behörden Yukos in die Zahlungsunfähigkeit getrieben haben, kündigen sie die Zwangsversteigerung der wichtigsten Konzerntochter, Yuganskneftegas, an. Gasprom bekundet Interesse an dem Yukos-Unternehmen. Eilends sucht der Konzern nach Banken, die ihm das Geld für den Kauf vorstrecken. Die russische Zeitschrift *Profil* sieht eine »deutsche Spur« in der Yukos-Affäre: Demzufolge sollte die Deutsche Bank, die Gasprom in vielen Fragen aktiv berät, den Kauf von Yuganskneftegas finanzieren – und Russland im Gegenzug den deutschen Bundeshaushalt durch die vorzeitige Rückzahlung von Krediten auffüllen. Der Direktor des Yukos-Eigners Menatep klagt, die Rolle von Altkanzler Schröder in der Affäre sei »rätselhaft«.

Der Wert von Yuganskneftegas, dem immerhin ein Fünftel der russischen Ölreserven gehört, betrage 10 Milliarden US-Dollar, erklärt das russische Justizministerium unter Berufung auf ein bis dahin unveröffentlichtes Gutachten von Dresdner Kleinwort Wasserstein. Die Deutsche-Bank-Tochter, deren Moskau-Chef der ehemalige Stasi-Offizier Matthias Warnig und Presseberichten zufolge ein guter Bekannter von Präsident Putin ist, widerspricht – offenbar aus Sorge um das eigene Ansehen: Der realistische Wert des Unternehmens betrage inklusive Steuerschulden 14,7 bis 17,3 Milliarden US-Dollar. Obwohl die staatliche Vermögensverwaltung eigentlich daran interessiert sein müsste, das Unternehmen so teuer wie möglich zu verkaufen und so viel Geld wie möglich in die Staatskasse zu bringen, tut sie genau das Gegenteil: Sie setzt das Mindestgebot für die Zwangsauktion weit unter dem Schätzpreis an – auf 8,7 Milliarden US-Dollar.

Vor einem Gericht im amerikanischen Houston erwirken Anwälte des Yukos-Konzerns in letzter Minute ein Verbot für Transaktionen mit Yukos-Aktiva – und damit auch der geplanten Auktion. Gasprom drohen somit juristische Konsequenzen in den Vereinigten Staaten, sollte der Konzern die Yukos-Tochter ersteigern. Auch auf deutsche Banken, von denen sich Gasprom die benötigten Kredite verspricht, wirkt das abschreckend. Damit entfällt auch der Anlass für Spekulationen, die dieser Tage in den russischen Medien kursieren: Dass eine mögliche Unterstützung aus Berlin bei der Zerschlagung des Yukos-Konzerns zu guten Gasgeschäften deutscher Unternehmen führen könnte. Vieles spricht dafür, dass die mysteriöse »Baikal-Finanzgruppe« diesem Grund entsprang. Als russische Briefkastenfirma ohne Vermögenswerte in den USA hat sie von amerikanischen Gerichten nichts zu befürchten.

Ohne ein einziges Gegengebot bekommen der unbekannte Mann und die unbekannte Frau bei der Zwangsversteigerung im Dezember 2004 in Moskau den Zuschlag – für den Schnäppchenpreis von 9,33 Milliarden Dollar geht Yuganskneftegas an die »Baikal-Finanzgruppe«. Nach einigen Tagen hat das Rätselraten, wer hinter der Briefkastenfirma mit 9,33 Milliarden Dollar steckt, ein Ende: Der Staatskonzern Rosneft übernimmt die Scheinfirma und damit den wichtigsten Bestandteil des Yukos-Imperiums. Aufsichtsratschef von Rosneft ist Putins Vertrauter und Sekretariatschef Igor Setschin – der Mann, dessen Tochter mit dem Sohn von Generalstaatsanwalt Ustinow verheiratet ist, der die Zerschlagung des Yukos-Konzerns einleitete.[42] Nach der Übernahme der Yukos-Kronjuwelen erhebt Rosneft plötzlich Schadenersatzforderungen gegen den Yukos-Konzern in Höhe von über zwölf

Milliarden Dollar, weil Yukos die eigene Tochter mit zu niedrig angesetzten Ölpreisen ausbluten ließ. Yukos-Leute behaupten, Rosneft habe diese Praktiken nach der Übernahme weitergeführt. Tatsache ist jedoch, dass die Praktiken bekannt waren, und dass sie sicher auch das Wertgutachten beeinflusst haben. Nachdem die ehemalige Yukos-Tochter in Besitz von Rosneft ist, zeigen sich zudem die Finanzbehörden plötzlich von einer ganz neuen Seite und verzichten zum Teil auf ihre Steuernachforderungen. Die neuen Besitzer führen sich auf wie ein Kaufinteressent, der einen fremden Wagen absichtlich anfahren lässt, den Besitzer dann mit Hilfe eines befreundeten Polizisten zwingt, das gute Stück wegen des Unfallschadens weit unter Wert zu verkaufen und anschließend eine Entschädigung von dem ehemaligen Besitzer verlangt, weil der Wagen beschädigt ist.

Offenbar auf Bitten des Kreml stellt ein Konsortium ausländischer Banken inklusive Deutsche Bank und Commerzbank, bei denen Yukos in der Kreide steht, im März 2006 Konkursantrag gegen das Unternehmen. Dadurch wird bekannt, dass die Banken bereits vier Monate zuvor ihre Schuldtitel heimlich an Rosneft verkauft haben. Nachdem Präsident Putin einst einen Bankrott von Yukos ausgeschlossen hatte, erscheinen die westlichen Banken jetzt wie Retter in der Not und übernehmen selbst die Rolle des Yukos-Totengräbers.

Das Management von Yukos im Londoner Exil versucht verzweifelt, das Unternehmen zu retten. Den Deutschen Frank Rieger, der im Vorstand für die Finanzen zuständig ist, lädt die Staatsanwaltschaft vor. Er flieht regelrecht aus Moskau. Dem US-Amerikaner Steven Theede, der von Moskau aus die Firma lenkt, sprechen die russischen Einwanderungsbehörden das Recht ab, Yukos zu leiten, weil er keine Arbeitserlaubnis habe.[43] Moskauer Yukos-Mitarbeiter berichten von ständigen Drohungen und Einschüchterungen durch die Staatsanwaltschaft, weshalb sie sich weigern, die Anweisungen des Vorstands aus London auszuführen. Als Yukos den früheren Chodorkowski-Anwalt Wassili Aleksanjan am 1. April 2006 zum geschäftsführenden Präsidenten ernennt, wird er einen Tag vor seinem Amtsantritt von der Staatsanwaltschaft vorgeladen. Fünf Tage später geht er vor die Presse und spricht von »absurden Vorwürfen«; er sei unschuldig und werde nicht emigrieren, sondern Yukos weiter von Russland aus steuern. Einen Tag darauf brechen Beamte die Tür zu seiner Wohnung auf und drücken ihn wie einen Schwerverbrecher mit dem Gesicht zu Boden. Die Ermittler werfen ihm Geldwäsche vor. Ein Dreivierteljahr zuvor hat Präsident Putin in seiner Ansprache an die Nation erklärt, der Terror der Steuerbehörden müsse ein Ende haben.

»Das ist die Vernichtung eines Unternehmens. Nun ist das Hauptziel der Angriffe auf Yukos klar«, schreibt die *Nesawissimaja gaseta* in Moskau: »Es geht darum, den reichsten Ölkonzern Russlands zu zerschlagen. Durch die heimische Wirtschaft weht der Geist der Anarchie, der jegliche Art von Eigentum als Diebstahl brandmarkt. Genau so ist es mit dem Yukos-Konzern. Das Hab und Gut, das er selbst gestohlen hat, wird jetzt beschlagnahmt und verkauft.«

»Die Ereignisse in Moskau haben einen direkten Bezug zu großen deutschen Unternehmen«, schreibt die *Frankfurter Allgemeine Zeitung*: »Russland ist der wichtigste Erdöllieferant für Deutschland. Der deutsche Konzern E.on hält über sein Tochterunternehmen Ruhrgas eine Minderbeteiligung von 6,5 Prozent am staatlich kontrollierten Energiekonzern Gasprom. Dessen neu gegründetes Tochterunternehmen Gaspromneft galt bis zuletzt als Favorit für eine Übernahme von Yuganskneftegas.«[44]

Putins Wirtschaftsberater Andrej Illarionow nennt das Vorgehen der Behörden gegen den Ölriesen »den Schwindel des Jahres«. Prompt verliert der Liberale seine wichtigsten Aufgaben innerhalb des Kreml. Kurz darauf macht der Präsident selbst seiner Empörung Luft. Die Entscheidung des Gerichts in Houston, die Zwangsversteigerung aufzuschieben, habe ihn überrascht, und sie habe die Regeln »des internationalen Anstandes verletzt«. Der russische Staat dagegen habe sich bei der Zwangsversteigerung »ganz rechtmäßiger Marktmechanismen bedient, um seine Interessen zu wahren«, sagt Putin im Kreml. »Ich halte das für vollkommen normal.«[45]

Viele Investoren werden anderer Meinung sein. Zahlreiche Yukos-Aktionäre auch im Ausland und in Deutschland verloren durch die Affäre ein Vermögen: Der Kurs der Aktie sank von fast

60 auf unter 1,50 Euro; im April 2006 stand das Wertpapier bei 3,50 Euro. In den USA etwa verlor ein ehemaliger Bankmitarbeiter und Armeeangehöriger durch die Yukos-Affäre unmittelbar vor seiner Pensionierung mehr als 900 000 Dollar. Die Auslands-Anteilsscheine (ADRs) von Yukos waren vor der Krise rund sechs Milliarden Dollar wert. Dieses Geld haben westliche Anleger bis auf einen Bruchteil verloren.

Unter den Wirtschaftsführern aus der Jelzin-Zeit geht die Angst um. Viele flüchten ins Ausland, zumindest eine Zeit lang. Die Oligarchen von einst werden zunehmend zu Hausverwaltern in den Betrieben, die von ihnen gesteuert wurden. Will ein Journalist einen milliardenschweren Wirtschaftsführer in Verlegenheit bringen, reicht es, ihn nach dem Fall Yukos zu fragen. Halbwegs kritische Töne sind nur gegen Zusicherung von Anonymität zu hören. Im ersten Jahr nach der Festnahme Chodorkowskis, 2004, flossen nur 5,5 Milliarden Euro an ausländischen Direktinvestitionen nach Russland, während es etwa China auf den zehnfachen Betrag brachte. Der Kapitalabfluss aus Russland lag über den Investitionen bei sieben Milliarden Euro.

Die Einsätze im Kreml-Monopoly sind gewaltig. Im Jahr 2004 erklärte Putin per Ukas mehr als 1000 Firmen zu »strategischen Unternehmen«, die unterer besonderer Obhut des Staates stehen und von ihm direkt oder indirekt kontrolliert werden. Dass Staatsvertreter Posten in den Aufsichtsräten staatlicher Unternehmen innehaben, ist auch in anderen Staaten üblich, wobei sie bei solchen Gremien eher selten Vorsitzende sind. Dass hohe politische Beamte aber riesige Konzerne mit Milliardenumsätzen de facto unter Kontrolle haben wie in Russland, ist in westlichen Marktwirtschaften kaum vorstellbar. Die Verflechtungen zwischen Beamten und Unternehmen haben ungeheure Ausmaße erreicht. Selbst Putins Pressesprecher Alexej Gromow ist Mitglied eines Aufsichtsrats – ausgerechnet im Staatsfernsehen, das ständig über seinen Chef berichtet. Hinzu kommt, dass die Kremlkontrolleure nach Ansicht ihrer Kritiker oft Misswirtschaft betreiben. »Sie verbieten oder erlauben. Sie haben nicht modernes Management gelernt, sondern das Kommandieren«, bemängelt die Elitenforscherin Olga Kryschtanowskaja.

Schon Anfang der neunziger Jahre wurden rund 70 Prozent des russischen Bruttosozialprodukts von zwanzig bis dreißig großen Business-Clans kontrolliert – Tendenz steigend. Die Wirtschaftsriesen erdrücken die Konkurrenz, was ihnen auch deshalb besonders leicht fällt, weil sie in den vergangenen Jahren immer enger mit der Staatsmacht verflochten wurden. Die alten Oligarchen können weit reichende Entscheidungen heute nicht mehr ohne Rücksprache mit dem Kreml treffen. Der wiederum versucht, von ihm kontrollierte Großkonzerne zu zimmern, die ganze Branchen kontrollieren. In der Sichtweise des Kreml sind nur solche Giganten wettbewerbsfähig und stark genug, um sich durchzusetzen. Anders als mittlere Betriebe könnten die Giganten auch gezielter staatliche Interessen verfolgen, so die Argumentation der Regierenden. Wieder scheint der Wunsch nach Stärke durchzuschimmern, den Wladimir Putin einst bei den Schlägereien im Petersburger Hinterhof verinnerlichte.

Nach dem Startschuss aus dem Kreml begann in zahlreichen Branchen ein hektisches Verstaatlichen. Der staatliche Waffenmonopolist »Rosoboronexport« übernahm den für seine Ladas eher berüchtigten als berühmten Autobauer Awtowas und will ihn mit zwei weiteren Autofirmen fusionieren. Gasprom schluckte den Ölkonzern Sibneft – nicht ohne dabei die Privatisierungsgewinne von Alteigner und Putin-Freund Abramowitsch mit 13 Milliarden Dollar zu legitimieren. Die Gasprom-Tochter Gaspromank übernahm den Konzern »Vereinigte Maschinenbau-Fabriken« (OMS), wobei es aus dem Umfeld der Verkäufer später hinter vorgehaltener Hand hieß, man habe ihnen das Messer auf die Brust gesetzt und den Preis extrem gedrückt – mit dem Hinweis, man werde sich die Firmen sonst mit Hilfe der Staatsanwaltschaft aneignen. Vorwürfe, die nicht zu belegen sind.

Nach Schätzungen der Weltbank hat der russische Staat seinen Anteil am Bruttoinlandsprodukt in den vergangenen Jahren von 25 auf 40 Prozent erhöht. Offenbar will der Kreml noch mehr. Wie in der Politik zeigt sich damit auch in der Wirtschaft das große, tragische Missverständnis des Putin'schen Russland: das grundlegende Unvermögen, die Ursachen für den Zerfall und die Lebensunfähigkeit des sowjetischen Systems wirklich zu begreifen. Wieder ersetzen Phrasen und Ankündigungen eine moderne Wirtschaftspolitik. Gaben die Sowjets einst die Losung aus »Wir erfüllen den Fünfjahresplan in vier Jahren«, so ist heute die »Verdoppelung des Bruttoinlandsprodukts« eine allgegenwärtige Formel. »Sorgen Sie dafür, dass die Vorgaben unseres Präsidenten Wladimir Wladimirowitsch Putin erfüllt werden«, hält der ewig müde Premierminister Michail Fradkow am Kabinettstisch Wirtschaftsminister German Gref vor, als der es wagt, Zweifel zu äußern. Um eine Lösung ist der beleibte Fradkow, das personifizierte Apparatschik-Wirtschaftswunder, kein bisschen verlegen: »Suchen Sie geeignete Wege!« Dabei müsste Fradkow nur auf Vizegeneralstaatsanwalt Wladimir Kolesnikow hören. Die allgegenwärtige Korruption mache das Wirtschaftswachstum zunichte und wirke vernichtend auf die ökonomische Entwicklung, stellte er im April 2006 fest: »Die Korruption erfasst in bedeutendem Umfang alle Ebenen der Macht, bestechliche Beamte haben erreicht, dass sich selbst ehrliche Unternehmer fürchten, Anzeige gegen sie zu erstatten.«[46] Doch solche Themen sind in der öffentlichen Diskussion tabu.

Genauso wie die neuen Herrscher ein politisches System nach jenen Zerrbildern der Demokratie aufbauen, die einst das bolschewistische System und der KGB lehrten, so orientieren sie sich offenbar auch in der Wirtschaft an sowjetischen und KGB-Vorstellungen vom Westen: »Die staatliche Kontrolle über die Kommandohöhen der Wirtschaft ist ein Modell, das charakteristisch war für die bolschewistischen Vorstellungen vom Kapitalismus in der ersten Hälfte der zwanziger Jahre«, findet Wladimir Mau, Rektor der russischen Akademie für Volkswirtschaft. Nun müsse sich herausstellen, wie effektiv ein solches Model heute noch sein könne, das einst in der Zeit der Industrialisierung entworfen wurde.[47] Es gibt keine einleuchtende Begründung dafür, warum Apparatschiks die besseren Manager sein sollten. Wirklich zu verbessern wären die Erfolgschancen russischer Unternehmen wohl nur dann, wenn man die unzähligen bürokratischen Vorschriften aufhöbe und sichere rechtsstaatliche Bedingungen schüfe. Aber genau das tut der Kreml nicht – im Gegenteil.

Wo echte, lebendige Konkurrenz fehlt, wo wichtige Entscheidungen unter undurchsichtigen Umständen in Amtsstuben getroffen werden, sind wirklicher Erfolg und Fortschritt nicht möglich: Wenn statt eines verantwortlichen Eigentümers Apparatschiks agieren, entsteht nicht nur das Problem, dass sie nicht mit dem eigenen Hab und Gut für das Gedeihen des Unternehmens haften müssen, sondern auch die Versuchung, Geld für private Zwecke abzuzweigen. Der Gasprom-Konzern mit seinem oft undurchsichtigen Geschäftsgebaren und zahlreichen Korruptionsskandalen ist das beste Beispiel dafür. Wo echter Wettbewerb fehlt, steigt der Preis und sinkt die Qualität: Schon heute sind die Lada-Werke nur deshalb überlebensfähig, weil der russische Markt durch Schutzzölle gegen Import-Autos verteidigt wird. Statt die eigenen Produkte konkurrenzfähig zu machen, bürdet man der ausländischen Konkurrenz Hindernisse auf. Für Investoren fehlen die Garantien, wenn es keine Rechtsstaatlichkeit gibt und der Staat sich ständig in die Eigentumsverhältnisse einmischt. Wer seine Geschäftstätigkeit weniger auf Marktgesetze stützt und sich stattdessen mehr auf einen bestimmten Politiker und Beamten verlässt, kann nur so weit planen, wie sein Patron im Amt ist.

Das Wirtschaftswachstum in Russland lag 2005 mit 7 Prozent zwar im Vergleich zu westlichen Volkswirtschaften sehr hoch. Zum einen wurde es aber durch die Inflation beschleunigt, zum anderen wächst die russische Wirtschaft langsamer als im Schnitt der GUS-Staaten, was unabhängige Experten als Beleg dafür ansehen, dass Russland sein Potential und seine Chancen durch die hohen Weltmarktpreise nicht ausschöpft.

Statt an innovative mittelständische Firmen fließt Staatsgeld an die Giganten – für fragwürdige Projekte. So soll der von Putins ehemaligem Petersburger Weggefährten und Jelzins Chefprivatisierer Anatoli Tschubais geleitete Stromkonzern UES ein bereits zu Sowjetzeiten eingemottetes Wasserkraftwerk errichten. Der eng mit Moskaus Bürgermeister Juri Luschkow verbundene Sistema-Konzern will mit Staatsgeldern ein zweifelhaftes Elektronikprogramm durchsetzen und russische Chips auf dem Weltmarkt etablieren.[48] Unwirtschaftlich, weil nicht ausgelastet, ist nach Ansicht von Experten auch die durch das Schwarze Meer in die Türkei führende Gaspipeline »Blauer Strom«, die auf Druck des Kreml gebaut wurde – und deren von Gasprom errichtete russische Teilstrecke im Bau doppelt so teuer war wie die türkische.[49] »In vielem erinnert mich die Entwicklung an Südkorea mit seinem Staatskapitalismus, wo der Staat über die großen Investitionen entschied, wo es zehn bestimmende Konzerne gab, die alle eng mit Beamten verknüpft waren«, mahnt Jewgeni Gawrilenkow, Chefökonom des Moskauer Investmenthauses Troika Dialog: »Eine Zeit lang ging das gut in Korea, aber dann endete alles in einem großen Crash.« Selbst die Weltbank warnt vor dem hohen Monopolisierungsgrad der russischen Wirtschaft und erteilt dem Staat unter Hinweis auf fehlende Transparenz und Effektivität die schlechteste Note unter allen Eigentümern im Lande.

Der hohe Ölpreis ist für Russland Fluch und Segen zugleich. Auf der einen Seite füllt er die Staatskassen. Auf der anderen Seite verringert er den Druck für wirkliche Reformen, hilft, ein nicht konkurrenzfähiges, nicht effizientes System am Leben zu erhalten. Die Politik ist mehr mit dem Geldverteilen beschäftigt als damit, Strukturen zu wandeln und die Wirtschaft unabhängiger vom Ölexport zu machen. Die Ölverkäufe spülen enorme Devisensummen nach Russland. Eigentlich müsste das zu einem Fallen des Rubelkurses führen, doch die Zentralbank hält die nationale Währung künstlich auf Kurs, um die Inflation nicht noch weiter anzukurbeln. Das führt dazu, dass trotz einer Inflation von rund 10 Prozent der Rubel im Verhältnis zu Dollar und Euro nicht an Wert verliert. Die Folge: Löhne und Kosten steigen durch die Inflation, der künstlich stabilisierte Rubelkurs gleicht das nicht aus, und damit steigen die Ausgaben der heimischen Industrie auf Dollarbasis. Russische Produkte werden auf diese Weise teurer und weniger wettbewerbsfähig im Vergleich zur ausländischen Konkurrenz.

Vor allem Branchen, die sich internationalem Wettbewerb stellen müssen, trifft das hart. In der Wirtschaftswissenschaft nennt man das Phänomen, das erstmals in den siebziger Jahren in den Niederlanden beobachtet wurde, »die holländische Krankheit«. Der Name bezeichnet eine beunruhigende Entwicklung: Hohe Exporteinnahmen, in diesem Fall durch Rohstoffe, führen durch eine Aufwertung der Währung zu Absatzproblemen in anderen

Wirtschaftszweigen. Der »Rohstoff-Fluch« löst Krisen in den betroffenen Industrien bis hin zu deren Absterben aus. Von den Gegenmitteln – etwa Steuersenkungen oder Währungsausgleich – macht Russland keinen Gebrauch: Es genießt die »Rohstoff-Party« in vollen Zügen und nimmt damit die Gefahr eines bösen Erwachens in Kauf.[50] Wie bereits die Augustkrise von 1998 zeigte, würde eine Krise in Russland auch die deutsche Wirtschaft in Mitleidenschaft ziehen und Arbeitsplätze gefährden.

»Die enormen Kursanstiege an den russischen Börsen sind eine gigantische Blase. Insider verdienen sich eine goldene Nase, die normalen Anleger werden bluten müssen. Gegen entsprechende Bezahlung kann man heute die Staatsanwaltschaft auf jede Firma hetzen und die Kurse manipulieren. Langfristig kann das nicht gutgehen«, glaubt Stanislaw Belkowski. Der Direktor des Instituts für nationale Strategie ist bekannt für seine überaus düsteren Prognosen. Doch auch Finanzminister Alexej Kudrin äußert ähnliche Befürchtungen: Russland könne durch den starken Rubel zum »weltweiten Vakuumsauger« für heißes Risikokapital werden. Wenn dieses Kapital aber plötzlich abwandere, sei eine Krise nicht mehr auszuschließen.[51]

China beschreitet in seiner wirtschaftlichen Entwicklung einen anderen Weg, obwohl es aufgrund seiner enormen Außenhandelsüberschüsse ähnliche Probleme hat wie Russland, auch wenn diese Überschüsse nicht auf Rohstoffexporte, sondern vor allem auf Konsumgüter zurückgehen. Zum einen sorgt in China das enorme Potential an Arbeitskräften für stabile Lohnkosten, während diese in Russland steigen. Zum anderen wird in China ein großer Teil der überschüssigen Mittel investiert oder wandert in den Immobilienmarkt, während er in Russland vor allem in den Konsum fließt und so die Inflation in die Höhe treibt. In China gelingt es den Sparten, die sich dem internationalen Wettbewerb stellen müssen, Boden gutzumachen. In Russland dagegen verläuft die Entwicklung hin zur Petrodollar-Wirtschaft, mit schlechten Perspektiven für alle Branchen, die nicht unmittelbar mit den Rohstoffen und dem Staat sowie inländischen Dienstleistungen zu tun haben.[52] Vom Rohstoffboom kann aber Experten zufolge maximal ein Drittel der russischen Bevölkerung profitieren, etwa durch neu entstehende Arbeitsplätze. Zwei Drittel der Russen aber haben allenfalls indirekt etwas von den hohen Rohstoffpreisen. Diese Diskrepanz birgt einen enormen sozialen Sprengsatz. Russland droht der Abstieg zum Petro-Staat wie Venezuela: Auch in dem südamerikanischen Land zog die Verstaatlichung der Ölindustrie einen wirtschaftlichen Niedergang nach sich, weil die gigantischen Öleinnahmen in erster Linie dem Staat und der ihm nahestehenden Oberschicht zugute kamen, nicht aber der Bevölkerung.

Putins Politbüro am See Es gibt unterschiedliche Wege ins Paradies. Der Normalsterbliche muss sich in Moskau und Sankt Petersburg am Freitag nach Feierabend oft stundenlang durch die Staus auf den Ausfallstraßen kämpfen und jede Menge Abgase einatmen. Auserwählte dürfen sich mit Blaulicht an den Blechkolonnen vorbeibewegen. Einige vom Schicksal Handverlesene dagegen erreichen ihren persönlichen Garten Eden aus der Luft. »Sage mir, wie du zu deiner Datscha kommst, und ich sage dir, wer du bist«: Der Weg ins obligatorische Wochenendparadies auf dem Land sagt in Russland zuweilen mehr aus über Menschen als ihre Steuererklärung.

Zwanzig Jahre nach Beginn der Perestroika gibt es kaum noch einen Luxus, mit dem man die Menschen in der früheren Sowjetunion überraschen könnte. Eine kleine Datschen-Siedlung am Komsomolskoe-See vor den Toren Petersburgs jedoch würde noch die meisten Russen ins Staunen versetzen. Wenn sie denn Zutritt hätten. Vor den Toren des Datschen-Kollektivs »Osero« – auf Deutsch »See« – halten kräftige Männer mit wichtigen, mürrischen Mienen Wache. Nachbarn hören gelegentlich Lärm, der nicht typisch ist für russische Datschen-Siedlungen: Der kleine Fleck am Ufer hat einen eigenen Hubschrauberlandeplatz. Die dreistöckigen Anwesen sind für russische Datschen etwas üppig ausgefallen, und neben ihnen finden sich Gebäude, die bei russischen Landhäusern sonst eher selten sind: ein Funkturm und eine Wetterstation.

Viele Gäste, die auf dem Luftweg in »Osero« eintreffen, haben einen weiten Weg hinter sich: Sie kommen aus Moskau. Und wäre die Siedlung nicht so gut abgeschirmt, könnte man wohl zuweilen bekannte Gesichter in ungewohnter Umgebung sehen. Die Gründerliste des Datschen-Kollektivs liest sich wie ein kleines »Who's Who« des heutigen Russland: Sie reicht von Wladimir Putin über Wladimir Jakunin, den Vorstandsvorsitzenden der russischen Eisenbahnen, bis zu einem gewissen Wladimir Smirnow, der einst die Petersburger Friedhöfe verwaltete, und einem Bankier namens Juri Kowaltschuk.[53] Zu den regelmäßigen Besuchern gehören angeblich Nikolaj Patruschew, Chef des FSB, und Viktor Tscherkessow, Leiter der Anti-Drogen-Behörde. Überspitzt könnte man die Datschen-Kooperative vor den Toren Petersburgs als »Politbüro« des neuen Russlands bezeichnen.

Die Landfrischler verbindet nicht nur die Liebe zur Natur. Fünf Jahre, bevor sie im November 1996 die Gründungsurkunde für die Siedlung unterschreiben, tauchen die Namen von fünf der Bauherren in ganz anderen Papieren auf. Im Winter 1991 werden in Sankt Petersburg die Lebensmittel knapp. Die Stadtregierung sucht nach Auswegen, will Rohstoffe gegen Nahrung tauschen. Firmen sollen Exportlizenzen erhalten und dafür Lebensmittel in die Stadt an der Newa liefern. Für die Ausführung ist ein gewisser Wladimir Putin verantwortlich, Mitglied der Stadtregierung und Leiter des Komitees für Außenwirtschaftsbeziehungen. So recht verstehen kann damals keiner, warum der demokratische Bürgermeister sich mit Putin ausgerechnet einen Mann an die Seite geholt hat, dem hartnäckig KGB-Kontakte nachgesagt werden. Ausgerechnet Sobtschak, der den Geheimdienst fürchtete. Zeitungen zitierten das Stadtoberhaupt mit der Aussage, KGBler seien Leute, für die Legitimität und Demokratie keinerlei Sinn ergäben, doch kontrolliere das »Komitee«, wie der KGB oft genannt wird, Petersburg, und ohne den Geheimdienst könne man die Stadt nicht kontrollieren. So zuverlässig Putin dem Stadtoberhaupt dient, so merkwürdig handelt er bei der Vergabe der Exportlizenzen. Die Genehmigungen im Wert von 124 Millionen Dollar, die Petersburg vor dem Hunger retten sollen, gehen teilweise an undurchsichtige, neu gegründete Firmen. Putin beteuert später, die Unternehmen hätten ihn hintergangen. Das Stadtparlament moniert »gravierende Mängel« bei der Aktion. Die zuständige Kontrollinstanz fordert sogar den Rücktritt Putins, der inzwischen Vizebürgermeister geworden ist.

Nutznießer der Exportlizenzen ist unter anderem die Firma Dschikop, die von Putins Komitee für Außenwirtschaftsbeziehungen die Lizenz für die Ausfuhr von 13 977 Kilogramm Edelmetallen erhält – zu staatlich regulierten Inlandspreisen, die zwischen sieben- und 2000-mal niedriger sind als ihr Marktwert. Weil die versprochenen Lebensmittellieferungen zum Großteil ausblieben, soll die Stadtkasse allein durch diesen Vertrag rund 8 Millionen Dollar verloren haben.[54] Weiterer Nutznießer der dubiosen Exportgenehmigungen ist eine Firma mit dem Namen Strim. Hinter dieser Firma wiederum sollen unter anderen Wladimir Jakunin und Juri Kowaltschuk stecken, die ebenfalls in der Gründungsurkunde des Datschen-Kooperative auftauchen.[55]

Einen lukrativen Exportvertrag bekommt auch die Firma Newski dom von Putins Amt bewilligt. Einer ihrer Miteigentümer ist ein unauffälliger Mann mit kurzem Haar, breiter Brille, bauschigem Schnurrbart und leicht asiatischem Augeneinschlag: Wladimir Smirnow. Auch er gehört 1996 wie Putin zu den Gründern der Datschen-Kooperative. Der Name Smirnow taucht noch im Zusammenhang mit weiteren Firmen auf, die eng mit dem Komitee für Außenhandelsbeziehungen zusammenarbeiten.[56]

1994 erteilt Putin der Petersburger Ölgesellschaft (PTK) eine Lizenz, die Stadt mit Treibstoff zu versorgen. Örtliche Zeitungen sagten der PTK enge Verbindungen »Tambow-Mafia« nach, einer der berüchtigtsten Mafia-Banden Russlands aus Sankt Petersburg, spezialisiert auf Autodiebstahl, Alkoholschmuggel, Betrug, Schutzgelderpressungen und Menschenhandel. Einer der wichtigsten PTK-Aktionäre ist der besagte Smirnow aus der Datschen-Kooperative. Ein blutiger Krieg um das Ölgeschäft mit Auftragsmorden und Anschlägen erschüttert zu dieser Zeit Petersburg; Zeitungen vergleichen die Ereignisse mit dem blutigen Bandenkrieg im Chicago der Prohibitionszeit; ein Chef der PTK wird ermordet. 1998 übernimmt Smirnow die Leitung der PTK.[57] Smirnow macht einen gewissen Wladimir Kumarin zu seinem

Vize: Der steht im Verdacht, der Pate der »Tambow-Mafia« zu sein. Nach seinem Wechsel in die Hauptstadt macht Putin den skandalumwitterten Smirnow zum Präsidentenberater. Zu seinem Fachgebiet soll unter anderem der staatliche Immobilienbesitz im In- und Ausland gehören.[58] Lange Zeit wird die Ernennung diskret behandelt. Als Smirnow bei seiner angeblich einzigen Pressekonferenz in Moskau nach der »Tambow-Mafia« und der Datschen-Kooperative gefragt wird, weist er den Fragesteller gereizt zurecht, er wisse offenbar mehr, als es sich für einen anständigen Außenstehenden gehöre.[59]

Im Januar 2002 übernimmt Smirnow die Leitung von Technsabexport, kurz TENEX. Das staatliche Unternehmen mit einem Jahresumsatz von 1,5 Milliarden US-Dollar ist auf den Export von Atombrennstoffen spezialisiert. Chefposten bei staatlichen Atomkonzernen gelten auch deshalb als besonders einflussreich, weil das Wirtschaftsministerium eine Privatisierung des Sektors anstrebt, der zu den international konkurrenzfähigsten in Russland gehört. Wenige Monate vor Smirnows Wechsel zu der Atomfirma hat die Staatsduma zur Überraschung westlicher Experten ein Gesetz verabschiedet, das die Einfuhr von ausländischen Atomabfällen nach Russland gegen Bezahlung erlaubt. Die Regierung erteilt TENEX eine Genehmigung für diesen Atommüll-Import; Experten schätzen den Markt auf 15 Milliarden US-Dollar. Die zur staatlichen Atombehörde gehörenden Unternehmen ziehen ihre Mittel aus der Moskauer Konwersbank zurück und lotsen ihre Finanzströme fortan über Banken, die dem Petersburger Umfeld zugerechnet werden – etwa die Promstroibank von Sergej Pugatschow, der den Spitznamen »christlich-orthodoxer Bankier« trägt. Pugatschow ist angeblich einer der wenigen Russen, die Wladimir Putins Handynummer kennen – vielmehr die seines Adjutanten, da der Präsident nach eigener Aussage kein Mobiltelefon besitzt.[60]

Am 6. März 2003 verkündet Russlands Atomminister in Teheran den Abschluss eines Vertrags mit dem Iran. Der Kontrakt sieht einer Meldung der kremlnahen Nachrichtenagentur Interfax zufolge den Einstieg von TENEX ins Atomgeschäft mit dem Iran vor. Das Unternehmen soll nach der Fertigstellung des

Atomkraftwerks in Buscher die Entsorgung des verbrauchten Urans übernehmen, heißt es dort.[61] Im Mai 2006 bestreitet eine TENEX-Sprecherin auf Anfrage jegliche Geschäftskontakte der Firma mit dem Iran. Am 27. März 2006 erhält TENEX-Chef Smirnow im Kreml den Orden »Für Verdienste um das Vaterland« 2. Grades.[62]

Die Spuren der »Tambow-Mafia« reichen bis nach Deutschland. Der 13. Mai 2003 ist ein verregneter Frühlingstag im hessischen Mörfelden-Walldorf. Vor einem nüchternen Bürogebäude fahren mehrere Wagen vor. Hastig steigen drei Dutzend Männer aus. In München, Hamburg und anderen Städten sind zur gleichen Zeit ähnliche Szenen zu beobachten; 27 Wohnungen und Büros werden durchsucht. Mit einer bundesweiten Razzia wollen deutsche Strafverfolger Geldwäschepraktiken auf den Grund gehen. Im Mittelpunkt der Ermittlungen steht die St. Petersburg Immobilien und Beteiligungs AG (SPAG). 40 Beamte des Bundeskriminalamtes durchsuchen deren Firmenzentrale in Mörfelden-Walldorf. Bundesweit sind 200 Beamte im Einsatz. Nach stundenlangen Durchsuchungen tragen die Ermittler kartonweise beschlagnahmte Unterlagen aus den SPAG-Büros. Der Verdacht der Behörden ist ungeheuerlich: Erstmals sollen Verantwortliche einer deutschen Aktiengesellschaft gemeinsame Sache mit der Russenmafia gemacht haben.[63] Das Unternehmen weist die Vorwürfe empört zurück und beruft sich darauf, dass renommierte Wirtschaftsprüfer die Bilanzen jedes Jahr geprüft und keinerlei Hinweise auf Unregelmäßigkeiten gefunden hätten. Die Ermittler gehen hingegen davon aus, dass mehrere Millionen Euro gewaschen wurden. Das Bundeskriminalamt entdeckt auch angebliche Verbindungen der SPAG zur Russenmafia – im Hamburger Milieu: So sollen zwei frühere Betreiber eines Edelbordells an der Geldwäsche beteiligt gewesen sein. Einer von ihnen war demzufolge verschwägert mit Wladimir Kumarin – dem Mann, der im Verdacht steht, Pate der »Tambow-Mafia« zu sein. Die deutschen Ermittler vermuten, dass er einer der Drahtzieher der mutmaßlichen Geldwäsche-Aktionen ist. Wladimir Kumarin, der auf den Spitznamen »Kum« – zu deutsch »Gevatter« – hört, gibt es offiziell gar nicht. Diese Auskunft jedenfalls erhält ein Staatsanwalt, der bei der Polizei Auskünfte über ihn einholen möchte: »In unserem Computer taucht eine Person dieses Namens nicht auf.« Jedoch gibt es einen ehrenwerten Geschäftsmann namens Wladimir Barsukow, Leiter eines halbstaatlichen Energiekonzerns in Sankt Petersburg. Es ist ein offenes Geheimnis in der Stadt, dass es sich bei Barsukow und Kumarin um ein und dieselbe Person handelt. »Dieses Beispiel zeigt, wie Wirtschaft, Politik und organisierte Kriminalität in der ehemaligen Zarenstadt verflochten sind«, schreibt die Zeitschrift *Öffentliche Sicherheit*, das Magazin des österreichischen Innenministeriums. Kumarin, der bei einem Attentat 1994 einen Arm verlor und von seinen Rivalen »einarmiger Bandit« genannt wird, war eine Weile Vizepräsident der Petersburger Ölgesellschaft. Sein Chef: Wladimir Smirnow aus der Datschen-Kooperative »See«.[64]

Die starken Männer, die die luxuriöse Anlage von Fremden abschirmen, sollen für ein Unternehmen mit dem Namen Rif arbeiten, das Kumarin gehöre und mit in Deutschland der Geldwäsche verdächtigten SPAG Verbindungen habe.[65] Bei ihren Untersuchungen im fernen Deutschland stoßen die Ermittler ebenfalls auf einen der Landfrischler aus dem fernen Sankt Petersburg: den bereits bei den umstrittenen Lizenzvergaben durch Putins Außenhandelsamt in Erscheinung getretenen Wladimir Smirnow. Der zeichnete einst für 100 000 Mark 200 Aktien der in Mörfelden-Walldorf ansässigen SPAG. In deren Unterlagen taucht ein weiterer Name auf: Im Beirat der mutmaßlichen Geldwäsche-Firma saß bis ins Jahr 2000 Wladimir Putin. Im ersten Firmenprospekt der SPAG fungierte der heutige Kremlchef angeblich noch als stellvertretender Aufsichtsratschef.

Die verdächtigte SPAG taucht auch auf den heimlichen Tonbandmitschnitten von Gesprächen des früheren ukrainischen Präsidenten Leonid Kutschma auf, deren Echtheit internationale Experten inzwischen bestätigt haben, wenngleich Kutschma sie als »manipuliert« bezeichnet. Auf den Bändern ist zu hören, wie ein Geheimdienstler Kutschma den Erhalt der letzten noch existierenden Kopie der belastenden SPAG-Unterlagen meldet. Alle anderen Exemplare habe der russische Geheimdienst bereits aufgekauft. Auf den Aufnahmen ist zu hören, wie Kutschma darüber sinniert, was er von den Russen für die Herausgabe der SPAG-Unterlagen als Gegenleistung verlangen könne.

In Russland dürften zu dem dubiosen Fall keine Unterlagen mehr zu finden sein. Nach Putins Amtsantritt im Kreml seien »Säuberungskommandos« aus dem Geheimdienst bei Staatsanwaltschaft und Miliz unterwegs gewesen und hätten alle Papiere mitgenommen, die auch nur im geringsten mit Putin zu tun hatten, so der frühere Generalstaatsanwalt und Putin-Intimfeind Juri Skuratow.[66]

Wer kritische Fragen stellt, macht zuweilen bittere Erfahrungen. Als Präsidentschaftskandidat erhob Iwan Rybkin im Wahlkampf 2004 heftige Vorwürfe gegen Wladimir Putin und bezeichnete ihn als Oligarchen. Er forderte die Staatsanwaltschaft auf, seinen Anschuldigungen nachzugehen. Der Mann mit der Knollennase genießt als ehemaliger Parlamentspräsident immer noch einiges Ansehen in Russland; er gilt als Vertrauter von Putins einstigem Förderer und heutigem Intimfeind Boris Beresowski. Der biedere Mann, der sich als Unterhändler bei den Friedengesprächen mit Tschetschenien 1996 einen Namen machte und als Präsidentschaftskandidat völlig chancenlos war, rührte an einem Tabu: Er warf Präsident Putin vor, Geschäfte zu betreiben, und nannte drei bis dahin fast unbekannte Namen angeblicher Partner des Staatschefs: den Finanzier Gennadi Timtschenko und die Brüder Michail und Juri Kowaltschuk aus Sankt Petersburg. Prompt untersagten die Fernsehsender Rybkin die allen Kandidaten gesetzlich zugesicherten Fernsehauftritte. Ebenso verweigerten sie dem Kandidaten, gegen Bezahlung, sozusagen im Werbeblock, vor das Fernsehpublikum zu treten. Kurz darauf verschwand Rybkin unter merkwürdigen Umständen für mehrere Tage. Seine verängstigte Frau hörte in den Nachrichten, ihr Mann sei wohl mit einer Liebhaberin durchgebrannt. Rybkin stand vor dem ganzen Land als Hallodri da, niemand nahm ihn mehr ernst. Was wirklich passiert war, ist bis heute unklar. Nach seiner Rückkehr wirkte Rybkin verwirrt und eingeschüchtert. Er war unfähig, klare Aussagen zu machen und zusammenhängende Sätze zu sprechen. »Man darf keine Angst haben, man muss reden«, hatte Rybkin die Russen aufgefordert – vor seinem Verschwinden. Seit seiner Rückkehr schweigt er.

Die drei Präsidentenfreunde, die er nannte, lohnen eine nähere Betrachtung. Der Physiker Michail Kowaltschuk ist Präsidentenberater für Wissenschaft. Im Oktober 2005 wird er Direktor des legendären Moskauer Kurtschatow-Instituts, einer der bedeutendsten Atomforschungsstätten der Welt, die Bildungsminister Fursenko untersteht. Der ist einer der Gründer der bereits erwähnten Datschen-Kooperative – ebenso wie Kowaltschuks Bruder Juri, dem KGB-Verbindungen nachgesagt werden. Der grauhaarige 60-Jährige war noch zu Sowjetzeiten am Wiederaufbau der Russland-Bank beteiligt und hält heute dort mehr als 30,39 Prozent der Aktien.[67] Innerhalb der Bank war er für Außenwirtschaft zuständig, so wie der damalige Petersburger Vizebürgermeister Putin innerhalb der Stadtverwaltung. Auf diese Weise lernten die beiden sich kennen und offenbar auch schätzen. Einer der Aufsichtsräte der Bank war der ehemalige Stasi-Offizier Matthias Warnig, langjähriger Chef der Dresdner Bank in Russland und heute Vorstandschef der von Gasprom kontrollierten Betreibergesellschaft für die Ostsee-Pipeline, deren Aufsichtsratschef Gerhard Schröder ist.[68] Kowaltschuks Russland-Bank kauft Anfang 2005 vom Gasprom-Konzern dessen Versicherungsgesellschaft auf.[69]

Ende 2003 kaufte der Konzern »Sewerstal« des Stahlmagnaten Mordaschow, dem gute Beziehungen zu Putin nachgesagt werden, für rund 20 Millionen Dollar 9 Prozent an Kowaltschuks Bank; Branchen-Experten bezeichneten den Kaufpreis als weit überhöht.[70] Wenige Monate später ernannte Putin einen bis dahin völlig unbekannten Vizegeneraldirektor aus Mordaschows Sewerstal-Konzern zum russischen Transportminister.[71] Rybkin zufolge laufen über Kowaltschuks Russland-Bank die Finanzströme mehrerer Ministerien und der russischen Eisenbahn; diese wird von Wladimir Jakunin kontrolliert, der lange Zeit in der Leitung der Bank saß und ebenfalls zur Datschen-Kooperative gehört. Auch Gelder aus der Atomwirtschaft sollen nach Branchengerüchten über die Russland-Bank laufen, was diese aber dementiert.

Russland-Bank-Mehrheitseigner Kowaltschuk hat *Iswestia* zufolge bei der als »geheimdienstnah« geltenden Bank Eurofinans eine Führungsposition inne, Rybkin gibt sogar an, Kowaltschuk kontrolliere sie.[72] Am 26. September 2002 übernahm Eurofinans 49 Prozent der Aktien der Gasprom-Media, einer Tochter von Gasprom und größte Medienholding im Lande. Im Jahr 2005 kündigte der Kreml an, Milliarden aus Öleinnahmen für Soziales und in Infrastruktur zu investieren. Direktor eines neu geschaffenen Regierungsdepartements für diese »Nationalen Projekte« wird ein 28-Jähriger, der kaum Berufserfahrung hat: Boris Kowaltschuk, der Sohn von Juri Kowaltschuk – den Spötter »Putins Geldbeutel« nennen.

Gennadi Timtschenko – der Dritten im Bunde, den Ex-Parlamentspräsident Rybkin neben den Kowaltschuk-Brüdern bei seinen angeblichen Enthüllungen als Geschäftspartner des Staatschefs nannte – besitzt angeblich eine Raffinerie im russischen Kirischi und hat maßgeblichen Einfluss auf Surgutneft, einen der größten russischen Ölkonzerne, der wegen seiner undurchsichtigen Unternehmenspolitik immer wieder in der Kritik von Minderheitsanlegern steht.[73] Nach Angaben des Magazins *Forbes* zeigte das Unternehmen gegenüber dem Putin-Vertrauten ungewöhnliche Großzügigkeit.[74] So verkaufte Surgutneft das Barrel Öl fünf Dollar unter dem Durchschnittspreis und verlor damit allein zwischen 1999 und 2003 eine Milliarde Dollar – die angeblich Timtschenko als Profit einstrich.[75] Die Geschäfte des Mannes, der Wohnsitze in Russland, der Schweiz und Finnland hat, seien enorm in Schwung geraten, nachdem sein Freund Putin Präsident wurde, behauptet Rybkin.[76] Kremlkritiker unterstellen, Timtschenko sei »Putins Schweizer Vermögensverwalter«. In Moskauer Wirtschaftskreisen kursieren Gerüchte, wonach die Kowaltschuk-Brüder und Timtschenko auch Verbindungen zu der ominösen »Baikal-Finanzgruppe« haben, die im Dezember 2003 die Yukos-Tochter Yuganskneftegas ersteigerte. Nach der Auktion gibt die Briefkastenfirma nach Informationen des Duma-Abgeordneten Wladimir Ryschkow nicht alle erworbenen Anteile an den Staatskonzern Rosneft weiter. Wer heute die übrigen Anteile kontrolliert, ist unklar. Auf seine Anfrage an Premierminister Fradkow habe er keine Antwort erhalten, klagt Ryschkow.[77]

Es gibt kaum einen Moskauer Oppositionspolitiker, der im vertrauten Gespräch nicht den Vorwurf erhebt, die heutige Kremlführung betreibe Selbstbedienung und bereichere sich auf Kosten des eigenen Landes. Einige behaupten dies auch ganz offen, etwa der erwähnte Abgeordnete Ryschkow, der frühere Vizepremierminister Boris Nemzow, Exschachweltmeister Garri Kasparow und der Liberale Iwan Starikow. Da ist von »Prozenten« auf diskrete Schweizer Konten bei wichtigen Vertragsabschlüssen ebenso die Rede wie von ganzen Koffern voller Geld für wichtige Personalentscheidungen. Der Yukos-Mehrheitseigner Leonid Newslin wirft den Regierenden aus seinem israelischen Exil regelrechte Schutzgelderpressung vor: »Die russische Geschäftswelt muss dem Kreml Tribut entrichten. Ich habe das selbst miterlebt, als für die 300-Jahr-Feier von Sankt Petersburg der Konstantin-Palast als Gipfeltagungsstätte renoviert wurde. Yukos musste damals 100 oder sogar 200 Millionen US-Dollar beisteuern. Jeder, der in Russland geblieben ist, zahlt Dutzende Millionen jährlich, abhängig vom Umfang seines Geschäfts – und zwar in bar.« Newslin behauptet, die Gelder flössen in verschiedene Bereiche: »Was Vizepräsidialamtschef Wladislaw Surkow einsammelt, geht in erster Linie ins Parlament und wird dort an die Abgeordneten der Kremlpartei ›Einiges Russland‹ gezahlt. Auch Vizepräsidialamtschef Igor Setschin treibt Geld ein. Bei ihm geht es vor allem um den Verkauf von Posten. Um jemanden in ein Amt zu bringen, muss man den Kreml bezahlen.«[78] Zu belegen sind solche Vorwürfe allerdings nicht. Dass sich aber offenbar viele Geschäftsleute nicht mehr trauen, Spendenanfragen von kremlnahen Organisationen auszuschlagen, ist zuweilen zwischen den Zeilen zu lesen: »Die Unterstützung des Kreml hilft uns, mit jedem Geschäftsmann zu sprechen und zu erreichen, dass wir von ihm finanzielle Hilfe bekommen. Denn wenn jemand sich weigert, unser Projekt zu finanzieren, zeigt er damit eine unpatriotische Haltung«, offenbart etwa Wassili Jakemenko, Chef der kremlnahen Jugendorganisation »Die Unsrigen«.[79] Der Milliardär Roman Abramowitsch, der einst als »Bankier« der Jelzin-Familie galt, habe anders als Yukos-Chef Chodorkowski beste Beziehungen zum Kreml, weil er ihn mit milden Gaben bei Laune halte, behauptet Newslin: »Er hat mir selbst erzählt, dass er in den Niederlanden eine mit allen Raffinessen ausgestattete Luxusjacht für 50 Millionen Dollar bauen ließ, die Putin von ihm gefordert hatte.« Beweise kann Newslin nicht vorlegen und Abramowitsch dementiert, die Jacht existiert jedoch tatsächlich. Laut Schiffsregister gehört sie einer Tochterfirma des russischen Staates.

Wirtschaftsexperten gingen bereits im Sommer 2005 davon aus, dass Putins Vertraute rund zwei Fünftel des russischen Bruttoinlandsprodukts kontrollieren. Inzwischen dürfte der Anteil deutlich gestiegen sein. Bei der Opposition ist von der »Kreml AG« die Rede.[80] Ob Präsident von Ober- oder Unterhaus, Wirtschafts-, Finanz- oder Verteidigungsminister, Aufsichtsratschef von Gasprom oder Rosneft, Chef von Rechnungshof oder Zoll: Die Liste der Bekannten, Freunde und Kollegen des Präsidenten, die höchste Posten in Politik oder in der Wirtschaft innehaben, lässt sich schier endlos fortsetzen.

Besondere Aufmerksamkeit im illustren Netz der Macht verdient der Petersburger Leonid Reiman. Der smarte russische Telekommunikationsminister gilt als Vertrauter Putins. 1994 gründete er in Sankt Petersburg das Telefonunternehmen »Telekominvest«. Später gerät die Firma ins Visier deutscher Ermittler. Im Juli 2005 lässt die Staatsanwaltschaft Frankfurt am Main mehrere Räume der deutschen Commerzbank durchsuchen. Man glaubt, über ein Netz aus Tarnfirmen, Treuhändern und Beteiligungen sei Geld aus früheren staatlichen Telefonfirmen in Russland veruntreut worden. Einer der Treuhänder soll die Commerzbank gewesen sein. Das *Wall Street Journal* berichtet, auch Minister Reiman sei ins Visier der deutschen Ermittler geraten. Er stehe im Verdacht, sich geldwerte Vorteile in Höhe von einer Million Mark verschafft zu haben. Die Genehmigung zu der Firmengründung erteilte seinerzeit der St. Petersburger Vizebürgermeister Wladimir Putin.[81] Wenige Wochen nach Putins Ernennung zum Ministerpräsidenten im August 1999 zieht Reiman nach Moskau um und wird Staatssekretär für Telekommunikation. Putins Frau Ljudmila leitete 1998 und 1999 die Moskauer Filiale des Unternehmens.[82] Bis heute ist unklar, wer hinter »Telekominvest« steckt und wer von den angeblich illegalen Transaktionen profitierte, die Gegenstand der Ermittlungen der Frankfurter Staatsanwaltschaft sind. Die Commerzbank soll lediglich als Treuhänder aufgetreten sein. Offiziell gehören Anteile im Milliardenwert einem dänischen Anwalt, der die Herkunft der Mittel nicht schlüssig erklären kann.[83] Ein Schweizer Wirtschaftsschiedsgericht kommt im Mai 2006 zu dem Schluss, der Däne sei lediglich ein Strohmann und Minister Reiman selbst der Besitzer der Anteile, was Reiman dementiert.[84] In den wichtigsten russischen Medien wird über diese Entscheidung des Schweizer Schiedsgerichts kein Wort verloren; nur zwei Wirtschaftszeitungen bringen einen Bericht. Eine Pressekonferenz zu dem Thema im Presseclub der Nachrichtenagentur RIA Nowosti wird »aus technischen Gründen« abgesagt.[85]

Das Bemerkenswerteste an Russlands neuer Elite sei, dass »ein bestimmter Kreis von Personen, die seit Jahren miteinander bekannt sind, zum Eigentümer des russischen Staates wurde«, sagt Andrej Illarionow, ebenfalls aus Sankt Petersburg und bis Dezember 2005 selbst Berater Putins im Kreml: »Sie haben es geschafft, fast alle Bereiche der Gesellschaft unter ihre Kontrolle zu bekommen, sie kontrollieren die Regierung, die Gesetzgebung und die Gerichtsbarkeit, sie beherrschen die Regionen, die Geheimdienste, das Militär, die Wirtschaft, die Medien. Jetzt nehmen sie die Religion unter ihre Fittiche und erwägen ernsthaft, auch das Internet zu kontrollieren.« »Putin ist weniger Politiker als Geschäftsmann, es geht nur ums Geld; nur wenn man das Handeln des Kreml durch dieses Prisma betrachtet, ergibt es eine Logik«, behauptet Stanislaw Belkowski, der umstrittene Direktor des Instituts für nationale Strategie.[86] Der liberale Kremlkritiker und Duma-Abgeordnete Wladimir Ryschkow spricht von einer »Junta im Kreml«.

Zum engsten Kreis um Putin gehören die beiden Präsidialamtsvize Viktor Iwanow und Igor Setschin, Verteidigungsminister Sergej Iwanow, Vizepremier und Gasprom-Aufsichtsratschef Dmitri Medwedew sowie der Banker Juri Kowaltschuk. Es ist ein Sextett langjähriger Vertrauter aus Petersburger Zeiten, wiewohl es intern zerstritten scheint. Setschin, der als antiwestlicher Hardliner gilt, soll eine erbitterte Rivalität mit dem pragmatischen Verteidigungsminister Iwanow ebenso wie mit dem etwas liberaleren Medwedew verbinden. Vieles spricht dafür, dass Wladimir

Putin in diesem Kreis keinesfalls der alles bestimmende Alleinherrscher ist, als den viele ihn wahrnehmen. Als die letzten Leute aus Jelzins Umgebung nach Beginn der Yukos-Affäre im Jahr 2003 Präsidialamt und Regierung verließen, gab es zu den Petersburger Freunden, die Putin an die Spitze des Staates geholt hatte, kein gleichwertiges Gegengewicht mehr. Sie werden für Putin zum wichtigsten Pfeiler seiner Macht. Doch die Abhängigkeit ist eine gegenseitige: So wurde aus dem Zar ein Primus inter pares, ein Erster unter Gleichen.

Als im Oktober 2003 nach der Festnahme des Yukos-Chefs Chodorkowski Präsidialamtschef Alexander Woloschin, grauer Kardinal im Kreml seit Jelzins Zeiten, zurücktrat, warnten Kritiker vor einem »Putsch der Petersburger KGBler«. Die Zeitung *Kommersant* schrieb, in der Yukos-Affäre habe Putin vor der Wahl gestanden, sich entweder gegen die politische Justiz und damit gegen seine Genossen aus den Geheimdiensten zu stellen oder eine KGBisierung des Staates zuzulassen. Russland bekomme einen »Kapitalismus mit stalinistischem Gesicht«, empörte sich der Vorzeigereformer Grigori Jawlinski.

Der Freundeskreis im Kreml erinnert heute an das einstige Politbüro in der Sowjetunion, wo unter Ausschluss der Öffentlichkeit nach nicht nachvollziehbaren Maßstäben kollektiv Entscheidungen getroffen wurden. Deshalb ist zumindest vordergründig nicht entscheidend, wer Putin nach seiner 2008 endenden Amtszeit nachfolgt oder ob er selbst weiter im Kreml bleibt. Entscheidend ist vielmehr, dass jemand aus diesem »Petersburger Politbüro« an der Spitze des Staates stehen wird. Die besten Chancen haben Vizepremier Medwedew und Verteidigungsminister Iwanow, die in den Medien heute allgegenwärtig sind. Medwedew gilt als gefolgsamer Technokrat, Iwanow als Falke mit enormem Ehrgeiz.

Putin selbst hat innerhalb des »Politbüros« offenbar eine doppelte Funktion: Auf der einen Seite ist er das Aushängeschild der »Kreml AG« für den Westen, das die demokratische Fassade wahren soll. Auf der anderen Seite gehört offenbar zu den wichtigsten Aufgaben Putins innerhalb dieses Machtzirkels, interne Streitigkeiten zu schlichten. Als eine Art Schiedsrichter hat er zwar das letzte, aber nicht immer das entscheidende Wort, wie etwa Anfang 2005 deutlich wurde. Damals tobte hinter den Kremlmauern ein erbitterter Kampf zwischen Medwedew und Setschin. Es ging darum, wer nach einer geplanten Fusion von Gasprom und Rosneft im neuen Konzern das Sagen haben soll. Monatelang gab es keine Entscheidung. Putin zauderte offenbar. Im Endeffekt konnte keiner der beiden Kontrahenten einen vollständigen Sieg für sich verbuchen: Die Fusion platzte.

Hartnäckig hält sich das böse Gerücht, die Kontrolle von Staatsunternehmen sei keine lästige Pflicht, die Putins Vertraute im Interesse der Allgemeinheit selbstlos auf sich nähmen. In Russland sei es nicht entscheidend, ein Unternehmen zu besitzen, um Profite zu machen. Wichtiger sei, die Finanzströme zu kontrollieren, um der wahre Profiteur zu sein, glaubt die Politologin Lilia Schewzowa. Dabei ginge es den Vertrauten des Präsidenten in erster Linie nicht darum, den Einfluss des Staates zu sichern. Vielmehr sei für sie entscheidend, persönlichen Profit zu machen und ihre Einnahmequellen über die kommenden Wahlen hinaus zu sichern.[87]

Der Historiker Juri Afanassjew vergleicht die Sitten im heutigen Moskau mit dem mittelalterlichen Lehenssystem. Statt Ländereien bekämen die Vasallen heute Posten, auf denen sie frei und nach Gutdünken schalten und walten können – solange sie dem Herren treu blieben. Im Gegenzug rolle manche Dollar-Million aus den staatlichen Unternehmen in private Schatullen. Solche »Abzweigungen« seien beinahe Gewohnheitsrecht in Russland, sagt Afanassjew. Als klassisches Beispiel gilt Gasprom: Dort sind dem Minderheitsaktionär Hermitage Capital Management zufolge allein im Jahr 2003 rund 1,5 Milliarden Euro spurlos verschwunden.

Russlands Mächtige behandeln Filzvorwürfe in Zarentradition wie Majestätsbeleidigung und antworten mit eisernem Schweigen. Allerdings wäre es ein Missverständnis, dies nach westlicher Manier als Schuldeingeständnis zu werten. Als der damalige Präsident der Europäischen Polizeigewerkschaften Hermann Lutz in den neunziger Jahren in mehreren Interviews Präsident Boris Jelzin Korruption vorwarf und vorrechnete, dass die angeblichen

Millionenguthaben auf den Schweizer Konten seiner Familie nicht auf legale Geschäfte zurückgehen könnten, war er verwundert, dass ihn der Kreml nicht verklagte. Auf Nachfrage erklärte ihm später ein hochrangiger russischer Beamter: »Ja, bei euch im Westen hätte jeder auf solche Vorwürfe reagiert. Aber das ist falsch. So bleibt man im Gespräch. Wenn man einfach schweigt zu solchen Vorwürfen, sind sie in 24 Stunden vergessen. Wenn es wirklich Probleme gibt, lösen wir die anders.« Wie, das habe der Beamte nicht verraten wollen, erinnert sich Lutz.[88]

Wenn in diesem Buch vorrangig kritische Stimmen zu Wort kommen, so liegt auch dies in erster Linie daran, dass der Kreml und die Behörden sich regelmäßig in Schweigen hüllen. Bitten um Interviews und Anfragen, zum Beispiel an den Generalstaatsanwalt, werden in der Regel nicht beantwortet. Dabei ist die Behörde per Gesetz zur Beantwortung von Presseanfragen verpflichtet. Das journalistische Gebot, immer zwei Seiten zu hören, wird Journalisten in Moskau schwergemacht.

Wo Staatsanwälte nicht nachfragen, müssen Journalisten es umso vehementer tun. Wo Gesetze nicht für alle gleich gelten und gegen hochrangige Politiker nicht ermittelt wird, wäre es unverantwortlich, alle Verdachtsmomente, die nicht aktenkundig sind, zu verschweigen. Wo es keinen Rechtsstaat gibt, wäre die auf rechtstaatliche Prinzipien zurückgehende Unschuldsvermutung reine Augenwischerei.

Geschäfte ohne Gewähr

William F. Browder hat ein Problem. Weltweit lobt der Mittvierziger mit dem graumelierten Resthaar und einem Dauerlächeln wie aus der Zahnpasta-Reklame den russischen Präsidenten Putin. Nur in Russland selbst darf der Amerikaner den Staatschef nicht mehr preisen. Das Schicksal hat dem millionenschweren Geschäftsmann nämlich einen bösen Streich gespielt. Genauer gesagt waren es wohl einige Apparatschiks mit besten Kontakten, die schuld sind an seiner Misere.

Dabei war Browder immer brav und pflichttreu. Zumindest blieb er immer in dem engen Rahmen, der freien Meinungsäußerungen heute in Russland gesteckt ist. Moskauer Oppositionspolitiker nennen den biederen Mann scherzhaft »wandelnde PR-Agentur des Kreml«. Tatsächlich nimmt der Gründer des Hedge-Fonds Hermitage Capital Management, der in Russland ein gewaltiges Vermögen gemacht hat, kein Blatt vor den Mund, wenn es darum geht, Misswirtschaft und Korruption im Beamtenapparat und in Staatsunternehmen anzuprangern. Aber ganz nach dem alten russischen Motto, dass die Apparatschiks böse, der Zar aber gut ist, fand der einstige Wallstreet-Broker mit dem gepflegten Äußeren und der randlosen Brille stets lobende Worte für den Präsidenten: »Putin schützt als einziger die Rechte der Aktionäre«, beteuerte der größte ausländische Finanzinvestor in Russland etwa auf dem Höhepunkt der Yukos-Affäre im Oktober 2004:[89] Die Oligarchen seien jetzt alle brav wie Hunde, und akzeptierten, dass die Regierung und nicht sie den Ton angeben.[90]

Browder ist durch und durch Optimist. Er muss es auch sein: Sein Fonds hat 4 Milliarden Dollar in Russland investiert – und der Erfolg seines Geschäfts steht und fällt mit dem Ansehen Putins. Eine pessimistische Einschätzung wäre schlecht fürs Geschäft. Auf dem Weltwirtschaftsforum in Davos griff Browder 2005 denn auch die westlichen Medien an. Zu schlecht seien die Berichte über Russland, bemängelte Browder: »Der Westen nimmt immer das Schlechteste an, wenn es um Russland geht.« Die Yukos-Zerschlagung, so beteuerte er, werde nicht zu einer Welle von Verstaatlichungen führen.[91]

Browder mag dies durchaus ehrlich meinen. Dank seines riesigen Vermögens kann er sicher die eine oder andere Unannehmlichkeit des russischen Alltags mit Dollars und Personal wettmachen; er wird auch kaum in einer Warteschlange stehen müssen. Ohne eine solche Spezialbehandlung würde es nur halb so viel Spaß machen, die Wochenenden hoch über den Wolken zwischen Moskau und London in den blauen, breiten Sesseln der Aeroflot-Business-Class anzufangen und zu beenden.

Die Strapazen der Wochenendtrips ist Browder nun los. Guter Dinge und ohne Böses zu ahnen, drückt er am 13. November 2005 nach seiner Ankunft am Moskauer Flughafen Scheremetjewo der Stewardess seinen Reisepass in die Hand und wartet auf seinen Einreisestempel – vergeblich.[92] Ein Grenzbeamter eröffnet dem verdutzten Manager schließlich, dass er die VIP-Lounge nicht in Richtung Stadtausgang, sondern in Richtung Flugsteig zu verlassen habe: Er muss sich in den nächsten Flieger zurück nach London setzen. William F. Browder, »Mr. Russia«, wie man ihn in London nennt, ist zur unerwünschten Person in Russland erklärt worden. Zum nationalen Sicherheitsrisiko. Buchstäblich über Nacht. Ohne Vorwarnung.

Was ist geschehen? Warum ausgerechnet er? Browder hat nicht etwa seinen kremlfreundlichen Kurs gewechselt, von kritischen Aussagen über Putin oder krummen Geschäften ist nichts bekannt. Statt vom 18. Stock des Moskauer Pawelezki-Towers am Gartenring die Aussicht auf die Dächer der russischen Hauptstadt zu genießen, blickt Browder nun von seinem Schreibtisch aus auf die Rückfassaden am Covent Garden Market. Im Gespräch mit Journalisten zeigt er sich mit einem Mal ängstlich und bittet wiederholt: »Schreiben Sie das auf keinen Fall.«[93] Seine Kunden verstehen nicht, was passiert ist, und Browder kann es sich offenbar selbst nicht so recht erklären. Nur wenige der 6000 Anleger seien nervös geworden und hätten ihr Geld bislang zurückgefordert, beteuert er.

Eine nachvollziehbare Begründung für das Einreiseverbot gibt es bis heute nicht. Dass Browder eine Gefahr für die nationale Sicherheit sein soll, klingt abwegig. Eine Gefahr war der amerikanische Investor dagegen sehr wohl für viele zweifelhafte Wirtschaftsmänner und Apparatschiks, denen er als Aktionär auf die Finger klopfte. So sind seine Attacken wegen angeblicher Vetternwirtschaft und Korruption beim Gasprom-Konzern legendär. In Moskau wird denn auch darüber spekuliert, dass Mitarbeiter von Gasprom bei dem Einreiseverbot ihre Finger im Spiel haben könnten.

Fast ein Drittel jedes Arbeitstags muss Browder seither für den Kampf um ein neues Visum opfern – bislang ohne Erfolg. Auch alle Bemühungen des britischen Außenministeriums waren umsonst. Browder spricht sich selbst Mut zu. Die Aktienkurse sind in den ersten vier Monaten nach seiner Ausweisung um 43 Prozent gestiegen. Er hofft auf seine Manager in Russland. Und er übt sich weiter in Optimismus.[94] Im April 2006, nach fast einem halben Jahr Einreiseverbot, zeigt er sich in einem Interview mit der staatlichen russischen Nachrichtenagentur RIA Nowosti, das in Russland groß verbreitet wird, weiter als Anhänger von Präsident Putins Kurs und lobt die Entwicklung in Russland.[95]

Die Browder-Affäre ist auf bizarre Weise typisch für das heutige Russland, für die Risiken, die ausländischen Investoren drohen. Trotz seiner Lobeshymnen auf den Präsidenten sieht sich der Amerikaner plötzlich der Willkür der Bürokratur ausgesetzt. Er, der den autoritären Staat als Garant gegen eine Mafia-Herrschaft lobte, wurde allem Anschein nach selbst Opfer mafiöser Machenschaften. Ohne sich wehren zu können, ohne dass ihm Gründe genannt werden, ohne mit Aussicht auf ein faires Verfahren vor Gericht ziehen zu können, wird Browder ein für ihn existenzielles Recht verweigert: die Einreise in das Land, in dem er der größte ausländische Investor ist.

Es ist fast schon tragikomisch, dass Browder, der die Justizwillkür gegen Yukos so lautstark unterstützte, sich keine Gerechtigkeit von der russischen Justiz zu erhoffen scheint. Paradoxerweise setzt er einzig und allein auf den Mann, der für ihn Garant für Recht und Ordnung in Russland ist – aber diese offenbar nicht durch Gesetz und Rechtsprechung sicherstellen kann, sondern nur, indem er sich direkt einmischt. Aber das kann er nur in Ausnahmefällen. Gerade deshalb ist der Fall Browder ein Lehrstück. Er zeigt, dass in einem System, in dem statt Recht und Gesetz Beziehungen und Protektion ausschlaggebend sind, selbst das Wohlwollen des Staatschefs keine Garantie gegen Unrecht und Willkür ist.

Recht und Gesetz sind nicht nur ein Steckenpferd von Menschenrechtlern. Sie sind eine elementare Voraussetzung für eine normale wirtschaftliche Entwicklung. Nur Blauäugige können erwarten, dass Russland in absehbarer Zeit zu einem Rechtsstaat nach westlichem Vorbild wird. Noch viel blauäugiger wäre es allerdings, das horrende Ausmaß an Willkür, Korruption und Rechtlosigkeit als zwangsläufiges Erbe der Sowjetunion hinzunehmen. Eben weil unter Wladimir Putin die Presse gleichgeschaltet wurde, weil in Fällen wie dem von Browder kaum jemand fürchten muss, dass der Vorfall innerhalb Russlands publik wird und die Beteiligten in Erklärungsnöte bringt, ist der Nährboden für Rechtsverstöße durch die Behörden heute ideal.

Vor seiner Ausweisung hatte Browder gesagt, Russland habe nur zwei Möglichkeiten, »eine autoritäre Herrschaft des Präsidenten oder ein Leben nach den Gesetzen der Mafia«.[96] Eine Argumentation, die immer wieder von Anhängern Putins zu hören ist. Und die in die Irre führt. Gewiss brauchte Russland nach dem Chaos der Jelzin-Zeit mit ihren Zerfallserscheinungen einen Staat mit starker Autorität. Deshalb konnte man anfangs durchaus Verständnis für Putins Daumenschrauben haben. Doch inzwischen wird klar, dass die Entwicklung weniger auf einen Staat mit Autorität hinausläuft als auf einen autoritären Staat. Und genau hier liegt das Problem in Browders Argumentation. Er verdreht die Begriffe und verharmlost die Realität. Hinter seiner These steht die Auffassung, dass Russland unreif sei für die Freiheit. Und es wäre tatsächlich sträflich naiv, von Russland westliche Demokratie-Maßstäbe zu erwarten. Aber ebenso zynisch ist es, dies als Vorwand zu nehmen, um die autoritären Auswüchse im heutigen Russland zu rechtfertigen – und sie gar als Kampf gegen die Mafia zu adeln. Wie Medienmanipulation, die Unterdrückung von Kritik und öffentlichen Debatten, das Mundtotmachen der Opposition und die Beendigung jeglicher Gewaltenteilung dem Kampf gegen das organisierte Verbrechen dienen sollen, ist schleierhaft. Genau das Gegenteil ist der Fall: Alle, die dunkle Geschäfte betreiben, müssen das Licht der Öffentlichkeit fürchten.

Investoren als Leckerbissen »Die russische Investmentstory basiert auf der Annahme, dass sich das meiste Geld dann verdienen lässt, wenn sich die Dinge vom Schrecklichen zum Schlechten verbessern. Diese Veränderung findet in Russland statt, und die Wertentwicklung des Fonds zeugt davon«, schreibt Willküropfer Browder in einem Brief an seine Investoren. Browder hat sicher Recht, dass der russische Markt viele Chancen bietet. Gerade für Deutschland ist dieser Markt enorm wichtig. Angaben des Ostausschusses der Deutschen Wirtschaft zufolge ist die Bundesrepublik Deutschland der wichtigste Außenhandelspartner Russlands, mit einem Anteil von 10 Prozent. Der Handelsumsatz lag im Jahr 2005 bei 47 Milliarden Euro, rund ein Viertel mehr als im Vorjahr. Gleichzeitig wuchsen die deutschen Exporte von 12 auf 15 Milliarden Euro; mit einem Anteil von gut zwei Prozent an allen deutschen Exporten lag Russland damit hinter Polen, China und Tschechien auf Platz 13 der wichtigsten Ausfuhrländer; bei den Einfuhren belegte Russland Platz 10.[97] Während die Bundesrepublik in erster Linie Öl und Gas aus Russland bezieht, passieren in der anderen Richtung vor allem Autos, Chemie-Erzeugnisse, Maschinen und Anlagen die Grenze. Die Ausfuhren dürften weiter zunehmen, da der Konsum in Russland rasant wächst.

Der Einzelhandel weist zweistellige Zuwachsraten auf, wovon die deutsche Konkurrenz nur träumen kann – weshalb zahlreiche deutsche Einzelhandelsketten den Weg nach Moskau gefunden haben. Das Konsumwachstum ist zum einen auf steigende Einkommen zurückzuführen, aber auch auf andere, sehr spezifische Faktoren: etwa, dass Geldanlagen in Russland noch relativ unüblich sind – vor allem, weil die Menschen nach diversen Krisen kein Vertrauen in Banken und Aktien haben. Zum anderen besteht bei vielen Russen immer noch ein großer Nachholbedarf in Sachen Konsum und seit kurzer Zeit gibt es die Möglichkeit, ihn durch Verbraucherkredite zu befriedigen.[98]

Ohne Zweifel hat sich die wirtschaftliche Lage für die Mehrzahl der Menschen seit dem Amtsantritt von Wladimir Putin gebessert. Dies ist sicher neben der Medienmanipulation einer der wesentlichen Faktoren für die große Unterstützung, die der Präsident genießt – gerade wenn man bedenkt, dass unter Boris Jelzin monatelange Verzögerungen der Lohnzahlungen noch durchaus üblich waren. Die real verfügbaren Einkommen sind in den vergangenen Jahren um 50 Prozent gestiegen. Vor allem in den Großstädten, wo rund zwei Drittel der Russen leben, ist eine halbwegs kaufkräftige Mittelschicht entstanden. Die soziale Schere geht dabei jedoch sehr weit auseinander.[99] 2005 lebten 15,8 Prozent der Russen unter der Armutsgrenze. Auf dem Dorf liegt das

Durchschnittseinkommen bei 130 Dollar und die Arbeitslosigkeit bei 32 Prozent; unter der Armutsgrenze lebt hier jeder Zweite.[100] Die reichsten 10 Prozent der Bevölkerung verdienen 20 bis 25-mal so viel wie die 10 Prozent der Ärmsten. In westlichen Industrieländern liegt dieser Faktor nur beim Fünf- bis Achtfachen.[101]

Ein großer Teil der Lohnzahlungen erfolgt immer noch schwarz, also via Briefumschlag und ohne Finanzamt. In Moskau ist der Durchschnittslohn mit 800 Dollar im Monat mehr als doppelt so hoch wie im landesweiten Schnitt.[102] Dafür kostet beispielsweise eine Ein-Zimmer-Wohnung am Stadtrand auf dem freien Mietmarkt in der Regel mindestens 400 Dollar Miete.

Die Chancen des russischen Marktes nicht zu nutzen, wäre sicher ein Fehler. Wirtschaftsberater und Verbände, die natürlich auch ihre eigenen Interessen haben, rühren kräftig die Werbetrommel. Zu Recht verweisen sie auf positive Faktoren wie die steigenden Löhne, die sinkende Arbeitslosigkeit, die Senkung der Staatsschulden und die Umstrukturierung des Rentensystems. Unternehmer, die bereits in Russland investierten, beurteilten die Bedingungen dort deutlich positiver als solche, die noch keine Erfahrungen aus dem Land haben, berichtet die Wirtschaftsprüfungsgesellschaft Ernst & Young: Die rechtlichen Rahmenbedingungen, Infrastruktur und Kaufkraft würden von den Investoren immerhin als befriedigend bezeichnet; bei den Themen Lohnkosten, Ausbildungsniveau der Mitarbeiter und zukünftige Absatzmöglichkeiten erhalte Russland gute Noten. »Der russische Markt ist für deutsche Unternehmen der interessanteste Markt in Osteuropa und hat ein enormes Wachstumspotenzial«, meint Günter Spielmann, Partner bei Ernst & Young. »Dennoch schrecken viele deutsche Unternehmen vor einem Markteintritt in Russland zurück – zu negativ ist das Image angesichts häufiger Medienberichte über Kriminalität, Korruption und Terrorismus.«[103]

Bei den Direktinvestitionen in Russland lag Deutschland 2004 hinter Zypern, von wo russisches Fluchtkapital in die Heimat zurückfließt, hinter den Niederlanden und den USA. Unternehmer aus der Bundesrepublik scheuen die Risiken, zumal auch die Gehälter etwa für Fachkräfte in Moskau inzwischen deutsches Niveau erreicht haben oder noch darüber liegen. Und natürlich hat der Fall Yukos ausländische Investoren verunsichert.[104] Doch auch Eigentümern kleinerer Unternehmen droht Ungemach, wie Wirtschaftsminister German Gref berichtet: Miliz und Staatsanwaltschaft »erpressen die Eigentümer und die Manager von Unternehmen«. Sobald ein »Leckerbissen« auf dem Markt auszumachen sei, träten oft Beamte selbst als »Räuber« auf und würden bei der Enteignung helfen. »Hunderte Millionen und Milliarden Dollar werden vor unseren Augen geklaut«, klagt Gref.[105] Wie ein Politiker ein derart vernichtendes Urteil fällen kann über einen Bereich, für den er seit sechs Jahren als Minister politische Verantwortung trägt, ist nur mit den legendären Zeilen des Dichters Fjodor Tjutschew aus dem Jahr 1866 zu erklären: »Mit dem Verstand ist Russland nicht zu begreifen, mit gewöhnlichen Maßstäben nicht zu messen, es hat ein besonderes Wesen, man kann an Russland nur glauben.«

Nicht verstehen konnten auch die Manager der amerikanischen Firma Motorola, was ihnen widerfuhr. Im März 2005 beschlagnahmt der Zoll am Moskauer Flughafen 167 500 Motorola-Handys im Wert von 19 Millionen Dollar mit der Begründung, die Firma habe den Einfuhrzoll nicht bezahlt. Motorola legt Zahlungsbelege vor. Daraufhin erklärt der Zoll, die Handys würden die Strahlenrichtwerte überschreiten. Motorola legt Gutachten vor, die diese Behauptung widerlegen. Daraufhin erstattet eine ominöse Moskauer Firma Anzeige mit der Begründung, Motorola verletze das Patentrecht. Der amerikanische Handyhersteller bekommt seine Telefone vom russischen Zoll nie zurück; dafür tauchen sie auf dem Moskauer Schwarzmarkt auf. Die illegale, billige Konkurrenz macht dem russischen Handelspartner von Motorola, der Firma Euroset, schwer zu schaffen. Euroset beziffert den Gesamtverlust durch »staatlich gedeckte Diebstähle« allein für das Jahr 2005 auf 200 Millionen Dollar.[106]

Vorfälle wie dieser zeigen: So falsch es für Investoren wäre, die Chancen auf dem russischen Markt zu verschlafen, so gefährlich ist es, sich blauäugig ins Abenteuer zu stürzen. Dass unzählige Firmen Millionen an Lehrgeld bezahlen mussten, liegt nicht zuletzt auch an der schlechten Beratung von Wirtschaftsverbänden. Eric Kraus, Chefstratege beim Moskauer Investmenthaus Sovlink, wirft westlichen Medien »einseitige und oberflächliche Berichterstattung« vor und sagt, dass Russland »langsam ein normales Land« werde: »Unter der Putin-Verwaltung vollzog der Staat Riesenschritte in Richtung der Schweiz.«[107]

Viele westliche Investoren weigern sich hartnäckig und aus »politischer Korrektheit«, mentale Unterschiede zwischen Russen und Deutschen wahrzunehmen. Unter ausländischen Geschäftsleuten in Russland ist gelegentlich das Gutsherren-Syndrom zu beobachten: Hofiert von den an strenge Hierarchien gewohnten russischen Untergebenen, verlieren sie die Bodenhaftung. Gleichzeitig wagen es die russischen Angestellten oft nicht, von Vorgaben aus Deutschland abzuweichen – auch wenn diese für Russland völlig unangebracht sind. »Man hält sich oft sklavisch an jede Direktive aus der Zentrale, aus Angst, die gut bezahlte Stellung zu verlieren, und ist deshalb nicht konkurrenzfähig«, berichtet ein deutscher Geschäftsmann in Moskau über die folgenschweren Mentalitätsunterschiede. »Wenn das Russland-Engagement erfolglos bleibt, heißt es dann, daran sei die Mafia, die russische Bürokratie, die mangelnde Kaufkraft, Zahlungsmoral, der nicht entwickelte Markt und dergleichen schuld. Dabei ist man zu unbeweglich, um sich anzupassen. Die Vorstände in Deutschland können die Angaben nicht prüfen und gewähren einen Mitleidsbonus. Angloamerikaner und Chinesen lachen sich ins Fäustchen und verleiben sich die einstmals dominierenden Marktanteile der deutschen Firmen ein.«

Zu wenige Unternehmen schickten erfahrene Fachkräfte nach Russland, klagt auch der deutsche Klimaexperte Tobias Koch, der sich nach »entnervenden Erfahrungen mit Inkompetenz auf deutscher und russischer Seite« aus dem Russland-Geschäft zurückzog: »Bei vielen Unternehmen ist Russland entweder das Abstellgleis für Versager oder der Übungsplatz für völlig überforderte Nachwuchskräfte, es gibt zu viele Spesenritter.« Koch berichtet etwa von einem deutschen Energiekonzern, der in den neunziger Jahren mit einem Heizkosten-Abrechnungssystem in Russland groß ins Geschäft kommen wollte. Riesensummen wurden in eine Niederlassung, in Büros und Wohnungen für Mitarbeiter investiert, dabei aber die lokalen Gegebenheiten völlig falsch eingeschätzt. Die Firma wollte zuerst Geld sehen und danach die Energiespar-Technik einbauen – die klamme Stadtverwaltung hätte aber erst zahlen können, wenn sie dank der neuen Technik entsprechend Energiekosten gespart hätte. Die Niederlassung produzierte nichts als Verluste.

Ein bekannter deutscher Elektronikkonzern verkaufte Koch zufolge in Russland die wohl billigsten Waschmaschinen seiner Konzerngeschichte: Parallel zum Aufbau eines Vertriebsnetzes bezog das deutsche Unternehmen Stahlblech aus einem Werk im Ural und ging auf die Bitte der russischen Partner ein, wegen der Inflation und Problemen bei Überweisungen mit Waschmaschinen zu bezahlen. Allerdings machte die deutsche Konzernzentrale die Rechnung ohne die örtlichen Besonderheiten. Die Firmenleitung zahlte den Mitarbeitern einen Abschlag und verfrachtete die Waschmaschinen im großen Stil nach Moskau, wo das Überangebot die Preise kaputt machte und damit die Händler des Unternehmens, die viel Geld in den Vertrieb der Maschinen investiert hatten, in enorme Probleme stürzte, weil plötzlich niemand mehr zu offiziellen Preisen kaufen wollte. Auf Werbung wiederum glaubte der frisch angeheuerte Leiter der Werbeabteilung des Unternehmens verzichten zu können: »Wir brauchen das nicht, jeder kennt die Firma in Russland.«

Alle nur möglichen »Anstrengungen« unternahm das gleiche Unternehmen, so Koch, als die Stadt Moskau der Firma ohne Ausschreibung einen Großauftrag bei der Errichtung des unterirdischen Einkaufszentrums »Manege« erteilen wollte. Zuerst zeigte der Niederlassungsleiter den Russen die kalte Schulter mit dem Hinweis, er sei nur für bestehende Verträge, nicht aber für das Akquirieren neuer Aufträge zuständig. Sodann war die Vertretung einen Monat lang unfähig, ein Fax mit einem Angebot an die zuständige Behörde zu schicken, die nur zehn Gehminuten entfernt liegt. Der Auftrag mit einem Volumen von 10 bis 20 Millionen Dollar ging schließlich an eine US-Firma. »Die lachten sich die Hucke voll über die Deutschen«, berichtet Koch. Ebenso hätten es deutsche Energiekonzerne trotz eindringlicher Bitten von russischer Seite versäumt, nach dem Kioto-Protokoll rechtzeitig ins Emissionshandelsgeschäft mit Russland einzusteigen.

Auf eine Initiative des russischen Unternehmerverbands und des Förderationsrates hin, die später von Bundeskanzler Schröder weitgehend abgeschriebenen Altschulden Moskaus bei der DDR gegen Emissionsrechte aufzurechnen, sei nicht einmal eine Antwort erfolgt, klagt Koch: »Dabei hätte man so mehrere Milliarden retten können und Russland zwei Jahre früher ohne weitere Zugeständnisse zur Ratifizierung des Kioto-Klimaschutzabkommens gebracht.«

Folgenschwere Fehlgriffe leisten sich westliche Investoren oft auch im Umgang mit den Steuerbehörden. Namhafte westliche Beratungsfirmen raten ihren Kunden bei kleinen Unstimmigkeiten allen Ernstes, sie sollten gegen das Finanzamt klagen statt der zuständigen Beamtin einen Blumenstrauß zukommen zu lassen – eine Todsünde in Russland und der beste Weg, sich das Leben zu vergällen und den Beamtenapparat gegen sich aufzubringen. Wer unnötige Scherereien vermeiden will, tut zudem gut daran, sich russische Partner zu suchen, die über die obligatorischen Kontakte zu den Behörden verfügen. Für solche Dienste hat im Russischen das neutrale Wort »Dach« längst den unschönen Begriff Schutzgelderpressung abgelöst. Bezahlt wird offiziell und mit Rechnung, streng gemäß Vertrag mit der »Sicherheitsfirma«. Viele dieser »Firmen« haben wiederum beste Kontakte zu Geheimdienst und Miliz. Solche Kontakte bergen indes Risiken, weil in der Firma nichts mehr geheim bleibt und die Sicherheitsleute durchaus ihre eigenen Interessen verfolgen, bei steigenden Gewinnen einen größeren Anteil fordern oder im schlimmsten Fall vielleicht sogar versuchen, die Firma zu übernehmen, wie selbst Wirtschaftsminister Gref eingesteht. Mehrere deutsche Investoren fanden sich in der unschönen Situation wieder, dass ihnen ihr eigener Betrieb über Nacht nicht mehr gehörte. Bestechliche Richter sind in diesem Zusammenhang ein erhebliches Investitionsrisiko.

Wer als ausländischer Investor sein Glück ohne »Dach« versucht, dem drohen ganz andere Gefahren, wie ein großer deutscher Versicherungskonzern feststellen musste, als er ein russisches Unternehmen übernahm: Ein aus Deutschland entsandter Mitarbeiter entwickelte allzu viel Interesse für undurchsichtige

Geschäftsvorgänge. Wenig später prügelten ihn Unbekannte in seinem Hausaufgang halb tot. Wie im politischen Leben ist auch in der Wirtschaftswelt Gewalt bis hin zum Mord immer noch ein gängiges Mittel der Konfliktbewältigung. Mancher Geschäftsmann glaubt, dass er sein Recht billiger bekommt, wenn er einen Rivalen niederstechen lässt, als wenn er den Richter besticht.

Wer als Unternehmer in der Hauptstadt Erfolg haben will, ist darauf angewiesen, dass der Kontakt zur Stadtverwaltung wie geschmiert läuft. Viele Russen haben nichts daran auszusetzen, dass es die Frau des Stadtoberhauptes als Bauunternehmerin laut *Forbes* zur Dollar-Milliardärin brachte. Auch in anderen Wirtschaftszweigen fällt auf, dass Freunde und Verwandte von hohen Beamten in lukrativen Wirtschaftszweigen an vorderster Front sitzen und astronomische Summen verdienen. Wer nicht zur »Familie« gehört, tut sich schwerer: Ein Manager des schwedischen IKEA-Konzerns etwa klagte, die Stadt Moskau habe die Eröffnung einer Filiale davon abhängig gemacht, dass die Schweden ein Aktienpaket abträten, eine Vertrauensperson der Stadtverwaltung in die Führungsetage aufnähmen und Zugriff auf die Geldströme gewährten. Die Möbelhäuser entstanden aus diesem Grund außerhalb der Stadtgrenzen.[108]

Exportschlager Mafia Die sowjetischen Zensoren konnten ihn nicht erschüttern, die Wirren der Perestroika hat er unbeschadet und wohlbeleibt hinter sich gebracht, und nicht einmal Besuche in Gefängnissen für Schwerverbrecher konnten Igor Gavrilov aus dem seelischen Gleichgewicht bringen. Ausgerechnet ein Anruf bei der Miliz brachte das Weltbild des hartgesottenen Moskauer Fotografen ins Wanken.

Angefangen hatte alles mit einem freudigen Ereignis. Obwohl er sich patriotisch gibt, entschied sich Gavrilov beim Wagenkauf für den Klassenfeind von einst und fuhr im Jahr 2002 ins ferne Augsburg, um für sich und seine Familie das zu lösen, was die Russen die »Autofrage« nennen. Igor Gavrilov kaufte sich einen BMW der Klasse, mit der man Staatsmänner ohne Prestigeverlust durch Hauptstädte kutschieren kann. Da die Limousine betagt und Igor charmant im Verhandeln war, bekam er für 2000 Euro den Zuschlag. Das Doppelte, 4000 Euro, musste Igor an Einfuhrzoll an die russischen Behörden bezahlen. Die Freude am bayerischen Fahrvergnügen währte nicht lange: Zunächst bezichtigte sich Igor Gavrilov des Gedächtnisschwunds, als er den Wagen am Weißrussischen Bahnhof in Moskau nicht mehr dort wiederfand, wo er meinte, ihn geparkt zu haben. Nachdem er das halbe Stadtviertel abgesucht hatte, kam Igor zu dem bitteren Schluss, dass der Wagen offenbar gestohlen worden war. Resigniert erstattete er Anzeige – ohne große Hoffnung, den Wagen wiederzubekommen.

Die unglaubliche Fortsetzung der Geschichte folgte im Frühjahr 2006. Igor Gavrilov fand plötzlich einen Bescheid über eine deftige Kfz-Steuer-Nachzahlung für den Wagen in seinem Briefkasten. Er glaubte an einen Irrtum. »Kein Problem, bringen Sie uns einfach eine frische Bestätigung der Miliz, dass der Wagen gestohlen ist«, sagte die Finanzbeamtin, weil ihr das alte Protokoll, das Igor brachte, nicht behagte. Nichts ahnend fuhr Igor zur Miliz. Nach kurzer Suche im Computer sagte ihm ein Beamter: »Ihr Wagen ist nicht mehr gestohlen gemeldet. Laut Computereintrag wurde er kurz nach dem Diebstahl wieder gefunden und dem Besitzer zurückgegeben.« Dumm nur, dass Igor Gavrilov nichts davon erfahren hatte. Dafür gab es nur eine logische Erklärung: Die Miliz hatte mit dem Wagen krumme Geschäfte gemacht. Entweder hatten Beamte ihn tatsächlich nach dem Diebstahl gefunden und beschlossen, das gute Stück zu behalten. Oder sie hatten den Diebstahl von Anfang an in der Absicht inszeniert, den Wagen später aus der Liste der gestohlenen Wagen zu streichen. Ohne den Eifer der Finanzbeamtin, die eine neue Bestätigung forderte, wäre die Finte nie ans Licht gekommen. Seit Monaten versucht Igor Gavrilov nun, von der Miliz eine einleuchtende Erklärung für das doppelte Verschwinden seines Wagens zu bekommen. Ohne Ergebnis.

Die unglaubliche Geschichte zeigt, wie fließend in Russland die Übergänge zwischen Rechtsschutzorganen und Verbrecherwelt sind. Die enge Verknüpfung von staatlichen Stellen und »Kriminal«, wie die Welt des Verbrechens auf Russisch heißt, hat ihre Wurzeln in der Stalin-Zeit. Damals verschwammen nicht nur die Grenzen zwischen Gut und Böse; unter dem Diktator knüpfte die Sowjetmacht enge Bande mit der Unterwelt. Kriminelle halfen in den Gefangenenlagern, die politischen Häftlinge unter Kontrolle zu halten und zu drangsalieren. So entstand der viel sagende Begriff »Diebe im Gesetz«, was so viel heißt wie »mit dem Segen der Justiz«. Unter Stalin entwickelte sich ein Verhaltenskodex, der heute viele Gefängnisdirektoren in Deutschland vor gewaltige Probleme stellt: das »Gesetz der Diebe«. Gemeint ist eine bedingungslose Unterwerfung unter »kriminelle Autoritäten«, sprich Verbrecher, die hoch in der kriminellen Rangordnung stehen, und bei strikter Strafe untersagt, mit dem Staat zusammenzuarbeiten. Das »Gesetz der Diebe« gilt heute in den meisten deutschen Gefängnissen: Die russischsprachigen Häftlinge bilden dort in der Regel abgeschirmte Gruppen, die dadurch auffallen, dass sie sehr gewaltbereit und von den Behörden kaum kontrollierbar sind, weil Kooperation mit Vollzugsbeamten als Todsünde geahndet wird. Oft terrorisieren diese Gruppen ihre Mithäftlinge regelrecht.

Die kriminellen Geister, die Stalin wenn nicht gerufen, so doch entfesselt hatte, ist das Land bis heute nicht losgeworden. Eine der Folgen der Massenrepressionen unter dem Diktator war, dass die Grenzen zwischen Verbrecherwelt und normaler Gesellschaft verschwammen, weil Millionen Unschuldiger hinter Gitter kamen. Jeder Gewaltverbrecher konnte vorgeben, er sei in Wirklichkeit aus politischen Gründen verurteilt worden. In der Folge verbreitete sich eine gewisse Sympathie für Leute, die eingesessen hatten. In den Gefängnissen und Arbeitslagern gerieten die Unschuldigen notgedrungen in engen Kontakt mit Kriminellen. Daneben trieb die kommunistische Führung ganze Generationen geschäftstüchtiger Russen in die Illegalität, indem sie jede private Geschäftstätigkeit unterdrückte und kriminalisierte. Weil es keine Opposition gab, wurde die Verbrecherwelt zur einzigen halbwegs bedeutenden Kraft, die sich dem sowjetischen System widersetzte – was ihr ebenfalls Sympathien in der Gesellschaft einbrachte.

Die Kriminalisierung der Gesellschaft erreichte erschreckende Ausmaße. »In meiner Kindheit auf dem Arbat im Herzen von

Moskau war ich regelrecht umgeben von Verbrechern, wir wuchsen mit ihrer Sprache auf, mit ihrem Verhalten, mit ihrer Denkweise. Die Gefahr abzugleiten, war gewaltig«, erinnert sich der Moskauer Soziologe Leonid Sedow an seine Kindheit im Zweiten Weltkrieg.

Jahrzehnte später schlug mit der Privatisierung unter Boris Jelzin die große Stunde für Russlands Halbwelt. Mit Tricks und Gewalt eignete sie sich Schätzungen zufolge die Hälfte des einstigen Volksvermögens an und wurde so legale Besitzerin von Unternehmen. Russland wurde immer mehr zum halbkriminellen Staat. Das Militär verdiente mit Drogentransporten, der Geheimdienst und die Miliz mit Schutzgelderpressungen. Ermittlungsunterlagen der Polizei gingen meistbietend an die Verdächtigten. Inzwischen kann wohl auch für Erkenntnisse aus deutschen Fahndungscomputern geboten werden: Innenminister Otto Schily setzte durch, dass Moskau großzügig Wissen des Bundeskriminalamtes zukommt.[109] »Das ist sträfliche Naivität, die an Komplizenschaft grenzt«, klagte der Moskauer Mafia-Jäger und Duma-Abgeordnete Juri Schtschekotschichin kurz vor seinem Tod 2003: »Es ist traurig und komisch zugleich, wie deutsche Behörden Bitten um Amtshilfe ahnungslos an die russischen Strafverfolgungsbehörden schicken – nicht nur, dass diese nicht helfen und die Informationen oft an die Beschuldigten weitergeben, oft betreiben sie ungeniert Strafvereitelung im Amt.« Mehrfach habe er solche Fälle mitbekommen, beteuerte Schtschekotchichin.[110] Selbst ranghohe Europol-Vertreter beklagen, dass Russland noch immer einheimische Kriminelle vor Strafverfolgungen durch Interpol schütze und die organisierte Kriminalität nur halbherzig bekämpfe. Nach dem Tod des früheren serbischen Präsidenten Slobodan Milosevic im Gefängnis des Haager Kriegsverbrecher-Tribunals wurde plötzlich publik, dass dessen Frau und sein Sohn unbehelligt in Russland lebten – trotz internationaler Haftbefehle.

In die umgekehrte Richtung ist der Informationsfluss eher spärlich. Als Ermittler in einer deutschen Großstadt Machenschaften aus dem Umfeld des Gasprom-Konzerns auf die Spur kamen und bei Russen, die sich in feinste deutsche Villenviertel eingekauft hatten, ausgesprochen verdächtige Kontobewegungen festgestellt wurden, zeigte sich die Moskauer Staatsanwaltschaft zwar zunächst kooperativ. Doch wenig später mussten die deutschen Ermittler erfahren, dass der engagierte Kollege auf russischer Seite nicht mehr zuständig war. Unter seinem Nachfolger ging nichts mehr voran. Ausgerechnet die Spuren, die aus Deutschland übermittelt wurden, verliefen schnell im Sande.

Während die Zusammenarbeit zwischen der Europäischen Union und Russland in der Verbrechensbekämpfung sich noch im Entwicklungsstadium befindet, baut das organisierte Verbrechen sein globales Netzwerk ständig aus. »Für unsere Demokratie ist diese Bedrohung genauso schlimm wie der Terrorismus, wenn nicht schlimmer«, glaubt Hermann Lutz, bis 2003 Präsident der Europäischen Polizeigewerkschaften: »Die kriminellen Unsitten breiten sich aus wie ein Bazillus, unsere Werte drohen untergraben zu werden. Politisch hat der Westen den Kalten Krieg gewonnen. Aber in Fragen von Demokratie und Mafia bin ich mir nicht sicher, welches Modell gewinnt. Ich halte es für möglich, dass wir uns in der Mitte treffen.«[111] Er habe kaum seinen Augen getraut, wenn Kollegen aus Osteuropa auf internationalen Polizistentreffen tagsüber ihre geringen Gehälter beklagten und abends an der Hotelbar Dollarbündel aus ihren Sakkos holten und Runden ausgeben wollten, berichtet Lutz. Die Aktivitäten osteuropäischer Verbrechersyndikate seien in den letzten Jahren eher gefährlicher geworden, glaubt der Kriminalitätsexperte: »Die sind heute klüger, tarnen sich besser als früher.«

Und die Gangster aus dem Osten sind offenbar auch zunehmend besser vernetzt mit deutschen Würdenträgern. So liegen etwa dem bayerischen Landesamt für Verfassungsschutz Informationen vor, wonach in Nordbayern eine Gruppe russischstämmiger Krimineller nicht nur im heimischen Russland über enge Verbindungen zu hochrangigen Vertretern aus Politik und Wirtschaft verfügt, sondern auch beste Kontakte zu Persönlichkeiten der deutschen Wirtschaft unterhält. Kriminelle Banden kaufen demnach Immobilien, Hotels und Restaurants in Deutschland auf und treiben durch die zusätzliche Nachfrage die Preise in die Höhe. Ebenso versuchen sie, deutsche Firmen zu übernehmen.[112] »Russen kaufen in ganz, ganz großem Stil Eigentum in Deutschland auf. Bei vielen besteht der Verdacht, dass es sich um kriminelle Gelder und Geldwäsche handelt, auch für enge Verbindungen bis in höchste politische Kreise gibt es Anhaltspunkte«, klagt ein ranghoher deutscher Polizeibeamter, der anonym bleiben möchte: »Wir haben kaum eine Möglichkeit, dagegen vorzugehen, und oft entsteht auch der Eindruck, dass die höherrangigen deutschen Behörden daran kein Interesse haben. Ich kann mich des Eindrucks nicht erwehren, dass da zuweilen auch aus politischen Gründen Rücksicht genommen wird. Wobei Rücksicht ein freundliches Wort ist. Wenn man böse wäre, könnte man auch vom Dunst der Strafvereitelung sprechen.«

Tatsächlich klagen Insider aus den deutschen Sicherheitsbehörden über eine Verrohung der Sitten. Gemeinsam vereinbarte Aktionen, etwa zur Bekämpfung der organisierten Kriminalität, würden von den Moskauer Diensten für illegale Einsätze genutzt, so der Vorwurf. So seien Ende 2004 mehrmals Ermittlungsteams aus Moskau nach Hamburg gekommen. Den deutschen Behörden hätten sie sich nur kurz vorgestellt und sich dann auf eigene Achse auf die Jagd gemacht – als befänden sie sich in Russland und nicht in der Bundesrepublik. Die Hamburger Sicherheitsleute verfolgten die merkwürdigen Gäste heimlich und erwischten sie in flagranti: Die russischen Ermittler versuchten offenbar, im Milieu V-Leute abzuwerben, die deutsche Ermittler mit viel Mühe aufgebaut hatten. Ein deutscher Beamter nannte das Vorgehen der Russen »eine Todsünde«. Die ertappten Moskauer jedoch zeigten wenig Schuldgefühl. »Beschwert euch doch im Kanzleramt«, kokettierten sie mit ihrem Draht auf »höchster politischer Ebene in Berlin«. Von dort kam prompt das Dementi: »Alles Quatsch, wir haben keinerlei Sondererlaubnis ausgestellt.«[113]

Kriminelle Banden in Deutschland bekommen offenbar auch Unterstützung von offizieller Seite. Nach Erkenntnissen deutscher Geheimdienste arbeiten russische Nachrichtendienste oft eng mit dem organisierten Verbrechen zusammen und versorgen deren Protagonisten mit Informationen.[114] Europol geht davon aus, dass 20 Prozent der Duma-Abgeordneten dem kriminellen Milieu zuzurechnen sind. Gleiches gilt für die Entscheider in 40 Prozent der privaten Wirtschaft, der Hälfte der Banken und 60

Prozent der Staatsbetriebe. »Kriminal = normal« als Devise sickert ins Bewusstsein der Bevölkerung, wie sich auch im russischen Fernsehen zeigt. Dort sind oft die Gangster die Guten und die Sympathieträger. Die Medien vermitteln die Botschaft, die Kriminalisierung der Gesellschaft sei eine normale Erscheinung, die es auch im Westen gebe. Unternehmertum sei kaum von Kriminalität zu trennen, Probleme müssten eben mit Gewalt gelöst werden – als handle es sich bei den Besorgnis erregenden Zuständen in Russland nicht um ein zu bekämpfendes Krebsgeschwür, sondern um ein Naturgesetz.

Die enorme Korruption sei ein Nährboden für kriminelle Machenschaften in der Wirtschaft, klagte Russlands Vizegeneralstaatsanwalt Alexander Kolesnikow in einer Rede im April 2006, die in Russlands Medien kaum beachtet wurde.[115] Die besondere Gefahr wirtschaftlicher Verbrechen liege in ihrer Organisiertheit und in ihrem Zusammenwachsen mit dem Beamtenapparat. Seit 2001, so der Strafverfolger, sei ein neuer Verteilungskampf um das Eigentum entstanden. Ein Teil der illegalen Gewinne etwa aus dem Alkoholgeschäft werde legalisiert und führe zu Fehlentwicklungen in der normalen Wirtschaft.

Generalstaatsanwalt Wladimir Ustinow hieb im Juni 2006 in die gleiche Kerbe: Das organisierte Verbrechen sei zur nationalen Bedrohung geworden, kriminelle Banden seien im ganzen Land aktiv, klagte er. Fast alle Bereiche des Staates seien durchdrungen, Politik und Wirtschaft ebenso wie das Sozialwesen. »Gekämpft wird dagegen nur auf dem Papier«, las Russlands oberster Strafverfolger monoton vom Blatt.[116] 18 Tage später wird Ustinow auf Antrag Putins entlassen. Im Förderationsrat, der noch 14 Monate zuvor seine Amtszeit ohne Gegenstimme um fünf Jahre verlängerte, stimmen die Abgeordneten der Entlassung ebenfalls ohne Gegenstimme zu – ohne dass vor der Abstimmung jemand nach den Gründen für den Antrag fragt.

»In Russland gibt es keine legale Wirtschaft mehr«, klagt Jakow Gilinski, Leiter des Zentrums für die Soziologe abweichenden Verhaltens – also Rechtsbruchs – an der Akademie der Wissenschaften in Sankt Petersburg: »Wenn wir alle Verbrecher einsperren, bricht die Wirtschaft zusammen.«[117] Nach einer Untersuchung des Zentrums für strategische und internationale Studien in Washington sind weltweit 200 russische kriminelle Gruppen tätig, in 58 Ländern. Der Studie zufolge hat die organisierte Kriminalität sich nach der Wirtschaftskrise 1998 »neue lukrative Märkte« außerhalb Russlands erschlossen. In Berlin hätten Russen einheimische Banden entweder entmachtet oder kooperierten mit ihnen. Mit der sizilianischen Mafia, der Ndrangheta und der Camorra bestünden »symbiotische Beziehungen«.[118]

Für eine wirksame Bekämpfung der russischen organisierten Kriminalität in Deutschland wäre eine ernsthafte, ehrliche Zusammenarbeit mit den russischen Behörden in Moskau notwendig. Glasnost, also Pressefreiheit, ist eines der wirksamsten Mittel gegen mafiöse Strukturen, gegen dunkle Machenschaften in der Grauzone zwischen Politik und Verbrechen. Nichts fürchten die Täter so sehr wie Öffentlichkeit, Journalisten und unabhängige Organisationen, Gerichte und Strafverfolger, die ihnen unabhängig auf die Finger sehen. Selbst kleine Veränderungen hin zur Rechtsstaatlichkeit in Russland sind aber nur denkbar, wenn mehr Transparenz herrscht, wenn es eine öffentliche Kontrolle etwa durch die Medien gibt.

Arme Armee Der Feind lauert überall, auch in den eigenen Reihen. Man muss auf der Hut sein. Patrioten wie Wadim Retschkalow lassen sich nichts ins Bockshorn jagen. Der Journalist bei der Boulevard-Zeitung *Moskowski Komsomolez* hat einen besonderen Fall von Feigheit vor dem Feind aufgedeckt. Um dem Dienst am Vaterland zu entgehen, hat ein junger Wehrpflichtiger Hand an sich selbst angelegt, schreibt Retschkalow. Der Übeltäter war schon als Kind ein schwacher Junge. Kein Wunder, wuchs er doch – das Igitt ist zwischen den Zeilen herauszulesen – unter Mädchen auf. Mitten in der Nacht, so vermutet der Journalist und teilt diese Vermutung mit hunderttausenden Lesern, habe sich der Wehrpflichtige Andrej Sytschow mit einer Spritze Dieseltreibstoff in die eigenen Beine gespritzt. Liest man den Artikel mit der Überschrift »Wenn du Glück hast, kommst du ohne Beine zurück nach

Hause«, bekommt man Mitleid mit den armen Militärs, die nun für den Selbstverstümmler leiden müssen, weil ihnen die Schuld an seinen Verletzungen angehängt wird.[119] Der Militärstaatsanwalt in der Garnison in Tscheljabinsk im Ural sah die Sache ähnlich: Der 19-Jährige habe sich die Füße abgebunden, um sich um den Dienst zu drücken, erzählte ein Ermittler der entsetzten Mutter am 8. Januar 2006, als sie ihren nun fußamputierten Sohn im Krankenhaus besuchte.

Doch der Fall Sytschow nimmt einen ungewöhnlichen Verlauf. Eine Medizinerin aus dem Krankenhaus, in dem der junge Mann behandelt wird, ist so entsetzt über das, was sie sieht, dass sie sich über die Anweisung des Militärs, zu schweigen und sogar die Krankengeschichte geheim zu halten, hinwegsetzt. Sie ruft anonym die »Soldatenmütter« an – ein Verein, der als Reaktion auf den Tschetschenien-Krieg gegründet wurde und sich heute mit Unrecht in der Armee auseinandersetzt. »Bei uns liegt ein junger Soldat ohne Füße, alle im Krankenhaus weinen, wenn sie ihn sehen, wir können nicht zulassen, dass der Fall vertuscht wird.« Nun kommt eine ganz andere Version an den Tag: Dass besoffene Kameraden den attraktiven jungen Mann mit dem breiten Lächeln gemeinsam mit anderen »Frischlingen« in der Neujahrsnacht und danach tagelang verprügelt hätten. Dass sie Sytschow gezwungen hätten, drei Stunden lang in der Hocke zu sitzen, während sie mit den Füßen auf ihn eintraten. Sytschows Schwester sagt aus, seine Kameraden hätten ihn vier Stunden an einen Stuhl gefesselt und geprügelt. Eine Prozedur, die nach Ansicht der »Soldatenmütter« in der Armee durchaus üblich ist im Umgang mit Wehrpflichtigen, die erst vor kurzem eingezogen wurden. Nur waren im Falle Sytschow seine Peiniger offenbar so betrunken, dass sie die Fesseln derart festzurrten, dass die Blutzirkulation unterbrochen wurde.

Die Nachrichtenagentur Regnum berichtet unter Berufung auf Militärquellen, der 19-Jährige sei obendrein noch stundenlang an ein Bett gefesselt und vergewaltigt worden.[120] Die Militärstaatsanwaltschaft müsse das aber auf Druck aus Moskau verschweigen, weil man um das Ansehen der Armee fürchte. Nach den Gewaltattacken hatte Sytschow riesige Schmerzen in den Beinen und im

Unterleib. Tagelang verweigerten ihm die Vorgesetzten eine medizinische Behandlung. Erst als er am vierten Tag nicht mehr aufstehen konnte, kam er ins Lazarett. Es vergingen noch einmal zwei Tage, bis er auf die Intensivstation eines Krankenhauses verlegt wurde. Doch zu spät: Die Ärzte mussten dem angeblichen »Selbstverstümmler« beide Beine, eine Hand und die Genitalien amputieren. Eine schwere Blutvergiftung setzte Sytschow zu; wochenlang kämpften die Ärzte um sein Leben. Der Oberkommandierende der Landstreitkräfte, General Alexej Maslow, erklärt derweil im Fernsehsender RTR, die Eltern des Soldaten seien schuld an dessen Zustand: Sytschow sei nicht das Opfer von Gewalt, sondern einer Erbkrankheit.

Kaum ist der Fall Sytschow in den Schlagzeilen, da dringen fast täglich Nachrichten von weiteren Grausamkeiten in der Armee in die Öffentlichkeit. Ende Januar etwa quälten drei Soldaten einen jungen Kameraden in Ufa zu Tode. In dem Moskauer Krankenhaus, in dem Sytschow behandelt wird, liegt ein Soldat, den dienstältere Kameraden aus dem vierten Stock warfen, als er sich weigerte, ihnen Wodka zu besorgen. Ein anderer Patient stürzte beim Bau einer Datscha für seinen Vorgesetzten aus sieben Meter Höhe in die Tiefe. Im Fernen Osten mussten einem Soldaten nach Misshandlungen durch Kameraden beide Beine amputiert werden. Er hatte sich aus Angst vor weiteren Prügeln in Sommeruniform in einen kalten, feuchten Keller geflüchtet; dort fanden ihn nach 23 Tagen Handwerker, halb bewusstlos. Der Vorfall war sieben Monate geheim gehalten worden.[121] Es wird bekannt, dass allein im Januar 2006 in der russischen Armee 53 Soldaten starben: Unter anderem 19 davon durch Unglücksfälle, 14 brachten sich selbst um, elf starben bei Verkehrsunfällen, sieben kamen durch »Verbrechen von Zivilisten« ums Leben und zwei wurden »Opfer von Unvorsichtigkeit«, wie das Verteidigungsministerium kryptisch mitteilt.[122]

Unbedarfte Beobachter könnten zu dem Schluss kommen, in einer bislang friedlichen und zivilisierten Armee sei urplötzlich eine Welle der Gewalt ausgebrochen. Die Opposition glaubt an andere Gründe: Nachdem Verteidigungsminister Sergej Iwanow im November 2005 zum Vizepremier ernannt wurde und damit zum möglichen Putin-Nachfolger, war Iwanows Rivalen daran gelegen, am Ansehen ihres Gegners zu kratzen. Tatsächlich ist angesichts der gesteuerten Medienlandschaft andernfalls schwer zu erklären, warum plötzlich ein Fall von Misshandlung in der Armee für großes Aufsehen sorgt, statt als winzige Randnotiz aufzutauchen. Die ermittelnde Militärstaatsanwaltschaft untersteht Generalstaatsanwalt Ustinow, der mit Putins Vizepräsidialamtschef Setschin verschwägert ist – einem erbitterten Rivalen des Verteidigungsministers. Bemerkenswert ist in diesem Zusammenhang, dass die Berichte über die Missstände in der Armee nach kurzer Zeit ebenso schnell und überraschend wieder von den Bildschirmen verschwinden, wie sie dort aufgetaucht sind: Vieles spricht dafür, dass man im Kreml erschrocken war angesichts der Fülle neuer Skandale in der Armee, die plötzlich an die Öffentlichkeit kamen, und dass man Angst vor einer offenen Diskussion über die Zustände beim Militär bekam.

Im Juni 2006 berichtet Sytschows Schwester, ein Unbekannter habe ihm am Krankenbett einen Deal angeboten: Gegen Zahlung von 100 000 Dollar sollte der junge Mann seine Anzeige zurückziehen und eine fertige Erklärung unterschreiben, wonach er bei seinen Aussagen unzurechnungsfähig war; in Wirklichkeit sei ihm nichts Böses widerfahren, und seine Leiden Folgen einer Krankheit. Sytschow lehnte den Deal empört ab.[123]

Zur gleichen Zeit fordert Präsident Putin im Fernsehen alle jungen Männer auf, zur Armee zu gehen: »Jeder Bürger des Landes muss verstehen, dass es eine Ehrenpflicht ist, in der Armee zu dienen. Wir alle müssen begreifen, dass es ohne Armee kein Land gibt, dass niemand daran Zweifel hat. Wenn es keine Armee gibt, gibt es kein Russland!«[124] Zeitungen berichten, dass Russlands neue Machtelite es trotz solcher Appelle vorzieht, ihre eigenen Kinder nicht zur Armee zu schicken: Die beiden Söhne von Verteidigungsminister Iwanow haben ebenso wenig gedient wie der Filius des Generalstabschefs.[125]

In der Realität geht es in der Armee nicht immer so ehrenhaft zu wie in den Politikerreden, wie Oberstleutnant Oleg von seiner Spezialeinheit der Miliz aus Togliatti in der *Zeit* berichtet: »Wir sind auf der Hauptstraße nach Grosnyj beschossen worden. Als wir uns zurückziehen wollten, bekamen wir per Funk den Befehl, weiterzukämpfen, weil vorne noch ein hoher Offizier sei. Wir stoßen vor. Dabei war der Offizier weggelaufen und längst hinter uns. Als ich das höre, schicke ich einen Schützenpanzer nach vorne, um unsere Leute rauszuholen. Da schreit dieser Offizier mich an: ›Wir hauen jetzt mit Minen rein!‹ Ich rufe ihm zu. ›Da sind noch unsere Leute!‹ Und er antwortet: ›Ich pfeife drauf!‹«[126]

In den Medien wird die Armee wieder glorifiziert. Das Verteidigungsministerium hat gar einen eigenen Fernsehsender gegründet. Die Hälfte der Russen hält die Armee für wichtiger als persönliche Rechte oder den Wohlstand im Land. Jeder Fünfte sieht die »Stärkung des kriegerischen Geistes« als ihre Aufgabe an; viele sehen in der Armee den Kern des Staates und eine unabdingbare »Schule fürs Leben«, die aus Jungen Männer mache.[127] Gleichzeitig fürchten Mutter und Söhne im Land den Militärdienst mehr als alles andere. Aus Angst vor einer Einberufung ihrer Söhne beginnen viele russische Mütter bereits Atteste zu sammeln, wenn die Jungen noch im Kindergarten sind. Wer es sich irgendwie leisten kann, kauft sich mit Bestechungsgeldern vom Wehrdienst frei. Folglich sind es vor allem Kinder aus sozial schwachen Familien und der Provinz, die dienen; ein Fünftel hat nicht einmal die Schule abgeschlossen. Nach Zählungen der »Soldatenmütter« werden jährlich 3000 der mehr als eine Million Soldaten gefoltert und in den Tod getrieben. Diese Zahlen sind nicht zu belegen, doch auf der Website des Verteidigungsministeriums ist ebenso offiziell wie kommentarlos zu lesen, dass die russische Armee in den ersten acht Monaten des Jahres 2005 ohne Kämpfe 660 Soldaten verlor – mehr als die USA während der aktiven Kampfhandlungen im Irak.[128] Die »Dedowschtschina« – wörtlich übersetzt die »Herrschaft der Opas«, also der länger Gedienten – terrorisiert die neu einberufenen Soldaten, missbraucht und demütigt sie systematisch. »Dahinter steckt ein System von Folterung, von Gewaltverbrechen, oft mit dem Ziel, Geld zu erpressen, und das machen nicht nur Wehrpflichtige, sondern auch Offiziere«, klagt Valentina Melnikowa, Vorsitzende der »Soldatenmütter« und eine Frau mit der Durchsetzungskraft eines Generals.

Verteidigungsminister Sergej Iwanow sieht das anders. Es gebe keine Krise beim Militär, sagt er nach dem Fall Sytschow vor der Duma, vor der er freiwillig erscheint, nachdem die Abgeordneten es abgelehnt haben, ihn vorzuladen. Schuld sei nicht die Armee, sondern die russische Gesellschaft mit ihrer »moralischen Pathologie«. Im Zivilleben seien junge Männer öfter in Unfälle verwickelt als beim Militär. Dass der Fall Sytschow aufgeblasen wurde, sei Schuld der Journalisten. Nach dieser Bemerkung trauen viele russische Medien sich tags darauf nicht einmal mehr, diesen Vorwurf zu zitieren. Wenn in den russischen Medien dazu aufgerufen werde, den Militärdienst zu umgehen, sei das Landesverrat, beklagt Iwanow: »Wir haben Tausende Briefe von Müttern erhalten, voll mit Worten des Dankes, dass wir ihre Söhne eingezogen haben, dass wir sie gefüttert und zu echten Männern gemacht haben.« Soldat Sytschow darf den Auftritt des Ministers im Fernsehen nicht mitverfolgen: Die Ärzte verbieten ihm alles, was ihn aufregen könnte.

Die Behörden werfen den »Soldatenmüttern« Wehrkraftzersetzung vor. Am 19. April 2006 bekommen sie einen Brief des Gerichts im Moskauer Basman-Bezirk, das so berüchtigt ist für seine willkürlichen und oft hanebüchenen Entscheidungen, dass Moskauer Oppositionelle bereits bitter von einer »Basman-Gerichtsbarkeit« sprechen und damit die Willkür der Justiz meinen. Dieses Basman-Gericht kündigt an, es werde auf Antrag des Bundesregisteramtes über eine Auflösung der »Soldatenmütter« verhandeln. Den Klageantrag legt das Gericht nicht bei, sodass Melnikowa nicht weiß, wogegen sie sich wehren soll. Wenig später zieht das Amt seine Klage zwar zurück, doch den Soldatenmüttern droht weiterhin ein Verbot: Ein neues, restriktives Gesetz schränkt seit dem 18. April 2006 die Arbeit humanitärer Organisationen stark ein; es ermöglicht den Behörden, sie strenger zu kontrollieren und zu schließen.

Dabei ist selbst ein restriktiver Staat auf kritische Organisationen angewiesen. So sind es ausgerechnet die »Soldatenmütter«, die einen wesentlichen Beitrag zu Wladimir Putins Prachtentfaltung und Sicherheit leisten. Die Offiziere der Kremlgarde fahren regelmäßig in die Provinz und wählen sich dort »gebildete, un-

171

tadelige, groß gewachsene und slawisch aussehende Wehrpflichtige« aus und verpflichten die örtlichen Wehrersatzämter, diese nach Moskau zu schicken. Doch die Beamten spielen der Garde häufig einen bösen Streich und senden unter fadenscheinigen Vorwänden statt der Auserwählten einen wild zusammengewürfelten Haufen in den Kreml: Diejenigen, die am meisten Bakschisch für die begehrten Plätze zahlen – und bei »Tarifen« bis zu 1000 Dollar sind das oft gerade nicht die »Gebildeten und Untadeligen«. Auf Bitten der Gardeoffiziere kontrollieren jetzt die »Soldatenmütter« die Wehrbeamten in der Provinz und melden Verstöße.

Wenige Wochen nach der Sytschow-Affäre verkürzt das russische Parlament die Dauer des Wehrdienstes von zwei Jahren auf ein Jahr. Gleichzeitig schafft es aber auch eine Reihe Ausnahmen von der Wehrpflicht ab: Künftig müssen junge Männer auch dann zum Militär, wenn ihre Ehefrau im 7. Monat schwanger ist oder sie Kinder unter drei Jahren haben. Konnten Studenten bisher den Wehrdienst oft durch den Besuch von Militärstunden an der Uni umgehen, so soll diese Möglichkeit künftig eingeschränkt werden. Angesichts der enormen Korruption in der Wehrverwaltung besteht die Gefahr, dass die Neuregelung nicht zu mehr Wehrgerechtigkeit führt, sondern zu mehr Bestechungsfällen, weil mehr Wehrpflichtige versuchen werden, sich mit Bakschisch vom Wehrdienst freizukaufen. Gerade Studenten, die bisher vom Wehrdienst befreit waren, dürften für die Wehrbeamten eine zahlungskräftige neue »Kundschaft« sein.

Die soziale Lage der Armee ist kritisch. Die Hälfte der russischen Offiziere lebt unter der Armutsgrenze, 170 000 in schlechten Wohnverhältnissen. Der Ausrüstungsbestand ist 13-mal niedriger als in den USA und dreimal niedriger als in China.[129] Nach wie vor ist die Kriminalitätsrate in den Streitkräften hoch. In Tschetschenien verkaufen russische Militärs, die oft monatelang ihre Frontzulagen nicht erhalten, Waffen an den Feind, mit denen dann russische Soldaten getötet werden. Der Diebstahl von Benzin und Diesel ist weit verbreitet. Junge, fähige Offiziere sind ebenso wie Wehrpflichtige ständigen Erniedrigungen ausgesetzt. Allein im Jahr 2005 verließen 12 000 junge Offiziere die Armee.

Oft gehen die fähigsten Köpfe. Zurück bleibt, wer keine andere Arbeit findet. Generalstaatsanwalt Ustinow spottet, man könne aus den Offizieren, die im vergangenen Jahr ein Verbrechen begangen hätten, zwei Regimenter bilden. Gegen 16 000 Militärs kam es zu einer Anklage.[130]

An der Technik nagt der Rost. Das Gefahrenpotential der Flotte liegt vor allem in sinkenden U-Booten. Von den 22 000 Panzern müssten 9000 generalüberholt werden. Die Modernisierung der SU-27-Jagdflieger wird bei dem derzeitigen Tempo vierzig Jahre dauern. Die Rüstungsbetriebe produzieren vor allem fürs Ausland, etwa China. Bis auf wenige High-Tech-Produkte läuft allerdings hauptsächlich alte Sowjetware mit leichter Fassadenkosmetik vom Band.[131] Die Piloten kommen seit Jahren nicht mehr auf die vorgeschriebenen Flugstunden, die Matrosen nicht auf die nötigen Seefahrten, weshalb sie weder auf den Ernstfall noch auf ernste Manöver ausreichend vorbereitet sind.

Bei den Hütern von Russlands atomarem Potential kommt es schon mal zu Schlägereien im Suff. Dennoch dienen bei den Atomstreitkräften die am besten ausgebildeten Offiziere der Armee. Auch die automatischen Sicherheitssysteme sind zuverlässig, wie selbst amerikanische Analysen bescheinigen.[132]

Schlendrian gibt es jedoch zumindest in der Buchführung. Als der ukrainische Parlamentsabgeordnete Serhij Sintschenko die Leitung in einem Untersuchungsausschuss übernimmt, der die Übergabe ukrainischer Atomwaffen an Russland Anfang der neunziger Jahre kontrollieren soll, glaubt er seinen Augen nicht zu trauen, als er sich in die Unterlagen einarbeitet. Danach waren 250 Atomsprengköpfe einfach verschwunden, wie er im April 2006 berichtet: »Nach unseren Untersuchungen kamen 250 Einheiten weniger in Russland an, als wir dorthin geliefert hatten.« Es gebe allerdings keine Anhaltspunkte dafür, dass die Waffen in die Hände Dritter gelangt sein könnten, etwa in den Iran, betont Sintschenko. »Ich bin überzeugt, dass die Sprengköpfe nur auf dem Papier fehlen, dass es sich lediglich um Schlamperei bei der Buchführung handelt, und dass die Sprengköpfe nicht wirklich verlorengegangen sind.«[133] Die Entdeckung des Abgeordneten spricht nicht für einen verantwortungsbewussten Umgang mit

Kernwaffen. »Die Buchführung war unprofessionell. Offenbar hielt es niemand für nötig nachzuzählen. Als ich das erfuhr, war ich bestürzt. Jede Geflügelfarm zählt ihre Hühner genauer ab, obwohl das schwieriger ist, aber hier handelte es sich um Atomwaffen«, klagt der Abgeordnete. Die Unterlagen sollen nun an die Staatsanwaltschaft gehen. Russische Militärs weisen die Aussagen des Ukrainers als »Unsinn« zurück.

Vor Reformen schreckt die sowjetisch geprägte Armeeführung indes zurück. Der Aufbau einer modernen, gegen Terrorgefahren gerichteten Armee würde den bürokratischen Wasserkopf eliminieren und damit vielen Generälen die Schulterklappen kosten. Wenn sich Wladimir Putin mit der Generalität trifft, gibt es meist mehr Orden als kritische Worte.

Seit Jahren verspricht Putin eine Rückkehr Russlands zu militärischer Macht. »Es ist zu früh, von einem Ende des Wettrüstens zu reden. Vielmehr dreht sich das Schwungrad immer schneller«, warnte der Präsident und kündigte Investitionen in neue Waffensysteme an: »Je stärker unser Militär ist, umso geringer wird die Versuchung sein, Druck auf uns auszuüben.«[134] Tatsächlich hat Putin die Ausgaben für Verteidigung innerhalb von fünf Jahren auf 25 Milliarden Dollar verfünffacht.[135] Allein 2006 will Russland die Rüstungsausgaben um 21,6 Prozent gegenüber dem Vorjahr steigern. Im Jahr 2005 erhielten Heer und Luftwaffe erstmals im größeren Umfang modernen Ersatz für veraltete sowjetische Ausrüstung. Die Modernisierung der Atomstreitkräfte indes stockt, weil die Preise für neue Raketen fast genauso schnell steigen wie der Verteidigungsetat.[136] Dabei haben viele der alten SS-20-Raketen schon das zweifache ihrer vorgesehenen Einsatzzeit hinter sich und sind laut Experten für die eigene Truppe ein Sicherheitsrisiko. Eingemottet werden dürfen diese Zeitbomben dennoch nicht, weil der Kreml zumindest auf dem Papier nicht schwächer dastehen will als die USA und ihm die Atomraketen als Beweis seines Großmachtstatus gelten.[137]

Geteilter Ansicht sind die Experten über die Ankündigungen des Verteidigungsministers, neue Super-Atomwaffen zu entwickeln. Die einen sehen darin ein neues Bedrohungspotential, andere hingegen eher einen Etikettenschwindel, wie der Militärexperte Alexander Golz: »Man sagt, man habe Raketen, die den US-Raketenschirm durchschlagen könnten. Das stimmt. Aber nur den Schutzschirm, den einst Ronald Reagan bauen wollte, und nicht den neuen, den George W. Bush plant.«

Gefährlich für den Westen ist Russlands Armee heute weniger deshalb, weil sie eine direkte Bedrohung darstellte, als vielmehr, weil die Streitkräfte im eigenen Land ein Unsicherheitsfaktor sind. Politisch ist das russische Militär derzeit noch kein Faktor: Die Schlüsselpositionen sind mit Offizieren und Generälen besetzt, die zu Sowjetzeiten ausgebildet wurden und für die eine aktive Einmischung in die Politik oder gar ein Putsch außerhalb ihrer Gedankenwelt liegt. In sieben bis zehn Jahren beginnt jedoch eine neue Generation von Führungskräften nachzurücken, die ihre wesentliche Prägung nach dem Zerfall der Sowjetunion erhielt. Viele Vertreter dieser jungen Offiziersgeneration fühlen sich von den Politikern verraten und missbraucht. Nationalistisches Gedankengut ist unter ihnen weit verbreitet. Auf der Kommandoebene angelangt, könnten sie versucht sein, Einfluss auf die Politik zu nehmen, sollten sie von der herrschenden Elite weiter enttäuscht sein.

Stalins Zeitbomben Das Feindesland beginnt gleich hinter dem Gemüsegarten. Die Frontlinie ist drei Meter hoch, etwas rostig und aus Metall: eine Mauer, die das Grundstück von Walentina Konduchowa durchschneidet wie einst die Zonengrenze Berlin. Falten zerklüften das Gesicht der Rentnerin zu einer Landschaft, so markant wie der nahe Kaukasus. Wenn sie hinüberblickt zu der Mauer, flackern ihre müden hellblauen Augen auf. »Sie haben gewütet wie Tiere«, flüstert die Greisin, die ihr Alter nicht kennt, und ihre schwache Stimme droht sich zu überschlagen: »Alles haben sie mir genommen. Sie verhöhnen unsere Kinder und verprügeln sie.«

Walentina Konduchowa und ihre Familie bilden die Vorhut in einem Krieg, in dem seit 13 Jahren die Waffen schweigen. Meist zumindest. »Grenzposten« nennt die Ossetin ihr Haus. Hinter der Mauer, gleich nach dem Kartoffelfeld hat sich der Feind festgesetzt: Dort beginnen die Gemüsegärten der inguschetischen Nachbarn. Konduchowa kann nicht sagen, wann dieser Krieg begonnen hat. Es ist, als habe es nie Frieden gegeben.

Konduchowa lebt in Tschermen, einem geteilten Dorf in Nordossetien, zehn Autominuten von Beslan entfernt und drei Flugstunden von Moskau. Es ist, als ob eine unsichtbare Mauer die ganze 6000-Einwohner-Gemeinde durchzieht. Der Flecken ist getrennt in inoffizielle Sektoren. Militärbollwerke aus Beton mit Schießscharten halten beide Seiten in Schach. In das Bellen der Hunde mischen sich stramme Kommandos: Soldaten in grünbraunen Kampfuniformen mit Kalaschnikows und schusssicheren Westen stapfen in einem fort über die Lehmstraßen. Marschieren gegen den Hass.

In Tschermen leben auf engstem Raum zwei Kaukasus-Völker, die für Ausländer kaum voneinander zu unterscheiden sind: Osseten und Inguschen. Außer Hass verbindet sie nichts. Moskau teilt und herrscht. »Ohne uns würden sie sich die Köpfe einschlagen«, heißt es im Kreml. »Moskau hetzt uns seit Generationen gegeneinander auf«, heißt es im Kaukasus. Tschermen liegt im Prigorodnij-Bezirk. Der war einst Teil Inguschetiens. Dann setzte Stalin in Moskau den Stift auf der Landkarte an und sprach den Landfetzen Ossetien zu. Die so gesäte Zwietracht blüht bis heute: Inguschen und Osseten gehen in Tschermen in getrennte Schulen, kaufen in getrennten Geschäften ein, und sogar die Post wird von unterschiedlichen Boten gebracht. Gemeinsam haben sie nur die Probleme: Armut, Arbeitslosigkeit, eine unsichere Zukunft.

Nach dem Kindermassaker in Beslan im September 2004 stellte Moskau in dem umstrittenen Gebiet an jeder Straßenecke Panzerwagen auf. Unter den Beslan-Tätern waren viele Inguschen, die 331 Opfer waren Osseten. Das verhieß nichts Gutes in einem Landstrich, in dem die Blutrache zur Tradition gehört wie in Bayern der Kirchgang. »Es ist nur eine Frage der Zeit, bis es kracht«, mahnte ein Polizei-Offizier in Tschermen.

Einen Steinwurf vom Dorfrand entfernt beginnt Inguschetien. Eigentlich ist es eine Grenze wie zwischen zwei Bundesländern, zwischen Hessen und Niedersachsen zum Beispiel. Doch was da in der Landschaft steht, erinnert an die Zonengrenze aus DDR-

Zeiten: Betonmauern mit Stacheldraht-Spitzen, Schlagbäume, Schießscharten, Kalaschnikows überall. Kaum ein Ingusche traut sich nach Ossetien, kaum ein Ossete nach Inguschetien; selbst Taxifahrer weigern sich, über die Grenze zu fahren. Wer hinüber will, muss zu Fuß durch das Niemandsland.

1992 überquerten hier inguschetische Freischärler die Grenze. »Meinen ältesten Sohn haben sie gefangen genommen, sein Haus verwüstet«, erinnert sich die Greisin Konduchowa »Als er zurückkam, war er ein gebrochener Mann.«

Maka Misijewa sieht die Sache ähnlich. Ein Grundstück von den Konduchows entfernt sitzt die alte, fast blinde Frau auf einem Schemel im Freien und säubert Bohnenstauden. Maka ist etwa so alt wie ihre Nachbarin Walentina – so genau weiß das hier im Kaukasus keiner. Beide haben tiefe Furchen im Gesicht, beide erzählen fast das gleiche, beide machen sich die gleichen Sorgen. Beide leben von ihren Gärten, weil ihre Kinder keine Arbeit haben. Beide fühlen sich einsam. Eigentlich hätte aus der Nachbarschaft längst Freundschaft werden müssen. Doch die beiden leben in unterschiedlichen Welten, mit unterschiedlichen Wahrheiten: Walentina ist Ossetin, Maka ist Inguschin.

»Ich habe nichts gegen die Osseten«, sagt Maka: »Aber Tschermen war immer inguschetisch, ich bin hier geboren!« Zweimal ist die Kolchose-Arbeiterin aus ihrem Zuhause vertrieben worden: Von den Russen nach Kasachstan und von den Osseten nach Inguschetien. Zwar spielte die Religion im Kaukasus nie eine allzu große Rolle, und bis heute geben alte Traditionen und heidnische Bräuche den Ton an. Dennoch war das christliche Ossetien Moskau stets ein Vorposten zum islamischen Nordkaukasus und seinen Nachbarn deshalb suspekt. Die Inguschen wiederum, Brudervolk der abtrünnigen Tschetschenen, gelten Moskau als unsichere Kantonisten. Stalin ließ sie in Viehwaggons nach Mittelasien umsiedeln. »An jedem Bahnhof schmissen sie Leichen aus dem Waggon«, erinnert sich Maka. Ihre wässrigen Augen blicken ins Leere. Tausende Osseten erhielten 1944 den Umsiedlungsbefehl in den Prigorodni-Bezirk. Sie mussten die leer stehenden Häuser der deportierten Inguschen beziehen. So auch die Konduchows.

Ende der fünfziger Jahre rehabilitierte Chruschtschow die Inguschen. Sie durften in ihre Dörfer zurückkehren. Doch nicht in ihre Häuser: »In meinem Geburtshaus lebten Osseten, wir durften nicht rein, wir mussten ganz von vorne anfangen«, erinnert sich Maka. Sechs ihrer zehn Kinder hatte die Kolchose-Arbeiterin zuvor im rauen Klima Kasachstans verloren. Ihr Mann starb kurz nach der Rückkehr. Vier Kinder zog sie alleine groß, schuftete von früh bis spät. Bis sie 1992 wieder alles verlor: »Ossetische Freischärler griffen uns an. Sie haben unsere Babys den Schweinen zum Fraß vorgeworfen, unsere Häuser angezündet.«

Es sind fast die gleichen Worte, die gleichen Tränen, mit denen die beiden alten Frauen vom Fünf-Tage-Krieg im Prigorodni-Bezirk von 1992 erzählen. Jede von den Untaten der anderen Seite. Nur auf die Frage, wer den ersten Schuss abgab, hört man unterschiedliche Antworten. Belegt ist, dass Tausende Häuser zerstört wurden, dass am fünften Tag die Osseten siegten und rund 60 000 Inguschen fliehen mussten. Eine davon war Maka. Drei Jahre lang hauste sie mit ihren vier Kindern und den Enkeln, die sie schon lange nicht mehr zählt, in Inguschetien. In Zelten und Waggons. 1995 kam sie zurück. Seit neun Jahren leben die Misijews nun in ihrem Heimatdorf wie Flüchtlinge. Keiner hat Arbeit. Mit Bekannten teilen sie sich auf der Kalininstraße neun rostige Waggons und ein heruntergekommenes Gebäude, das einmal ein Kindergarten war. 100 Menschen auf engstem Raum. Im Winter ist es zu kalt, im Sommer zu warm. Als Toilette dienen ein paar windschiefe Holzverschläge im Freien. Sie sind meterweit gegen den Wind zu riechen. Jenseits der Grenze, in Inguschetien, leben bis heute 18 834 Flüchtlinge aus dem Prigorodni-Bezirk. Seit zwölf Jahren warten sie darauf, zurückzukehren. Der Sprengstoff, den Stalin im ganzen Kaukasus gelegt hat, zündelt vor sich hin. Doch auch seit dem Zerfall der Sowjetunion treibt Moskau mit der Region weiter machtpolitische Spiele. Es sind Spiele mit dem Feuer. Kremlkritiker glauben, Moskau halte die Krisenregion absichtlich in einem instabilen Zustand und nutze die Konflikte dort, um von eigenen Problemen abzulenken. Boris Jelzin ließ 1994 Truppen in Tschetschenien – eine Stunde Autofahrt von Nordossetien und Inguschetien entfernt – einmarschieren, nachdem sich die Republik für unabhängig erklärt hatte.

Ein kleiner, siegreicher Krieg, so die Hoffnung seiner Berater, werde von sozialen Problemen, Korruption und Raubprivatisierung ablenken. Später nannte Jelzin den Einmarschbefehl nach Tschetschenien den größten Fehler seiner Amtszeit. Wladimir Putin ließ im Herbst 1999 nach dem Bombenterror gegen Wohnhäuser erneut Truppen in die Republik einrücken. Der zweite Tschetschenien-Krieg machte aus dem unbekannten Geheimdienstler einen Kriegshelden und ebnete ihm den Einzug in den Kreml. Die Terrorangst löst starke nationalistische Stimmungen aus: Zeigte die russische Gesellschaft im ersten Tschetschenien-Krieg noch Mitgefühl mit zivilen Opfern, so stellten nun Fernsehmoderatoren die Frage, ob es in Tschetschenien überhaupt eine Zivilbevölkerung gebe, die vom russischen Militär geschont werden sollte.

Der tschetschenische Präsident Aslan Maschadow, dessen Wahl 1996 von der OSZE anerkannt wurde, flüchtete in den Untergrund. Der frühere Oberst der Sowjetunion hatte nie für Ordnung sorgen können; verbrecherische Banden beherrschten das Land. Tschetschenien wurde zum rechtsfreien Raum, dem idealen Ort für dunkle Geschäfte. Entführungen waren an der Tagesordnung. Maschadow klagte, seine Hilferufe nach Moskau seien unerhört geblieben; Moskau sagt, es habe nie Hilferufe gegeben.

Moskaus Truppen verwandelten die tschetschenische Hauptstadt Grosny in eine Trümmerlandschaft. Es gibt kaum ein Gebäude, an dem die Kämpfe keine Spuren hinterlassen haben. Ganze Straßenzüge und Plätze wurden in Schutt und Asche gelegt. Tausende Menschen leben in halb zerstörten Wohnungen oder gemeinsam mit den Ratten in Kellern ohne Strom, Heizung und Wasser. »Die wahren Terroristen sind nicht die Tschetschenen, sondern die russischen Militärs. Sie machen uns das Leben zur Hölle«, klagt eine Markthändlerin. Die russischen Soldaten berichten das Gegenteil: »Das sind keine Menschen! Für die ist nur ein toter Russe ein guter Russe.«

Im Juni 2000 erklärt Moskau die Kampfhandlungen in Tschetschenien für beendet. De facto dauert der Partisanenkrieg aber bis heute an. Im Jahr 2001 knüpft Moskau offenbar auch auf Druck des Westens dezente Bande mit Vertretern der Separatisten; Friedensverhandlungen scheinen nicht mehr ausgeschlossen. Nach dem Anschlag auf das World-Trade-Center in den USA am 11. September 2001 dreht sich der Wind. Moskau unterbricht die Verhandlungskontakte. Der Westen schwenkt auf die russische Linie ein, wonach der Krieg in Tschetschenien eine Anti-Terror-Aktion ist. Im März 2003 lässt Moskau die Tschetschenen über eine neue Verfassung abstimmen, die sie an Russland binden soll. Kritiker bemängeln, wegen der Sicherheitslage sei eine demokratische Abstimmung nicht möglich. Jeder, der sich offen gegen das Verfassungsprojekt ausspricht, riskiert, wie Tausende zuvor spurlos vom Erdboden zu verschwinden. Wer für Ja-Stimmen wirbt, muss Angst haben, ins Visier der separatistischen Heckenschützen zu geraten. Menschenrechtler äußern den Verdacht, das Referendum könne ein Fälschungsmanöver sein und in den Wahlverzeichnissen ständen »tote Seelen«. Bei der Volkszählung im Herbst 2002 wurden mehr als eine Million Bewohner gezählt, 300 000 mehr als vor dem Beginn des Krieges 1999.[138]

Am Tag der Abstimmung sind in den Wahllokalen mehr Soldaten als Wähler. Im Stimmlokal 377 in Grosny verkündet der Wahlleiter schon kurz nach Mittag: »Die Beteiligung liegt bei 75 Prozent. 900 von 1205 Berechtigten haben abgestimmt.« In den Wählerverzeichnissen sind neben den meisten Einträgen nur leere Felder, aber keine Unterschriften. Der Aufforderung nachzuzählen, kommt der Wahlleiter nur widerwillig nach. Kleinlaut verkündet er kurz darauf das Ergebnis: Nur noch 420 statt 900 Wähler. Die restlichen 480 Stimmzettel in der Urne stammten von Wählern, die »nicht im Wählerverzeichnis stehen«, erklärt der Beamte. »Das sind Leute, die einfach so vorbeigekommen sind.« Also möglicherweise »tote Seelen«? Auf den Hinweis, dass dann aber in jedem Fall die Prozentzahlen nicht mehr stimmten, meint ein Wahlhelfer: »Machen Sie sich keine Sorgen, bis zum Abend kriegen wir die 80 Prozent hin.« Der Mann hält sein Versprechen. Die Wahlkommission meldet am nächsten Tag rund 80 Prozent Wahlbeteiligung für das Wahllokal: rund 900 der 1200 Wahlberechtigten hätten abgestimmt, sagt ein Sprecher. »Nein, Wähler, die nicht im Wahlverzeichnis standen, hat es nicht gegeben«, sagt der Mann.

Draußen vor dem Wahllokal pirschen sich Tschetschenen aus den Nachbarhäusern an die ausländischen Journalisten heran. »Das ist alles eine Farce. Von uns hier ging niemand wählen, außer denen, die beim Staat arbeiten, die müssen, sonst werden sie gefeuert«, sagt ein Mann mittleren Alters und sieht sich vorsichtig um, dass niemand mithört: »Bevor der Bus mit den Journalisten kam, fuhr ein anderer Bus vor, mit Wählern. Die hat man offenbar extra hergebracht.« Der Mann beginnt zu flüstern. »Wir leben alle in Angst hier. Ständig kommen nachts Männer in Uniform, nehmen Leute mit. Manche kommen nie wieder. Wir sind völlig rechtlos. Wir sind wie Vieh.« Nach Angaben von Menschenrechtsorganisationen sind in den vergangenen Jahren 3000 bis 5000 Menschen mit Wissen russischer Behörden in Tschetschenien spurlos verschwunden.[139] Am Abend meldet der Kreml 96 Prozent Ja-Stimmen bei der Volksabstimmung. Präsident Wladimir Putin spricht von einer »höchst demokratischen Entscheidung für den Frieden«.

Im Oktober 2003 wird Moskaus Statthalter Achmat Kadyrow zum Präsidenten Tschetscheniens gewählt. Alle ernst zu nehmenden Konkurrenten zogen vor den Wahlen ihre Kandidatur zurück. Russische Menschenrechtler werfen Kadyrow vor, Wiederaufbauhilfe in Millionenhöhe unterschlagen zu haben. Mehrfach wagt Kadyrow Kritik an den russischen Behörden. So beklagt er Übergriffe des Militärs gegen Zivilisten. Im April 2004 verurteilt er einen Freispruch für russische Militärs, die nach eigenem Eingeständnis sechs tschetschenische Zivilisten getötet haben.

Am 9. Mai 2004, dem Tag des Sieges über Nazi-Deutschland, explodiert bei einer Truppenparade in Grosny eine Landmine unter der Ehrentribüne und tötet Kadyrow. Die Separatisten bekennen sich zu der Tat. Auf dem Dorfplatz im Kadyrows Geburtsdorf Zenteroj marschieren drei Tage später 3000 schwer bewaffnete junge Männer in dunklen Hosen und Jacken auf und schreien: »Allahu akbar« – »Gott ist groß«. Es sind keine Rebellen, sondern die Leibgardisten unter dem Kommando von Kadyrows 27-jährigem Sohn Ramsan. Nicht zuletzt aufgrund solcher Szenen halten viele Russen die Kämpfer von Kadyrow junior für unsichere Kantonisten und glauben nicht so recht an den Treueschwur, den ein

Vorschreier in holprigem Russisch brüllt: »Präsident Putin, wir sind mit Ihnen.« Tschetscheniens Volksvertreter wollen Putin per Brief bitten, Kadyrow junior zum Präsidenten zu machen, obwohl er dazu nach der Verfassung noch drei Jahre zu jung ist.

Putin bleibt hart. Kadyrow junior darf bei den Präsidentschaftswahlen im August 2004 nicht um die Nachfolge seines Vaters kandidieren. Die wenigen Wahlbeobachter berichten erneut über Unregelmäßigkeiten und ein »makabres Schauspiel«. Ein aussichtsreicher Kandidat wird von der Wahl ausgeschlossen, weil in seinem Pass als Geburtsort »Alchan-Jurt, Tschetschenien« steht und nicht »Tschetschenische Sowjetrepublik«.[140] Das ist so, als würde man einem Leipziger heute das Wahlrecht absprechen, weil in seinem Pass als Geburtsort Deutschland und nicht »DDR« steht. Am Wahltag weichen die Auszählungsergebnisse des tschetschenischen Innenministeriums zum Teil eklatant von denen der Wahlbüros ab, so unabhängige Beobachter.[141] Sieger wird wie vom Kreml gewünscht Alu Alchanow.

Der 1999 in den Untergrund geflüchtete Präsident Maschadow führt derweil weiter aus dem Untergrund die Rebellen. Der Geheimdienst FSB setzt 10 Millionen Dollar Kopfgeld auf ihn aus. Für Moskau ist er einerseits Drahtzieher des Terrors. Gleichzeitig lehnen Offizielle Verhandlungen mit ihm mit der Begründung ab, er habe keine Kontrolle über die Freischärler, die nach Moskauer Lesart allesamt Terroristen sind. Maschadow dagegen sagt, er habe nichts mit dem radikalen Islamismus am Hut. Im Winter 2005 verkündet er einen einseitigen Waffenstillstand; er erklärt sich bereit, mit den russischen »Soldatenmüttern« Gespräche aufzunehmen und einen Friedensprozess auf den Weg zu bringen.[142] Die Chefin der »Soldatenmütter« trifft sich in Großbritannien unter Schirmherrschaft der OSZE und des Europarats mit einem Vertreter Maschadows. Erstmals seit Jahren scheinen Verhandlungen und ein Friedensprozess wieder möglich.

Einen Monat später ist Maschadow tot. Russische Einheiten haben ihn im März 2005 in einem Keller in dem tschetschenischen Dorf Tolstoj-Jurt ausfindig gemacht und erschossen. Vier Tage lang zeigt das russische Fernsehen in seinen Nachrichtensendungen den Leichnam Maschadows, der tot, entblößt, mit Blut an

Nase und Ohren, auf dem Boden liegt. Über Datum und Umstände des Zugriffs verstricken sich die Behörden in Widersprüche. Tschetscheniens Vizepremier Ramsan Kadyrow sagt, einer seiner Leibwächter habe Maschadow erschossen. Zwei Tage später korrigiert er sich: Er habe nur einen Witz gemacht.

Ohne Maschadow sind Verhandlungen mit den Rebellen ausgeschlossen. Militärisch schwächt sein Tod die Rebellen kaum. Seinen Platz würden nun Radikale einnehmen, befürchten Kaukasus-Experten. »Der Krieg ist für beide Seiten ein gutes Geschäft, Verhandlungen wären da hinderlich. Maschadows Initiative hat vielen missfallen«, kommentiert Alexej Malaschenko, Kaukasus-Experte im Moskauer Carnegie-Centrum. »Maschadow bestand nicht mehr auf einer formellen Unabhängigkeit Tschetscheniens, er forderte lediglich ein Ende der Willkür und Gesetzlosigkeit, die Moskau verbreitet.«

Der neue starke Mann in Tschetschenien ist heute der junge Ramsan Kadyrow, der nach dem Tod seiner Vaters im Mai 2004 im hellblauen Trainingsanzug im Kreml vorsprach. Menschenrechtler werfen Kadyrow vor, er halte sich eine Privatarmee, mit der er in der Republik Angst und Schrecken verbreite und Menschen verschleppe. Kadyrow hat im ersten Tschetschenien-Krieg gegen russische Soldaten gekämpft; in einem Interview sagte er, er würde es wieder tun, sollten die Interessen seines Landes es erforderlich machen.

Präsident Putin zeigte sich nach einem kurzen Besuch in Grosny nach der Ermordung von Kadyrow senior im Mai 2004 regelrecht bestürzt über das Ausmaß der Zerstörung. »Vom Hubschrauber aus sieht das schrecklich aus«, sagte er über die seit Jahren völlig zerstörte Stadt. Wenn man davon ausgeht, dass er die Wahrheit sagte, bedeutet dies, dass er Opfer der eigenen Fehlinformation und Propaganda ist.[143] Die verkündet seit Jahren, der Wiederaufbau schreite eilig gut voran. Sechs Monate nach dem Flug über Grosny beteuerte Putin im Dezember 2004 auf Deutsch bei einer Pressekonferenz im Kreuzstall des Schlosses Gottorf in Schleswig, vor dem eine Hand voll Demonstranten gegen seine Tschetschenien-Politik protestiert: »Seit drei Jahren gibt es keinen Krieg mehr in Tschetschenien. Ist schon vorbei. Sie können ru-

hig nach Hause gehen. Frohe Weihnachten.« Weil nur wenige
Fragen zugelassen sind und diese offenbar von handverlesenen
Journalisten gestellt werden dürfen, kann niemand nachfragen,
warum die Kaukasus-Republik weiter für Journalisten gesperrt ist,
warum dort weiter regelmäßig Menschen verschwinden und russische Soldaten ums Leben kommen.

Der kaukasische Teufelskreis Dass man vor dem Betreten
eines Flugzeugs sein Gepäck durchleuchten lassen und durch
einen Metallsuchrahmen laufen muss, ist überall selbstverständlich. Dass man die gleiche Prozedur zu durchlaufen hat, wenn
man den Flug hinter sich hat, ist dagegen eher ungewöhnlich.
Nicht so in Stawropol, der Heimatstadt Michail Gorbatschows,
die am Nordrand des Kaukasus liegt und Hauptstadt der gleichnamigen Region ist. Als sich die Fluggäste, die gerade aus dem benachbarten Wladikawkas in Nordossetien angekommen sind,
über die neue Kontrolle wundern, schüttelt eine der Damen am
Monitor des Durchleuchtungsgeräts den Kopf: »Was wollen Sie
denn, wir leben hier schließlich an der Grenze.«

Stawropol im Juli 2005. Rund 200 Kilometer und mehrere andere russische Bundesländer trennen die Gebietshauptstadt von
der Staatsgrenze zu Georgien. Auf der Landkarte. Im Bewusstsein der Menschen, die hier leben, liegt Stawropol an der Front.
Anders als in den im Süden angrenzenden russischen Kaukasus-Teilrepubliken leben in der Region Stawropol vor allem Russen.

»Ich habe einen großen Wunsch, ich möchte nach Russland
umziehen«, antwortet eine örtliche Unternehmerin, eine Russin,
auf die Frage nach ihren Zukunftsplänen. Die Entgegnung, dass
sie doch mitten in Russland lebe, verschlägt ihr die Sprache.
»Nein, das hier ist nicht Russland. Es ist der Kaukasus«, sagt sie
dann. »Hier kann man sich nie sicher fühlen.«

Am 13. Oktober 2005 trennen nur zweieinhalb Autostunden
Stawropol von der Hölle. Die liegt knapp 200 Kilometer südöstlich in Naltschik. Eine idyllische Stadt am Fuße des Kaukasus, die
viele Russen von ihren Reisen zum Elbrus als Zwischenstation

kennen. Bis zum höchsten Berg des Kaukasus sind es von der Hauptstadt der Teilrepublik Kabardino-Balkarien aus nur noch 100 Kilometer. Im Sommer kommen Bergwanderer, im Winter Skifahrer. Naltschik bedeutet in Karbadinisch, der Sprache der örtlichen Bevölkerung, »Kleiner Pferdeschuh«. In der Stadt mit rund 270 000 Einwohnern gibt es einen Flughafen, etwas Industrie sowie einige Hotels und Sanatorien.

Gegen 9 Uhr morgens an jenem 13. Oktober trauen die Urlauber in Naltschiks Erholungsheimen ihren Ohren nicht: Statt in idyllischer Stille fühlen sie sich mit einem Mal in einen Kriegsfilm versetzt. Gewaltige Explosionen sind zu hören, endlose Schusswechsel, Gefechtslärm.»Ich sah starken Rauch aus dem Gebäude für den Kampf gegen das organisierte Verbrechen aufsteigen. Auf der Straße brach das Chaos aus, die Leute liefen durcheinander, wussten nicht, wohin«, berichtet die Journalistin Irina von einer örtlichen Zeitung, die ihren Nachnamen nicht nennen will.[144] Stundenlang herrscht Krieg in der Stadt. Bewaffnete attackieren Polizeiwachen, ein Gefängnis, die Geheimdienstzentrale und den Flughafen. »Überall in der Stadt liegen Leichen«, berichtet ein Fernsehkorrespondent. In einem fort fliegen Hubschrauber über die Stadt. Die Lage sei unter Kontrolle, beteuert am Mittag Putins Sonderbeauftragter für den Kaukasus, Dmitri Kosak. Den ganzen Nachmittag wird weiter geschossen. Die Angreifer nehmen an mehreren Orten Geiseln. Hundertschaften schwer bewaffneter Sondereinheiten von Miliz und Militär rücken in die Stadt vor.

Die Angreifer besetzen die beiden unteren Stockwerke der Geheimdienstzentrale. Im dritten Stock halten sich noch FSB-Männer verschanzt. In dem Geschäft »Souvenirs« in der Leninstraße nehmen zwei Bewaffnete die Verkäuferin und zwei Kunden als Geiseln. Ein Sondereinsatzkommando drückt mit einem Schützenpanzer die Wand des Geschäfts ein, befreit nach einem Feuergefecht die drei Geiseln und tötet die beiden Geiselnehmer. Die ganze Nacht hindurch versuchen Bewaffnete aus der inzwischen völlig abgeriegelten Stadt auszubrechen. Acht Angreifer, die in einem Polizeigebäude fünf Geiseln festgehalten haben, versuchen, mit einem Kleinbus zu fliehen. Alle acht sterben in einem Feuergefecht.

Im »Ersten Kanal« beginnt die Sprecherin den Bericht über die Ereignisse im Kaukasus mit den Worten: »Nach Ansicht der Führung der Sicherheitskräfte kann der Sondereinsatz in Naltschik bis zum Ende des Tages beendet werden. Auf Anweisung des Präsidenten ist jetzt die ganze Stadt blockiert.« Dann wird ein Beitrag eingespielt: »Der unerwartete Angriff der Banditen auf Naltschik ist die Reaktion auf eine erfolgreiche Aktion des Innenministeriums.« Kampfszenen und Opfer sind nicht zu sehen, nur Soldaten, die aufmarschieren und auf der Lauer liegen. Die Miliz habe in dem Erholungsgebiet »Weißes Flüsschen« vor den Toren Naltschiks ein Waffenlager entdeckt, meldet der Korrespondent. Schnitt zum Kreml, wo der Vizeinnenminister zum Rapport bei Präsident Putin angetreten ist. Die Beamten hätten eine Verbrecherbande eingekreist, und der Angriff auf Naltschik sei offenbar ein von Komplizen der Eingekreisten initiiertes Ablenkungsmanöver, behauptet der Vizeminister.

Fast gebetsmühlenhaft wiederholen die Sender, dass die Angreifer ihr Ziel nicht erreicht und die Behörden die Lage im Griff hätten. Der Präsident habe befohlen, alle Banditen zu vernichten, heißt es immer wieder. Von den Opfern ist kaum etwas zu sehen und auch wenig zu hören. Auch die Frage, wie eine so große Zahl von Kämpfern am helllichten Tag mitten in einem friedlichen Gebiet auftauchen konnte, wird nicht gestellt. Präsident Putin lobt seine Beamten: »Es ist gut, dass die Sicherheitsorgane koordiniert, effektiv und hart durchgegriffen haben. Auch in Zukunft werden wir genauso vorgehen.« Bei den mehr als 30 Stunden andauernden Gefechten wurden 91 Rebellen, 24 Polizisten und mindestens zwölf Zivilisten getötet. In den Krankenhäusern waren am Tag darauf noch hundert Personen in Behandlung.

Wer hinter dem Angriff auf Naltschik stand, ist bislang ebenso unbekannt wie die genaueren Hintergründe der Attacke. Knapp 14 Monate nach dem Geiseldrama in der Schule im benachbarten Beslan, bei der 331 Menschen ums Leben kamen, haben die Kämpfe in der bislang friedlichen Stadt erneut gezeigt, dass die Kämpfe im Kaukasus sich immer weiter ausbreiten und Tschetschenien nicht mehr der einzige Unruheherd in der Region ist. Bereits im Juni 2004 hatten 200 bis 500 Freischärler die inguschetische Hauptstadt Nasran angegriffen und stundenlang in ihre Gewalt gehabt. 57 Menschen kamen ums Leben. In den Straßen der Stadt lagen verkohlte Leichen, ausgebrannte Fahrzeuge waren zu sehen. In Dagestan, Teilrepublik zwischen Kaukasus und Kaspischem Meer, herrschen seit Jahren beinahe bürgerkriegsähnliche Zustände. Kaum ein Tag vergeht ohne Anschläge und Angriffe auf Milizionäre und andere Vertreter der Staatsmacht. Offiziell macht Moskau internationale islamistische Terrorgruppen für die Lage im Kaukasus verantwortlich. Eine These, die hinter verschlossenen Türen selbst Vertraute von Präsident Putin bezweifeln. Wenn sich der Konflikt ständig ausweite, liege das vor allem an den moskautreuen Herrschern und ihren Clans in den Kaukasusrepubliken, schreibt Dmitri Kosak, Kremlsonderbeauftragter für die Region und Putin-Bekannter aus Petersburger Zeiten, in einem geheimen Bericht, der in Auszügen an die Presse gelangt. Unter den heutigen Machthabern habe die Korruption gewaltige Ausmaße erreicht. An einem Dialog mit dem Bürger seien sie nicht interessiert. Die Willkür der Herrscher und ihrer Apparatschiks führe nicht nur zu sozialer Apathie unter den Menschen, sondern fördere langfristig auch die Bereitschaft zu radikalen Gegenmaßnahmen, schreibt der Putin-Vertraute und macht sich damit weitgehend die Position der Opposition zu eigen.[145] Die beklagt seit langem, dass Moskau mit seiner Kaukasus-Politik die Menschen in die Hände der Islamisten treibe.

Korruption, Willkür, Vetternwirtschaft und Gewalt sind Probleme, mit denen die russische Gesellschaft auch außerhalb des Kaukasus zu kämpfen hat. Der grundsätzliche Unterschied zu den anderen Regionen besteht weniger im Verhalten der Mächtigen als in der Reaktion der Menschen. »Der entrechtete Russe wendet sich ans Gericht oder an die Medien, bekommt kein Recht und betrinkt sich aus Kummer«, glaubt die Kaukasus-Expertin Julia Latynina: »Der kaukasische Mann weiß, was er zu tun hat, und er weiß die Antwort auf die Frage, wer an den Missständen schuld ist. Er wendet sich weder an die Zeitungen noch ans Gericht, er rächt sich an seinen Peinigern mit der Waffe in der Hand.« Der radikale Islam biete die ideologische Rechtfertigung für den Widerstand gegen den Terror der Staatsgewalt. Frieden versprechen die Radikalen ihren Anhängern erst, »wenn Mächtigen und ihren Handlangern die Kehlen durchgeschnitten sind und die Muslime sich von der Macht der Ungläubigen befreit haben«, mahnt Latynina. »Diese elementare Erklärung ist für die russische Macht das Schlimmste: nicht, dass der Kaukasus andere Probleme hat, sondern dass er eine Lösung weiß, die schrecklicher ist als das Problem selbst« – nämlich Terror.[146]

»Jeder, der etwas Kritisches über unsere Bonzen sagt, sie als korrupt bezeichnet, wird sofort zum Islamisten erklärt. Wenn er es wagt, seine Meinung allzu laut zu sagen und den Machthabern lästig wird, landet er schnell im Gefängnis«, erzählt ein junger Student in Machatschkala, der Hauptstadt Dagestans. »Ich will nicht, dass unsere Frauen Schleier tragen müssen und wir keinen Wein mehr trinken dürfen. Aber wenn dein Recht jeden Tag mit Füßen getreten wird, wenn nur das Recht des Stärkeren gilt, wenn die Bonzen alles dürfen und alle Gelder einstreichen, wenn für die einfachen Leute nichts übrig bleibt, dann ist ein Gottesstaat eine Verheißung. Lieber das Schariat, die Gesetze Gottes, als gar kein Gesetz.«

Der Kaukasus ist eine offene Wunde Russlands. Hunderttausende junger Russen, die dort durch die Kriegsmaschine geschleust werden, kehren oft mit schweren psychischen Schäden und erhöhter Gewaltbereitschaft nach Hause zurück. Moskau hat den Kampf um die Herzen der Menschen in dieser Region längst verloren. So ist die Region zu einem schier unerschöpflichen Nachwuchsreservoir für das tödliche Geschäft der Extremisten geworden. Potentielle Selbstmordattentäter und zu allem Entschlossene gibt es zuhauf. Die Folgen auch für Westeuropa sind kaum absehbar: Nach Ansicht mancher Fachleute ist es nur noch eine Frage der Zeit, bis islamistische Attentäter aus der Region auch jenseits der Grenzen Anschläge verüben, falls es nicht zu einschneidenden Veränderungen kommt. Zudem haben Islamisten aus dem Kaukasus wiederholt mit Angriffen auf Atomanlagen gedroht.

Die meisten russischen Oppositionspolitiker glauben, es sei nur noch eine Frage der Zeit, bis sich der Nordkaukasus von Russland lossage. Solange die russische Staatskasse dank hoher Ölpreise gut gefüllt ist, mag sich der Zerfallsprozess durch immer mehr Transferleistungen hinauszögern lassen. Möglicherweise wird die korrupte örtliche Nomenklatur ihr Fähnlein in den Wind hängen und sich von Moskau lösen, wenn zum einen der Kreml ihren enormen finanziellen Appetit nicht mehr stillen kann und zum anderen die wachsende Not der verarmten Bevölkerung zu einer weiteren Eskalation von Protesten und Gewalt führt.

Sollten ethnische Konflikte im größten Flächenland der Erde mit seinem gewaltigen Atomwaffenarsenal in größerem Umfang ausbrechen, würden im Vergleich dazu die Balkan-Kriege der neunziger Jahre geradezu harmlos wirken. Eine Flüchtlingswelle auch nach Westeuropa wäre die kurzfristige Folge. Zu Beginn des zweiten Tschetschenien-Krieges befanden sich von den 300 000 im Land verbliebenen Einwohnern zeitweise 180 000 bis 250 000 auf der Flucht.[147] Die meisten von ihnen kamen in den benachbarten Kaukasus-Regionen unter. Die Ausläufer der Fluchtwelle erreichten auch Deutschland. Flüchtlinge aus der Kaukasus-Republik stellen heute in Deutschland die größte Gruppe der Asylbewerber.[148]

Längerfristig besteht die Gefahr, dass im Kaukasus kleine, unstabile Staatsgebilde entstehen, im schlimmsten Fall islamistische Gottesstaaten. Der radikale Islam hätte erstmals ein Standbein innerhalb Europas und damit ein ideales Aufmarschgebiet vor unserer Haustür. Zudem wäre ein Dominoeffekt denkbar, in dessen Folge es zu Auflösungsprozessen innerhalb der Russischen Föderation käme.

Oft wird heute im Westen übersehen, dass Russland ebenso wie die Sowjetunion ein Vielvölkerstaat ist. Die strikte Zentralisierungslinie des Kreml stärkt die zentrifugalen Kräfte. Regionalpolitiker klagen, Moskau beute die Regionen schlimmer aus denn je: »Von jedem Rubel Steuern, den die Regionen einnehmen, dürfen wir 12 Kopeken behalten. Vor fünf Jahren waren es 40 bis 50.« Kleinigkeiten bis hin zu Schrift, die sie zu verwenden haben, werden den Völkern des russischen Vielvölkerstaates heute wieder aus Moskau vorgeschrieben wie zu Sowjetzeiten: So dürfen etwa die Tataren nicht das lateinische Alphabet benutzen und müssen weiter kyrillisch schreiben. Wladimir Putin schaffte die Gouverneurswahlen ab und setzt die Provinzfürsten nun selbst ein. Sie sind damit nicht mehr den Bewohnern ihrer Region, sondern dem Kreml verantwortlich. Die Menschen betrachten sie nicht mehr als Vertreter ihrer Interessen gegenüber dem Zentrum, sondern als dessen Statthalter. Bei Konflikten oder Unmut können sie somit kaum noch als Puffer oder Vermittler wirken.

Unterstützer der Kremlpolitik halten dagegen, dass Russland nach dem Chaos der Jelzin-Zeit eine starke Hand brauche. Doch selbst wenn sie bis zu einem gewissen Grad recht haben: Eine starke Hand ist nicht mit Fesseln gleichzusetzen. »Ist es wirklich sinnvoll, in dem von islamistischen Extremisten heimgesuchten Dagestan Volksabstimmungen abzuhalten?«, fragt Roger Köppel in seinem Leitartikel »Respekt für Putin« in der *Welt*. Ebenso gut könnte man aber auch fragen, ob es sinnvoll war, etwa in Tschetschenien selbst die gemäßigten, moskautreuen Präsidentschaftskandidaten mit zweifelhaften Mitteln aus dem Wahlrennen zu werfen, um den eigenen Favoriten durchzuboxen. Entscheidend ist jedoch, ob es keine Alternative zur Kremlpolitik gibt. Muss Moskau im Kaukasus eine örtliche Elite unterstützen, die nach eigener Einschätzung die Bevölkerung verelenden lässt, sich selbst in ernormem Umfang bereichert und Kritiker zu Islamisten abstempelt?

Die Geschichte zeigt, dass Imperien und Vielvölkerstaaten auf Dauer durch Druck und Zentralisierung nicht zusammenzuhalten sind. Schon heute übt Moskau de facto nur noch eine bedingte Kontrolle über den Kaukasus aus. »Wir tun so, als ob wir arbeiten, und der Staat tut so, als ob er uns bezahlt«, scherzten Beschäftigte in der Sowjetunion. Abgewandelt auf den Kaukasus könnte man heute sagen: Die Machthaber in der Region tun so, als gehörten sie zu Russland, und der Kreml tut so, als ob er die Lage dort kontrolliere. Moskaus Flucht vor der Wahrheit und das Wegsehen des Westens drohen zur Katastrophe zu führen. Aus dem Kanzleramt heißt es, Angela Merkel wolle den Kaukasus künftig stärker ins Zentrum der europäischen Politik rücken. Es wäre höchste Zeit. Es gibt kein Patentrezept für die Region. Aber zumindest erste Schritte wären dringend nötig: die Probleme offen zu diskutieren, bei Wahlen weniger zu manipulieren, Übergriffe auf die

Zivilbevölkerung zu unterbinden oder wenigstens zu bestrafen. Aus eigener Kraft kann Russland die Region nicht befrieden, hierzu ist eine breit angelegte, internationale Zusammenarbeit notwendig. Ein solcher mutiger Schritt wäre aber in den Augen der Kremlführung ein Schwäche-Eingeständnis und würde Moskaus Großmachtansprüchen widersprechen. Deshalb ist kein Ende des kaukasischen Teufelskreises abzusehen.

Der kalte Frieden –
ein Feind, ein guter Feind

Wenn Mairbek Magomadow ständig Angst hat, liegt das nicht daran, dass er ein ängstlicher Mensch ist. Der Vizedirektor eines Moskauer Politikinstituts ist ein Baum von einem Mann, und Furcht kannte er nur von anderen. Wie es sich auch gehört für einen anständigen Tschetschenen. Doch plötzlich holte ihn der Krieg ein. Mitten in Moskau. Nicht der »richtige« Krieg mit Bomben und Schüssen – den mussten seine Freunde und Verwandten unten in Tschetschenien durchleiden. Die Angriffe auf Magomadow erfolgen mitten in Moskau. Regelmäßig.

Er war mit seiner Frau und seinen drei Kindern auf dem Heimweg von der Datscha, als eine Milizstreife den Wissenschaftler anhielt. Statt höflich nach den Papieren zu fragen, schrien die Milizionäre: »Raus mit dir«, und zogen ihn vom Fahrersitz. Die Beamten stießen Magomadow in den Polizeiwagen und nahmen ihn mit auf die Wache. Fünf Stunden saß der Mittvierziger gemeinsam mit Kriminellen in einer stickigen Zelle. Seine Frau und seine Kinder mussten bis nachts um zwei Uhr im Auto ausharren – unter den Augen von Milizionären. »Wie Schwerkriminelle haben sie uns behandelt; dabei war mein einziges Verbrechen, Tschetschene zu sein«, klagt Magomadow und streckt die Hände wie zum Gebet gegen den Himmel: »Wir Kaukasier sind die Sündenböcke, die Blitzableiter, mit denen die Russen von ihren eigenen Problemen und Verbrechen ablenken. Manchmal traue ich mich kaum aus dem Haus.«[1]

Ein Bekannter, der in der Duma arbeitet, kam dem Wissenschaftler zur Hilfe, und nach fünf Stunden konnte er die Zelle als freier Mann verlassen. Die Festnahme war eine Reaktion auf einen Bombenanschlag am Moskauer Puschkinplatz, bei dem im August 2000 zwölf Menschen ums Leben kamen. Wie meistens, wenn in Moskau Sprengsätze explodieren, hatten die Behörden eine »kaukasische Spur« ausgemacht, als noch nicht einmal alle Verwundeten versorgt waren. Keine Täter, aber massenweise Verdächtige: die »Schwarzen« oder »Schwarzärsche«, wie die Moskauer die Kaukasier verächtlich nennen.

Selbst zu Hause in ihren Wohnungen können sich die rund 200 000 Tschetschenen in Moskau nicht sicher fühlen. »Einmal in der Woche schaut die Miliz in allen Wohnungen, in denen Kaukasier wohnen, nach dem Rechten«, erzählt der Moskauer Kinderarzt Said Batajew, ein Mann mit dem Lächeln eines Filmstars und die personifizierte Widerlegung aller Klischees vom kriegerischen, grimmigen Kaukasier: »Meinem Freund haben die Beamten im Jahr 2000 eine Waffe unter den Schrank geschoben, um ihn hinter Schloss und Riegel zu bekommen. Er kam nach zwei Monaten vorläufig auf freien Fuß, floh in die Niederlande und erhielt dort Asyl.«

Neben der Miliz fürchten die Kaukasier in Moskau vor allem die Stadtverwaltung. Wie alle Zugereisten müssen sie sich in der Hauptstadt regelmäßig registrieren lassen, wozu meist auch die Abnahme der Fingerabdrücke gehört. Das Recht auf einen Wohnsitz in Moskau ist mit dieser Anmeldung nicht verbunden. Damit handelt die Stadt gegen die Verfassung, die jedem Russen die freie Wahl seines Wohnorts garantiert. Das Verfassungsgericht verurteilte die Moskauer Sonderregeln. Ohne Folgen.[2]

Statt zu mehr Ordnung führen die Regelungen zu mehr Bestechung, wie die offizielle tschetschenische Landesvertretung in Moskau beklagt. Viele Tschetschenen können sich die hohen Bakschisch-Summen für die Registrierung nicht leisten und müssen dann die Milizionäre bestechen, wenn sie bei einer Kontrolle ohne Meldebescheinigung angetroffen werden. »Und wer dunkle Haare und dunkle Augen hat, wird auf Schritt und Tritt angehalten von Milizionären«, klagt Kinderarzt Batajew. Zeitweise meiden sogar Franzosen und Italiener aus Angst vor Übergriffen den öffentlichen Nahverkehr.

Moskauer Tschetschenen klagen, der Eintrag »Tschetschene« im Pass sei schlimmer als eine Vorstrafe; so lehnen etwa Arbeitgeber immer wieder die Einstellung von Tschetschenen ab, weil sie Ärger mit den Behörden fürchten. Auch tschetschenische Geschäftsleute klagen über Druck. Naschmudi Amirchanow etwa musste seine Zoll-Service-Firma mit 140 russischen Mitarbeitern aufgeben: »Eines Tages kam die Miliz und sagte: ›Du bist Tschetschene. Wenn du weiter Geschäfte machst, bringen wir dich hinter Gitter.‹ Den Kunden sagten sie: ›Wenn ihr weiter mit dem Tschetschenen zusammenarbeitet, bekommt ihr Ärger!‹ Wie mit den Juden früher in Deutschland. Nicht einmal meine Kinder haben Ruhe. Die werden in der Schule verprügelt.«[3]

Nach der Moskauer Geiselnahme während des »Nord-Ost«-Musicals im Jahr 2003 druckte die *Iswestia* den Kommentar eines bekannten Fernsehmoderators ab. Es stimme nicht, dass es keine verbrecherisch veranlagten Völker gebe, der Tschetschene an sich neige zum Mord, heißt es in dem Artikel. »Die unmittelbare Nähe eines Tschetschenen, etwa auf einem Flughafen, rufe zu Recht die gleichen Gefühle hervor wie ein herrenlos herumstehender Koffer, bei dessen Anblick jeder intelligente Mensch einen Polizisten herbeirufen wird.« Die Empfehlung des Fernsehjournalisten: die Tschetschenen in die Berge zu verschleppen und dort mit Stacheldraht und Minenfeldern in Schach zu halten.

Im Wahlkampf für die Moskauer Stadt-Duma im Dezember 2005 machte die vor den Duma-Wahlen 2003 auf Betreiben des Kreml gegründete nationalistische Vaterlandspartei Wahlwerbung mit einem Video, das Kaukasier zeigte, die Wassermelonen aßen und die Schalen auf den Boden warfen. Zwei Vaterlands-Politiker fordern die beiden auf, ihren Müll wegzuräumen, doch die Kaukasier können kein Russisch und verstehen sie nicht. Darauf spricht einer der Politiker in die Kamera: »Lasst uns Moskau vom Müll säubern«, womit er auf die Kaukasier anspielt. Die Wahlkommission nahm den umstrittenen Werbespot zum Anlass, die Vaterlandspartei von den Wahlen auszuschließen. Die dem Kreml ebenfalls nahestehenden radikalen Nationalliberalen von Wladimir Schirinowski durften dagegen ungestört mit Parolen wie »Schließt Moskau ab vor Südländern!« oder »Wir sind für eine Stadt mit russischen Gesichtern. Illegale haben keinen Platz in der Hauptstadt« Wahlkampf treiben. 70 Prozent aller Verbrechen in Moskau würden von Zuwanderern begangen, heißt es in einem

Flugblatt an die Wähler: »Das ist ein Verbrechenskrieg gegen Sie, die Moskauer! Die Auswärtigen treiben die Preise auf den Märkten in die Höhe und schlagen damit gegen Ihren Geldbeutel und Magen.« Weiter heißt es: »Keine Aufnahme neuer Arbeiter aus dem Ausland! Wenn wir Moskau nicht verschließen gegen Immigranten, wird es brennen, wie heute Europa brennt.«

Tatsächlich ist die enorme Zuwanderung nach Moskau ein großes Problem; die Hauptstadt platzt aus allen Nähten. Dies liegt aber vor allem an der starken Zentralisierung: 80 Prozent aller Finanzströme im Land sind in der Hauptstadt konzentriert; viele Unternehmen, die in der Provinz arbeiten, haben ihren Sitz in Moskau und zahlen dort Steuern. Dass die Menschen dem Geld hinterherziehen, ist verständlich. Solche Zusammenhänge werden in den Medien jedoch kaum thematisiert. Statt die eigenen Politiker und Wirtschaftsführer wegen ihrer Zentralisierungspolitik anzugreifen, attackiert man deren Opfer – die Zuwanderer.

Als die junge Moskauerin Mascha im Frühjahr 2006 ein Restaurant für ihre Geburtstagsfeier sucht, empfehlen Bekannte ihr die Bar »Stoi!ka« – wörtlich übersetzt: »Stopp!« Das Essen ist preiswert, der Saal gemütlich, und Mascha ist sich mit dem Restaurantleiter schnell über die Speisenfolge einig. Als sie schon über die Anzahlung reden, lächelt der Mann plötzlich freundlich und sagt, er habe etwas vergessen. Der Name der Bar habe eine doppelte Bedeutung: »Wir haben zwei eiserne Regeln. Keine stark Betrunkenen und keine Kaukasier.« Sie habe auch Aserbaidschaner unter ihren Freunden – solide Geschäftsleute, gebürtige Moskauer –, erwidert die überraschte Mascha. »Und selbst wenn sie mit dem Hubschrauber kommen – die lassen wir nicht rein«, entgegnet er. »Stoi!ka« ist keine einzelne Bar, sondern gehört zu einer Kette. Wer sich auf deren Homepage per Kurzformular um einen Job bewarb, musste bis vor kurzem unter Punkt fünf seine Nationalität angeben. Bei Testanrufen von Journalisten hieß es in allen »Stoi!ka«-Bars, Kaukasiern sei der Zutritt verwehrt – »ihrer eigenen Sicherheit zuliebe«, weil die Besucher oft Schlägereien mit Kaukasiern anfingen. Ausnahmen seien möglich, wenn jemand intelligent aussehe und die kaukasischen Gesichtszüge nicht zu stark ausgeprägt seien, erklärte eine Angestellte. Medienberichten zufolge gibt es auch andere Restaurants und Clubs, in denen solche Apartheidsregeln gelten: meist inoffiziell, zuweilen aber auch schwarz auf weiß nachzulesen.[4]

Der Hass auf die Kaukasier ist nicht neu. Neu ist, dass er hoffähig und zu einem Massenphänomen wurde. Noch 1989 tadelten 53 Prozent der Russen bei einer Umfrage jede Art ethnischer Intoleranz; nur 20 Prozent bekannten sich offen zum Fremdenhass, der vor allem an der sozialen Peripherie verbreitet war – in Kleinstädten etwa, bei Rentnern und sozial Schwachen mit geringer Bildung. Seit Ende der neunziger Jahre ist eine starke Ausweitung von Fremdenhass und Xenophobie zu beobachten: 2004 teilten bei einer Umfrage bereits zwei Drittel der Befragten antikaukasische Vorurteile. Als Grund gaben 68 Prozent die »Andersartigkeit der Kaukasier« und ihren starken Zusammenhalt untereinander an.[5] Die wahren Gründe dürften tiefer liegen. Den Zerfall der Sowjetunion empfanden viele Russen als persönliche Niederlage, die sie mit dem Gefühl ethnischer Überlegenheit auszugleichen versuchen. Nationalitätenkonflikte und soziale Probleme im Kaukasus führten darüber hinaus zu einem starken Zuzug von Menschen aus dieser Region in russische Großstädte. Viele Migranten brachten es dank ihres starken Zusammengehörigkeitsgefühls rasch zu wirtschaftlichem Wohlstand, was Neid auslöste. Zahlreiche kriminelle Banden aus dem Kaukasus treiben ihr Unwesen in ganz Russland und gehen zuweilen mit äußerster Brutalität gegen ihre Opfer vor. Während die Menschen bei Übergriffen von Banditen ihrer eigenen Nationalität keine negativen Rückschlüsse auf das eigene Volk ziehen, übertragen viele ihren durchaus verständlichen Hass auf kaukasische Kriminelle auf alle Menschen dieser Region.

»Tote Neger« Manchmal ergeht Gnade vor Recht. Im März 2006 sitzen in Petersburg zwölf Geschworene über acht Angeklagte zu Gericht. Viele Verdächtige sind noch sehr jung, die meisten nicht einmal volljährig. Wohl deshalb war die sonst sehr strenge Staatsanwaltschaft ausnahmsweise mild in ihren Anträgen. Die Geschworenen kommen zu dem Schluss, dass einer der jungen Männer unschuldig ist und die anderen sieben sich des »Rowdytums« schuldig gemacht haben. Ein Straftatbestand, der etwa für Zusammenstöße von Fußballfans angewandt wird.

Dreizehn Monate vor dem Urteil, am 9. Februar 2004, sind die acht jungen Männer im Adimiralitätsviertel von Sankt Petersburg offenbar zufällig einer Familie aus der früheren Sowjetrepublik Tadschikistan in Mittelasien über den Weg gelaufen. Auch die Tadschiken werden wegen ihrer dunklen Hautfarbe in Russland oft »Schwarze« genannt. Der 35-jährige Junus Sultonow ist mit seiner neunjährigen Tochter Churschede und seinem elfjährigen Neffen Alabir gerade auf dem Heimweg vom Eislaufen. Plötzlich fallen die jungen Männer über den Vater und die zwei Kinder her. Der elfjährige Alabir rettet sich mit einer Gehirnerschütterung und Prellungen am Kopf unter ein geparktes Auto. Die neunjährige Churschede schafft das nicht mehr. Als der Krankenwagen eintrifft, ist sie verblutet. Die Ärzte zählen elf Messerstiche in dem kleinen Körper, Schlag- und Stichverletzungen auf der Brust, am Bauch und an den Armen.

Nach dem Schuldspruch wegen Rowdytums erhalten die Angreifer Haftstrafen zwischen anderthalb und fünfeinhalb Jahren. Die Staatsanwaltschaft hatte nur den Hauptverdächtigen, der zur Tatzeit 14 Jahre alt war, wegen Mordes angeklagt; die Geschworenen jedoch sahen diesen Vorwurf nicht als erwiesen an. Bei den mutmaßlichen Komplizen ging die Staatsanwaltschaft gar nicht erst von Beihilfe aus, sondern nur von Rowdytum. »Aus Hass zu Nichtrussen, vorsätzlich mit dem Ziel, das Mädchen zu ermorden, das sich aufgrund seines Alters nicht wehren konnte und von Anfang an in einer hilflosen Lage war, brachte einer der Angeklagten ihr mindestens sieben Messerstiche bei, in deren Folge sie starb«, heißt es im Plädoyer der Ankläger. Sie legen gegen das Urteil Rechtsmittel ein.

Aus dem Internet können Rechtsradikale sich ein »Handbuch für den Straßenterror« herunterladen, wo ausführlich beschrieben wird, wie man Menschen tötet. Rechtsradikale rufen zu »weißen Patrouillen« in Sankt Petersburg auf, bei denen jeweils 25 Skinheads die Straßen »säubern« sollen. Die Miliz versucht in vielen Fällen, Gewalttaten mit rechtsradikalem Hintergrund als gewöhnliche Kriminalität einzustufen. In Sankt Petersburg gingen in so einem Fall Rechtsradikale selbst an die Öffentlichkeit und klagten, die Miliz lüge und verschweige den wahren – fremdenfeindlichen – Charakter der Tat. Nach einer Meinungsumfrage gaben 41 Prozent der Milizionäre an, die Parole »Russland den Russen« zu unterstützen; 67 Prozent sagten, sie empfänden »Furcht, Argwohn und Gereiztheit« gegenüber Menschen aus dem Kaukasus.[6]

In den ersten vier Monaten des Jahres 2006 wurden in Russland offiziell 14 Menschen aus fremdenfeindlichen Motiven umgebracht und 92 verletzt. Allein in Moskau gab es neun Todesopfer. Nach Angaben des Moskauer Menschenrechtsbüros leben in Russland 50 000 Skinheads, davon allein in Moskau 2000, neben mehreren tausend Mitgliedern anderer nationalistischer Bewegungen.

In vielen Fällen trauen sich die Opfer der Radikalen aus Angst gar nicht zur Polizei, wie ein Hochschulrektor aus Petersburg berichtet: »Es gab Fälle, in denen Studenten um Hilfe baten, und stattdessen nahmen die Beamten ihnen ihr Geld ab.« Nach Protesten wegen zahlreicher Übergriffe auf Gaststudenten aus Afrika und Asien fand die Stadtverwaltung im November 2004 eine ungewöhnliche Lösung. Weil die Polizei überfordert ist und die Täter nicht fassen kann, kündigte die Behörde an, die Opfer demnächst unter die Fittiche der Sicherheitsbehörden zu nehmen: In einem neuen Studienzentrum sollen sie regelrecht kaserniert werden und in Gesprächen mit Psychologen, Soziologen und Sicherheitsbeamten über die Tücken des russischen Alltags aufgeklärt werden. Ihre Freizeit sollen sie gemeinsam verbringen, unter Bewachung. Eine Kapitulation vor dem Rassismus. Der ist inzwischen allgegenwärtig:

Russland im Jahr 2003. In der Hitparade landet die Musik-Gruppe »Verbotene Trommler« einen Hit mit einem Lied mit dem Titel »Sie haben einen Neger umgebracht«. Im Original-Text lautete der Refrain: »Ai-ja-ja-ja-ja-jai, einfach so, ohne Grund, abgeschlachtet haben sie ihn, die Hunde.« Die Autoren spielen mit rassistischen Motiven und lassen den »Neger« durch einen Hexenmeister als Zombi wieder auferstehen. Auf den Straßen ist zuweilen ein anderer Reim zu hören: »Ai-ja-ja-ja-ja-jai, sie haben einen Neger umgebracht, und es ist nicht schade, es macht nichts.«

Juni 2005, Moskau, auf einer Pressekonferenz. Ein britischer Journalist fragt Präsident Putin, ob man die Probleme Russlands mit seinen Schulden und der Demokratie nicht mit ähnlichen Problemen afrikanischer Länder vergleichen könne. Antwort Putin: »Wir wissen, dass es in einigen afrikanischen Ländern bis vor kurzem praktiziert wurde, seine politischen Gegner aufzuessen. Wir praktizieren das nicht, deshalb ist ein Vergleich mit solchen Ländern unzulässig.«

April 2006, Baku. In der Flughafenbar flimmern Hip-Hop-Videos über den Fernseher. Ein russischer Geschäftsmann empört an die Bedienung: »Macht es Ihnen nichts aus, dass hier Neger auf dem Bildschirm gezeigt werden? Warum schalten Sie nicht um? Ich wüsste, an welchen Ort man die alle schicken sollte ...« Die junge Frau – eine Aserbaidschanerin mit dunklem Teint – sieht ihn fassungslos an. Sie zittert.

Der Jude als Feind Wladimir Putins Worte gingen um die Welt. Es war in Polen, am 27. Januar 2005. Die führenden Politiker der Welt waren gekommen, um zum Jahrestag der Befreiung des Konzentrations- und Vernichtungslagers Auschwitz der Opfer zu gedenken. Wladimir Putin hielt eine kurze, aber große Rede. Er schäme sich dafür, dass es auch in Russland Antisemitismus, Nationalismus und Fremdenhass gebe, sagte der Präsident.[7]

Zwei Wochen vor Putins Rede war bei der russischen Generalstaatsanwaltschaft ein Brief eingegangen. »Zum Schutz unserer Heimat«, hieß es dort, müsse dringend »eine Strafsache über das Verbot aller religiösen und nationalen jüdischen Vereinigungen« als extremistische Organisationen eingeleitet werden. Die jüdische Religion sei nicht nur antichristlich und menschenfeindlich, hieß es weiter. Die Juden selbst übten Anschläge auf Synagogen aus und schändeten eigenhändig ihre Friedhöfe, um Strafmaßnahmen gegen russische Patrioten zu provozieren. »Realer jüdischer Chauvinismus« und Unverfrorenheit seien dafür verantwortlich, dass nach dem Zerfall der Sowjetunion das Staatseigentum geplündert worden sei. Um das Raubgut und die Macht zu behalten, vernichte die herrschende jüdische Schicht die Sittlichkeit und die geistigen Werte der Russen und versuche das Volk in eine tierische Masse ohne Glauben und Tradition zu verwandeln.

Hinter diesen demagogischen Zeilen stand keineswegs ein anonymer Verfasser. Der Brief erschien in der Zeitung *Orthodoxe Rus* und trug 500 Unterschriften. Der Oberrabiner Russlands nannte die Unterzeichner »psychisch abnormale Leute, die ärztliche Hilfe brauchen«. Die Worte des Oberrabiners hätte man auch als Beleidigung des Parlaments auffassen können. Denn auch 19 Abgeordnete – überwiegend aus der damals noch vom Kreml gesteuerten Vaterlandspartei – hatten unterschrieben.[8] Deren Vizechef gibt rassistische Literatur heraus und schreibt in seinen Artikeln unter anderem, »Russen repräsentierten einen rassisch reinen, homogenen, vornehmlich nordischen Zweig der europiden Rasse«, und dieses Erbe müsse »vor der Zerstörung durch Migrantenfluten beschützt werden«.[9]

Am 25. Januar zogen die Abgeordneten ihre Unterschriften unter dem Brief zurück. Der Empfänger des Schreibens, Generalstaatsanwalt Wladimir Ustinow, wiegelte ab. Es sprach von »Küchenunterhaltungen«, die keine Aufmerksamkeit wert seien. Seine Untergebenen sehen die Sache etwas anders: Die Ankläger im Moskauer Bauman-Bezirk leiten Vorermittlungen gegen die Herausgeber eines jüdischen Moralkodex ein, der in dem Brief attackiert wird, und bestellen tatsächlich einen Rabbi zum Verhör, um allen Ernstes die Vorwürfe der Antisemiten aus ihrem Schmähbrief zu prüfen. Fünf Monate später, im Juni, beschließt die Staatsanwaltschaft, kein formelles Ermittlungsverfahren zu eröffnen – weder gegen die Juden noch gegen die Schreiber des Schmähbriefes.[10]

Am 4. Februar geht die Mehrheit der Duma-Abgeordneten auf Distanz und verurteilt den Brief. Das russische Außenamt kritisiert das Schreiben als offen antisemitisch. Kurz zuvor hatte das gleiche Ministerium den Antisemitismusbericht des US-Außenministeriums, der einige kritische Bemerkungen zu Russland enthielt, in scharfer Form zurückgewiesen. Washingtons Sorgen seien »künstlich«, hieß es in dem Schreiben, Skinheads gebe es überall, »Schulmeisterei und grundlose Beschuldigungen« der USA verbitte man sich.[11]

Einer der Unterzeichner des Schmähbriefes ist Wladimir Schirinowski, der ewig heisere Chef der Liberaldemokraten. Vieles spricht dafür, dass es sich bei dieser radikalen Partei ohne Programm um ein Geschöpf des KGB handelt. Schirinowski äußert regelmäßig radikale Parolen, und er rief schon mal im Fernsehen dazu auf, die georgische Hauptstadt Tiflis zu bombardieren und Deutschland zu erobern. Schirinowski kritisiert den Kreml dort, wo es nicht weh tut, ist aber bei wichtigen Abstimmungen in der Duma immer auf Kremlkurs. Schirinowski klagt, die Juden hätten die Weltherrschaft erobert. Der Exzentriker, den viele für einen Politclown halten, äußerte öffentlich Bewunderung für Hitler. Er warf Juden vor, den Holocaust provoziert zu haben und Russland zu ruinieren, indem sie russische Frauen zur Prostitution zwingen und russische Kinder verkaufen.[12]

Im April 2006 wird Schirinowski von Präsident Putin Schirinowski mit dem Orden »Für Verdienste um das Vaterland« vierten Grades ausgezeichnet.[13] In Deutschland wird darüber nicht berichtet. Unter der Überschrift »Putin beschwört Einheit im Kampf gegen Extremismus« läuft dagegen einen Monat später, am »Tag des Sieges« über Hitler-Deutschland, die Meldung einer großen deutschen Nachrichtenagentur über eine Rede Putins auf dem Roten Platz über den Ticker. Der Staatschef habe vor Tausenden Soldaten davor gewarnt, dass »Rassenhass, Extremismus und Fremdenfeindlichkeit« in eine Sackgasse führten. Auf der Website des Präsidenten sind Passagen aus der Rede zu finden, die in Deutschland nicht zitiert werden: »Heute sind die Söhne und Enkel der Soldaten des Großen Vaterländische Krieges bei der Parade. Sie marschieren im Namen des Sieges. Sie sind bereit, Heimat, Souveränität und Ehre des Vaterlandes zu verteidigen. Bereit, wie sie [die Kriegsteilnehmer] zu leben, zu arbeiten und zu siegen.«[14]

2003 erscheint in Moskau der Einführungsband für eine neue

»Große Enzyklopädie des russischen Volkes«, die von orthodoxen Kirchenkreisen finanziert wird. Russland werde seit Jahrhunderten und bis heue von einem inneren »satanischen« Widersacher bedroht, hinter den man leicht »den Juden« identifizieren könne, auch wenn er als »Freimaurer«, als »Bolschewik«, als »Kosmopolit« oder »Liberaler« auftrete. Russische Schriftsteller jüdischer Herkunft wie Boris Pasternak, Josef Brodsky und Ossip Mandelstam werden in dem Buch ignoriert. Für die Poeten Nikolaj Kljujew und Sergej Jessenin bringen die Autoren hingegen Sympathie auf, weil sie angeblich wegen ihrer »rechtgläubigen völkischen Überzeugungen« von »jüdischen Bolschewiken« umgebracht worden seien. Die Enzyklopädie würdigt sogar Sergej Nilus, einen Beamten der Moskauer Synodalkanzlei. Der hat 1905 eine Fassung der »Protokolle der Weisen von Zion« herausgegeben. Es handelt sich dabei um gefälschte Niederschriften einer jüdischen Geheimversammlung, die angeblich 1897 in Basel stattfand und die Errichtung der jüdischen Weltherrschaft plante. Die Protokolle zählen zu den Schlüsseldokumenten des Antisemitismus.[15] Anders als die jüdischen Schriftsteller findet Stalin die ungeteilte Anerkennung der Autoren. Er habe den Kommunismus in ein rettendes »Instrument russisch-nationaler Politik« umgeschmiedet und damit die Heimat von den »jüdischen und kosmopolitischen Kräften der bolschewistischen Partei« befreit. Die mehr als tendenziöse Enzyklopädie löst in den gesteuerten Medien weder laute Kritik noch eine Debatte aus.[16]

Unter Trommelwirbel marschieren am 4. November 2005 rund 2000 junge Männer durch die Moskauer Innenstadt. Es ist Nationalfeiertag, und sie skandieren Parolen wie »Russland gehört uns« oder »Ruhm dem Imperium« und »Russe, steh auf!«. Organisiert haben den Aufmarsch rechtsradikale Vereinigungen. Die Miliz lässt die Marschierenden gewähren. Etwas anderes bleibt ihr aber auch kaum übrig: Die Moskauer Stadtverwaltung hat die Demonstrationen genehmigt.

Nicht immer sind die Behörden so tolerant. Als die liberale Opposition drei Wochen später mit einem »antifaschistischen Marsch« durch Moskau antworten will, zeigt sich die Stadtverwaltung mit einem Mal weniger verständnisvoll. Sie erteilt lediglich eine Genehmigung für eine sehr kleine, etwas abseits gelegene Strecke. Die Organisatoren halten die Entscheidung der Behörde für illegal. Am 27. November versammeln sich 250 Demonstranten vor dem Rathaus, um gegen Faschismus zu demonstrieren. Sofort fahren mehrere Busse mit OMON-Sondereinheiten der Miliz vor – den Männern fürs Grobe. Sie reißen den Demonstranten ihre Plakate aus den Händen, nehmen einige Dutzend Personen fest und schlagen einem Teilnehmer so brutal auf den Kopf, dass er mit Verletzungen in ein Krankenhaus eingeliefert werden muss.

Im Herbst 2005 geht wieder ein Protestschreiben bei der Generalstaatsanwaltschaft ein. Unterzeichnet haben unter anderem der Russische Jüdische Kongress und das Moskauer Menschenrechtsbüro. Sie klagen über die zahlreichen antisemitischen und fremdenfeindlichen Schriften auf der Moskauer Buchmesse. Niemals zuvor seien »auf dem wichtigsten staatlichen Bücherforum derart viele nationalistische, antisemitische und andere radikale Bücher ausgestellt worden«, klagen Beobachter. Weder die Staatsanwaltschaft noch der Verlegerverband, an den eine Kopie ging, antworten auf den Brief.

Dass es so viel antijüdische Literatur gebe und sie stark nachgefragt werde, liege auch am »täglichen Antisemitismus«, der im Lande herrsche, klagt eine Sprecherin des Jüdischen Kongresses. Selbst im Foyer der Staats-Duma sind an einem Bücherstand Werke wie die von der orthodoxen Kirche initiierte »Kriminelle Geschichte des Judentums« (erschienen 2005) und »Der Zionismus im System des Antikommunismus« (erschienen 2003) erhältlich.[17]

Der Antisemitismus macht auch vor Tochterfirmen deutscher Unternehmen in Russland nicht halt – etwa im Falle eines großen Münchner Versicherungskonzerns. Als eine deutsche Führungskraft in Moskau einen neuen Mitarbeiter einstellen will, lehnen die Kollegen mit der Begründung ab: »Der ist doch Jude«, und weisen ihn darauf hin, »dass es keine Juden im Haus gibt«.[18]

Am 11. Januar 2006 stürmt ein junger Mann in die Moskauer Synagoge an der Bolschaja Bronnaja und sticht unter den Worten »Heil Hitler« mit einem Messer auf die Gläubigen ein. Acht

Menschen, darunter der Rabbiner, werden schwer verletzt. Der Vater des Attentäters sagt später, sein Sohn habe antisemitische Literatur gelesen. Zeitungsberichten zufolge zeigt der 20-Jährige keinerlei Reue. Den Ermittlern sagt er: »Ich habe meinen Platz im Leben nicht gefunden. Es sind die Ausländer, die uns Russen hindern, normal zu leben – Schwarze, Chinesen und Juden.«

Ein Blick auf die Fakten zeigt, wie absurd solche Vorwürfe sind. Laut dem Ergebnis der Volkszählung von 2002 leben in Russland mit seinen 143 Millionen Einwohnern gerade einmal 234 000 Juden und machen damit 0,2 Prozent der Bevölkerung aus.[19] Die jüdische Gemeinde hält die offiziellen Zahlen für falsch und schätzt die Zahl der Juden in Russland auf eine Million – aber auch das wäre deutlich unter einem Prozent der Gesamtbevölkerung.[20] In Russland leben auch Zehntausende israelische Staatsbürger, zum größten Teil ehemalige Emigranten, die meist aus beruflichen Gründen nach Russland zurückgekehrt sind.

»Gott hasst die Homosexuellen« Im Frühjahr 2006 gerät plötzlich eine neue Minderheit ins Visier der Politiker und Medien: Homosexuelle. Nachdem Pläne für eine Gay-Parade in Moskau bekannt werden, greifen mehrere Hunderte Skinheads und radikale Orthodoxe in der Nacht zum 1. Mai 2006, der Walpurgisnacht, den Moskauer Gay-Club »Renaissance event club« an. Sie umzingeln das Gebäude, blockieren die Eingangstür, werfen mit Eiern, Flaschen und Steinen auf die Besucher und verprügeln sie. Neben antihomosexuellen und religiösen Parolen skandieren die Angreifer Sprüche wie »Russland den Russen«. Die Miliz greift nicht ein. Gegen 2 Uhr nachts rücken die Angreifer ab – merkwürdigerweise wohl organisiert: es stehen Busse bereit. Am nächsten Tag kommt es zu ähnlichen Angriffen auf weitere Gay-Clubs; einer wird angezündet.

Am 25. Mai treten in der bekannten Talkshow »Zur Barriere« im Sender NTW ein bekennender Homosexueller und die Vorsitzende des Familienausschusses der Duma zum Wortgefecht an. Sie warnt ihn vor Prügel, fordert Zwangsarbeit für ihn und beschimpft ihn lautstark – nach Kräften unterstützt vom Moderator – unter anderem als »Päderasten«, was in Russland linguistisch nicht ganz korrekt so viel bedeutet wie »Schwulensau«. Der Moderator macht sich über den Homosexuellen lustig; mehrmals betont er, Homosexualität sei widerwärtig und widernatürlich. Ein Geistlicher in Kutte erklärt den Homosexuellen vor laufender Kamera für exkommuniziert; die »ekelhafte Neigung« gefährde gar die Hauptstadt, warnt der Priester zur besten Sendezeit: »Gott ist der größte Homophob des Universums, er hasst die Homosexuellen (...). Es gibt drei Todsünden, für die Gott Völker völlig vernichtet, die Legalisierung von Mord, Homosexualität und Hexerei.« Im Falle einer Homosexuellen-Demonstration würde Gott Moskau überschwemmen und vernichten.[21]

Die Behörden verbieten denn auch eine für den 27. Mai geplante Homosexuellen-Kundgebung unter Verweis auf drohende Unruhen und »negative Reaktionen«. Dennoch versammeln sich mehr als hundert Demonstranten vor dem Moskauer Rathaus, darunter der Grünen-Bundestagsabgeordnete Volker Beck. Rund 100 militante Gegendemonstranten skandieren Sprüche wie »Ehre für Russland« und greifen die Demonstranten an. Beck beklagt, die Polizei habe die Teilnehmer der Schwulen-Demonstration regelrecht festgehalten, sodass sie nicht flüchten konnten und den Neonazis hilflos ausgeliefert waren. Er sei von den Beamten »quasi direkt« den Angreifern »zugeschoben worden«, empört sich Beck. Der Abgeordnete wird trotz Diplomatenpasses festgenommen. Die Taktik der Polizei sei nicht aufgegangen, weil sie die Demonstranten nicht schützen konnte, sagt Beck später. Er unterstellt damit, dass die Miliz den Demonstranten helfen wollte oder sollte; dabei deutet alles auf das Gegenteil hin: Dass die Beamten den militanten Gegendemonstranten beim Prügeln halfen. Bereits im Vorfeld der Demonstration hatten die Behörden angekündigt, mit aller Härte gegen Demonstranten vorgehen. Becks Wunde muss im Krankenhaus genäht werden.[22] Das Fernsehen ignoriert den Vorfall.

»Unser Leben, unsere Werte und unsere Traditionen – unsere Moral ist auf jede Art und Weise sauberer. Der Westen kann etwas von uns lernen und sollte nicht dieser verrückten Zügellosigkeit Vorschub leisten«, poltert Moskaus Bürgermeister Juri Luschkow. »Jedes Land hat seine eigenen Gesetze. Es ist eine Tatsache, dass diese Demonstration nicht genehmigt war«, sagt Außenminister Lawrow auf einer Sitzung des Europarates, dem Russland seit Mai 2006 vorsitzt – quasi als oberster Hüter der Menschenrechte in Europa. Es bestünden unterschiedliche Meinungen über universell geltende Menschenrechte zwischen Europa und Russland, so die Gegenattacke Lawrows. Der Europarat solle sich mehr um die gefährdeten Menschenrechte der russischen Minderheit bei den neuen EU-Mitgliedern im Baltikum kümmern.[23]

Neben Kaukasiern, Schwarzen, Juden und Homosexuellen müssen sich auch Sinti und Roma auf Feindseligkeiten einstellen. Die *Iswestia* berichtet im Mai 2006 ausführlich über eine Betrügerbande aus Sinti- und Roma-Frauen und erteilt ihren Lesern »sieben Ratschläge« zum »Schutz gegen Zigeunerinnen«: »Fangen Sie kein Gespräch an mit einer Vertreterin dieses Volkstammes«, empfiehlt die Gasprom-Zeitung, »erlauben Sie es einer Zigeunerin nicht, Sie zu berühren … Sagen Sie sofort, dass es Ihnen unangenehm ist, wenn sie Sie anlangt« und »wenn Sie spüren, dass Sie bereits unter die Wirkung ihrer Hypnose geraten sind, atmen Sie tief ein und schreien Sie aus ganzer Kraft: ›Miliz‹«.[24]

Die faschistische Gefahr Alexander Jakowlew, der verstorbene Vordenker der Perestroika, diagnostizierte schon im August 2003 eine »Faschisierung« der russischen Gesellschaft. Als Symptome nannte Jakowlew »einen Anstieg der Kriminalität, des Antisemitismus und eine KGBisierung, in deren Folge die wichtigsten Posten im Land von Menschen mit einem spezifischen Bewusstsein« besetzt würden.[25] Der frühere amerikanische Sicherheitsberater Zbigniew Brzezinski und der CSU-Politiker Otto von Habsburg vergleichen das heutige Russland sogar mit Italien unter Mussolini.

Zur Beurteilung solcher Warnungen lohnt ein Blick in den *Brockhaus*: »Der Faschismus mythisiert die Volksgemeinschaft und tritt als besonders antiindividualistisch und minderheitenfeindlich auf«, heißt es da. Er »bekämpft die Demokratie und die ihr zugrunde liegenden Ideen« wie »Rechtstaat, Menschen- und Bürgerrechte, Pluralismus, Opposition, Toleranz und die sie tragenden Institutionen und Verbände« wie »Parlament, Parteien und Verbände«. Der Faschismus verfüge über keine geschlossene Ideologie, betone den »Willen zur Macht«, die »Notwendigkeit hierarchisch-autoritärer Führung sowie die »Idee eines Imperiums« und »des Staates als zentralem Wert«. Weitere Faschismus-Merkmale sind demzufolge Militanz, Nationalismus und Militarismus sowie eine aggressive Innen- und eine expansionistische Außenpolitik. Namhafte Wissenschaftler vertreten die These, im Faschismus sei es zu einer Symbiose von Wirtschaft, Bürokratie und Armee gekommen.[26]

Anhänger und Kritiker der Kremlführung warnen in seltener Eintracht vor faschistischen Tendenzen in Russland – und schieben sich gegenseitig die Verantwortung zu. Auch Wladimir Putin mahnt regelmäßig vor Fremdenhass und Extremismus. Im Saal der Ehre des Moskauer Kriegsdenkmals unterzeichnen im Februar 2006 auf Initiative der Kremlpartei »Einiges Russland« zahlreiche, zum großen Teil kremltreue Parteien einen »Antifaschistischen Pakt« – unter den Augen der orthodoxen Kirchenführer, die seit den Zeiten Peters des Großen zu beinahe jedem staatlichen Handeln ihren Segen geben. Mit von der Partie ist auch der Mann, der den antisemitischen Schmähbrief zum »Schutz der Heimat« mit unterschrieben hat und ständig gegen Fremde hetzt: Wladimir Schirinowski. Nicht eingeladen zum »Antifaschistischen Pakt« sind die Kommunisten und liberale Parteien wie »Jabloko«.

Einer der Führer der Kremlpartei droht: Wer dem »Antifaschistischen Pakt« fern bleibe, »muss in den Untergrund und in Keller, dorthin, wo andere Organe der Staatsmacht sich seiner annehmen werden«. Die Opposition fasst diese Worte als Drohung auf. Tatsächlich gibt es in Russland erste Anzeichen dafür, dass Gegner der Staatsmacht als Faschisten verunglimpft werden – wie es etwa in Weißrussland seit langem der Fall ist.

Kremlkritiker sehen hinter dem »Antifaschistischen Pakt«

einen Etikettenschwindel. Um den Faschismus zu bekämpfen, müsse man bloß anfangen, die Verfassung und die Gesetze einzuhalten, mahnt die Jabloko-Partei. Die Opposition wirft den Herrschenden vor, Hass auf Minderheiten und nationalistische Stimmungen absichtlich zu schüren, um von innenpolitischen Problemen abzulenken und vor den Wahlen 2008 eine Drohkulisse aufzubauen. »Man schafft eine extreme Gefahr (...) und sagt den Bürgern: ›Mit dieser Bedrohung werdet ihr allein nicht fertig. Vertraut uns, wir werden schon einen Weg finden, wie damit umzugehen ist,‹« glaubt der frühere Ministerpräsident Jegor Gaidar.[27] Schon die Kommunisten rechtfertigten ihre autoritäre Herrschaft nicht zuletzt mit der steten Warnung vor faschistischen Gefahren und staatlich propagiertem Antifaschismus.

Im Text des »Antifaschistischen Paktes« heißt es unter anderem, die Unterzeichnenden müssten Zeitungen und Fernsehsender boykottieren, die rechtsradikales Gedankengut propagieren. Ironischerweise müssten sie dann alle großen Fernsehsender meiden, denn gerade dort wird Hass geschürt und rechtsradikales Gedankengut verbreitet, beklagen Forscher des Moskauer Informationszentrums »Sowa«. Vertreter rechtsradikaler Ideen kämen regelmäßig und oft zu Wort – meistens unwidersprochen, weil Liberale weitgehend von den Bildschirmen verbannt seien. Antifaschistische Worthülsen und chauvinistisches, fremdenfeindliches Gedankengut folgten oft direkt nacheinander. Bei Straftaten wird die Nationalität der Täter meist dann genannt, wenn es sich um Auswärtige handelt. Morde ein Russe, sei lediglich von einem »30-jährigen« Täter die Rede, sei hingegen ein Kaukasier tatverdächtig, werde von einer »Person kaukasischer Nationalität« gesprochen.[28]

Andere Kritiker glauben, die Fremdenfeindlichkeit sei Folge der staatlich verordneten Erziehung zum Patriotismus, die so weit gehe, dass übereifrige Lehrer etwa in Nowosibirsk schon Elfjährige drei Tage lang kasernieren und statt dem Mathebuch eine Kalaschnikow in die Hand drücken. Auf die Frage, was Russland zusammenhalte, antwortete Wladimir Putin im Februar 2006: »Liebe zur Heimat. Wir bauen hier nichts Neues.«[29] Das Fehlen einer nationalen oder sozialen Idee und eines wirklichen nationalen Projekts wird getreu jahrhundertealter russischer Tradition mit Patriotismus und Feindbildern kompensiert. Wie zu Sowjetzeiten ist die Intoleranz wieder Staatsdoktrin.

Oppositionelle behaupten sogar, dass Neonazis und andere gewalttätige Gruppen von der Regierung regelrecht herangezüchtet würden. Alexander Below, Anführer der »Bewegung gegen illegale Immigration«, gibt offen zu, dass er mit staatlichen Stellen zusammenarbeitet – und dass seine Männer in Absprache mit den Behörden an den oben erwähnten Prügelattacken auf Teilnehmer der Homosexuellen-Demonstration im Mai in Moskau teilgenommen haben.[30]

Dmitri Djomuschkin, »Führer« der faschistischen Gruppe »Slawischer Bund«, abgekürzt »SS«, berichtet Journalisten, dass er seine angeblich 5500 Mitglieder für den »Straßenterror« ausbilde, etwa gegen Kaukasier, Sinti und Roma sowie Homosexuelle. Djomuschkin lobt Hitlers Ideen und wünscht sich eine »Diktatur nationalsozialistischen Typs« für Russland. Er sagt, er habe mehrere Menschen getötet. Die Behörden würden ihn aber nicht antasten, weil der Staat ihn und seine Männer brauche, damit sie im Notfall gegen Demonstrationen und prowestliche Revolutionen wie in der Ukraine auf die Straße gingen. Djomuschkin behauptet, er habe Kontakte zum Präsidialamt, trinke schon mal ein Bier mit Kremlbeamten, und seine Kämpfer trainierten in einem Club, der der Kremlpartei »Einiges Russland« gehöre – die den Antifaschistischen Pakt gegründet hat. Während eines Treffens mit ausländischen Journalisten bekommt Djomuschkin einen Anruf vom Gasprom-Sender NTW, der ihn darum bittet, dass seine Kämpfer eine Szene stellen, in der sie einen Homosexuellen verprügeln.[31] Es ist gut möglich, dass Djomuschkin aufschneidet. Doch seine Ausführungen decken sich mit vielen anderen Verdachtsmomenten und Indizien. So beklagt das Moskauer Menschenrechtsbüro, dass die Behörden nur halbherzig gegen Rechtsradikale vorgehen. Russische Gerichte zögen die Ideologen und Anstifter dieser Organisationen de facto nicht zur Verantwortung, verurteilt würden nur normale Mitglieder.[32] Regierung und Gerichte zeigten eine »kaum verständliche Nachsicht mit faschistischen, extremistischen und nationalistischen Gruppen« und verschleierten Verbrechen mit rassistischem Hintergrund, heißt es im Bericht des Menschenrechtsbeauftragten des Kreml, Wladimir Lukin.[33]

Am 29. August 2005 verprügeln maskierte Angreifer mit Baseballschlägern vor einem Büro der Kommunistischen Partei in Moskau Mitglieder linker Jugendorganisationen. Gewaltsame Angriffe dieser Art seien beinahe an der Tagesordnung, klagen die Kommunisten. Die Täter fahren mit einem Bus davon. Als Milizionäre diesen 40 Minuten später anhalten, drohen ihnen die Tatverdächtigen: »Wenn ihr uns festnehmt, verliert ihr eure Schulterklappen.« Doch die Beamten tun ihren Job. Auf der Wache jedoch erhalten sie einen Anruf »von oben« – und müssen die Festgenommenen ohne Vernehmung laufenlassen. Das jedenfalls berichten später Milizionäre Reportern der Zeitung *Kommersant*. Weil die Wache aber schon von Journalisten umstellt ist, fahren die Ordnungshüter die Tatverdächtigen mit Dienstwagen davon. Dieser Chauffeur-Service sollte die mutmaßlichen Täter wohl vor neugierigen Blicken schützen: Augenzeugen wollen unter den Angreifern Mitglieder der kremlnahen Jugendorganisation »Die Unsrigen« ausgemacht haben.[34] Vorwürfe diese Art gibt es regelmäßig; »Die Unsrigen« weisen sie zurück.

Die von Spöttern als »Putin-Jugend« geschmähte Organisation bezeichnet sich selbst als »antifaschistische Bewegung«. »Die Unsrigen« setzen jedoch auf radikal-patriotische Parolen und rufen zum Kampf gegen »Nicht-Unsrige« auf. »Euch fehlt es an Brutalität. Ihr müsst bereit sein, faschistische Demonstrationen auseinanderzujagen und Versuche eines verfassungswidrigen Umsturzes physisch zu verhindern!«, mahnte Kreml-Spindoctor Gleb Pawlowski Tausende Mitglieder der »Unsrigen« im Juli 2005 während eines Zeltlagers am Seliger-See in Nordrussland.[35] Mit »faschistischen Demonstrationen« meinte er offenbar demokratischen Straßenprotest wie in der Ukraine. Wegen ihrer Radikalität erhielt die Organisation, die von Vizepräsidialamtschef Surkow offen unterstützt wird, in Anspielung auf die Verknüpfung der Worte »Faschismus« und »Naschi« (russisch für »Die Unsrigen«) bereits den Spitznamen »Naschismus«. Der Chef der Jugendbewegung, Wassili Jakemenko, arbeitete früher im Präsidialamt. Auf einer Kundgebung zum 60. Jahrestag des Sieges im »Großen Vaterländischen Krieg« sagte er 2005, es gehe um den »Befreiungskampf um sein Land«, wie ihn die Sowjetunion gegen Nazi-Deutschland geführt habe. »Wir geben unser Land niemals her«, meint ein anderer »Kommissar«, wie sich höherrangige »Unsrige« nennen.[36] Einen Dialog mit der liberalen Opposition schließt der Chef der »Unsrigen« aus, weil diese »vom Geld ausländischer Stiftungen« lebe und »fremden Willen ausführt«.

Solche Verleumdungen von Kremlkritikern als »fünfter Kolonne« des Westens sind gang und gäbe. Dabei ist der Zulauf zu den Extremisten gerade auch darauf zurückzuführen, dass die Regierung der gemäßigten Opposition die öffentliche Bühne genommen hat, dass sie das politische Leben im Lande lahmlegte und zum absurden Theater machte. Das in jeder Gesellschaft vorhandene Unzufriedenheitspotential kann deshalb nicht durch gemäßigte Kräfte gebunden werden: Für den Dampf im Kessel gibt es kein demokratisches Ventil, durch das er entweichen kann. Die Folge ist eine Überdrucksituation, eine Radikalisierung, die streckenweise eine gefährliche Eigendynamik entwickelt, weil Bevölkerung und Elite sich gegenseitig zu immer radikaleren Haltungen anstacheln. Um von anderen Problemen abzulenken, ist wegen des Abstumpfungseffekts eine wachsende Dosis an Hass auf Fremde und Minderheiten notwendig. Feindbilder werden immer häufiger und lautstarker auch im Ausland gesucht. So besteht die Gefahr, dass die Welle an Minderheitenfeindlichkeit und Extremismus, die Putins Staatsapparat – ob absichtlich oder nicht – ausgelöst hat, außer Kontrolle gerät. Mit möglicherweise dramatischen Folgen nicht nur für Russland.

Der mörderische Westen Die Diagnose war schon bekannt, bevor der Doktor zur Untersuchung kommen konnte. So, wie ihn die niederländischen Ärzte im Gefängnis behandelt hätten, habe Slobodan Milosevic gar nicht gesund werden können, sagte Leo Bokeria, Direktor eines Moskauer Herzchirurgie-Zentrums, bereits vor seinem Abflug nach Den Haag im März 2006. Die Ferndiagnose des Mediziners gleich nach dem Tod des früheren jugoslawischen Präsidenten passte ganz zur Meinung von Russlands Außenminister Sergej Lawrow: Der hatte ganz undiplomatisch geäußert, Moskau traue den Den Haager Ärzten nicht.

»Schlimmste Ärztefehler« beklagte Herzchirurg Bokeria dann tatsächlich, als er Tage später in Den Haag das Obduktionsergebnis studiert hatte. Ein einfacher Eingriff hätte den Exdiktator retten können, sagte der Arzt, der Mitglied der bereits erwähnten »Gesellschaftskammer« ist. Der Vorwurf, den westliche Mediziner als Unsinn bezeichnen, war tagelang das wichtigste Thema in den russischen Massenmedien: Der Westen habe den Expräsidenten des slawischen Brudervolkes mit seiner Verweigerung einer ärztlichen Behandlung in Russland umgebracht, so der Tenor, weil das Den Haager Kriegsverbrechertribunal die Schuld Milosevics nicht habe beweisen können. Der »Erste Kanal« behauptete gar, Berichte über Massaker im Jugoslawienkrieg seien Fälschungen des Westens. Statt Kritikern von Milosevic kamen ausführlich dessen Frau und Sohn zu Wort. Warum die beiden plötzlich unbehelligt in Moskau auftauchten, obwohl sie per internationalem Haftbefehl gesucht werden, fragte niemand.

Schon vor dem Tod Milosevics kritisierten russische Medien das Gerichtsverfahren gegen den Expräsidenten: »Dieser Prozess ist nicht nur eine bürokratische Bestätigung der trostlosen europäischen Rechtsprechung, sondern das weite Echo einer schrecklichen historischen Ungerechtigkeit und der Heuchelei und der doppelten Standards«, hieß es im »Ersten Kanal«.[37] Die meisten Russen empfanden die Nato-Angriffe Ende der neunziger Jahre auf ihre orthodoxen Glaubensbrüder in Serbien als Skandal und Schmach. Kremlkritiker argwöhnen, die antiwestliche Stimmungsmache könne aber auch andere Gründe haben: Der Kreml wolle das Haager Kriegsverbrechertribunal diskreditieren und Argumente für dessen Abschaffung liefern, weil er fürchte, später selbst wegen Tschetschenien zur Rechenschaft gezogen zu werden.

Doch auch an weniger symbolträchtigen Orten als Den Haag wird die Feindschaft zum Westen zelebriert: Im Oktober 2005 stoppt der norwegische Küstenschutz einen russischen Fischkutter mit dem Namen Elektron, der in einer Schutzzone vor Spitzbergen illegal seine Netze ausgeworfen hat. Zumindest nach Ansicht der Norweger, die das Gebiet für sich beanspruchen. Den Norwegern zufolge sind die Netze außerdem zu engmaschig, weshalb sich darin auch Jungfische verfingen. Norwegische Inspektoren kommen an Bord des Schiffes und befehlen dem Kapitän, ihnen in den nächsten Hafen zu folgen, um die Vorwürfe zu klären. Der Kapitän der Elektron dreht ab und flieht – und nimmt die erschrockenen norwegischen Inspektoren quasi als Geiseln mit. Norwegische Kriegsschiffe verfolgen die Elektron, doch andere russische Fischerboote kommen ihr zur Hilfe und blockieren die Schiffe der norwegischen Marine. Der Kapitän der Elektron erklärt über Funk, er würde lieber sterben als sich ergeben und droht, die norwegischen Verfolger zu rammen.

Die russische Grenzpolizei kündigt an, zum Schutz der Elektron das Küstenschutzboot Twer aus Murmansk auslaufen zu lassen. Hat ein Sprecher des russischen Geheimdienstes in einer ersten Reaktion noch über die unbedachte Reaktion des Elektron-Kapitäns geklagt, so wendet sich die Stimmung in den russischen Medien nun schneller als der Wind in der stürmischen Barentssee. Das russische Fernsehen stellt den Kapitän des Fischereibootes auf einmal beinahe als Nationalhelden dar. Aus Murmansk kommt der Elektron und den sie verfolgenden norwegischen Kriegsschiffen jetzt schwereres Geschütz entgegen – der U-Boot-Jäger Admiral Lewtschenko. Es handle sich lediglich um ein »planmäßiges Manöver«, wiegelt ein Marinesprecher ab. Selbst Verteidigungsminister Iwanow schaltet sich ein. Es werde zu keinem kriegerischen Zusammenstoß kommen, versichert er – und weckt damit erst schlafende Hunde.

Außenminister Lawrow wird von den Medien mit den Worten zitiert, er halte ständigen Kontakt mit dem norwegischen Außenministerium. Die russischen Medien berichten unter Berufung auf den Kapitän, die Norweger würfen Brandbomben auf den Fischkutter – was die Gegenseite umgehend dementiert. »Die Norweger behindern weder die japanischen noch die isländischen oder amerikanischen Fischer sonderlich, aber die Flotte des neuen Russland nehmen sie offenbar an die Angel«, klagt der

Sender NTW – wieder sind alle gegen Russland. Hinter dem Vorgehen gegen den Fischkutter stecke ein Plan Norwegens, seine militärische Präsenz in den Nordmeeren zu verstärken, klagt ein Duma-Abgeordneter. Doch man wolle sich auf seine eigene Weise wehren: Der Kapitän mit den Geiseln an Bord werde im Hafen von Murmansk von einem Orchester empfangen, kündigt NTW an. In Murmansk, so der Sender, gelte der Kapitän bereits als Held. Zu Wort kommt auch der Bruder des Mannes, der die norwegischen Inspektoren auf dem Kutter festhielt: »Was er vollbrachte, wird in einer Reihe stehen mit der Flucht unserer Besatzung aus Afghanistan und der Besetzung des Flughafens von Pristina. Das sind die hellen Flecken der russischen Geschichte.«

Ihr Mann sei immer gegen die Willkür gewesen, die den Fischern widerfahre, sagt die Frau des Kapitäns auf dem Bildschirm: »Er hat etwas vollbracht! Er hat Aufmerksamkeit auf die Fischer gelenkt. Vielleicht werden sie sich endlich von den Knien erheben.« Der Bruder des Kapitäns beklagt sich anschließend, dass die russische Küstenwache nicht genügend zum Schutz des Schiffes unternommen habe. Und der gleiche FSB-Sprecher, der Tage zuvor noch den Kapitän des Fischkutters kritisiert hatte, erklärt jetzt, aufgrund der vorliegenden Dokumente hätten die Norweger keinen Grund gehabt, das Schiff aufzubringen. Sie hätten ihre Vollmachten überschritten, Russland müsse »hart und deutlich« reagieren, fordert später der russische Landwirtschaftsminister. Im März 2006 wählen die Hörer einer örtlichen Radiostation den Kapitän der Elektron zum »Helden von Murmansk 2006«.[38]

Spötter sprechen angesichts der Farce in der Barentssee von einer Kuba-Krise im Eismeer. Künstlich aufgebaute Pseudokrisen dieser Art gehören inzwischen zum festen Bestandteil fast jeder russischen Nachrichtensendung. Als wichtigste Leitmotive sind auf dem Bildschirm in verschiedenen Variationen zu sehen: wie russische Soldaten in Georgien erniedrigt werden, wie das Andenken der Sowjet-Veteranen im Baltikum geschändet wird und wie die NATO Russland umzingelt. So absurd viele Berichte für Außenstehende wirken mögen, so sehr schüren sie bei Millionen Fernsehzuschauern, die keine anderen Informationsquellen haben, ein Gefühl der Bedrohung. Regelmäßig wird die Urangst vor einem Krieg geweckt. Etwa, wenn Putins langjähriger PR-Berater Gleb Pawlowski warnt, Georgien wolle Russland angreifen – und hinter den Kriegsplänen stünde die demokratische Partei in den USA, um mit einem Kaukasus-Krieg Präsident Bush in eine Falle zu locken.

Kaum weniger absurd ist ein »kalter Krimkrieg« im Juni 2006: Ein ukrainisch-amerikanisches Manöver mit den Namen »Sea Breaze« sorgt für politische Sturmböen auf der Halbinsel, die zur Ukraine gehört, aber überwiegend von Russen bewohnt ist. Nach der Ankunft eines 200 Mann starken US-Vorkommandos kommt es zu militanten Protestaktionen. NATO-Gegner errichten in Feodossija eine Zeltstadt, blockieren den Hafen und verhöhnen Schwarze unter den US-Soldaten mit rassistischen Parolen. Die Amerikaner flüchten in ein Sanatorium. Das Regionalparlament erklärt die Halbinsel zur »NATO-freien Zone«. Der Konflikt ist Topthema in den russischen Medien; Zuschauer bekommen den Eindruck, als sei die ganze Halbinsel in Aufruhr. Das Parlament in Moskau zeigt sich »zutiefst beunruhigt«, Außenminister Sergej Lawrow warnt vor schwerwiegenden Folgen eines NATO-Beitritts der Ukraine. Die prowestliche Führung in Kiew hält die Proteste für eine Provokation Moskaus – und einen Sturm im Wasserglas: Die erst für Juli geplante »Meeresbrise« ist demnach gar kein NATO-Manöver, sondern eine bilaterale Übung im Rahmen des Programms »Partnerschaft für den Frieden« – an dem auch Russland teilnimmt.

Die ständigen Alarmschreie im Fernsehen zeigen nicht nur bei der einfachen Bevölkerung Wirkung. Um Patriotismus zu beweisen, dreschen hochrangige Beamte, Militärs und Politiker fast schon gebetsmühlenhaft antiwestliche Parolen. »Im Verhältnis zu den USA herrscht Kälte«, sagt Generalstabschef Juri Balujewski bei einem Treffen mit Journalisten im noblen Moskauer Hotel »Baltschug-Kempinski«, nicht ohne die anwesenden Journalisten zuvor aufzufordern, alle verwendeten Zitate autorisieren zu lassen. »Wir haben das Recht, die Interessen Russlands im postsowjetischen Raum zu verteidigen, denn dort leben Millionen Russen«, mahnt der hochrangige General, der vorwiegend vom Blatt abliest. Als ein ausländischer Journalist einschläft, weckt ihn ein eilig herbeigeeilter Militär im Vorbeigehen mit einem leichten Schlag auf die Schulter.

Verbale Schläge bekommen die westlichen Institutionen ab. Die Organisation für Sicherheit und Zusammenarbeit in Europa (OSZE) verwandle sich, so Balujewski, in ein »Aufsichtsorgan für die Einhaltung der Demokratie in Russland und der GUS«, was auf die USA zurückzuführen und unzulässig sei. Im Brustton der Überzeugung behauptet der Militär: »Wir haben mehr Demokratie als eine Reihe alter demokratischer Staaten.« Empört zitiert Balujewski dann einen NATO-Beamten, der ihm anvertraut habe, eines der Ziele der Allianz sei die Errichtung einer Demokratie in Russland. Der General verzieht den Mund, als spreche er von einer ansteckenden Krankheit. Die NATO verharre eben immer noch im alten Denken; das sei der Grund für die Kälte in den Beziehungen, fügt Russlands höchster Uniformträger hinzu. In den »Medien der NATO« – gemeint sind die Medien der NATO-Länder – würden gezielt tendenziöse Berichte platziert, die den Bürgern im Westen Angst einjagen sollten: vor Terror, vor Kriminalität und vor atomaren Gefahren aus Russland. Und das, obwohl in Tschetschenien Söldner aus NATO-Ländern auf der Seite der Terroristen dienten. Überhaupt habe man beim Lesen der Presse den Eindruck, alles sei schlecht in Russland: »Die Kritik ist nicht professionell und nicht gerecht. Für mich ist es oft unverständlich, wie die Medien etwa über Todesfälle unter unseren Soldaten berichten. Ich könnte mich genauso lustig machen über die Verluste der USA im Irak. Dabei war der Einmarsch dort ein großer Fehler. Was aber haben die einfachen Soldaten damit zu tun? Darf man etwa mit solchen Sachen Politik machen?«

Der Oberbefehlshaber im Kreml gibt sich in der Regel gefälliger. Doch auch bei Wladimir Putin blitzt in Zwischentönen immer heftigere Kritik in Richtung Westen auf. Nachdem 2004 bei dem Geiseldrama in Beslan 331 Menschen ums Leben gekommen waren, darunter viele Kinder, deutete Wladimir Putin an, dass der eigentliche Feind woanders sitze: »Es gibt Kräfte, die ein dickes Stück von Russland abbeißen wollen. Andere Kräfte helfen ihnen. Weil sie glauben, Russland als eine der größten Atommächte der Welt sei eine Bedrohung für sie. Dass man diese Bedrohung vernichten muss. Der Terrorismus ist nur ein Werkzeug zum Erreichen dieser Ziele.«[39] Für Zuhörer mit Sowjet-Erfahrung war klar, wo der gemeinte Feind sitzt: jenseits des großen Teichs. Solche Töne von höchster Kommando-Ebene haben durchschlagende Wirkung – bis in die Niederungen des Internets. »Gegen Russland wird Krieg geführt, sehr lange und sehr, sehr erfolgreich«, heißt es etwa in einem Kommentar einer kleinen Internet-Zeitung, der auf einer der staatlichen Websites groß verbreitet wurde: »Nicht auf dem Schlachtfeld, wo man auf Russland immer schmerzhaft einschlug, sondern da, wo der Westen immer gewinnt und gewinnen wird – in Informationskriegen. Hauptziel ist es, den Russen zu zeigen, dass sie hirnloser Pöbel sind, nicht mal zweitklassig, sondern sechste oder siebte Sorte.«[40] Beamte drücken sich gewählter aus. Der Vorwurf mangelnden Pluralismus in der russischen Presse sei »ganz und gar lächerlich«, sagt Michail Trojanski, Vizesprecher des russischen Außenministeriums. Je stärker Russland werde, umso argwöhnischer werde der Westen und umso so schwärzer werde das Bild, das man von den Zuständen im Lande male. Alarmierende Töne sind selbst aus der Duma zu hören: »Man drängt uns Schritt für Schritt in den Nordosten des eurasischen Kontinents, weg von den Meeren, dorthin, wo bis auf zwei Meter Tiefe ewiger Frost herrscht«, klagt die Vizevorsitzende des Auslandsausschusses.

20 Jahre nach dem Beginn der Perestroika trachtet Russland nach einer Revanche für die Niederlage im Kalten Krieg. Immer wieder tauchen Verschwörungstheorien auf: Ganz in der Schule von Ex-KGB-Chef Krjutschkow, der den Westen einst beschuldigte, Getreideimporte mit Krankheitserregern zu infizieren, die russische Währung zu destabilisieren, die Auflösung der Sowjetunion zu planen und Agenten für die Sabotage ihrer Wirtschaft, Verwaltung und Wissenschaft auszubilden.[41] Moskaus neue Elite sieht das Ende der Sowjetunion nicht als Befreiung vom Bolschewismus und Sieg über eine Diktatur, sondern als Kapitulation.

In Russland glaubt man, der Westen habe das Land unter Jelzin schwächen und zur Rohstoffkolonie machen wollen. In Ansätzen ist diese Kritik berechtigt. Tragischerweise sieht man aber in Jelzin nicht jemanden, der die Demokratie missbrauchte, sondern in der Demokratie einen Missbrauch Russlands und ein Trojanisches Pferd. »Die Westler, die Liberaldemokraten und die Verteidiger der Menschenrechte, die Russland unter dem Deckmantel humanitärer Werte ihre fanatische, irrealistische, mörderische Ideologie aufdrängen wollen, müssen gestoppt werden«, fordert etwa der rechtspatriotische Politiker Alexander Dugin. Der Mittvierziger, der mit seinem langen Bart an einen orthodoxen Geistlichen erinnert, äußerte sich Anfang der neunziger Jahre Jahre noch lobend über Hitler. Heute ist er in den russischen Medien ständig präsent. Die von ihm gegründete »Eurasia«-Partei wird offensichtlich vom Kreml gefördert, er selbst leitet heute als Vordenker der Rechten das »Zentrum für geopolitische Gutachten«, das zu einem Expertenrat für Nationale Sicherheit des Parlamentspräsidenten gehört.[42] Die orange Revolution in Kiew betrachtet Dugin als Teil eines Krieges mit Amerika: Gegen den »Antichristen USA« und »seine Helfershelfer zu kämpfen, ist die religiöse Pflicht jedes Gläubigen einer traditionellen Religion, ob Moslem oder orthodoxer Jude, ob Buddhist oder Hindu«. Was mit Juschtschenkos Gesicht passiert sei, beweise die Richtigkeit eines alten russischen Sprichworts: »Gott brandmarkt die Gauner.«[43]

Der Putin-Vertraute und Chef der Anti-Drogen-Agentur Tscherkessow glaubt, die Erfolge des neuen Russland würden dessen Feinde außerordentlich beunruhigen. Er nennt diese Feinde zwar nicht beim Namen, doch dass er vom Westen spricht, ist jedem russischen Leser klar, der mit der Sprache der Sowjets vertraut ist, die einst vom »verfaulenden Imperialismus« redeten. Den Westen sieht Tscherkessow auch hinter Kritik am Geheimdienst und dessen Wiedererstarken: Es handle sich dabei um eine »Kampagne« und einen »Informations- und Psychokrieg«, der »vom Maßstab her dem antikommunistischen Krieg Ende der achtziger Jahre entspricht« – womit er offenbar Glasnost und Perestroika meint.[44] Aus Sicht der Kremlunterstützer zentralisierte Putin die Macht und beendete das Chaos der Jelzin-Zeit. Sodann brachte Putin das geraubte Volkseigentum wieder unter staatliche Kontrolle. In einer dritten Etappe, so hoffen zumindest viele seiner neokonservativen Anhänger, werde Putin das russische Imperium wiederherstellen.[45]

Vor diesem Hintergrund sorgte Putins Annäherung an den Westen nach den Terroranschlägen am 11. September 2001 bei großen Teilen seiner Anhänger und der Moskauer Elite für Irritation. Viele waren zwar geneigt, Putins Rolle westwärts für eine taktische Finte und ein Ablenkungsmanöver zu halten, um bis zum Wiedererstarken Russlands Zeit herauszuschinden. Andere jedoch fürchteten eine grundlegende Wende des Staatschefs. Im Verständnis der vom KGB geprägten neuen Moskauer Machtelite ist Außenpolitik vor allem ein Handel. So ist zu erklären, warum Moskau jahrelang einen außenpolitischen Zickzackkurs ohne klar erkennbare Linie verfolgte, der sich im Wesentlichen an kurzfristigen taktischen Interessen orientierte.

Nach seiner Westwende 2001 etwa kam Putin den USA entgegen, indem er der Stationierung US-amerikanischer Truppen in den früheren Sowjetrepubliken in Zentralasien und im Kaukasus zustimmte. Im Gegenzug erhoffte sich der Kreml unter anderem ein größeres Mitspracherecht in internationalen Angelegenheiten und Organisationen, den Abbau von Handelsbeschränkungen und eine Nichteinmischung in die inneren Angelegenheiten Russlands. Der Westen erfüllte keine dieser Hoffnungen. Moskau sah sich getäuscht und wendete sich ab. Dabei saßen wohl beide Seiten einem Missverständnis auf: Der Westen glaubte, Moskau habe sich für seine Werte entschieden, der Kreml wiederum glaubte an einen beidseitigen Deal. Dass die Politiker jenseits des ehemaligen Eisernen Vorhangs den russischen Präsidenten trotz seiner Westwende weiter mit Kritik an den inneren Zuständen und autoritären Tendenzen behelligten, dürfte auf ihn wie Verrat gewirkt haben.

Mit der Unterstützung der Revolutionen in der Ukraine und in Georgien hat Washington Moskau nach Ansicht vieler Russen endgültig den Fehdehandschuh hingeworfen. Anders als früher reist Putin seit 2004 kaum noch in den Westen, auch westlichen Journalisten gibt er noch seltener Interviews als zuvor.[46]

Inzwischen wird auch die EU Moskau immer weniger geheuer. Hatte Putin dort bis vor kurzem mit Gerhard Schröder und Silvio Berlusconi zwei treue Fürsprecher, so wird das größte Land der Europäischen Union, das traditionell tonangebend war für die

Russlandpolitik, nun mit Angela Merkel ausgerechnet von einer Frau aus dem ehemaligen Ostblock regiert, die über eigene Erfahrung in Sachen Russland verfügt. Zudem haben in der EU nach der Erweiterung die ehemaligen russischen Satellitenstaaten wie Polen, Ungarn und Tschechien sowie das Baltikum ein großes Wort mitzusprechen – und diese pflegen nach Jahren unter russischer Fremdherrschaft einen skeptischen Umgang mit Moskau. Der Kreml fürchtet nicht ohne Grund, dass Merkel als Ostdeutsche diesen »gebrannten Kindern« mehr Verständnis entgegenbringen wird als Putins Duzfreund Schröder – und sich in der EU eine Mehrheit für eine kritischere Haltung gegenüber Russland bildet.

Chinesischer Flirt mit Nebenwirkungen Liebesentzug verführt zu Seitensprüngen. Dass Russland sich vor dem Hintergrund des Rosenkrieges mit Amerika und der Europäischen Union nach alternativen Partnern umsehen muss, ist aus Putins Sicht nur folgerichtig. Der Kremlchef orientiert sich nun in Richtung China. Gemeinsam mit Peking bastelt Moskau an einem Gegengewicht zu den USA. China gefällt die neue Liaison, weil es von den enormen Rohstoffvorkommen Russlands als Mitgift profitierten möchte. Seine rasant wachsende Wirtschaft hat China inzwischen zum drittgrößten Ölimporteur der Welt gemacht.

Aus Sicht des Kreml treibt der Westen Russland mit seinem ständigen Pochen auf Menschenrechte und Demokratie regelrecht in die Hände des Reichs der Mitte, mit dem es fast vier Jahrzehnte im Dauerclinch lag. Anders als in Washington oder Berlin muss Wladimir Putin in Peking weder von Politikern noch von Journalisten kritische Fragen fürchten. Ebenso wenig müssen die Chinesen sich vor kritischen Tönen aus Russland zu ihrer Tibet-Politik ängstigen. In der Yukos-Affäre war es die chinesische Ölfirma CNPC, die dem Moskauer Staatskonzern Rosneft mit einem Kredit über 6 Milliarden Dollar half, sich die wichtigste Yukos-Tochter unter dubiosen Umständen einzuverleiben.

Die ersten Schritte zu einer Blockbindung sind längst getan. Im Jahr 2001 vereinbarten Peking und Moskau per Vertrag eine strategische Nachbarschaft. Ein großer Teil der russischen Rüstungsexporte geht nach China. Die modernsten russischen Waffen findet man häufiger in der chinesischen Armee als in der russischen. Kremlkritiker klagen, Russland verliere so des schnellen Rubels wegen seine militärische Überlegenheit. 2005 hielten russische und chinesische Truppen ein gemeinsames Manöver ab – ein Wink in Richtung Washington. In der »Schanghai-Organisation für Kooperation« binden Moskau und Peking die zum Teil diktatorischen früheren Sowjetrepubliken Kasachstan, Kirgisien, Usbekistan und Tadschikistan in Mittelasien an sich. Moskauer Liberale warnen bereits, der lose Zusammenschluss der sechs Staaten könne zum Grundstein einer »Internationale der autoritären Regime« werden. Ein neuer kalter Krieg könnte die Folge sein, fürchtet Dmitri Trenin vom Moskauer Carnegie-Zentrum: »Statt eines Ost-West-Konflikts hätten wir einen Fernost-West-Konflikt: mit dem alten Westen und den früheren Warschauer-Pakt-Staaten plus Georgien und Ukraine auf der einen und Russland, China, den mittelasiatischen Staaten und Weißrussland auf der anderen Seite.«[47]

Doch die Hinwendung zu China birgt für Russland enorme Risiken. Wegen der Macht des asiatischen Riesenreiches wäre Russland lediglich Juniorpartner in dieser geopolitischen Ehe und damit in großer Gefahr, unter den Pantoffel zu geraten und zum Rohstofflager Chinas zu werden. Schon heute sieht sich Russland im Fernen Osten einer zunehmenden »Chinesierung« ausgesetzt. 8 Millionen Einwohnern auf der russischen Seite stehen 100 Millionen Chinesen jenseits der Grenze gegenüber. Zum anderen koppelt Moskau die Regionen mental vom Zentrum ab. Die Russen im Fernen Osten, zumeist Nachkommen von Einwanderern aus Europa, fühlen sich oft als vergessene Steifkinder des Kreml und fürchten eine Trennung von ihren kulturellen Wurzeln. Nur wenn es ums kassieren geht, ist Moskau allgegenwärtig, klagen lokale Politiker: Die Regionen müssen heute um ein Vielfaches höhere Abgaben an den Staatshaushalt abführen als zu Jelzins Zeiten. »Wir haben nicht einmal ein Klärwerk in der Stadt. Alle

Abwässer gehen in den Pazifik, am Strand kann einem entgegenkommen, was man ins Klo gespült hat«, klagt Wladimir Litwinow, Kleinunternehmer im nahe der chinesischen Grenze gelegenen Wladiwostok: »Wir leben wie in der Dritten Welt, in einem großen Teil der Hochhäuser gibt es nicht einmal Lifte, die Warmwasserversorgung funktioniert seit Jahren nicht mehr.« Dafür sei die Steuerverwaltung umso aktiver: »Die kommen zweimal im Monat zum Abkassieren.« Alles ginge den Bach runter, meint Litwinow, der nach eigenen Angaben ein unpolitischer Mensch war, aber sich der Opposition anschloss, als Moskau japanische Autos mit Rechtslenkrad verbieten wollte – und andere gibt es kaum in Russlands Fernem Osten. »Wenn es so weiter geht, gehört das hier alles in zehn Jahren China«, seufzt er und blickt nachdenklich auf die malerische Bucht.

Frischer Schwung kommt meistens von jenseits der Grenze. Unweit des Pazifiks soll eine moderne, grenzübergreifende Handelszone mit mehreren Luxushotels und Geschäftszentren die Städte Sufinhe (chinesisch) und Pogranitschni (russisch) verbinden. Die Investitionen stammen überwiegend von der chinesischen Seite. Dort ist fast überall die Ausrichtung auf den russischen Markt und die Touristen von der anderen Seite der Grenze zu spüren, es herrscht geschäftiges Leben. Pogranitschni auf der russischen Seite wirkt dagegen beinahe entvölkert und wie eine Sowjetruine. Die Grenzabfertigung dauert auf der chinesischen Seite Minuten, auf der russischen Stunden. China lässt Russen aus der Grenzregion für bis zu 30 Tage ins Land, Chinesen dürfen in Gegenrichtung nur mit Visum passieren, weil Moskau Angst vor illegaler Einwanderung hat.[48]

Auf der chinesischen Seite des Grenzflusses Amur lag gegenüber der russischen Stadt Blagoweschtschensk früher nur ein Dorf. Heute steht dort eine moderne Stadt mit gläsernen Neubauten und einer kleinen Autobahn. Russische Regionalpolitiker beklagen die Unbeweglichkeit und den Kommandoton der Behörden in Moskau und blicken mit Neid auf den Handlungsspielraum, den Peking ihren Kollegen auf der chinesischen Seite der Grenze einräumt.

Viele Russen sprechen bereits von einer »friedlichen Invasion«

und erinnern an einen Witz aus Breschnews Zeiten: »Russland hat China den Krieg erklärt. Am ersten Tag ergeben sich 100 Chinesen. Der Kreml jubelt. Am zweiten Tag ergeben sich 1000 Chinesen. In Moskau herrscht Hochstimmung. Am dritten Tag ergeben sich 10 000 Chinesen. Der Generalsekretär sagt, es seien nur noch Tage bis zum Triumph, und trifft Vorbereitungen für eine Siegesfeier. Am nächsten Tag meldet sich der russische Kommandeur aus dem fernen Osten selbst in Moskau: »Mehrere Millionen Chinesen sind dabei, sich zu ergeben, wir müssen den Rückzug antreten.«

Während auf russischer Seite immer noch Angst vor chinesischen Plänen einer militärischen Eroberung der Ostprovinzen herrscht, verschieben sich auf chinesischer Seite die Akzente vom geopolitischen zum geoökonomischen Denken. Schon heute ist das chinesische Bruttosozialprodukt vier Mal höher als das russische.[49] Liberale fürchten, eine Hinwendung zu China könne zu einer Zerreißprobe für Russland werden und längerfristig zum Auseinanderfallen des Landes führen. Diese Gefahr droht bei einer Beibehaltung des autoritären, zentralistischen Kurses Moskaus jedoch auch ohne Schulterschluss mit China: Eine autoritäre Kommandowirtschaft ist auf Dauer der wirtschaftlich dynamischen chinesischen Konkurrenz nicht gewachsen.

Westorientierte Russen befürchten, dass die Annäherung an China eine Demokratisierung in Russland verhindert. Während ein Westkurs auf Moskau einen Reform- und Modernisierungsdruck ausübe, würde eine Hinwendung zu China längerfristig wohl eher die von asiatischer Tradition geprägten politischen Strukturen Moskaus festigen. China jedenfalls ist wohl mehr an einem autoritären Herrscher im Kreml interessiert als an einer Demokratisierung mit möglicher Hinwendung zum Westen.

Trotz des politisch motivierten Händchenhaltens scheut auch der Kreml offenbar noch vor allzu engen Banden mit dem immer mächtiger werdenden China zurück. Sehr zur Enttäuschung der Pekinger Führung wollte Putin bei seinem China-Besuch im März 2006 keine verbindliche Zusage für den Bau einer Ölpipeline von Sibirien in das Reich der Mitte geben. Den Wünschen der Chinesen zuwider soll die Leitung in den Fernen Osten bis zum Pazifik auf russischem Territorium verlaufen und damit Moskau alle Optionen offen halten, die Lieferung von Öl nach Japan inklusive. Im Energiepoker um eine Stellung als Weltmacht will der Kreml seine Trümpfe nicht frühzeitig ausspielen.

Bei aller Abkühlung kann sich Russland einen wirklichen Bruch mit dem Westen und hier vor allem mit der EU kaum leisten. Zwar ist Moskau von der harten Haltung der EU in der Kaliningrad-Debatte über Visafreiheit für Transitreisende ebenso enttäuscht wie über die ablehnende Position Brüssels zu den zahlreichen russischen Handelsbarrieren und dem Beitritt zur Welthandelsorganisation (WTO). Auch sieht man den Versuch der Europäer, Russland westliche Werte aufzudrängen, mit Zähneknirschen und will die wirtschaftliche Zusammenarbeit im Vordergrund wissen. Aber auf der anderen Seite wickelt Russland mit den Ländern der EU mehr als die Hälfte seines Außenhandels ab, sie sind wichtige Abnehmer für das Öl und Gas aus Moskau, wofür es zumindest bislang mangels Pipelines noch keine vollwertige Alternative gibt. Die Reisefreiheit in die EU-Staaten hat vor allem in den Großstädten großen Stellenwert für die russische Bevölkerung. Zumindest auf absehbare Zeit ist Russland von Europa ebenso abhängig wie Europa von Russland.

Zündhölzer und Feuerlöscher für Teheran Auf die Bilder des Grauens reagiert der Präsident mit Härte. Als am 4. Februar 2004 in einem Moskauer Metrozug eine Bombe 39 Menschen in den Tod reißt, wendet sich Wladimir Putin via Fernsehen an die Russen. Die Anschläge seien ein Versuche, ihn unter Druck zu setzen und zu Verhandlungen zu zwingen. Das komme nicht in Frage, betont Putin:»Russland verhandelt nicht mit Terroristen. Es vernichtet sie.«[50]

Zwei Jahre und drei Tage später, am 9. Februar 2006, kündigt Wladimir Putin auf einer Pressekonferenz in Madrid an, er werde die palästinensische Hamas zu Gesprächen nach Moskau einladen. Spaniens Ministerpräsident José Luis Rodríguez Zapatero zuckt zusammen, denn die Hamas bestrebt zu diesem Zeitpunkt noch eindeutig die Auslöschung Israels; die USA und die EU stufen die Hamas als Terrororganisation ein. »Heute muss man einfach anerkennen, dass die Hamas in den palästinensischen Autonomiegebieten als Ergebnis demokratischer, legitimer Wahlen an die Macht gekommen ist, und man muss die Wahl des Volkes von Palästina respektieren«, sagt Putin.[51] Es müsse eine Lösung am Verhandlungstisch gefunden werden. Hamas-Führer Khaled Mashaal ist erfreut: »Wir begrüßen die mutige Position von Putin.« Russlands Hilfe werde dazu beitragen, »ein gewisses Gleichgewicht« herzustellen und den amerikanischen Einfluss einzuschränken.

Im Westen herrscht Irritation, in Israel Empörung. In Jerusalem spricht Verkehrsminister Meir Schitrit von »einem Dolchstoß in den Rücken Israels« und einem internationalen Skandal: »Was würde Putin denken, wenn Israel tschetschenische Anführer einladen würde?«, so die Frage des Ministers: »Bei Terrorakten der Hamas sind über 550 israelische Bürger ums Leben gekommen, darunter nicht wenige Emigranten aus Russland. Wir verstehen nicht, worin sich die Sprengung eines Omnibusses in Jerusalem von einem Terrorakt in Moskau oder Beslan unterscheidet«, klagt ein hochrangiger Vertreter der israelischen Führung.[52] In Israel leben Hunderttausende russischer Juden; viele von ihnen sind nicht nur israelische, sondern auch nach wie vor russische Staatsbürger.

Kremlanhängern zufolge will Moskau bei den Begegnungen mit den Hamas-Führern die Rolle eines Psychotherapeuten spielen und seine Gesprächspartner auf ein friedliches Zusammenleben mit Israel einstimmen. Mit einer respektvollen Behandlung der Hamas-Leute verfolge Putin zugleich ein innenpolitisches Interesse: Der Kreml müsse berücksichtigen, dass etwa 20 Prozent der russischen Bevölkerung Muslime seien.[53] Im April 2006 sagen Teheran, Katar und Moskau der Hamas Finanzhilfen zu.

Genauso überraschend, wie Putin nach dem 11. September 2001 einen Westkurs verkündete, wechselt er nun im Nahost-Konflikt die Seiten und präsentiert Russland als Schutzmacht der Muslime. Damit verfolgt der Kreml eine Dreifachstrategie: Erstens will er so die Sympathien der knapp 30 Millionen Muslime im eigenen

Land einheimsen und auf diese Weise Abspaltungstendenzen vorbeugen. Zweitens soll die Umgarnung islamische Länder davon abhalten, die Aufständischen in Tschetschenien zu unterstützen. Drittens will Moskau wieder eine führende Rolle in der Weltpolitik spielen; mangels militärischer Macht braucht es dafür Partner, die seine Führungsrolle anerkennen.

Im Iran statuiert Moskau ein Exempel. Der Kreml bietet sich der Welt als Vermittler im Streit um das Atomprogramm Teherans an. Russland hat Teheran geholfen, einen Atomreaktor zu bauen, nun tritt es an, den Mullahs die Urananreicherung im eigenen Land auszureden. Es gehe weniger um »Urananreicherung« als um »Iranbereicherung«, spottet eine Moskauer Zeitung.

Tatsächlich hat Moskau handfeste, über das Atomgeschäft hinausgehende wirtschaftliche Interessen im Land der Mullahs: In Buscher bauen 2500 russische Arbeiter und Ingenieure am ersten iranischen Atomkraftwerk. Bei Fertigstellung winken milliardenschwere neue Aufträge. Und Lieferverträge für Uran in gewaltigen Mengen. Wichtigster Uranexporteur Russlands ist die Firma TENEX. Einer Meldung der staatsnahen Nachrichtenagentur Interfax aus dem Jahre 2003 zufolge sollte TENEX die Entsorgung des verbrauchten Uranbrennstoffs aus dem Atomkraftwerk Buscher übernehmen.[54] Im Mai 2006 bestreitet eine TENEX-Sprecherin auf Anfrage jegliche Geschäftskontakte der Firma mit dem Iran. Generaldirektor von TENEX ist der mehrfach erwähnte Wladimir Smirnow, gemeinsam mit Wladimir Putin Gründungsmitglied der Datschen-Kooperative am See.

Der Uranhauptlieferant für den Iran ist die staatliche russische Atomfirma TVEL. Ihr Vorstandschef ist ein enger Mitarbeiter des skandalumwitterten Telekom-Ministers und Putin-Vertrauten Leonid Reiman: der frühere Telekominvest-Direktor Alexander Njago aus Sankt Petersburg. Njago stirbt am 2. Mai 2006 im Alter von 58 Jahren.[55] Im April 2006 wird der Leiter von Putins Präsidialamts, Sergej Sobjanin, Vorstandsmitglied von TVEL; am 26. Mai 2006 übernimmt er den Vorsitz des Aufsichtsrats.[56]

Russische Oppositionelle werfen der Führung im Kreml vor, sie rüste mit dem Iran ein Regime atomar auf, dessen Raketen eine Reichweite bis Moskau haben, aber nicht bis Washington. Kremlnahe Politiker dagegen beteuern, Moskau könne nur mit guten Beziehungen sicherstellen, dass der Iran die islamischen Gebiete im Süden Russlands und seine zentralasiatischen Nachbarstaaten nicht destabilisiere und die tschetschenischen Rebellen nicht unterstütze.

Moskaus Fernsehsender melden, Russland erobere sich den Platz in der Welt zurück, den es in den neunziger Jahren verloren habe. »Diesen Platz muss man sich nicht ausdenken, er ist uns gegeben durch unsere Geschichte und die Lage unseres Landes«, kommentiert der »Erste Kanal«: »In den neuen Konflikten in der Welt müssen wir Vermittler und Schiedsrichter sein. Russland ist für Europa und die USA der einzige Garant für die friedlichen Absichten des Iran mit seinem Atomprogramm.«[57]

Die Rechnung geht inzwischen auf. Dabei war Putins Auftritt auf der großen internatonalen Bühne eher mühselig. Im Jahr 2001 hatte der Kremlchef den Altpräsidenten Michail Gorbatschow – in Moskau als »wandelnder Sargnagel der Sowjetunion« geschmäht – in streng geheimer Mission in die USA geschickt. Der »Vater der Perestroika« sollte seinen Freund George Bush senior überreden, dass der ein gutes Wort für Putin bei seinem frisch ins Weiße Haus gewählten Sohn einlegt. Der hatte ihm zuvor demonstrativ die kalte Schulter gezeigt, nachdem er im Wahlkampf seinem Widersacher Al Gore zu große Nähe zu Moskau vorgeworfen hatte.

Fünf Jahre nach Gorbatschows demütiger Kuppelei darf Putins Außenminister Lawrow bei seinem Besuch in Washington im März 2006 tatsächlich ins Allerheiligste der Macht, ganz gegen das Protokoll: Bush empfängt ihn im Oval Office des Weißen Hauses. Die Streicheleinheiten werden jedoch nicht aus später Liebe, sondern aus taktischen Gründen verabreicht: Die Russen spielen eine Schlüsselrolle im Atomstreit mit dem Iran und sollen den Konflikt entschärfen helfen.

Für die Aufmerksamkeit der Amerikaner zahlt Moskau jedoch einen hohen Preis. Wegen seiner periodischen Flirts mit den »Schurkenstaaten« wird der Kreml im Westen zunehmend als außenpolitischer Unsicherheitsfaktor gesehen. Tatsächlich wirft Washington Moskau vor, es habe im Irak-Krieg Geheimdienst-

Informationen über US-Angriffstaktiken und Aufmarschpläne an die irakische Führung um Saddam Hussein weitergegeben. Der Geheimdienst in Moskau weist die Anschuldigungen als »Hirngespinst« zurück. Die USA seien »erbost über die Festigung der Position Russlands auf dem internationalen Schauplatz« und lenkten die Aufmerksamkeit von inneren Problemen ab, »egal mit welchen Mitteln«, klagt ein kremlnaher Experte.[58]

Unbestritten ist hingegen, dass Moskau im Jahr 2000 als Reaktion auf das amerikanische Raketenabwehrprogramm Waffen an den Iran lieferte. Nach Ansicht der USA verstieß Russland damit gegen eine Übereinkunft aus dem Jahr 1995: Im so genannten »Tschernomyrdin-Gore-Memorandum« ließ sich der Kreml seinerzeit den Verzicht auf Waffenlieferungen nach Teheran mit Finanzhilfen für die eigene Atomwirtschaft vergelten.[59] Ebenso verkauft Russland Rüstungsgüter an Syrien, das in den Augen Washingtons den Schurkenstaaten nahesteht.

Im April 2006 verspricht Russlands Verteidigungsminister Iwanow, Russland werde seine Lieferverträge einhalten und dem Iran 32 Tor-M1-Boden-Luft-Raketen liefern, falls keine »außergewöhnlichen Umstände« einträten. Die Ankündigung erfolgt in dem Moment, als sich die Atomkrise zuspitzt und der Westen versucht, eine Drohkulisse gegen die Mullahs aufzubauen, um sie von ihren Atomplänen abzubringen.[60] Der Auftrag für die Raketen hat einen Umfang von einer Milliarde Dollar. Hersteller ist die Firma Almas-Antej, deren Aufsichtsratsvorsitzender ist Viktor Iwanow, einer der engsten Vertrauten von Präsident Putin und Vizepräsidialamtschef. Die USA und Israel zeigen sich besorgt über die Lieferungen. Russland macht geltend, bei den Tor-M1-Raketenhandle es sich um Kurzstreckenwaffen, sodass die Lieferung nicht gegen das Völkerrecht verstoße.[61]

Kremlkritiker behaupten, hinter Moskaus Schmusekurs mit den »Schurkenstaaten« stecke Kalkül. Die russische Führung gebe regelmäßig »bösen Jungs« wie Nordkorea oder Iran Streichhölzer, also Waffen oder Atomtechnik, um dann, wenn es brennt, gegen Entgelt mit dem Feuerlöscher aufzutauchen. Dem Kreml gehe es darum, so der Vorwurf, einen möglichst hohen politischen und wirtschaftlichen Preis für seine Vermittlungsdienste herauszuschlagen. Präsident Putin erklärte, er sei überzeugt, dass Washington »die atomare Karte« gegen Teheran nutze, »um auf dem iranischen Markt eine Konkurrenz aufzubauen« – also westliche Firmen statt russischer ins Geschäft zu bringen. Lange Zeit betrachtete Moskau die Iran-Initiativen der EU als Einmischung in ihr Geschäft. Das schenkte den Iranern Zeit.[62]

Aus westlichen Geheimdienstkreisen heißt es, Teheran wolle Moskau täuschen und sich heimlich russisches Raketen-Knowhow besorgen. Schon zuvor hatte der Iran Putin hinters Licht geführt und ihn zu der falschen Äußerung veranlasst, das Land produziere kein waffenfähiges Plutonium.[63] Es gibt aber auch eine andere Version: dass der Kreml ein doppeltes Spiel spiele. Boris Jelzin gestand nach Unterzeichnung des Buscher-Vertrags 1995, dass der Kontrakt »Elemente von beidem« enthalte: »friedliche und militärische Atomtechniken«. Deutlicher kommentierte Jelzins Berater Alexej Jablokow schon im Jahr 1995 die Folgen: »Dank Russland wird der Iran in einigen Jahren in der Position sein, die Atombombe zu bekommen. Durch die Unterzeichnung dieses Vertrages bewaffnet Russland den Iran.«[64]

Atominstitute, Universitäten und Rüstungsunternehmen arbeiteten mit Genehmigung des Kreml mit den iranischen Behörden zusammen. US-Militärspezialisten nehmen an, dass die Russen den Iranern auch beim Bau unterirdischer Regierungsbunker geholfen haben.[65] Das Atomprogramm des Iran würde ohne die Unterstützung Russlands kollabieren, schreibt Bruno Schirra in seinem Buch *Iran – Sprengstoff für Europa*. Moskau könne durch die nukleare Zusammenarbeit mit Teheran auf Aufträge in zweistelliger Milliarden-Dollar-Höhe hoffen. Vor diesem Hintergrund ist besonders heikel, dass die russische Atomwirtschaft zu großen Teilen von Männern aus dem Umfeld von Wladimir Putin kontrolliert wird. Auf der einen Seite tritt der Kreml international als Vermittler auf, andererseits hat er ganz handfeste wirtschaftliche Interessen. Die russische Opposition glaubt deshalb nicht daran, dass Moskau im Iran-Konflikt ein ehrlicher Makler sein kann, und warnt den Westen vor Blauäugigkeit. Vergeblich, glaubt Hans Rühle, früherer Ministerialdirektor im deutschen Verteidigungsministerium: Der Westen spiele das Spiel Moskaus mit – die EU-

Länder, weil sie »in Unkenntnis der Verstrickungen in die problematischen Teile des iranischen Nuklearprogramms in Russland einen ehrlichen Makler sehen, und die Vereinigten Staaten, weil sie sich nicht dem Verdacht ausgesetzt sehen wollen, die diplomatische Karte nicht voll ausgereizt zu haben«.[66]

Wie auch immer die Iran-Krise ende, für Moskau werde es eine weiche Landung, glaubt die Moskauer Oppositionszeitung *Nowaja gaseta*: »So zynisch es klingt, für Russland ist jede Entwicklung von Vorteil«, schreibt das Blatt – und liefert eine eigenwillige Erklärung für die ambivalente Haltung des Kreml im Atomstreit: »Wenn die Spannung anhält, bleiben die Ölpreise auf hohem Niveau. Wenn es zu Sanktionen oder einem Krieg kommt, werden sie stark steigen.« »Blicken wir den Tatsachen ins Gesicht. Iran wird die Bombe bekommen«, warnt der bekannte US-Jurist Alan Dershowitz im April 2006: »Das Land hat bereits Raketen getestet, die den gesamten Nahen Osten und einen großen Teil Südeuropas erreichen können. Und es behauptet, über 40 000 Selbstmordattentäter zu verfügen, die bereitstehen, seine Feinde mit Terror – auch Nuklearterror – zu überziehen. Nichts wird Iran abhalten. Sanktionen gegen eine reiche Ölnation sind wertloser Protest. Die Diplomatie ist schon gescheitert, weil Russland und China auf beiden Seiten mitspielen.« Mit Atomwaffen bewaffnet und regiert von religiösen Fanatikern, werde Iran zur gefährlichsten Nation der Welt, warnt Dershowitz.[67]

»Trinkt nichts Georgisches« Der erste Eindruck führt in die Irre. Wer im April 2006 in die Moskauer Filialen des deutschen Großhandelskonzerns »Metro« kommt, könnte glauben, das Unternehmen aus der Bundesrepublik sei auch nach ein paar Jahren am Markt des Russischen noch nicht mächtig. »Grusia« steht in großen Buchstaben über einer Weintheke. »Grusia« heißt Georgien. Doch keine einzige Flasche aus der Kaukasusrepublik ist in den Regalen zu finden, stattdessen mehr oder weniger edle Tropfen aus Italien und Argentinien. Ein paar Meter weiter der gleiche Etikettenschwindel: Unter dem Schild »Moldawia« sind nicht etwa Flaschen aus der früheren moldawischen Sowjetrepublik Moldawien zu finden, sondern Weine aus Chile, Bulgarien und Spanien.

Natürlich führen die deutschen Großhändler ihre Kunden nicht absichtlich in die Irre. Sie wollen es sich nur nicht mit den russischen Behörden verderben. Deshalb mussten sie zu einer großen Wein-Umladeaktion ansetzen – die georgischen und moldawischen Weine landeten in den Vorratsräumen, und von dort kamen angestaubte Nachschubbestände in die Regale.

Auslöser der Weinwanderung war der Beschluss eines russischen Amtes, der Verbraucherbehörde mit dem unaussprechlichen Namen Rospotrebnadsor. Ihr Chef, Russlands oberster Verbraucherschützer Gennadi Onischtschenko, ist gewöhnlich durch nichts aus der Ruhe zu bringen. Vorwürfe, seine Behörde kümmere sich mehr um Bakschisch als um Hygiene und Verbraucher, lässt er ebenso von sich abprallen wie die Vogelgrippe: Als die sich von Osten näherte, kündigte Onischtschenko an, er sei bereit, vor laufender Kamera ein infiziertes Huhn zu essen.

Doch im März 2006 zeigte sich der hartgesottene Mann mit dem graumelierten Bürstenschnitt mit einem Mal sehr empfindlich. Seine Tester berichteten, sie hätten überhöhte Schadstoffwerte, vor allem Pestizide, in Weinen aus Georgien und Moldawien ausgemacht. Experten merkten an, dass auch europäische Winzer solche Pflanzenschutzmittel verwendeten, ebenso wie Winzer in Südrussland und auf der Krim. An deren Erzeugnissen hatten die russischen Prüfer jedoch nichts auszusetzen.

»Wir fordern von allen Importeuren, alle Getränke aus Georgien und Moldawien aus dem Handel zu nehmen, die Alkohol enthalten«, verkündete der Oberste Verbraucherschützer. Die Grenze zwischen gefährlichen und harmlosen Anbaugebieten scheint sich streng an den politischen Fronten zu orientieren. Weine aus zwei Regionen der beiden Länder waren der Moskauer Behörde zufolge völlig ungefährlich für den Verbraucher: nämlich die Schoppen aus Abchasien und Transnistrien. Das sind abtrünnige Teilrepubliken, die sich von Georgien und Moldawien losgesagt haben und den Anschluss an Russland anstreben. Flaschen aus diesen beiden Regionen sind weiter in Moskauer Supermärkten unter den Flaggen dieser international nicht anerkannten Zwergstaaten zu finden.[68]

Nicht nur beim Wein aus Georgien wurden die russischen Lebensmittelprüfer fündig. Im April 2006 kommt auch das legendäre »Borschomi«-Mineralwasser, Georgiens salzige Antwort auf Apollinaris und das Lieblingsgetränk von Stalin und Millionen früherer Sowjetbürger, auf die rote Liste. Begründung: Man habe Flaschen gefunden, bei denen die vorgeschriebene »Dokumentation« fehlte. In ganz Russland schwärmen Inspektoren der Gesundheitsämter aus, um die inkriminierten Getränke aus dem Verkehr zu ziehen. 10 Millionen Flaschen Wein und Mineralwasser sollen vernichtet werden. Eine der führenden staatlichen Expertinnen für die Prüfung von Mineralwasser in Russland kritisiert das Verbot und beteuert, dass alle Proben des georgischen Wassers einwandfrei gewesen seien. Die Verbraucherschützer hätten statt harter Fakten nur allgemeine Feststellungen auf den Tisch gelegt.[69]

Kurz darauf stoppt Russland auch die Einfuhr sämtlicher landwirtschaftlicher Erzeugnisse aus Georgien. Am Grenzübergang »Kasbegi« an der georgischen Heerstraße, hoch oben im Kaukasus, bilden sich lange Schlangen von Lastwagen. Sogar das Parlament nimmt sich der Sache an. In einer Resolution unterstützt die Duma das Einfuhrverbot: Die Maßnahmen seien notwendig, um die russische Bevölkerung vor Gesundheitsrisiken zu schützen, so die Abgeordneten. Das Einfuhrverbot stehe mit den allgemein anerkannten Normen und internationalen Handelsregeln im Einklang.[70] Die kremltreue Boulevardzeitung *Komsomolskaja Prawda* druckt für Leser ein Poster im Propagandastil der dreißiger Jahre mit dem Titel »Trinkt keinen georgischen Wein« ab: »Wenn sie sich und die Heimat achten, dann hängen Sie dieses Plakat an die Wand.«[71]

In ganz Russland raufen sich Gastwirte, Lebensmittelhändler und Exporteure die Haare: Sie bleiben auf Millionen Euro teurer Ware sitzen, die sie eingekauft haben. Schätzungen ergeben, dass allein Weine im Wert von 580 Millionen Euro nicht geliefert oder aus den Regalen geräumt werden. »Eine Affenschande« sei das Import-Verbot, ärgert sich die Moskauer Ärztin Irina Gawrilowa.

Seit Jahren rät sie Bluthochdruck-Patienten, von Wodka auf trockenen Rotwein umzusteigen. Vorbei. Weine aus Moldawien und Georgien waren für den Normalverdiener die einzigen halbwegs hochwertigen und gleichzeitig erschwinglichen Tropfen, im Gegensatz zu Weinen aus dem Westen. Hohe Einfuhrzolle und undurchsichtige Handelsstrukturen sorgen dafür, dass eine Flasche Landwein aus dem Veneto, die in Deutschland für zwei Euro zu haben ist, in Russland für zwölf Euro über den Ladentisch geht. Tropfen aus dem Süden Russlands sind zwar billig, aber selbst der Merlot von dort schmeckt oft nach Erdbeerbowle.[72]

Tatsächlich bereiten zahlreiche Produktfälschungen, auch von Lebensmitteln wie Wein oder Mineralwasser, den Behörden seit Jahren Probleme. Kaum jemand in Russland wird auch daran zweifeln, dass Lebensmittelimporte aus Georgien und Moldawien zuweilen nicht allen Buchstaben des Gesetzes gerecht werden. Doch das ist schon seit Jahren so – und trifft genauso auf Lieferungen aus Weißrussland, der Ukraine, Zentralasien oder der russischen Provinz zu. Von dort darf aber weiterhin ungehindert geliefert werden.

In Moskau findet man kaum jemanden der daran glaubt, dass der Einfuhrstopp tatsächlich wegen Gesundheitsbedenken durchgesetzt wurde. Nur im Fernsehen wird dieser Schein aufrechterhalten. Gezeigt wird, wie Präsident Putin in seinem Arbeitszimmer im Kreml den obersten Verbraucherschützer Onischtschenko empfängt. Der Präsident kommt auf die Vorwürfe, hinter dem Einfuhrstopp stünden politische Motive, zu sprechen. Ob die Anforderungen an russischen und georgischen Wein gleich seien, fragt der Präsident seinen Beamten. »Natürlich«, antwortet der.[73] Dabei sitzt er Putin in Habachtstellung gegenüber wie alle Minister und Beamten, die der Präsident im Kreml zum Rapport bestellt. Szenen dieser Art gehören zum festen Bestandteil russischer Nachrichtensendungen.

Die Verbraucherbehörde Rostrebnadsor sei »zum politischen Instrument des Kreml geworden«, schreibt dagegen die oppositionelle Moskauer Wirtschaftszeitung *Kommersant*.[74] Die Einfuhrverbote in ihr wichtigstes Exportland bringen die beiden Agrarrepubliken Moldawien und Georgien in ernsthafte wirtschaftliche Schwierigkeiten. In Georgien kündigen die ersten Winzer Entlassungen an. In Tiflis heißt es, Russland wolle das Land mit dem Weinkrieg zwingen, seine Pläne für einen NATO-Beitritt aufzugeben. Der Importstopp erfolgte zudem just zu dem Zeitpunkt, als Georgien öffentlich gegen einen Beitritt Russlands zur Welthandelsorganisation protestierte.

Fünf Tage lang nach dem Einfuhrverbot für georgische Waren habe sie versucht, ihre russischen Kollegen anzurufen und einen Ausweg zu finden. Aber niemand habe ihr geantwortet, klagte die ebenso resolute wie charmante Parlamentspräsidentin der Kaukasusrepublik, Nino Burdschanadse: »Es ist die Unwahrheit, dass Georgien nicht mit Russland reden will, es ist die Unwahrheit, dass Tiflis es vorzieht, in Washington anzurufen statt in Moskau. Aber was sollen wir machen, wenn wir zehnmal in Moskau anrufen und niemand drangeht, aber die europäischen Staaten, die uns freundlich gesinnt sind, und Washington gleich nach dem ersten Klingelton abheben?«[75] Russland habe erneut gezeigt, dass es wirtschaftliche Hebel verwende, um politischen Druck auszuüben.

Auf dem Höhepunkt des »Weinkrieges« klagen russische Wissenschaftler im Mai 2006, die Verbraucherbehörde – ganz auf den Kampf gegen Wasser und Wein aus Georgien konzentriert – ignoriere seit langem die Gefahren durch Gifte in Lebensmitteln wie etwa Dioxin und führe keine wirksamen Kontrollen durch.[76] Die Verbraucherschützer künden unterdessen an, 10 000 Liter georgisches Mineralwasser in die Kanalisation zu schütten, und Behördenchef Onischtschenko erklärt dem Alkohol den Kampf: »Es geht um ernste soziale, moralische und geistliche Aspekte.« Nur wenn Russland sich erneuere, habe es die Chance, eine »führende Rolle bei der Entwicklung der menschlichen Zivilisation zu spielen«.[77]

Der »Weinkrieg« ist beispielhaft für den Umgang Russlands mit den Ländern der früheren Sowjetunion. Die demokratischen Umstürze in Georgien und der Ukraine führten in der russischen Politik zu einer Zäsur und hinterließen bei den Machthabern einen Schock, der bis heute nachwirkt. Der Kreml empfindet die Revolutionen als Werk des Westens und als Angriff auf seine hauseigenen Interessen. »In der Ukraine, das war keine Revolution, das war ein Putsch, ein Staatsstreich«, glaubt etwa der Chef der kremlnahen Jugendorganisation »Die Unsrigen«: Der US-Botschafter habe den Wahlkampfstab des späteren Revolutionsführers und heutigen Präsidenten Viktor Juschtschenko geführt. Die Mehrheit der Demonstranten sei nur deshalb auf die Straße gegangen, weil sie dafür Geld bekommen hätten, so der »Unsrigen«-Chef: »Die Ukraine war eine Kolonie Russlands, jetzt ist sie eine Kolonie Europas.«[78]

Russland tut offenbar alles, um die demokratischen Umstürze rückwirkend als Misserfolge erscheinen zu lassen. »Moskau strengt sich nach Kräften an, die Situation in Georgien zu destabilisieren«, klagte bereits im Herbst 2004 ein westeuropäischer Diplomat in Tiflis: »Im Kreml scheint man in alter Tradition davon auszugehen, es sei vorteilhaft, seine Nachbarn schwach zu halten und ihre politische Stabilisierung zu verhindern – in der irrigen Ansicht, einem schwachen Nachbarn gegenüber sei man stärker. Dabei wäre das Gegenteil der Fall. Moskaus ureigenes Interesse müsste es sein, stabile Zustände an seinen Rändern zu schaffen.«[79] Die georgische Parlamentspräsidentin Nino Burdschanadse sieht das ähnlich: »Russland kann sich nicht mit der Realität abfinden und denkt immer noch in den alten Großmachtkategorien«, klagt sie im Gespräch in Tiflis. Wenn Moskau wirklich seine Position im Kaukasus stärken wollte, müsste es statt einer Politik der Stärke und der unnötigen Problemschaffung beginnen, mit Georgien eine Politik der gegenseitigen Hilfe zu etablieren.

Für Besorgnis in Kaukasien sorgt ein Aufsatz des russischen Verteidigungsministers Iwanow. Darin schreibt er, die Sicherheit Russlands hänge von der innenpolitischen Situation in einigen Nachbarstaaten ab. Bei der Planung künftiger militärischer Aufgaben müssten auch »politische Prozesse« einkalkuliert werden: potentielle direkte Gefahren oder geänderte geopolitische Realitäten in einer Region, die Russlands strategische Interessen berühre.[80] Es fällt nicht schwer, dies als militärische Einsatzbereitschaft im Falle demokratischer Revolutionen in den Nachbarländern zu interpretieren. So jedenfalls kommt die Botschaft in Tiflis an.

Dabei setzte der Kreml schon unter Boris Jelzin auf eine Destabilisierung im Kaukasus, die bei bösartiger Lesart durchaus als eine Fortsetzung des alten Stalin'schen Rezepts aufgefasst werden kann, die einzelnen Völker des Imperiums gegeneinander aufzuhetzen. Nicht zuletzt mit Moskauer Unterstützung erklärten sich Anfang der neunziger Jahre die prorussischen Führungen in den georgischen Teilrepubliken Abchasien und Südossetien sowie im moldawischen Transnistrien nach blutigen Unabhängigkeitskriegen für selbstständig – was deren Regierungen in Georgien und Moldawien sowie die internationale Staatengemeinschaft nie anerkannten. Tatsächlich sind diese nationalen Spannungen wesentlich auf die willkürlichen, ja konfliktprovozierenden Grenzziehungen Stalins per Lineal und dessen Ansiedlungspolitik zurückzuführen.

Tragischerweise aber rief Moskau mit seiner Unterstützung etwa für Abchasien die Geister, die es später in Tschetschenien nicht mehr loswurde: Der Tschetschene Schamil Bassajew, bis zu seiner Tötung im Juli 2006 viele Jahre der meistgesuchte Terrorist, begann seine kriegerische Laufbahn als kaukasischer Freiwilliger auf Seiten der von Moskau unterstützten abchasischen Freischärler im Kampf gegen Georgien.

Während Moskau eine Unabhängigkeit Tschetscheniens kategorisch ablehnt und dafür durchaus gute Gründe hat, unterstützt es die Separatisten in den abtrünnigen Republiken in den Nachbarstaaten nach Kräften, auch wenn sie sich teilweise zu Zentren des Schmuggels und der Kriminalität entwickelt haben. Nach außen hin gebe sich Moskau mit seinen Friedenstruppen als Vermittler aus, in Wirklichkeit habe es mit deren Hilfe die abtrünnigen Gebiete praktisch annektiert, klagt Georgiens Parlamentspräsidentin Nino Burdschanadse: Völkerrechtswidrig gebe Moskau dort russische Pässe aus, lasse russische Banken und Mobilfunkgesellschaften agieren und ernenne russische Militärs und Geheimdienstler zu »Regierungsmitgliedern«, obwohl die Republiken formal nicht anerkannt sind. Im russischen Parlament wurden wiederholt Stimmen laut, die Republiken an Russland anzuschließen. Immer wieder kommt es zu lokalen Scharmützeln zwischen örtlichen, russischen und georgischen Militärs, an denen sich alle Seiten gegenseitig die Schuld geben. Putin zieht Parallelen zwischen den abtrünnigen Kaukasus-Republiken und dem Kosovo. Wenn der Westen für eine Unabhängigkeit der jugoslawischen Region plädiere, dürfe man diese auch Südossetien und Abchasien nicht vorenthalten, warnt der Präsident.[81]

Auf beiden Seiten der Grenze beschwören die Medien die Kriegsgefahr. Einer der höchsten Staatsmänner in Tiflis hat ein ganz besonderes Beweisstück der Bedrohung. Beim Treffen mit dem Autor springt er plötzlich erregt von seiner Coach auf, als das Gespräch auf Russland kommt. Hastig läuft er zu seinem Schreibtisch und beginnt nervös in seinen Schubladen nach etwas zu suchen. Dann kommt er mit einem Stück versengten, unförmigen Stahl zurück, das er auf die Tischplatte legt, aufgeregt und so ungestüm, dass sie bebt. »Sehen Sie sich das an. Wissen Sie, was das ist?«, sagt der Staatsmann, der aus guten Gründen anonym bleiben will. »Das ist eine Vakuumbombe. Die haben wir bei uns gefunden, auf georgischem Territorium, im Pankisital. Russische Flugzeuge bombardieren unser Territorium. Können Sie sich vorstellen, wie uns zumute ist? Was würden Sie in Deutschland sagen, wenn Ihre Nachbarn Bomben in die Grenzregion abwerfen würden?« Der Wahrheitsgehalt seiner Aussagen ist nicht zu überprüfen. Aussagekräftig ist die Szene allemal – weil sie zeigt, wie aufgeladen, wie emotional und damit auch explosiv die Stimmung zwischen den ungleichen Nachbarn ist.

Nach dem 11. September 2001 behauptete der Kreml, dass er Osama bin Ladens Al-Qaida in jener Grenzregion Pankisi aufgestöbert habe. US-Präsident George W. Bush fackelte nicht lange und schickte eigene Militärs als Berater in die ehemalige Sowjetrepublik – zum Entsetzen Moskaus. Mindestens 80 GIs halten seit 2003 unweit von Tiflis die Stellung – für das kleine Georgien ein psychologisches Faustpfand gegen Moskau. Dass die neue Freundschaft mit den Amerikanern attraktiver ist als der Bund mit dem Kreml, lernen die georgischen Soldaten schon im Schlaf: Selbst in den Mannschaftsunterkünften gibt es dank US-Hilfe westliche Schallschutzfenster – für Normalsterbliche in Georgien oder Russland ein unerschwinglicher Luxus. Amerikanische Soldaten im Kaukasus, noch dazu im christlichen Georgien, das seit mehr als 200 Jahren eng mit Russland verbunden ist – das ist für die meisten Russen ein Albtraum.

Der georgische Präsident Saakaschwili studierte in den USA und spricht genauso gut Englisch wie Russisch. Das russische Fernsehen stellt den explosiven jungen Staatschef oft als verrückt hin; ihm wird zudem unterstellt, hinter dem Unglückstod seines früheren Ministerpräsidenten zu stecken.[82] Das georgische Fernsehen warnt im Gegenzug vor dem »reichen, hinterhältigen, erfahrenen und bösen Feind« im Norden, den man stoppen müsse. Moskau habe Attentate auf Saakaschwili geplant, die noch hätten vereitelt werden können.

Die Georgier behaupten, der Kreml behandele sie wie ein älterer Bruder, der sein missratenes kleines Geschwisterchen drangsaliert. In Moskau macht man geltend, der Kaukasus-Staat habe Russland mit seinem Westkurs provoziert, und der zunehmend autoritär regierende Saakaschwili wolle mit nationalistischen Parolen und einer Bedrohungskulisse von den wirtschaftlichen Misserfolgen und der Entdemokratisierung seines Landes ablenken. Die überwältigende Mehrheit der Menschen in beiden Ländern ist überzeugt davon, dass die eigene Führung von der jeweils anderen Seite auf das Schlimmste provoziert wird und sich lediglich wehrt.

Im April 2006 diskutiert die Duma eine Resolution, mit der sie Saakaschwili als »aggressiven Führer« verurteilen will, dem es vor allem um Aufrüstung gehe. Eine echte Bedrohung stellt die Kaukasus-Republik für Moskau jedoch kaum dar: Georgien gab im Jahr 2005 rund 220 Millionen Dollar für seine Armee aus und hatte 33 000 Mann unter Waffen – gegenüber mehr als einer Million russischer Soldaten und einem Rüstungshaushalt von 25 Milliarden Dollar.

Die georgischen Geheimdienste beschuldigen Moskau, bis heute die abtrünnigen Gebiete in Georgien mit Waffen zu beliefern. Nach dem Kindermassaker von Beslan behaupteten die Dienste in Tiflis, die Terroristen hätten im benachbarten Nordossetien vor allem deshalb unbemerkt mit schwerer Bewaffnung bei der Schule vorfahren können, weil von dort regelmäßig Bewaffnete in die georgischen Krisenprovinzen durchgeschleust würden und die Miliz gewohnt sei, beide Augen zuzudrücken.

Die russisch-georgischen Geplänkel sind im hochexplosiven Kaukasus ein gefährliches Spiel mit dem Feuer. Beide Seiten zündeln nach Kräften. Die Eskalationsspirale dreht sich. Es drohen lokale bewaffnete Konflikte mit schwer absehbaren Folgen. Der Westen hat zwar nur begrenzte Einflussmöglichkeiten. Doch zumindest die sollte er endlich konsequent nutzen.

Der ukrainische Leuchtturm-Krieg Moskau hat ein ausgesprochenes Talent, zuweilen sogar Staatsmänner gegen sich aufzubringen, die dem Kreml freundlich gesonnen sind. In Moldawien, der zwischen Rumänien und der Ukraine gelegenen früheren Sowjetrepublik, gewinnt im Jahr 2001 der Kommunist Wladimir Woronin den Präsidentschaftswahlkampf mit der Forderung, sich an Russland anzunähern. Nach der Wahl geht er auf Tuchfühlung mit Moskau. Weil der Kreml aber nach Ansicht der Moldawier weiter die Separatisten im eigenen Land unterstützt, kommt es zum offenen Bruch. Der autoritär regierende Woronin, der sich kurz zuvor noch durchaus in der Tradition Lenins sah, präsentiert sich nun bei der Wiederwahl im Frühjahr 2005 als Mann des Westens. Moskau unterstützt seine Rivalen, die moldawischen Behörden nehmen russische Wahlhelfer fest, die Medien in beiden Ländern schießen sich aufeinander ein.

Doch der von Moskau unterstützte Kandidat verliert die Wahl. Die Duma diskutiert daraufhin Wirtschaftssanktionen gegen das Land. Moskau verbietet den Import von Fleisch und Pflanzenprodukten, die russischen Zollbehörden geben zwei Monate lang keine Steuermarken mehr an die moldawischen Exporteure aus. Als die moldawischen Behörden den örtlichen Manager eines russischen Stromkonzerns wegen des Verdachts der Unterschlagung festnehmen, stoppt der Moskauer Staatskonzern UES im Herbst 2005 seine Stromlieferungen an Moldawien, weil das kleine Land die plötzliche Tariferhöhung um mehr als 30 Prozent nicht akzeptieren will. Dem Land fehlt die Hälfte seines Energiebedarfs. Der Direktor des Instituts für GUS-Probleme in Moskau erklärt, die russischen Unternehmen seien berechtigt, nach eigenem Ermessen zu handeln, weil Moldawien eine prowestliche Position demonstriere.[83] Im Januar 2006 dreht Moskau dem ärmsten Land Europas ebenso wie der Ukraine das Gas ab; mit dem Wein-Einfuhrverbot bringt es dann im Frühjahr 2006 Moldawiens Wirtschaft erneut ins Straucheln.

Zuweilen geht es aber auch kriegerischer zu. Es ist ein Freitag, der 13., als kurz vor Mittag die Angreifer kommen und das militärische Objekt erobern. Dabei war die Attacke gar nicht als solche zu erkennen. Ausgeführt wird sie von Mitarbeitern eines Staatsunternehmens, die am 13. Januar 2006 gegen 11 Uhr vormittags mit drei Autos am Leuchtturm der russischen Schwarzmeerflotte im ukrainischen Jalta auf der Krim vorfahren. Sie seien gekommen, um eine Prüfung durchzuführen, sagen sie. Dann brechen die Ukrainer die Türschlösser von Dienstgebäuden auf, nehmen dem Leuchtturmchef seinen Passierschein ab und versperren den Mitarbeitern der russischen Schwarzmeerflotte den Zugang. Das ukrainische Transportministerium erklärt, es handle sich um »technische Arbeiten« und es gebe eine Gerichtsentscheidung, wonach der Leuchtturm der Ukraine gehöre. Von einer »Eroberung« könne keine Rede sein, man habe lediglich planmäßig die Schlösser ausgetauscht, heißt es in Kiew.[84] Russlands Kriegsmarine sieht eine »reine Provokation«, das Außenministerium in Moskau spricht von einem Ereignis, das die russisch-ukrainischen Beziehungen »nur überschatten« könne.[85]

Aus dem fernen Obninsk, 100 Kilometer südlich von Moskau, geht Russlands Verteidigungsminister Iwanow beim Besuch von Rüstungsbetrieben wenig später zum Gegenangriff über: »Die Wachmannschaften der Leuchttürme auf der Krim verfügen über alle Vollmachten, die ihre Dienstordnung für Garnisons- und Wachdienste vorsieht«, sagt der Minister. Oppositionszeitungen verstehen den Satz als Schießbefehl und bringen Zitate aus der Dienstordnung: Wachhabende müssen Eindringlinge demzufolge zweimal mit dem Hinweis »Stehen bleiben oder ich schieße« und dann mit einem »Tonsignal für nicht Russisch Sprechende«, also einem Schuss in die Luft, warnen, und anschließend das Vernichtungsfeuer eröffnen.[86]

Auslöser für das Imponiergehabe beider Seiten ist ein Streit um

Seefahrtsobjekte in der Ukraine, die keinerlei strategische Bedeutung haben. Kiew und Moskau beanspruchen den Leuchtturm und eine Navigationsanlage jeweils für sich – unter Berufung auf ein und denselben Vertrag. Der Streit ist in beiden Ländern tagelang Thema Nummer eins in den Medien. Mitten im Leuchtturm-Zwist beginnt zu allem Überfluss auch noch ein »Fleischkrieg«: Das Moskauer Landwirtschaftsministerium kündigt an, ab dem 20. Januar den Import von Tierprodukten aller Art aus der Ukraine zu verbieten. Grund für den Importstopp seien »viele Verletzungen der russischen Veterinär-Gesetzgebung«.[87]

Die Leuchtturm-Krise und der Fleischstreit dürften Nachhutgefechte zum Gasstreit zwei Wochen zuvor sein, als Moskau Kiew am Neujahrstag den Gashahn zudrehte. Seit der orangenen Revolution herrscht zwischen Kiew und Moskau kalter Krieg. Julia Timoschenko, die Ikone der ukrainischen Revolution, wirft Moskau »stalinistische Methoden« vor. Im Juli 2005 schlägt sie ihre private Schlacht mit den russischen Behörden. Die Moskauer Militärstaatsanwaltschaft weigert sich, einen Haftbefehl wegen Betrugsverdachts außer Kraft zu setzen. Ein in der Diplomatie eher ungewöhnliches Vorgehen, denn die zur Festnahme Ausgeschriebene ist zu diesem Zeitpunkt ukrainische Ministerpräsidentin. Die Frau mit dem geflochtenen Haarkranz sagt einen geplanten Staatsbesuch in Moskau ab. Sie wollte nicht riskieren, beim Herabschreiten der Gangway am Flughafen Uniformierten ins Auge zu blicken, die nicht für Ehrerbietungen, sondern für eine Festnahme aufmarschiert sind. Timoschenko hatte zuvor angekündigt, die Ukraine unabhängiger von russischen Gas- und Öllieferungen zu machen. Moskau gehe es darum, »unbequeme Politiker auszuschalten«, klagt sie.[88] Die russische Seite hingegen pocht darauf, Timoschenko habe in ihrer Zeit als Gasunternehmerin russische Generäle bestochen und so Russland um Millionen betrogen.

Als sich Timoschenko nach ihrer Entlassung als Ministerpräsidentin von Moskaus Erzfeind Juschtschenko abwendet, kann sie plötzlich ohne Angst nach Moskau reisen. Sie besucht Präsident Putin; die russischen Ankläger stellen die Ermittlungen ein, ohne nähere Angabe von Gründen.

Dominostein Weißrussland Zu Politikern aus anderen früheren Sowjetrepubliken hat Moskau einen weitaus besseren Draht, zum Beispiel zum usbekischen Alleinherrscher Islam Karimow. Als dessen Beamte im Mai 2005 in der Stadt Andischan mit Gewalt gegen Protestanten vorgehen, werden nach Angaben von Menschenrechtsorganisationen bis zu 750 friedliche Demonstranten getötet. Moskau nimmt Karinow vor internationaler Kritik in Schutz. Die Schlagzeilen der Moskauer Zeitungen sprechen für sich: »Islamischer Aufstand im Ferganatal«, »Der Heroinfaktor in der usbekischen ›Revolution‹« und »Islamisten erheben sich gegen Karimow«.[89] Der Kreml macht sich die offizielle usbekische Lesart zu eigen, dass es sich um »Terrorismusbekämpfung« gehandelt habe. Hier schließt sich der Kreis zum weißrussischen Staatschef Alexander Lukaschenko, der in einem Interview die »Errungenschaften« Hitlers als Modell für Weißrussland lobte, US-Präsident George W. Bush als den »größten Terroristen« bezeichnete und der für das spurlose Verschwinden mehrerer Oppositionspolitiker verantwortlich ist. Im Stil des usbekischen Diktators warnte Lukaschenko vor den Präsidentschaftswahlen im März 2006, er werde Proteste gegen Wahlfälschungen als Terrorismus ahnden lassen. Später wird ein weißrussischer Oppositionspolitiker zu fünf Monaten Haft verurteilt, weil bei einer Durchsuchung seiner Wohnung ein Video mit Pink Floyds »The Wall« gefunden wurde. Darauf seien Szenen einer Straßendemo zu sehen, was zur Schulung von Terroristen diene, so die Richter, und der Angeklagte sei deren Ausbilder.[90] Wer die Stabilität gefährde, so der Staatschef vor den Wahlen voller Wut im Fernsehen, dem werde er wie einem Entchen den Hals umdrehen.

Westliche Beobachter bezeichneten den umstrittenen Urnengang, bei dem Lukaschenko offiziell auf 82,6 Prozent der Stimmen kam, als »Ritual der Selbsternennung«. Die Opposition ging auf die Straße. Nach kurzer Zeit ließ Lukaschenko die Demonstranten mit blutiger Gewalt auseinandertreiben. Später nahm die Miliz den Oppositionsführer fest. Westliche Staatsmänner kündigten Sanktionen an, die EU verhängte ein Einreiseverbot für 31 weißrussische Staatsmänner. Russland wurde aufgefordert, seinen

Einfluss in Minsk geltend zu machen und mäßigend auf Lukaschenko einzuwirken.

Putins Außenminister Lawrow konterte mit schweren Vorwürfen gegen den Westen: Die OSZE-Beobachtermission habe schon vor den Wahlen über deren angebliche Unrechtmäßigkeit gesprochen und eine Rolle als Aufhetzer gespielt, meinte der Chefdiplomat:[91] »Ich würde die nächtlichen Ereignisse in Minsk nicht als Auflösung einer Demonstration bezeichnen. In jedem Fall lässt sich das überhaupt nicht vergleichen mit dem, was in einigen westlichen Ländern geschieht« – eine Anspielung auf die Studentenproteste über die Arbeitsmarktreform in Frankreich. In den russischen Medien waren sie tagelang das Top-Thema – mit dem Tenor, dass im Westen Andersdenkende genauso unterdrückt würden wie in Weißrussland. Darüber hinaus wurden die Studentenunruhen in schwer nachvollziehbarer Logik – oder in Verwechslung mit den Vorstadt-Unruhen mehrere Monate zuvor – als Beleg für die islamische Gefahr gewertet, die Europa im Würgegriff halte und Frankreich fast schon niedergestreckt habe. Was dagegen die Demonstranten in Minsk wollten, könne er nicht nachvollziehen, sagt Lawrow: »Da haben Leute ein paar Tage auf einem Platz verbracht. Ich verstehe nicht, worauf sie dabei spekuliert haben.«[92]

Kurz darauf äußert die Duma in Moskau ihre »tiefe Sorge über die ständigen Versuche der Einmischungen in die inneren Angelegenheiten Weißrusslands« durch die EU. Darin zeige sich eine »schwerwiegende Missachtung der Wahlentscheidung des weißrussischen Volks, das den Kurs der Führung des Landes unterstützt und dem Präsidenten eine überwältigende Mehrheit der Stimmen gegeben hat«.[93]

Kritiker im Westen behaupten, Moskau habe gute Gründe, Lukaschenko so lautstark zu verteidigen. Nach einem Bericht von US-Präsident Bush an den Kongress soll Weißrussland illegale Waffengeschäfte mit Iran und Irak betrieben haben.[94] Hartnäckig hält sich das böse Gerücht, dass der Diktator von Minsk dabei auch als Strohmann der russischen Rüstungsindustrie auftrete und so Russland zweifelhafte Waffengeschäfte ohne ernste Folgen und Ansehensverlust ermögliche.

Moskau betrachte Lukaschenkos Diktatur als Feldversuch, »wo es testet, wie weit der Kreml gehen kann mit seinen autoritären Methoden, wo er sie verfeinern muss und wo der Westen aufhört, die Augen zuzumachen«, behaupten Minsker Oppositionelle. Zudem käme Lukaschenko die Rolle des bösen Buben zu – auf den Moskau immer dann mit dem Finger zeigen könne, wenn es selbst kritisiert werde. Bei fast allen negativen Entwicklungen – von der Entmachtung des Parlaments bis zur strikten Kontrolle aller wichtigen Medien – habe der Kreml Lukaschenko nachgeahmt, so die These der Minsker Regimekritiker.[95] Tatsächlich versprach Russlands Präsident Wladimir Putin seinem weißrussischen Kollegen im Wahlkampf, er werde ihm zur Seite stehen. Moskau unterstütze das Minsker Regime finanziell in gewaltigem Umfang und sorge auf diese Weise dafür, dass Lukaschenko trotz einer maroden staatlichen Planwirtschaft gute Zahlen aufweisen und die Renten erhöhen konnte, glauben wiederum Minsker Regimekritiker. Im Frühling 2006 kündigte Moskau allerdings an, die Preise für die Gaslieferungen auf internationales Niveau zu heben.

Der Einsatz ist hoch. Weißrussland mit seinen 10 Millionen Einwohnern in der Mitte Osteuropas könnte der Dominostein sein, der die Richtung vorgibt, in die sich die Staaten der früheren Sowjetunion bewegen: Wie die Ukraine eher in Richtung Westen und Demokratisierung – oder zurück zu einem autoritären Staat nach sowjetischem Muster, wie es sich in Russland und in Zentralasien abzeichnet.

Der postsowjetische Raum ist heute gespalten.[96] Auf der einen Seite stehen die eher westlich orientierten Staaten Georgien und die Ukraine, die einen demokratischen Umbruch erlebt haben, sowie die kleine Agrarrepublik Moldawien mit ihrem leicht autoritären Regime und Aserbaidschan. Die kleine Republik zwischen Kaukasus, Kaspischem Meer, Türkei und Irak ist strategisch und vor allem wegen ihres Ölreichtums von Bedeutung. US-Präsident Bush ist die Zusammenarbeit mit Aserbaidschan derart wichtig, dass er dessen stramm autokratisch regierenden Präsidenten Ilham Alijew im April 2006 im Weißen Haus empfängt. Die Einladung widerspricht Bushs lautstarken Bekenntnissen, er wolle die Welt demokratisieren, und wird in Moskau als Beleg dafür gesehen, dass die Amerikaner doppelbödige moralische Standards pflegen.

Die vier moskaukritischen Exsowjetrepubliken vereinbarten im August 2005 eine engere Kooperation und einigten sich, die Integration in die EU voranzutreiben. Im Mai 2006 wird die GUAM, wie sie sich nach den Anfangsbuchstaben der Staaten nennt, formell zu einer internationalen Organisation, mit Charta, Freihandelszone und Zollunion. Vor allem Georgien, Aserbaidschan und die Ukraine sind geostrategisch von großer Bedeutung, nicht zuletzt, weil sie einen regelrechten Gürtel im Süden der ehemaligen Sowjetunion bilden. Damit ergibt sich eine alternative Route, um Gas und Öl aus der Kaspi-Region nach Westen zu liefern, ohne dabei russischen Boden zu berühren. 2005 geht trotz jahrelangen Widerstands aus Moskau eine Ölpipeline vom aserbaidschanischen Baku über Georgien ins türkische Ceyhan in Betrieb. Erstmals fließt Öl aus dem Kaspischen Meer an Russland vorbei in den Westen: Moskau verliert sein Monopol auf den Transit.

Moskau betrachtet die GUAM als amerikanischen Vorposten an seinen Grenzen und damit als direkte Bedrohung für seine Stellung im postsowjetischen Raum. Die Gemeinschaft Unabhängiger Staaten (GUS), in der sich die meisten früheren Sowjetrepubliken nach dem Zerfall der UdSSR zusammengeschlossen haben, die aber zum Verdruss Moskaus nie mehr wurde als ein loser Zusammenschluss, verliert immer mehr an Bedeutung.

Den vier »Westabweichlern« stehen auf der anderen Seite die moskaunäheren zentralasiatischen Republiken, also die früheren Sowjetrepubliken Tadschikistan, Usbekistan, Kirgisien, Kasachstan und Turkmenistan sowie Armenien und Weißrussland gegenüber, die alle autokratisch regiert werden und zu den Sorgenkindern der Menschenrechtsorganisationen gehören. Im Juli 2005 schritt Moskau zur diplomatischen Gegenoffensive: Die »Schanghai-Organisation für Zusammenarbeit« soll zu einem engeren politisch-militärischen Bündnis unter russisch-chinesischer Führung ausgebaut werden.[97] Der Gruppe gehören neben Russland und China vier frühere zentralasiatische Sowjetrepubliken[98] als Vollmitglieder an. Indien, die Mongolei, Pakistan sowie der von den USA als »Schurkenstaat« eingestufte Iran haben als »Beobachter« eine Art Wartestatus. Am 5. Juli 2005 forderte die Organisation einen Rückzug der US-Truppen aus den früheren Sowjetrepubliken in Zentralasien, mit der Begründung, deren Mandat, die Terrorbekämpfung in Afghanistan, sei abgelaufen. Das US-Repräsentantenhaus klagte am 19. Juli, dies sei ein klarer Versuch Moskaus und Pekings, Washington aus der Region herauszudrängen. Moskau und Peking zeigten sich ungerührt und demonstrierten ihre gemeinsame Schlagkraft mit einem gemeinsamen Manöver, an dem über 10 000 Soldaten teilnahmen.

Die Kluft zwischen beiden Lagern verstärkte sich im Dezember 2005: Die westorientierten GUAM-Staaten gründeten in Kiew gemeinsam mit den drei baltischen Republiken sowie Polen, Slowenien, Mazedonien und Rumänien die »Gemeinschaft demokratischer Wahl«. Eines ihrer Ziele ist, demokratische Bewegungen in anderen Ländern zu unterstützen. Die russische Führung, die nach der orangen Revolution in Kiew immer noch unter Schock stand, verstand die Gründung als hingeworfenen Fehdehandschuh. Das Bündnis, so der Verdacht, werde von Washington nicht zuletzt deshalb unterstützt, weil man eine dritte Erweiterungsrunde der NATO – mitten hinein in das frühere sowjetische Imperium – vorbereiten wolle. Aus Moskauer Sicht ist dieses Imperium jetzt zweigeteilt: in Freunde und Feinde Russlands. Moskau reagierte unter anderem auf das neue Bündnis, indem es nach Weltmarktpreisen für Rohstoffe wie Gas rief. Wenn sich die alten Verbündeten vom Kreml ab- und den USA zuwendeten, so Moskaus Position, wolle man sie dafür nicht noch mit billigen Gaslieferungen belohnen.

Energie statt Raketen – mit Gas zur Großmacht

Nischni Lars ist ein Paradies, das streng bewacht wird. Wer in das winzige Bergdorf hoch oben im Kaukasus fahren will, sollte seinen Pass immer griffbereit haben: An der alten georgischen Militärstraße, die Russland mit Georgien verbindet, stehen beinahe mehr Milizionäre als Laternen. Schwer bewaffnete Männer mit Kalaschnikows verbarrikadieren sich hinter brusthohen Betonmauern. Das Tal quetscht sich hier eng zwischen die Berghänge auf beiden Seiten. Die Kontrollen an der Grenze etwas weiter oben sind streng, nur vereinzelt überlagert das Geräusch von brummenden Diesel- und krächzenden Lada-Motoren die Stille. Die Lage im christlichen Nordossetien gilt zwar als stabil; doch von hier ist es nicht mehr weit bis ins islamische Inguschetien, das als Rückzugsgebiet tschetschenischer Freischärler gilt.

In der Nacht auf Sonntag, den 22. Januar 2006, reißt um 2.35 Uhr ein gewaltiger Knall die Dorfbewohner aus dem Schlaf. 700 Meter südlich von Nischni Lars ist ein Sprengsatz explodiert. 20 Minuten später durchdringt schon wieder ein donnerndes Krachen die nächtliche Ruhe. Eine neue Explosion, diesmal nördlich vom Dorf. Weiter unten im Tal bemerken die Techniker der Nachtschicht an einer Pumpstation einen starken Druckabfall in der Gaspipeline in Richtung Süden. Hastig drehen sie den Hahn zu. Als die Feuerwehr an der Unglücksstelle eintrifft, brennen zwei Pipelines lichterloh. Die Männer können die zwei riesigen Gasfackeln nicht löschen, sie müssen warten, bis der Katastrophenschutz den Gasfluss stoppt. Die russische Pipelinefirma »Kawkastransgas« schickt eilig ein Ingenieurteam an die Brandherde. Zuerst glauben die Männer, dass sie schnell provisorisch etwas reparieren können. Doch die Explosion war so stark, dass selbst der

Tunnel zerstört ist, in dem die Leitungen liegen. Eines der Bombenlöcher hat einen Durchmesser von einem Meter.[1]

Gut 100 Kilometer weiter südlich und einige Stunden später erwartet den georgischen Staatspräsidenten Michail Saakaschwili ein arbeitsreicher Sonntag: Ein neues Gaskraftwerk, gebaut mit georgischem und russischem Geld und mit amerikanischer Technik, soll heute feierlich den Betrieb aufnehmen. Doch der Tag beginnt mit einem Schock für den Präsidenten: Durch die russischen Gasleitungen strömt kein Gas mehr nach Georgien. Die Hiobsbotschaft trifft mitten in einem ungewöhnlich kalten georgischen Winter ein. In der Hauptstadt Tiflis, die auf einem südlicheren Breitengrad liegt als Florenz, werden an diesem Tag Minustemperaturen von 5 Grad gemessen. Den ganzen Tag über bekommt die georgische Regierung »von den Kollegen aus Moskau keine Antwort auf die Frage, was passiert ist mit der Gasleitung«, klagt Parlamentspräsidentin Nino Burdschanadse.[2] Erst später wird bekannt, dass eine Explosion hoch oben in den Bergen die Pipeline beschädigt hat – und eine zweite Bombe die parallel verlaufende Ersatzleitung.

Michail Saakaschwili und seine Landsleute müssen nicht nur verkraften, dass sie ohne Gas nicht mehr heizen können. Am Tag vor den Explosionen an der Pipeline bei Nischni Lars hatte plötzlich die Spannung im georgischen Stromnetz rapide abgenommen. Es habe eine »Havarie« an einer Hochspannungsleitung gegeben, hieß es aus Russland. Später stellte sich heraus, dass in Karatschajewo-Tscherkessien, hoch oben in den Schluchten des Kaukasus, mehrere Bomben in die Luft gegangen waren. Unbekannte hatten insgesamt acht Sprengkörper an zwei Strommasten angebracht und damit erstaunliche Sachkenntnis bewiesen – waren die Punkte doch so gewählt, dass die einstürzenden Träger die Leitung auf zwei Kilometern Länge zu Boden rissen und eine schnelle Reparatur nicht möglich war: Es ist die Hochspannungsleitung, die Georgien mit russischem Strom versorgt. Die Täter waren nicht nur fachkundig, sondern auch gründlich. Insgesamt findet die Miliz später zwölf Kilogramm Sprengstoff.

Die Vorräte in den georgischen Gasspeichern reichen für einen Tag. Weil Moskau genau drei Wochen zuvor den Ukrainern den

Gashahn zugedreht hatte und allen die Folgen noch vor Augen sind, geht nun in Tiflis die Angst um. Die Energieversorger warnen, dass sie die Hauptstadt nur noch für wenige Stunden mit Strom und Gas versorgen können. Per Ukas ordnet Präsident Saakaschwili an, dass die Schüler und Studenten zu Hause bleiben sollen. Die Energie, die so an den Schulen und Universitäten eingespart werde, solle für »lebenswichtige andere Objekte« verwendet werden. Die Menschen beginnen sofort, Gasballons und Brennholz zu kaufen. Die Preise für den Kubikmeter Holz steigen auf 70 Lari, rund 27 Euro. Die Forstverwaltungen erhalten die Genehmigung, mehr Bäume zu fällen. In den Gebirgsregionen Georgiens hat es bis zu minus 15 Grad. Die Behörden versuchen, die Menschen mit Brennholz zu beliefern; vielerorts kommen sie nicht weiter, weil die Bergstraßen völlig verschneit sind.

Die Reparaturen werden zwei bis vier Tage für die Gaspipeline und eine Woche für die Stromleitung in Anspruch nehmen, heißt es aus Moskau. Die russische Staatsanwaltschaft nimmt Ermittlungen wegen »vorsätzlicher Sachbeschädigung« auf. »Gott sei Dank gibt es keine Opfer und auch keine ernsthaften Schäden für die Umwelt«, sagt der Vizegeneralstaatsanwalt. Inoffiziell werden Extremisten als Drahtzieher verdächtigt. Doch offiziell werden zunächst keine Ermittlungen wegen Terrorismusverdachts aufgenommen. Die Reparaturarbeiten laufen auf Hochtouren, versichert Gasprom in Moskau und fordert Georgien auf, die Ereignisse »nicht zu politisieren«.

In Tiflis erscheint Präsident Saakaschwili zu einer eilig einberufenen Pressekonferenz und vergisst jede staatsmännische Zurückhaltung. Er beschuldigt Moskau, selbst hinter den Explosionen zu stecken, spricht von Sabotage auf höchster Ebene und Erpressung. Die offiziellen Erklärungen Russlands seien »nicht überzeugend und widersprüchlich«. Moskau wolle Georgien offenbar zwingen, auf die Forderungen des Kreml einzugehen, alle georgischen Gasleitungen russischer Kontrolle zu unterstellen, empört sich der Staatschef: »Wir haben wiederholt Drohungen von russischen Amtsträgern erhalten, dass man uns das Gas abschalten wird, dass mit den Stromleitungen etwas passieren kann und dass wir im Winter bei eisigem Frost vor Kälte steiffrieren werden.«[3]

Doch Russland habe sich verrechnet, schimpft der heißblütige Staatschef: »Die Erwartungen derjenigen, die das inszeniert haben, haben sich nicht erfüllt. Wenn so etwas noch vor einem Jahr passiert wäre, würde bei uns heute kein Licht mehr brennen. Doch das ist nicht eingetreten, weil wir uns auf so eine Entwicklung vorbereitet haben.« Tatsächlich hat Georgien seine Abhängigkeit von russischen Energielieferungen gezielt verringert und alternative Versorgungswege, etwa über die Nachbarländer Türkei und Aserbaidschan, aufgebaut, die jetzt in der Krise die Rettung bringen. »Ich glaube, die Welt muss aufwachen und auf so ein Verhalten reagieren. Gestern traf es die Ukraine, heute Georgien, und morgen kann es jedes Land treffen, an das Russland Gas und Strom verkauft«, mahnt Saakaschwili: »Russland macht mit uns das gleiche, was es mit Ungarn, der Tschechoslowakei und der DDR in den fünfziger und sechziger Jahren machte. Es bestraft uns dafür, dass wir frei sein wollen.«

Das russische Außenministerium bezeichnet die Anschuldigungen als »Hysterie« und »Willkür«: »Praktisch alle Mitglieder der obersten Führung Georgiens haben, als ob das untereinander abgesprochen war, die Situation als Gelegenheit genutzt, ihrer antirussischen Kampagne noch eins draufzusetzen«, heißt es in einer offiziellen Erklärung. »In Moskau ist man daran gewöhnt, wie sich die georgische Führung Russland gegenüber verhält. Hier ist eine Mischung entstanden aus Schmarotzertum, Heuchelei und Zügellosigkeit, multipliziert mit einem Gefühl der Straflosigkeit, in der Hoffnung, im Westen Beschützer für die eigene antirussische Linie zu finden.« Georgien wolle durch die Suche nach äußeren Feinden die »Unfähigkeit rechtfertigen, im eigenen Land normale Lebensbedingungen zu schaffen«, unterstellt Moskau dem abtrünnigen Nachbarn – und scheut sich nicht, seine Möglichkeiten zur Vergeltung indirekt zu bestätigen: Wenn Georgien sich entschlossen habe, es sich mit Russland endgültig zu verderben, dann habe man wohl auch alle Konsequenzen bedacht.[4]

Der Bürgermeister von Tiflis lässt der russischen Botschaft das Gas abdrehen. Vor dem Hauptquartier der russischen Streitkräfte sammeln sich Demonstranten. Die Reparaturarbeiten hoch oben im Kaukasus ziehen sich unterdessen hin; erst nach einer Woche

ist die Pipeline wieder in Betrieb. Im Mai 2006 fehlte von den Tätern noch jede Spur. Der russische Geheimdienst FSB äußerte den Verdacht, dass es sich bei den Anschlägen um Sabotage gehandelt habe: »Bestellt vom offiziellen Tiflis.«[5]
Nach dem Gaskonflikt wird sich das kleine Land im Kaukasus nach Aussagen seiner Führung noch ein Stück weiter von Moskau entfernen und einen noch engeren Schulterschluss mit seinen Nachbarn im Süden, Osten und Westen anstreben. »Noch haben die Europäer das, was uns widerfahren ist, nicht selbst erlebt«, sagt Georgiens Energieminister Nika Gelauri: »Aber mir scheint, Europa beginnt, die Wahrheit zu verstehen.«[6]

Der militärische Komplex In der unbekannten Petersburger Fachzeitschrift *Notizen der Bergbau-Hochschule* erscheint im Januar 1999 ein sehr langer Artikel mit sehr vielen Hauptwörtern und Genitivkonstruktionen wie »Hauptreserve der Verwandlung Russlands« oder »Erhöhung des Lebensstandards der Mehrheit der Bevölkerung«. Der Beitrag findet keine große Resonanz. Zu Unrecht. Der Autor schreibt über Energiepolitik, über die Zukunft Russlands und seiner Wirtschaft. Langatmig und zuweilen etwas monoton finden sich hier viele Argumente dafür, dass Bodenschätze der Hebel sind, mit dem Russland zu alter Größe und neuem Wohlstand kommen kann. Das Potential des Landes an natürlichen Ressourcen wie Öl und Gas weise ihm einen besonderen Platz unter den Industriestaaten zu, heißt es in dem Artikel. Die Entwicklung der rohstoffverarbeitenden Industrie sei »die wichtigste Ressource, um Russland in relativ naher Zukunft zur führenden wirtschaftlichen Großmacht zu machen«.[7] Der Autor des 1999 veröffentlichten Artikels ist zu dieser Zeit nur politisch Interessierten ein Begriff. Und so sorgt es kaum für Verwunderung, dass sich da jemand mit dem Thema Rohstoffe befasst, dessen Ausbildung und Beruf ihn nicht als Energiespezialisten qualifizieren. Der Verfasser ist Russlands oberster Geheimdienstler – der Vorsitzende des FSB. Wladimir Putin.
Heute liest sich der Artikel aus der kleinen Fachzeitschrift des

Petersburger Bergbau-Instituts, als sei er die Handlungsanweisung für Putins Wirken im Kreml.[8] Russland müsse »große, branchenübergreifende Finanz- und Industriekorporationen« schaffen, die in der Lage seien, »auf Augenhöhe mit den transnationalen Korporationen des Westens zu konkurrieren«. Russlands Rohstoffwirtschaft spiele eine wichtige Rolle in allen Lebensbereichen des Staates, heißt es weiter in dem Artikel aus dem Jahr 1999. Unter anderem »ist sie die Grundlage für die Verteidigungsmacht des Landes« sowie die »unbedingte Voraussetzung für die Vervollkommnung des militärisch-industriellen Komplexes« – die unfreiwillige Doppeldeutigkeit und Komik ist wohl nicht beabsichtigt – und schafft »die notwendigen strategischen Reserven und Potentiale«. Mit marktwirtschaftlichen Mechanismen könne man keine wichtigen strategischen Fragen lösen, schreibt Putin und verweist auf die Erfahrungen während der Reformen: Weil der Staat die Rohstoffsphäre »vorübergehend aus der Hand gegeben« habe, sei es in ganzen Wirtschaftszweigen zu Stagnation und Niedergang gekommen.

Auch Putins Doktorarbeit, die er 1997 im Jahr nach seinem Ausscheiden aus der Stadtverwaltung an der Petersburger Bergbau-Hochschule ablegte, liefert Erklärungen für die Entwicklung der russischen Wirtschaft. Warum sich der studierte Jurist und Geheimdienstler Putin, als Vizebürgermeister zuständig für den Außenhandel, plötzlich der Rohstoffproblematik zuwandte, ist nur zu erahnen. Offiziell hatte Putin erstmals durch die umstrittenen Rohstoff-für-Lebensmittel-Geschäfte zu Beginn seiner politischen Laufbahn mit dem Rohstoffsektor zu tun. Außerdem war er 1994 für die Privatisierung der Petersburger Ölgesellschaft PTK zuständig, deren Vorsitz später sein schon erwähnter Datschen-Nachbar Wladimir Smirnow übernahm.

In seiner Doktorarbeit ist viel von einer wichtigeren Rolle des Staates und der Notwendigkeit einer »grundlegenden Umgestaltung der Volkswirtschaft« die Rede.[9] Putin, der von seinen Anhängern im Westen als Liberaler betrachtet wird, beschreibt hier, was er unter einer guten Wirtschaftspolitik, vor allem im Energiebereich, versteht: »Die Steuerung durch den Staat entspricht in großem Maße den Erfordernissen Russlands.« Ausländische

Investitionen in den russischen Energiesektor sollten erst zugelassen werden, wenn »die Möglichkeit des Staates, die nationalen Interessen zu verteidigen, bestätigt ist«.[10]

Als Putin Präsident ist, beginnt er diese Positionen umzusetzen. Der Kreml kontrolliert 80 Prozent der Erdgasförderung im Land. Binnen weniger Monate erhöht der Staat seinen Anteil im Ölsektor von 6 auf 35 Prozent, er könnte noch auf 50 bis 60 Prozent steigen. 20 Jahre nach dem Beginn der Perestroika ist der Staat wieder zum wichtigsten Anteilseigner der Branche aufgestiegen – Tendenz steigend.[11] Auch die privaten Ölfirmen treffen strategisch wichtige Entscheidungen nur noch nach Rücksprache mit dem Kreml. Fachleute sprechen von einer »Lukoilisierung«: Der Ölkonzern Lukoil ist in privater Hand, verfolgt aber staatliche Interessen.[12]

»Egal, in wessen Besitz sich Rohstoffe befinden, der Staat hat das Recht, den Prozess ihrer Förderung und Nutzung zu regulieren«, stand schon in Putins Doktorarbeit. Dass der spätere Präsident das sehr ernst meinte, bekam Yukos-Chef Michail Chodorkowski zu spüren, als er sich mehrfach gegen Anweisungen des Kreml stellte. Gegen den Willen Moskaus wollte er einen US-Konzern zum Miteigentümer von Yukos machen und in Eigenregie eine Pipeline nach China bauen. Heute sitzt er im Gefängnis.

Putin kann mit seiner Position auf die Unterstützung der meisten Russen rechnen. Die oft mit zwielichtigen Methoden betriebene Privatisierung der Jelzin-Zeit wird von den Menschen zu Recht als Raub der russischen Naturschätze verurteilt. Und sie haben allzu gut in Erinnerung, wie die neuen Eigentümer Russlands Reichtum für ihre persönlichen Zwecke ausbeuteten, wie sie sich kaum um soziale Belange kümmerten, mit dubiosen Steuersparmodellen den Staat um seinen Anteil brachten und oft kaum etwas von ihren gigantischen Gewinnen in die Produktion investierten, die zum großen Teil immer noch von der alten Substanz und den Erkundungen aus sowjetischen Zeiten zehrte.[13] Weil der Übergang zur Marktwirtschaft im Fiasko endete, sehnen sich die Russen – und mit ihnen Wladimir Putin – zurück nach den alten Rezepten aus der Sowjetzeit: Der Staat soll es richten.

Wie die meisten Vorwürfe an seine Adresse weist Putin auch die

Kritik an seinem Verstaatlichungskurs mit dem Argument zurück, er tue nichts anderes als der Westen. Auch dort gäbe es Beispiele für staatliche Einmischung im Rohstoffsektor, sagt der Präsident und verweist etwa auf Norwegen, wo bei einem staatlichen Öl- und Gasmonopol effektives Wirtschaften möglich ist.[14] Dass dort eine völlig andere Staatskultur herrscht, lässt Putin außen vor. In Norwegen ist Korruption eine Ausnahme und es ist nichts über Staatsdiener bekannt, die sich am staatlichen Eigentum vergreifen. Tatsächlich schaffte der russische Ölsektor nach der Privatisierung ein kleines Wirtschaftswunder. Stand die Branche Anfang der neunziger Jahre noch vor dem Ruin und benötigte ständige Finanzspritzen, so erhöhte sich die Ölförderung, die zuvor rückläufig gewesen war, in den vergangenen zehn Jahren im Wesentlichen dank der privaten Konzerne um 50 Prozent. Im Jahr 2003 stieg sie um 9, im Jahr 2004 um 11 Prozent. Dann kehrte sich der Trend um: 2005 legte die Ölförderung nur noch um 2,4 Prozent zu und für 2006 erwarten Fachleute erstmals ein Sinken. Der Hintergrund: Bei den privaten Konzernen stieg die Ölförderung zwischen 2001 und 2004 dreimal so stark an wie bei der staatlichen Konkurrenz. Nahm 2004 die private TNK-BP pro Beschäftigtem 171 000 Dollar ein, so war es bei der staatlichen Rosneft nur die Hälfte.[15] Solche Zahlen belegen nach Ansicht von Fachleuten, dass private Konzerne weitaus effizienter sind als die staatliche Konkurrenz.

Russlands Regierung wirft derweil den privaten Firmen vor, sie seien nicht effektiv – und überlegt im Mai 2006 laut, westlichen Firmen die bereits unterzeichnete Mehrheitsbeteiligung an gigantischen Öl- und Gasfeldern auf der Insel Sachalin im Nordpazifik wieder zu entziehen: Die Ausländer trieben die Kosten und verzögerten das Projekt, kritisiert das Ministerium für Bodenschätze unter Berufung auf Forscher. Die schlagen vor, den Anteil russischer Firmen an dem Milliardenprojekt auf 51 Prozent zu erhöhen – dabei würde eine nachträgliche Änderung der Anteilsverhältnisse gegen das russische Gesetz verstoßen. Exxon Mobil hat bisher knapp 4 Milliarden Euro in das Projekt investiert, Royal Dutch Shell mit seinen Partnern mehr als 16 Milliarden Euro. Sollte Russland die Verträge tatsächlich revidieren, bedeute das »Krieg«, zitiert das *Wall Street Journal* den Manager eines Energiekonzerns. Die beiden Projekte, Sachalin-1 und -2, gelten im Kreml als strategisch wichtig, weil sie unweit von energiehungrigen Volkswirtschaften wie China, Indien und Japan liegen; Gasprom hat bereits Interesse an den Projekten bekundet.[16] Im Juni 2006 werden Pläne bekannt für ein Gesetz, das Ausländern die Mehrheitsbeteiligung an wichtigen russischen Öl- und Gasfeldern generell verbieten soll.

Angesichts drohender Vertragsbrüche und Skandale wie der Zwangsversteigerung der Yukos-Tochter Yuganskneftegas überlegen sich westliche Ölkonzerne mehrmals, ob sie in ihre Produktion in Russland investieren wollen und bringen ihr Geld lieber im Ausland in Sicherheit.[17] Die Arbeit im Ölgeschäft sei so gefährlich geworden wie das Dealen mit Drogen, schreibt *Russki Newsweek* im Hinblick auf die Yukos-Affäre.[18] In Wirklichkeit gehe es dem Kreml gar nicht darum, ob eine Firma staatlich sei oder nicht, zitiert das Blatt einen hochrangigen Gesprächspartner: »Es geht darum, wie die Geldströme zu lenken sind, in Richtung Präsidentschaftswahl und ferne Zukunft.«[19]

Experten klagen, dass sich unlogische, undurchdachte Entscheidungen und Korruption häufen, seit aufgrund der Verstaatlichung nun Beamte statt Manager in den Konzernzentralen sitzen. So zahle die Yukos-Tochter Yuganskneftegas nach dem Wechsel zum staatlichen Rosneft-Konzern das Zehnfache für ihre Einkäufe, lässt der inhaftierte Michail Chodorkowski über seine Anwälte verkünden und deutet damit einen Korruptionsverdacht an. Fachleute warnen vor einer »Venezualisierung« Russlands: In dem ölreichen südamerikanischen Staat sank das Bruttoinlandsprodukt infolge der Verstaatlichungen von 1977 bis heute um 40 Prozent.

»Solange die Energiekonzerne vom Staat kontrolliert werden, werden Gas und Strom als politische Waffe genutzt«, warnt der frühere Präsidentenberater Andrej Illarionow.[20] Der Präsident würde das sicher anders ausdrücken. Mit Öl und Gas sei es wie mit Süßigkeiten, sagte Putin am Rande des EU-Russland-Gipfels im Mai 2006, wo es um Energielieferungen nach Europa ging, vor russischen Journalisten: »Man kann das leicht verstehen, wenn man an die Kindheit zurückdenkt. Stell dir vor, du gehst in den

Hof, hast ein Bonbon in der Hand, da sagt dir jemand: ›Gib das Bonbon her‹. Du hältst es ganz fest in der Hand und sagst: ›Was bekomme ich dafür?‹ Genauso wollen wir wissen [von Europa]: Was bekommen wir von euch?«[21]

Auf dem Hinterhof in Sankt Petersburg lernte der kleine Wolodja Putin, dass nur der Starke Recht hat. Jahre später, im Kreml angekommen, musste er feststellen, dass Russland nicht stark war. Nach der Geiseltragödie in Beslan trat Wladimir Putin 2004 schockiert vor die Fernsehkameras: »Wir haben Schwäche gezeigt. Und Schwache werden geschlagen.« Weder Russlands Armee noch seine Wissenschaft oder Wirtschaft können das Land auf absehbare Zeit stark genug machen, um zu einem bestimmenden Machtfaktor in der Weltpolitik zu werden. Wladimir Putin hat nur eine einzige Waffe im Kampf um Stärke und eine Weltmachtposition: die gewaltigen Energievorkommen Russlands.

Die »Gasölmedienbank-Kolchose« Mitten im Gespräch knufft Klara Gilmutdinowa ihren Mann Ilbert plötzlich in die Seite und schmiegt sich mitten im heimischen Wohnzimmer an sein Ohr: »Du, kriegt der KGB jetzt alles mit, was wir hier sagen?« Für einen Moment hatte der 49-Jährige vor lauter Gastfreundschaft vergessen, mit wem er spricht – einem ausländischen Journalisten. Gilmutdinow stoppt mitten im Satz, schaut zu Boden und greift dann die Hand seiner Frau. Der Grund für die Aufregung: Gilmutdinow hat zwar beteuert, dass er, seine Frau Klara und sein Sohn Ildar bei den Wahlen für Wladimir Putin gestimmt haben. Weil der Staatschef »einen starken Willen hat und Ordnung schaffen will«, und weil ihr Konzernchef im fernen Moskau es so empfohlen hat. »Aber vielleicht gibt es auch ein paar Abweichler, die anders gestimmt haben«, fügte Gilmutdinow dann hinzu – und erschrak ebenso wie seine Frau.

Gilmutdinow hat allen Grund zur Vorsicht. Er arbeitet bei Gasprom, der wichtigsten Waffe in Wladimir Putins Energiekonzept und nach Meinung des englischen *Sunday Telegraph* die »gruseligste Firma der Welt«. Vielleicht auch bald schon die wertvollste:

Im Mai 2006 überflügelte Gasproms Aktienkurs sogar British Petroleum und Microsoft und wurde zum drittteuersten Unternehmen der Welt.[22] Der Kreml, so Spötter, sei die einzige börsennotierte Staatsführung der Welt.[23] Tatsächlich gilt der Konzernsitz, ein glasverkleideter Büroturm in der Nametinkastraße im Süden Moskaus, als Filiale der Moskauer Machtzentrale.

Der Energiekonzern – einst Ministerium, heute Aktiengesellschaft – fördert jährlich mehr als 540 Milliarden Kubikmeter Gas – 86 Prozent der russischen und rund 20 Prozent der weltweiten Fördermenge. Das Unternehmen kontrolliert fast ein Viertel aller bekannten Gasvorkommen der Erde und das komplette russische Gasleitungsnetz. Das firmeneigene Röhrennetz ist so lang, dass man damit viermal die Erde umwickeln könnte.[24] Das Unternehmen, an dem unter Putin wieder der Staat die Mehrheit übernahm, trägt 8 Prozent zum russischen Bruttosozialprodukt bei und sichert 20 Prozent der gesamten russischen Staatseinnahmen. Allein nach Deutschland liefert Gasprom täglich rund 90 Millionen Kubikmeter Gas im Wert von rund 7 Millionen Euro. Gasprom ist der rohstoffreichste Konzern der Welt: Rechnet man alle seine Reserven zusammen, besitzt er fünfmal so viel Öl und Gas wie die Nummer zwei, die amerikanische Exxon Mobil.

All diese Zahlen sagen Ilbert Gilmutdinow nichts. Er erlebt die Macht von Gasprom jeden Tag – bei sich zu Hause, hoch oben in Russlands Norden, in der Gasstadt Nowyj Urengoj. Jeder Dritte steht hier auf der Gehaltsliste von Gasprom. Die Kinder gehen in Gasprom-Kindergärten, die Erwachsenen lesen Gasprom-Zeitungen, sehen Gasprom-Fernsehen und lassen sich vom Gasprom-Friseur die Haare schneiden. »Nur die Friedhöfe gehören nicht dem Konzern«, scherzen Spötter. Gilmutdinow verdient das Dutzendfache eines Arztes. »Gasprom ist meine Familie«, sagt der 49-Jährige, der seit 26 Jahren in Diensten des Monopolisten steht. Und der »Familienvater« bestimmt, wo es politisch langgeht. Schon im Jahr 2000 empfahl der damalige Konzernchef Rem Wjachirew seinen rund 390 000 Untergebenen, wo sie bei der Wahl ihr Kreuzchen zu machen hätten.

»Was gut ist für Gasprom, das ist gut für Russland«, lautete bisher das Leitmotiv des Konzerns. Beim englischen Sender BBC verkündete Gasprom-Vize Alexander Medwedew im April 2006 eine neue Version des alten Spruchs: »Gasprom ist gut für die Welt.«

Gasprom ist ein Staat im Staate. Wenn oben in der Chefetage hoch über Moskau einer der Vorstände auf den Tisch haut, kann er politische Erdbeben auslösen. Schon im Jahr 2000 kündigte der damalige Vizekonzernchef Pjotr Rodionow dort oben an, künftig einen Bogen um die Ukraine zu machen.[25] Die sei ein schlechter Kunde, zweige illegal Gas aus den Pipelines ab. Doch Gasprom müsse gute Miene zum bösen Spiel machen, hieß es damals hinter vorgehaltener Hand: Man könne der Ukraine den Hahn nicht zudrehen, weil die meisten Exportpipelines Richtung Mitteleuropa über ukrainischen Boden führten. Und wenn nichts mehr gen Westen flösse, versiege auch der Dollarstrom nach Moskau. Mit einer neuen Pipeline durch Weißrussland wolle man die Ukraine umgehen, hieß es im Jahr 2000.

Die Feinde von Gasprom sitzen im Ausland. Der Internationale Währungsfonds etwa. Den Wettbewerbshütern ist der Tausendsassa-Konzern seit langem zu breit aufgestellt. Gasprom fördert, transportiert und verkauft Gas, Gasprom hat eigene Hotels, eigene Radiosender, eigene Hochschulen und eine eigene Bank. Hühnerfarmen gehören ebenso zum Konzern wie eine Porzellanfabrik und Urlauberresidenzen am Schwarzen Meer. Doch statt zu entflechten, geht Gasprom weiter auf Einkaufstour: Unlängst erwarb es den Ölkonzern Sibneft. Spötter nennen das Unternehmen »Gasölmedienbank-Kolchose«.[26] In Wahlkampfzeiten klären Konzernmitarbeiter ganze »Fabrikkollektive« darüber auf, wo Freund und Feind sitzen, und organisieren schon mal »Putin-Disco-Abende«. Nicht nur das Gas, auch das Geld fließe im Wahlkampf in Strömen, behaupten Kritiker.

Doch nicht nur deshalb findet Putin so großen Gefallen an der Firma, die er einst selbst leiten wollte und an deren Spitze er zwei alte Vertraute von sich installiert hat. »Ihm gefällt die Idee eines Supergasmonopols, das einen Supereinfluss auf Politik, Wirtschaft und internationale Beziehungen ausübt. Er scheint zum Gas so etwas wie ein erotisches Verhältnis zu haben«, berichtet ein früherer Vizegasminister mit leiser Ironie. »Alles, was im Gassektor passiert, bestimmt in wesentlichem Maß der Präsident persönlich.«[27] Obwohl Putin dementiert, hält sich denn auch hartnäckig das Gerücht, der Staatschef wolle nach einem Ausscheiden aus dem Kreml 2008 selbst Gasprom-Chef werden nach dem Motto: »Es ist egal, wer unter mir als Gasprom-Chef formal als Präsident im Kreml sitzen darf.«

Dabei ist der Konzern marode und ein »sowjetisches Fossil«, wie Kritiker sagen und auf die Schulden von mehr als 2,5 Milliarden Dollar verweisen, die trotz enormer Gewinne aufliefen. Geborgt wurde das Geld nicht für Investitionen, sondern zum Stopfen von Haushaltslöchern. Dabei muss Gasprom bis heute nur 20 Dollar pro Tonne Gas und Öl an den Staat abführen, während die Ölkonzerne 80 bis 100 Dollar entrichten: Das ist die Folge einer neuen Regelung, die dafür sorgt, dass die beträchtlichen Zusatzprofite infolge der hohen Ölpreise zum Großteil direkt in die Staatskasse wandern. Finanzpolitiker halten dies für einen vernünftigen Schritt, die Ölkonzerne klagen, es verhindere Investitionen.

Trotz solcher Meistbegünstigung gehen die Vorräte auf den riesigen alten Gasfeldern zur Neige. Um die Rückgänge zu kompensieren und um allein die Projekte mit höchster Priorität durchzuziehen, benötigt Gasprom nach Schätzung von Experten bis zum Jahr 2012 mehr als 120 Milliarden Dollar. Kredite dieser Größenordnung sind kaum zu bekommen, und Verkäufe der Staatsanteile wären illegal: Ganz im Sinne von Putins Energiedoktrin sichert ein Gesetz dem Staat seit dem Jahr 2005 die Mehrheit an Gasprom. Experten erwarten ab 2008 einen deutlichen Rückgang der Fördermenge, der auch für Deutschland als wichtiges Empfängerland Folgen haben könnte.[28]

Durch unzureichende Kostenkontrolle und mangelnde Transparenz habe Gasprom in den vergangenen Jahren Milliarden von Dollar verloren, beklagen Minderheitsaktionäre. Demzufolge seien etwa 2004 die Personalkosten von Gasprom um 25 Prozent, die Stromkosten um 34 Prozent und die Materialkosten um 56 Prozent gestiegen. Im vergangenen Jahr präsentierte Gasprom dem Aufsichtsrat einen Haushalt von 23 Milliarden Dollar, wobei zwei Drittel der Ausgaben nicht näher erläutert oder zur Geheimsache erklärt wurden. Die Minderheitsaktionäre beschwerten sich vergeblich, dass eine Kontrolle dadurch unmöglich wird. In dem Kontrollgremium sitzt auch der deutsche Burckhard Bergmann, Chef der E.on-Ruhrgas AG, die als größte ausländische Anteilseignerin 6,5 Prozent an Gasprom hält.[29]

Das Geschäftsgebaren von Gasprom wirft viele Fragen auf. Komplizierte, undurchsichtige Strukturen mit Töchterfirmen, Töchtern von Töchterfirmen und Vermittlern dienen Kritikern zufolge vor allem der Korruption. So zahle Gasprom Einkaufspreise weit über Marktniveau, durch die dubiose Zwischenhändler enormen Profit machen. Auch Bohrungen und Baumaßnahmen kämen zu teuer. Leitungen kosten zuweilen das Dreifache des weltweit Üblichen. Auch Stahlröhren kauft Gasprom nach Angaben von Minderheitsaktionären teurer ein als die Konkurrenz. Abgewickelt werden die Einkäufe zu den ungewöhnlich hohen Preisen beispielsweise über eine Firma, die ihren Sitz in einem leer stehenden Büro im Hinterhof eines Moskauer Bahnhofs hat und über ein Stammkapital von 300 Euro verfügt.[30] Bei all diesen merkwürdigen Geschäften liegt der Verdacht nah, dass sie nur dazu dienen, Konzerngelder illegal in private Taschen zu lenken – auch in die von Konzernmitarbeitern.

Seit der Putin-Vertraute Alexej Miller die Leitung des Gasprom-Konzerns übernommen hat, sind solche dubiosen Geschäfte seltener geworden. Der 1962 geborene Russe mit dem stets freundlichen, manchmal etwas verschmitzt wirkenden Lächeln und der jungenhaften Ausstrahlung lernte Putin 1991 in Sankt Petersburg kennen. Alte Bekannte erzählen, der stets sorgsam fönfrisierte Mann mit dem roten Kopf und der gedämpften Stimme habe sich vor allem durch unbedingte Loyalität und Fleiß ausgezeichnet und alle Aufgaben, die ihm übertragen wurden, stets korrekt und zuverlässig ausgeführt. Eigeninitiative oder Ideenreichtum würden dagegen weniger zu seinen Stärken gehören. Im Windschatten Putins machte Miller, der bis dahin nur in kleinerem Rahmen Verantwortung getragen hatte, eine Blitzkarriere und wurde 2001 Chef von Russlands wichtigstem Konzern. Seine Freunde sagen ihm Zuverlässigkeit und Zielstrebigkeit nach, seine Gegner bezeichnen ihn überspitzt als Apparatschik, der nicht einmal die Fenster in seinem Arbeitszimmer ohne Erlaubnis öffne. Früher habe Gasprom einen Hausherrn gehabt, heute habe das Unternehmen einen Kommissar, schrieb eine russische Zeitung.[31]

Der deutsche Mafia-Experte Jürgen Roth sieht Verbindungen zwischen Gasprom und dem organisierten Verbrechen.[32] Doch kritische Fragen zu solch heiklen Themen im eigenen Land hat Gasprom kaum zu fürchten. Die Konzerntochter Gasprom-Media ist der größte Medienkonzern Russlands; Insidern zufolge ist das oberste Ziel des Unternehmens nicht Profit, sondern politische Schlagkraft. Gasprom kontrolliert drei Fernsehanstalten, fünf Radiostationen, die Zeitung *Tribuna* und das Verlagshaus »Sieben Tage«, das drei Magazine herausgibt. Zuletzt übernahm Gasprom die wohl wichtigste Zeitung Russlands, *Iswestia*, und ersetzte deren Chefredakteur durch einen kremltreuen Nachfolger. Im April 2006, gut anderthalb Jahre vor der Duma-Wahl, kaufte das Unternehmen die wichtigste landesweit vertriebene Boulevardzeitung auf.

Im Kampf um die Hoheit auf dem Bildschirm geht Gasprom-Media nicht immer zimperlich vor. So spielten sich im Moskauer Fernsehzentrum Ostankino im Frühjahr 2001 Szenen wie aus einem schlechten Krimi ab. Moderator Wladimir Kara-Mursa gelangte als einziger an seinen Arbeitsplatz – mit Sonnenbrille getarnt und über den Noteingang. »Vor jeder Tür stand ein Wachmann«, berichtete der Star des Moskauer TV-Kanals NTW entsetzt.

In Geheimdienstmanier stürmten private Sicherheitsleute die Studios des letzten großen kremlkritischen Fernsehsenders. Zuvor hatte Gasprom-Media mit Hilfe von Behörden und Gerichten NTW in seinen Besitz gebracht. Die Staatsanwaltschaft suchte nach Unregelmäßigkeiten in der Buchführung, Gläubiger Gasprom verlangte von der NTW-Mutter plötzlich die Rückzahlung von Millionenkrediten. Der alte Eigentümer, Wladimir Gussinski, wurde zeitweise inhaftiert und nach eigenen Angaben vor die Wahl gestellt: verkaufen oder im Knast schmoren.

Den damaligen Bundeskanzler Gerhard Schröder schien die mediale Übermacht von Gasprom nicht übermäßig zu stören. Im

Frühjahr 2001 nahm er den Konzern in einem Radiointerview in Sankt Petersburg in Schutz. Es handele sich nicht um eine Einschränkung der Freiheit des Wortes, sondern um die Regelung wirtschaftlicher Probleme, kommentierte der Kanzler den NTW-Konflikt. »Offenbar gibt es da einen politischen Handel«, argwöhnt damals einer der entlassenen TV-Männer empört: »Für unseren Skalp wird Schröder wohl von Putin irgendeine Gegenleistung bekommen.«[33] Ein böser Verdacht, der bis heute nicht bewiesen ist und den Gerhard Schröder entschieden zurückwies.

Der Gaspromi Die Reaktion fiel harsch aus. »Das ist absurd«, empörte sich mitten im Bundestags-Wahlkampf der smarte Mann, der entfernt an Hollywood-Star Tom Cruise erinnert: »Ein solches Angebot gibt es nicht. Der Bundeskanzler konzentriert sich darauf, die Wahl zu gewinnen.« Es war eine Information aus Moskau, die Regierungssprecher Béla Anda am 19. August 2005 so aus der Ruhe brachte.

Vorausgegangen war der barschen Antwort aus Berlin eine Szene in Moskau, wie es sie eigentlich nur in schlechten Agentenfilmen geben sollte. »Boris, lass uns spazieren gehen, und schalte dein Handy aus«, sagte mir der Mann mit den exzellenten Kontakten bis zur Kremlspitze. Wer hinter einer solchen merkwürdigen Aufforderung unschickliche Avancen vermutet, ist mit den Gegebenheiten im heutigen Moskau nicht vertraut. Wie zu Sowjetzeiten geht man wieder auf die Straße, wenn man Vertrauliches zu besprechen hat. Für so viel Misstrauen hat man Gründe, wenn man einmal mit anhören musste, wie sich die Wachleute im Hof über einen unterhalten und Gespräche zitieren, die man eindeutig ohne sie in den eigenen vier Wänden geführt hat.

Was er zu sagen habe, fuhr mein Gegenüber fort, würde mich sicher interessieren, was sich als höfliche Untertreibung herausstellte. Was ich hörte, hatte für Deutschland mitten im Wahlkampf die Sprengkraft einer politischen Bombe: Moskau wolle Gerhard Schröder ein finanzielles Trostpflaster im Falle einer Wahlniederlage bieten – einen üppig dotierten Vertrag mit Gasprom oder einer Konzerntochter. Meine erste Reaktion war nicht freundlich: »Das ist doch Blödsinn!« Mein Gegenüber brauchte einige Geduld und noch mehr Details, um mich zu überzeugen, dass er nicht scherzte. Mein Informant blieb auch bei seiner Aussage, als er von dem entschiedenen Dementi aus dem Bundeskanzleramt erfuhr. »Was? Du glaubst dem Kanzleramt mehr als mir? Wollen wir wetten? Du wirst sehen – denk an meine Worte.« Ich stotterte etwas von Pressekodex, dass wir einen so schwerwiegenden Verdacht nicht einfach so abdrucken könnten, doch er unterbrach mich lächelnd: »Mach Dir nichts draus. Ich habe kein Problem damit!«

Einen Monat später, September 2005. Zehn Tage vor der Bundestagswahl besucht Präsident Putin seinen Duzfreund Schröder in Berlin. Die Visite war eigentlich für später geplant und wurde nach dem Neuwahlbeschluss vorgezogen. Mitgereist ist Gasprom-Chef Miller. Auf der Tagesordnung steht die Besiegelung einer seit langem geplanten und in Osteuropa heftig umstrittenen Gaspipeline von Russland nach Deutschland durch die Ostsee.

Zwei Monate später, Oktober 2005. Kurz nach der verlorenen Bundestagswahl, mitten im Koalitionspoker, reist Noch-Bundeskanzler Gerhard Schröder nach Sankt Petersburg und besucht Putins Geburtstagsfeier. Ein kurzer Satz lässt aufhorchen. Wie er sich denn so fühle bei seinem letzten Besuch, wird Schröder gefragt. »Wer sagt Ihnen denn, dass ich das letzte Mal da bin?«, kommt die Antwort. In den Koalitionsverhandlungen wird Schröders Vertrauter, Kanzleramtschef Frank-Walter Steinmeier, zum Außenminister auserkoren. Steinmeier hat gute Kontakte zum Kreml und auch zu Dmitri Medwedew – dem Ersten Vizepremier und Aufsichtsratschef von Gasprom.

Vier Monate später, Dezember 2005. Ein Anruf. »Boris, du erinnerst dich sicher an unser Gespräch! Wie läuft die Arbeit? Schönes Wetter heute! Ja, und viel Arbeit. Ja, und übrigens, hör heute mal Nachrichten!« Tatsächlich: Gasprom-Chef Alexej Miller gibt bekannt, dass der Altbundeskanzler den Aufsichtsratsvorsitz in dem Gasprom-Konsortium übernehmen wird, das die umstrittene Ostsee-Pipeline von Russland nach Deutschland bauen soll. Also genau bei jenem Projekt, zu dessen Besiegelung Putin zehn Tage vor der Bundestagswahl zu Schröder nach Berlin gereist war. Dem Altbundeskanzler wird in dem Pipeline-Unternehmen ausgerechnet ein umstrittener ehemaliger Stasi-Offizier begegnen – Matthias Warnig, Repräsentant der Dresdner Bank und Presseberichten zufolge noch aus DDR-Zeiten befreundet mit Putin.

»Auf mich wirkt Schröder wie ein Einflussagent in alter Tradition«, empört sich der Moskauer Bürgerrechtler Leonid Sedow. »Ich bin entsetzt über diese Entscheidung Schröders, und für mich hat sie einen unglaublich unappetitlichen Beigeschmack – nachdem er als Kanzler jahrelang loyal zu Putin gehalten hat, nachdem er immer wieder gute Worte gefunden hat für die Entwicklung in Tschetschenien, wo ein blutiger Krieg herrscht«, sagt Sedow aufgebracht. Er findet, dass Schröder den Demokraten in Russland damit einen Dolch in den Rücken stößt. »Unsere Antidemokraten können jetzt sagen, ›Seht her, im Westen läuft alles genauso, ihre angeblichen Werte sind Firlefanz, wenn Geld ins Spiel kommt.‹«

Die Moskauer Bürgerrechtlerin Valerie Nowodworskaja wählt Worte für das Verhalten des Exkanzlers, deren Wiedergabe zu juristischen Schritten gegen dieses Buch führen könnte. Sie ist überzeugt davon, dass Schröder nicht im Interesse von Deutschland gehandelt hat: »Heute schon dreht der Kreml am Gashahn nach Georgien und in die Ukraine. Wo ist die Garantie, dass morgen nicht die Deutschen ins Visier geraten?«

Das Pipeline-Unternehmen brauche an der Spitze einen »starken Führer«, der über exzellente Kontakte verfüge, rechtfertigt dagegen ein Kremlberater die Berufung Schröders und macht üble Motive für die Kritik am Altkanzler aus:[34] Neid, russlandfeindliche Tendenzen in Deutschland, gezielte Stimmungsmache aus anderen Ländern. Lob bekommt Schröder von den oppositionellen russischen Kommunisten.[35]

Die SPD-Spitze weist die Vorwürfe gegen den Altkanzler ebenfalls zurück. Von »nicht tragfähigen Unterstellungen« ist die Rede; Schröder sei ein »völlig integrer Mann«, sagt Matthias Platzeck. SPD-Präsidiumsmitglied Ludwig Stiegler sieht in der Kritik am Altkanzler den »kleingeistigen Versuch nachzutreten«.

Schröder war unter den westlichen Regierungschefs neben dem Italiener Silvio Berlusconi der wichtigste Anwalt Putins. Mehrfach nahm er ihn gegen Vorwürfe in Schutz, in Russland entstehe eine autoritäre Herrschaft. Der Kremlchef betreibe, so der Kanzler im Herbst 2004, eine Wiederherstellung der Staatlichkeit. Diese Linie sei nach dem Chaos der Wendejahre notwendig. »Der Staat muss seine Schutzfunktion wieder erfüllen, ohne dass man Schutz vor mafiösen Elementen kaufen muss«, betonte Schröder.[36] Er bescheinigte ihm, ein lupenreiner Demokrat zu sein, lobte sein Vorgehen in Tschetschenien und sah in der Yukos-Affäre »keine Anhaltspunkte, dass das nicht mit rechtsstaatlichen Mitteln vor sich geht«.[37]

Seit der verlorenen Bundestagswahl und seinem Rückzug aus der Politik hat Schröder mehrere Posten in der Wirtschaft übernommen. Kritiker verdächtigen ihn der strafbaren Vorteilsnahme: Die liegt vor, wenn ein Amtsinhaber für eine – auch legale – Dienstausübung einen Vorteil fordert, sich versprechen lässt oder annimmt. Bei der Staatsanwaltschaft Berlin gehen mehrere Anzeigen gegen Schröder ein; sie sieht aber keinen Anfangsverdacht. Um den Verdacht zu erhärten, müsste unter anderem belegt werden, dass Schröder von seinem neuen Job wusste, bevor er aus dem Kanzleramt ausschied. Gasprom-Chef Miller erklärte im Dezember 2005: »Das Angebot wurde zu dem Zeitpunkt gemacht, als bekannt wurde, dass Herr Schröder die große Politik verlässt und Deutschland einen neuen Kanzler haben wird.«[38] Letzteres war spätestens am 10. Oktober, nach Ende des Koalitionspokers, klar – also zwei Wochen, bevor die Bürgschaft für Gasprom beschlossen würde. Der Altkanzler sagte in einem Interview mit der *Süddeutschen Zeitung*, er habe das Angebot am 9. Dezember per Telefon erhalten – also genau an dem Tag, an dem Gasprom-Chef Miller die Vereinbarung publik machte. Diese Aussage Schröders legt nahe, dass er seine Entscheidung binnen Stunden getroffen hat.[39] Gut drei Monate später erzählt Schröder dem *Handelsblatt* eine etwas anders klingende Version: Demzufolge hat er bereits im November 2005 von dem Angebot erfahren, es aber zunächst abgelehnt.[40]

Im März 2006 wird bekannt, dass Gerhard Schröder als Aufsichtsratschef ein jährliches Salär von 250 000 Euro erhalten werde, beinahe so viel, wie er als Bundeskanzler bezog. Die Kritik an seinem Wechsel zu der Ostsee-Pipeline-Gesellschaft könne er nicht nachvollziehen, sagt Schröder. Im Gasprom-Konzern gelten Insidern zufolge die Aufsichtsratsposten bei Tochterunternehmen, wie Schröder einen erhalten hat, als die eigentlichen Geldadern. Dabei gilt nicht selten das Prinzip, dass eine relativ niedrige Grundvergütung – im Falle Schröders die 250 000 Euro – durch deutlich höhere Prämien aufgebessert wird. So bezieht Gasprom-Chef Miller nach Presseberichten ein Gehalt von 150 000 Euro im Jahr; als Aufsichtsrat der Gasprom-Bank soll der Putin-Freund allerdings im Jahr 2004 das 16-Fache seines Gehalts als Prämie erhalten haben: 2,5 Millionen Euro. Offizielle Angaben zu den Prämien sind die Ausnahme; ob auch Schröder auf einen Zusatzverdienst hoffen kann, ist nicht bekannt.[41] Es wird überhaupt nicht öffentlich werden, was der Altkanzler verdient. Da er aber auf sein Bundestagsmandat verzichtete, muss er nicht mehr als Abgeordneter alle Nebeneinkünfte offenbaren. Von russischen Kritikern wird Schröder mit bissigem Spott überzogen: Von »Gerd-Gas für Russland« ist die Rede, »Gerd-Prom« statt Gasprom, »Gas-Gerd« und dem »Gaspromi«.

Am 28. März 2006 berichtet die russische Oppositionszeitung *Kommersant*, Gerhard Schröder wolle ein Lobby-Zentrum für russische Interessen im Westen gründen. Eine der Hauptaufgaben des neuen Lobby-Zentrums solle sein, »ein positives Image Russlands in den deutschen Medien zu schaffen und gemeinsame deutsch-russische Projekte zu fördern, darunter auch die Ostsee-Pipeline«, so das Blatt. Finanziert werden solle das Zentrum vor allem durch Spenden der russischen Wirtschaft. Mit solchen freiwilligen Gaben finanzierte der Kreml im Frühjahr 2006 auch die amerikanische Werbeagentur *Ketchum*, die Imagereklame für Russland betreiben soll. Schröder sagt, der Bericht im *Kommersant* enthalte »eine Reihe falscher Aussagen«. Geplant sei kein »Lobby-Unternehmen«, sondern eine Denkfabrik mit dem Ziel, die strategische Partnerschaft zwischen Deutschland und Russland zu verbessern. Schröder erklärte dazu gegenüber *Focus Online*: Ein »gemeinsamer Dialog braucht keinen finanziellen, wohl aber einen engagierten Beitrag aller aufgeklärten Teile der deutschen und russischen Gesellschaft«. Ziel sei es, »dass Deutsche und Russen einander besser verstehen, voneinander lernen, Vorurteile abgebaut und damit die engen Beziehungen zwischen den beiden Ländern weiter vertieft werden.« Russlands Opposition jedenfalls sieht darin ein verlängertes »Propaganda-Instrument Putins«.[42]

Tatsächlich saß der Kreml bei der Idee für die »Denkfabrik« offenbar von Anfang an mit am Tisch – und zwar ganz buchstäblich: Gerhard Schröder besprach das Projekt im Februar 2005 in Berlin im Beisein des Exverteidigungsministers Volker Rühe (CDU) bei einem Abendessen mit dem Russland-Experten Alexander Rahr und Moskaus Vizepräsidialamtschef Viktor Iwanow.[43]

Am 1. April 2006 wird bekannt, dass durch die Zustimmung von Schröders Regierung in den letzten Tagen ihrer Amtszeit Gasprom eine Milliarden-Bürgschaft bewilligt wurde. Der Altkanzler betont, er sei an der Entscheidung nicht beteiligt gewesen und habe auch keine Kenntnis davon gehabt. Nachdem es über diese Bürgschaft bemerkenswerten Umfangs und auch über den Zeitpunkt ihrer Erteilung öffentliche Aufregung gegeben hatte, erklärte Gasprom seinen Verzicht darauf.

2. April 2006. »Ich gehöre zu denen, die nach wie vor der Auffassung sind, dass der russische Präsident der Garant für eine demokratische Entwicklung des Landes ist«, sagt Schröder in einem Interview mit dem *Handelsblatt*.

Am 29. Mai 2006 wird Schröder zum Ehrenvorsitzenden des Nah- und Mittelostvereins gewählt, der seit 1936 deutsche Geschäfte im arabischen Raum fördert; bei der Veranstaltung verstört er deutsche Außenpolitiker mit der Forderung, man müsse mit der Hamas verhandeln, die das erklärte Ziel hat, Israel zu vernichten. Kurz zuvor war Putin wegen seiner Verhandlungen mit der Hamas auf große Kritik im Westen gestoßen. »All das gibt Anlass zu der Vermutung, Schröder arbeitet nicht nur für die Gasprom, er vertritt auch die russische Außenpolitik«, schreibt Henryk M. Broder.[44]

Schröders neue Jobs enthalten alles, was Sozialdemokraten erschaudern lässt: einen Spitzenjob in Russlands staatsmonopolistischem Kapitalismus, eine Zusammenarbeit mit einen früheren Stasi-Offizier, einen Firmensitz in einer Steueroase in der Schweiz und die Aussicht auf fürstliche Bezüge.

Progressierende Putinisierung Die Bilder im Gasprom-Sender NTW könnten selbst bei notorischen Neidern mitleidige Gefühle auslösen. Was da Ende März 2006 auf den Bildschirmen in Millionen russischer Haushalte zu sehen ist, beweist, dass der frühere deutsche Bundeskanzler in seinem neuen Job als Aufsichtsrat für die Ostsee-Pipeline nicht überbezahlt ist. Im Gegenteil: Dem Bericht zufolge darf zumindest »ein Teil der Summe durchaus als Schmerzensgeld aufgefasst werden«, scherzt die Deutsche Presseagentur: Schröder musste bei seinem Antrittsbesuch in seinem neuen Job »auf den Gasfeldern im hohen Norden Russlands ein Folkloreprogramm über sich ergehen lassen, bei dem selbst verdiente DDR-Funktionäre einst weiche Knie bekommen hätten«.[45]

Schröder sitzt hart am Polarkreis in der Tundra mit Eingeborenen vom Volk der Nenzen in einem Zelt, besichtigt ratternde Kompressorstationen und riesige Gastrockner in Jamburg, spricht mit frostgegerbten Gasprom-Arbeitern in blauen Wattejacken, die wie aufgeblasen wirken, und bemüht sich um ein entspanntes Lächeln. Zweimal muss der Altkanzler allein auf den Fernsehbildern die russische Gastfreundschaft in Form von Wodka genießen – einmal aus dem Glas, einmal aus einem blauen Plastikbecher. Sodann nimmt der Kanzler – dem das lockere Lachen immer schwerer zu fallen scheint – in einem Kindergarten am Ringelpiez mit Anfassen teil. Unter dem Jubel der Umstehenden wirft er einen in Rentierfell gehüllten Jungen in die Luft. Probesitzen im Chefsessel.[46]

Die Szenen erinnern an einen Fußballverein, der stolz seinen neu eingekauften Starverteidiger präsentiert. »Solch einen Gastarbeiter hat Russland noch nicht erlebt!«, sagt der Moderator stolz. Das Einkommen Schröders nennt der Gasprom-Sender ein »erstaunlich bescheidenes Salär«. Die Konzernführung habe sich überrascht gezeigt, »für wie wenig Geld ein solcher Politiker« zu engagieren sei. Die Bewunderung für den Altkanzler zieht sich wie ein roter Faden durch den Bericht. Und auch Anteilnahme scheint durch: »Ursprünglich wollte er als Kanzler die Fußball-Weltmeisterschaft eröffnen. Nun muss er sich stattdessen den Kopf darüber zerbrechen, wie die Ostsee-Pipeline gebaut wird.«[47]

So viel Freundlichkeit kommt nicht von ungefähr. »Schröder war jahrelang ein Freund Putins. Freunde müssen einander helfen«, sagt ein Kremlberater: »Schröder war in einer schwierigen Lage, die anderen Angebote, die er hatte, waren offenbar weniger attraktiv«, mutmaßt er.[48] Neben Dankbarkeit waren aber wohl auch strategische Interessen im Spiel. Die neue Aufgabe im Pipeline-Konsortium habe den Vorteil, dass sie Schröder »den Platz warm hält« für eine Rückkehr in die deutsche Politik, glaubt erstaunlich naiv derselbe Kremlberater noch im Dezember: »Wenn die Große Koalition unter Merkel in zwei Jahren scheitern sollte, hätte Schröder gute Startbedingungen.«

Eine derart groteske Verkennung der Realität ist inzwischen für beide Teile des Freundesduos keine Seltenheit. So ungewöhnlich der Vergleich auf den ersten Blick scheinen mag: Wladimir Putin und Gerhard Schröder sind sich in vielem ähnlich geworden. Auf Kritik reagieren sie extrem dünnhäutig und sehen dahinter schon mal feindliche Verschwörungen oder bösartige »Kampagnen«. Bei Fragen lassen sie sicherheitshalber oft nur handverlesene Journalisten zu Wort kommen. Beide setzen nach Ansicht ihrer Kritiker mehr auf Show als auf politische Inhalte. »Mini-Putin« nennen russische Oppositionelle den Altkanzler spöttisch. Stefan Dietrich spricht in der *Frankfurter Allgemeinen Zeitung* von »Schröders Putinisierung«.

Das Band zwischen den beiden Politikern ist inzwischen weit enger als bei Politiker-Freundschaften üblich. Verbindend wirken offenbar nicht nur die Kindheit in einfachsten Verhältnissen und das zähe Durchboxen nach oben. Den Duzfreunden scheint auch ein ähnliches Verhältnis Macht eigen zu sein. Beiden hängt eher das Image des zugreifenden Machers denn das Bild eines abwägenden Sachpolitikers an; die machtvolle Geste scheint mehr ihre Geste als der sachliche Diskurs. Ganz im Stile seines Moskauer Freundes versuchte Schröder im Fernsehduell mit Angela Merkel vor der Wahl, kritische Töne gegen ihn und seine Regierung als Kritik an Deutschland und den Deutschen darzustellen. Merkel rede das Land schlecht, schimpfte der Kanzler.

Wenngleich Putin und Schröder Kritik an der eigenen Person als Kritik am Land wahrnehmen, reagieren sie doch unterschiedlich darauf – wenn auch nur auf den ersten Blick. Während Putin nach alter sowjetischer Schule negative Berichte in der Regel ignoriert, um sie aus den Schlagzeilen zu halten, neigt Schröder selbst bei Bagatellen dazu, vor Gericht zu ziehen, wie schon im Haarfärbestreit. Beide Methoden verbindet, dass sie den offenen politischen Schlagabtausch verhindern. So klagte Schröder gegen eine Aussage von FDP-Chef Guido Westerwelle. Der hatte es als »problematisch« bezeichnet, dass Schröder als Bundeskanzler »einer Firma einen Auftrag gegeben hat und dann wenige Wochen nach Amtsübergabe in die Dienste ebenjener Firma tritt«. Schröders Anwalt wies dies als »grob unwahr« zurück und erstritt vor Gericht einen Sieg. Formell zu Recht: Schröder hatte nichts unterschrieben und auch keinen Auftrag erteilt; aber er war es, der das Geschäft mit einfädelte.

Hier tritt eine weitere Gemeinsamkeit der beiden zu Tage: Sie verschanzen sich nicht selten hinter sprachlichen und juristischen Spitzfindigkeiten und lassen Untergebene sprechen. So war es zunächst Regierungssprecher Béla Anda, der den Bericht über ein angebliches Gasprom-Engagement Schröders zurückwies und in seiner Antwort – »ein solches Angebot gibt es nicht« – die Möglichkeit offenließ, dass zwischen Kanzler und Präsident bereits über ein später zu machendes Angebot gesprochen worden war. Ähnlich agierte Putin in der Yukos-Affäre – als er versprach, der Staat strebe keinen Konkurs des Unternehmens an, und staatliche Stellen dann offenbar ausländische Banken dazu brachten, Konkursantrag zu stellen.

Schröder ließ sich bei seinen Treffen mit Putin offenbar auch auf eine andere Vorliebe des Kreml ein: Journalisten-Fragen vorher abzusprechen oder erst gar keine Wortmeldungen zuzulassen. So flog der Kanzler im Juli 2004 ausgerechnet zum Höhepunkt der Yukos-Krise kurzfristig nach Moskau, um für Investitionen und Vertrauen in Russland zu werben. Während der britische Außenminister Jack Straw in London wenig spektakulär, aber deutlich seinen Unmut über die Yukos-Affäre publik machte, kündigte Schröder noch vor dem Abflug nach Moskau an, dass er kein Wort über den Fall verlieren werde – und lenkte damit nur noch mehr Aufmerksamkeit auf das heikle Thema. Ohne Not erklärte er während des Fluges Journalisten, er sehe keine Anzeichen, dass die russischen Behörden gegen rechtsstaatliche Grundsätze verstießen. Im sowjetbarocken »President-Hotel« gaben Schröder und Putin dann bei einem Gipfel eine Pressekonferenz unter dem Motto »Fragen strengstens verboten«. Ein deutscher Beamter schritt gar durch die Reihen und mahnte die Journalisten, nur ja nicht gegen das Frageverbot zu verstoßen. »Das ist ja wie zu DDR-Zeiten«, empörte sich ein Medienmann über die vorauseilende Zensur. Der Effekt war ein Fiasko: Nicht zuletzt durch ihr Schweigen brachten Putin und Schröder das Treffen in die Schlagzeilen der deutschen Medien.

Verbinden dürfte die beiden Duzfreunde auch eine bisweilen eigentümliche Auslegung demokratischer Prinzipien: Während Putins Sünden wider die Demokratie vor dem Hintergrund einer jahrhundertelangen autoritären Tradition in milderem Licht zu sehen sind, wiegen Schröders demokratische Fehltritte um einiges schwerer. So etwa, als er sich am Wahlabend, am 18. September 2005, vor laufenden Kameras einfach zum Wahlsieger erklärt und damit ignoriert, dass die Gegenseite 450 000 Stimmen mehr erhalten hat. Auch die unter einigen Genossen diskutierte Idee, die Geschäftsordnung des Bundestages zu ändern und den Unionsparteien den Fraktionsstatus abzuerkennen, damit die SPD stärkste Partei ist, hätte von Putins »Polittechnologen« im Kreml stammen können. Die Liste lässt sich fortsetzen: 2002 sicherte sich Schröder eine Mehrheit im Vermittlungsausschuss durch eine umstrittene Änderung der Geschäftsordnung. Die Zustimmung der Länderkammer zu seiner Steuerreform erkaufte er sich mit finanziellen Zusicherungen an Bremen. Die wiederum waren schon wenige Jahre später kaum noch das Papier wert, auf dem Schröder sie unterschrieben hatte. Bei der Umsetzung von Urteilen des Bundesverfassungsgerichts, etwa zur Berücksichtigung der Erziehungsleistung bei den Beiträgen zur Pflegeversicherung, haperte es, der Maastricht-Vertrag wurde verbogen. Schröder hat seine Autorität nie primär von Parlamenten abgeleitet, die ihn wählten, sondern stets direkt vom Volk. Anders als in Russland gibt es aber in Deutschland wachsame demokratische Einrichtungen, die sich Schröders zunehmend autoritärem Regierungsstil entgegenstellten.

Parteifreunde Schröders reagierten auf die Kritik an dessen Gasprom-Job zuweilen so, als hätten sie ihre Argumente der Moskauer Propaganda-Abteilung entnommen. Die punktgenauen Vorwürfe des politischen Gegners bezeichnete SPD-Generalsekretär Hubertus Heil als »Versuch, sieben Jahre erfolgreicher Regierungsarbeit in den Schmutz zu ziehen«. Gasprom reagierte ähnlich. Der dem Kreml unterstehende Energieriese bezeichnete die Vorwürfe gegen Schröder als »Hysterie der Presse«. Offenbar suchten Gegner der Pipeline einen Vorwand, um das Projekt zu torpedieren. »Kampagne«, »Hysterie«, »nicht konstruktiv«, »nicht patriotisch«, »militant pessimistisch«, »notorische Sowjetologen«, »Propaganda«, »Auftragsarbeit«: Es sind immer die gleichen Worte, die zu hören sind, wenn der Kreml heute mit echter Kritik konfrontiert wird.

Der kreative Umgang mit demokratischen Prinzipien spielt Putin und Schröder immer wieder üble Streiche. Die Ostsee-Pipeline ist wieder das beste Beispiel: Natürlich soll Schröders Einsatz das Projekt stärken und sichern. Tatsächlich aber kam die Gasleitung erst in die Schlagzeilen und damit in die breite Diskussion, nachdem bekannt geworden ist, dass Schröder als Chefkontrolleur fungieren soll. Hatte der Kreml in Schröder bislang einen geachteten Ex-Staatsmann als Sympathieträger und Fürsprecher im Westen, so steht heute Schröder als Gasprom-Mann weit weniger ehrenhaft da.

Schröder-Kritiker klagen dennoch, dass der Altkanzler heute in Berlin und Brüssel unermüdliche Lobby-Arbeit für Putin, Russland und Gasprom betreibe: Er gebe sich als »Aushängeschild für die immer dreister auftretenden Machtstrukturen« in Moskau. In Berlin gebe es bis heute eine geschlossene Front – von der SPD-Bundestagsfraktion über viele Ämter bis hin zu Teilen des Außenministeriums –, an der jedes kritische Wort zu Russland sofort abpralle, klagt ein Berliner Lobbyist.

Vor dem G8-Gipfel im Juli 2006 in Sankt Petersburg hat der Kreml groß angelegte Aktionen zur Aufbesserung seines »Images« angekündigt; unter anderem engagierte Moskau eine amerikanische Werbeagentur. Zuweilen erscheinen in westlichen Blättern Beiträge, die bis hin zu einer russlandtypischen Wortwahl die Sprachregelungen des Kreml übernehmen – etwa wenn vom

»Image-GAU«, von »antirussischer Propaganda«, von ausbleibenden »Erklärungsoffensiven« oder einem »blauäugig von der EU mitorchestrierten Wahlsieg eines Putin-Gegners in Kiew« die Rede ist. Auffallend oft sind kremlnahe Russlandexperten im deutschen Fernsehen zu sehen, wenn Erklärungsbedarf besteht.

Dabei ist Propaganda dieser Art sicher noch die geringere Gefahr für den Westen, da die Medien im Ganzen eine gewisse Immunität dagegen aufweisen. Ein gemeinsamer Versuch der Deutschen Botschaft und des Verbandes der deutschen Wirtschaft, die bundesdeutschen Moskau-Korrespondenten zu einer rosigeren Berichterstattung anzuregen, nährte eher zusätzliches Misstrauen. Zu offensichtlich sind die Entwicklungen in Russland, und zu frei sind die Medien in Deutschland, als dass sie die Potemkin'schen Fassaden für bare Münze nehmen würden.

Weitaus gefährlicher ist, dass der russische Politikstil und eine inkonsequente Haltung gegenüber Rechtsverstößen sich auch im Westen ausbreiten. Fließende Übergänge zwischen politischem Amt und gut bezahlter Tätigkeit in der Wirtschaft sind keine Erfindung Moskaus; doch der Kreml exerziert sie in einem Umfang vor, der zumindest in Westeuropa bislang die Ausnahme war. Doch auch hierzulande drohen die moralischen Grenzen aufzuweichen. Schröder habe die Kremlmoral nach Europa exportiert, sagen Kritiker. Berichte über sehr enge Verbindungen zwischen ehemaligen Mitgliedern der Schröder-Regierung und Politikern aus anderen Lagern mit der Wirtschaft sorgten allenfalls noch kurzzeitig für Unmut, aber nicht mehr für einen Aufschrei. Die Menschen im Westen drohen nach Jahrzehnten des Wohlstands und der Abschottung durch den Eisernen Vorhang einem gefährlichen Irrglauben zu erliegen: Es gibt kein Naturgesetz, das sie für die Zukunft vor Beamtenwillkür, Korruption sowie Kriminalität unter staatlicher Obhut schützt. Schon heute fühlt sich der Ehrliche schnell als der Dumme.

Bedrohlich ist ebenfalls, dass die Macht der Geheimdienste zunimmt und die Grundrechte im Kampf gegen den Terrorismus eingeschränkt werden. Es wäre Verleumdung, die Wurzeln dieser Entwicklungen in Moskau zu suchen. Doch der Kreml geht mit dem Einsetzen autoritärer Werkzeuge viel weiter als selbst die

Hardliner in Washington zu träumen wagen. Nicht zuletzt dort wird das Moskauer Beispiel sicher genau studiert – und droht Schule zu machen. Wie die Inspiration funktionieren könnte, demonstrierte Präsident Putin, als er sich im Jahr 2003 öffentlich darüber wunderte, warum die USA entgegen ihren Versicherungen noch keine verbotenen Waffen im Irak gefunden hätten. »Wenn unsere Leute da unten suchen würden, hätten sie schon lange etwas gefunden«, sagte Putin vieldeutig.

Mindestens ebenso gefährlich ist, dass sich die Einstellung zum organisierten Verbrechen im Westen langsam, aber beständig der im Osten annähert. Die Verquickung von Macht, Bürokratie, Sicherheitsorganen und organisiertem Verbrechen in Russland hat inzwischen horrende Ausmaße erreicht. Mafia-Experten wie Jürgen Roth gehen sogar so weit, dem Kreml selbst eine entscheidende Rolle in den kriminellen Strukturen zu unterstellen und Putin »den roten Paten« zu nennen, was natürlich eine sehr gewagte Behauptung ist. Verbrecher aus dem Osten operierten in Deutschland ganz offen als honorige Vertreter der russischen Schlüsselindustrien, klagt Roth. Er sieht den Staat als Teil der kriminellen Strukturen. Polizei und Staatsanwaltschaft seien in Deutschland zunehmend die Hände gebunden, so Roth weiter: »Die sehen alle das große Dilemma, dass auf der einen Seite organisierte Kriminalität wächst, dass sie Teil unserer Gesellschaft wird, während die Ressourcen, um sie zu bekämpfen, immer weiter runtergefahren werden.«[49] In Deutschland bestehe kein politisches Interesse daran, bestimmte Teile der organisierten Kriminalität aus dem Osten zu bekämpfen – vor allem, wenn Verbindungen zu hochrangigen Politikern bestünden. Bittere Enttäuschung herrsche bei Polizisten und Staatsanwälten, dass solche heiklen Themen aus Rücksicht gegenüber den Gesprächspartnern bei Treffen auf höchster Ebene ausgespart werden. De facto droht nach Einschätzung Roths damit eine Teilkapitulation vor der Mafia.

Tatsächlich werden heute offenbar Milliardenbeträge aus zwielichtigen Quellen in den Wirtschaftskreislauf der EU gepumpt. »Leute, die solch leichtes Geld investieren, tun das natürlich ganz anders als solide Geschäftsleute, sie geben ihre Millionen leichter aus, investieren in zweifelhafte Projekte«, klagt Hermann Lutz, der frühere Präsident der Europäischen Polizeigewerkschaften. Es gibt Hinweise darauf, dass hinter vielen Hedge-Fonds, die maßgeblich an Spekulationsgeschäften beteiligt sind, Mafia-Gelder aus dem Osten stehen.

Viele Deutsche sind sich der Gefahren offenbar nicht bewusst. Nur eine knappe Mehrheit der Deutschen hielt Schröders Einstieg bei Gasprom im Dezember 2005 für einen Fehler; 46 Prozent hatten keine Einwände gegen Schröders Engagement. Dabei birgt die Russland-Politik des Altbundeskanzlers für Deutschland Risiken, die nur wenige in vollem Umfang erahnen.

Gas-Rambo im Diplomatenanzug

Die Lage ist dramatisch. Es geht um Leben und Tod. Es ist Freitagnacht in Havixbeck. Die Lüftungsanlage im Stall ist ausgefallen. Mehrere hundert Schweine drohen zu ersticken. Mit einer Taschenlampe sucht der Bauer Erich Große-Thier den Weg durch die Finsternis. Er hofft, dass er das Schlimmste verhindern kann. Es gelingt ihm, die Lüftungsschächte und Türen zu öffnen. Die schlimmste Gefahr ist gebannt. Doch weil es kalt ist draußen, muss er jede Stunde raus in die Nacht und die Temperatur im Stall kontrollieren.[50]

Zehn Kilometer weiter, St.-Georg-Kindergarten in Hohenholt. Im Kerzenlicht suchen Kinder und Erwachsene auf Tischen Spielzeuge und Bücher. Es ist Basartag. Der Teig für die Waffeln ist zu nichts zu gebrauchen. Und die Fische im Aquarium der Familie Weber machen einen seltsamen Eindruck. Max Weber blickt zu seiner Frau Sabine: »Die machen's nicht mehr lange.« Die Wassertemperatur ist von 27 auf 21 Grad Celsius gesunken. Die Mutter von drei Kindern stellt sich mit Schrecken die Tränen ihrer Kleinen vor. Mit dem Gasbrenner macht sie Wasser heiß. Dann schüttet sie kühleres Wasser dazu und kippt die Mischung zu den Fischen in das Aquarium.[51]

35 Kilometer weiter. In der Stadthalle von Ochtrup sitzen rund 100 Männer und Frauen auf langen Holzbänken. Hilfskräfte der Malteser kochen heißen Tee und eine Erbsensuppe. Fünfzig Men-

schen übernachten in der Halle. Sie sind nicht etwa hier, weil sie kein Dach über dem Kopf hätten. Sie haben keine Wärme unter ihrem Dach. Ein Oberfeldwebel der Bundeswehr und seine Soldaten schütten Benzin in ein Notstromaggregat.[52]

Eine junge Mutter sagt: »So stelle ich mir die Nachkriegszeit vor. Ich habe mir nie überlegt, wie das ist ohne Heizung, Wasser, Telefon, Mikrowelle oder Licht. Jetzt weiß ich es, und ich fühle mich richtig hilflos, vor allem wegen der Kinder. Ich fahre jetzt zu meinen Eltern nach Ostwestfalen. Da ist es warm.«[53]

Es sind dramatische Szenen, die sich im November 2005 im Münsterland abspielen. Nach starken Schneefällen haben Schnee und Eis gewaltige, schwere Eismäntel um die Stromleitungen gebildet. Dann kommt auch noch starker Wind auf. Viele Masten halten dem Gewicht des Schnees und den Schwingungen nicht stand und kippen um. Es kommt zu einem der größten Stromausfälle in der Geschichte Deutschlands. Nach Schätzung der Krisenstäbe sind bis zu 250 000 Menschen bis zu vier Nächte ohne Heizung, Licht und Strom. Ersten Schätzungen zufolge richtete der Stromausfall einen wirtschaftlichen Schaden von rund 100 Millionen Euro an. Die Bilder aus dem Münsterland zeigen den Menschen in Deutschland, wie abhängig sie von Strom und Energie sind.

Moskau, im April 2006. Im Großen Saal der österreichischen Botschaft, einer prächtigen Villa hinter hohen Mauern in der alten Pferdestallgasse im Arbat-Viertel, empfängt der Gesandte Wiens hochkarätige Gäste: Gasprom-Chef Alexej Miller sowie 25 EU-Botschafter. Das Gespräch sei freundlich gewesen, erinnert sich später wortkarg einer der Teilnehmer, der von Amts wegen eher optimistisch sein muss. Nicht alle Botschafter sehen das offenbar so. Einige der Diplomaten sprechen nach dem Treffen von Erpressung. Offen wie nie zuvor droht der Putin-Vertraute Miller mit Lieferkürzungen: »Es muss festgehalten werden, dass alle Versuche, Gasproms Aktivitäten auf dem europäischen Markt zu begrenzen oder seine rein wirtschaftlich begründeten Interessen zu politisieren, nicht zu guten Ergebnissen führen werden«, hält Miller schriftlich fest.

Der Wink mit dem Gashahn ist wohl kein Zufall: Kurze Zeit

später springt Miller der Chef des ebenfalls staatlichen Ölpipeline-Monopolisten Transneft bei: »Wir haben Europa mit Öl überfüttert. Sobald wir uns China und Japan zuwenden, wird das sofort weniger Öl für unsere europäischen Kollegen bedeuten«, sagt Semjon Wainschtok und fügt hinzu, dass dies zum »Abbau von Preisabschlägen für Europa« führe – also zu höheren Preisen, auch für den Sprit an deutschen Tankstellen.

Fachleute sind überzeugt, dass die beiden Konzernlenker ihre Aussagen nicht ohne Rücksprache mit Putin gemacht haben. Offen wie nie drohten die beiden russischen Konzernchefs, dem Westen den Energiehahn zuzudrehen, wenn dieser nicht nach der Pfeife der Konzerne und damit des Kreml tanze. Dabei hatten sie noch drei Monate zuvor, als Gasprom der Ukraine das Gas abstellte, beschwichtigt: Gegen die Westeuropäer würde Russland seine E(nergie)-Waffe nicht einsetzen. Die *Frankfurter Allgemeine Zeitung* nennt Miller einen »Gas-Rambo im Diplomatenanzug«.

Der Groll und das Säbelrasseln hat einen Grund: Die Europäer wollen Gasprom und den anderen russischen Energiekonzernen den Zugriff auf das besonders gewinnträchtige Geschäft mit Endkunden verweigern – dabei wird gerade auf dieser so genannten »letzten Meile« am meisten Geld verdient. Genau dieses Geschäft aber wollen sich die Russen nicht entgehen lassen. Daher bekunden sie Interesse an dem britischen Versorger Centrica. Die britische Regierung fürchtet eine zu hohe Abhängigkeit von den Russen und will den Einstieg verhindern. Bereits im Dezember hatte Gasprom angekündigt, sich auch in deutsche Stadtwerke einkaufen zu wollen; im April verhandelte Gasprom über einen Einstieg in das Gas- und Dampfkraftwerk Lubmin bei Greifswald.[54]

Die Fachleute in Deutschland sind sich nicht einig, ob die schroffen Worte aus Moskau mehr Bluff oder mehr Drohung waren. Gasprom hat keine wirkliche Alternative zur Belieferung Europas. China werde im Jahr 2030 jährlich weniger als 50 Milliarden Kubikmeter Gas importieren, Westeuropa aber zehnmal so viel, sagen die einen. Der Bedarf in Fernost, vor allem in China, und das Leitungsnetz dorthin würden rasch wachsen, halten andere dagegen. Wer auch immer recht hat – das Problem auf die leichte Schulter zu nehmen, wäre fahrlässig. Der Stromausfall im November 2005 im Münsterland wäre allenfalls eine harmlose Irritation im Vergleich zu dem, was Deutschland im Falle eines Lieferstopps der russischen Konzerne drohen würde.

In der Bundesrepublik heizen 17 Millionen, also fast die Hälfte aller Haushalte, mit Gas. Der Gasanteil an der Stromerzeugung liegt bei 11 Prozent und soll im Zuge des Ausstiegs aus der Atomenergie bis 2010 auf 20 Prozent steigen. Schon heute bezieht die Bundesrepublik zwischen 41 und 44 Prozent ihrer Gaseinfuhren aus Russland.[55] In Österreich sind es 65 Prozent, in Italien 29, in Frankreich 20, in der Schweiz rund 10. Die baltischen Staaten und die Slowakei beziehen fast ihr gesamtes Erdgas aus Russland, Ungarn und Tschechien gut 80 Prozent. Beim Öl liegt der Anteil russischer Lieferungen in Deutschland bei 33 Prozent. Auch in anderen Bereichen besteht Abhängigkeit: 20 Prozent des in Deutschland verbrannten Urans stammen aus Russland; Moskau möchte diesen Anteil auf 30 Prozent erhöhen.

Weil die westeuropäischen Gasvorkommen zu Neige gehen, sollen nach derzeitiger Planung in 15 bis 20 Jahren zwischen 60 bis 80 Prozent des Gases aus Russland kommen. »So ein hoher Anteil eines einzigen Lieferanten macht ein Land unglaublich verletzbar, unabhängig davon, wer dieser eine Lieferant ist«, warnt Claudia Kemfert, Leiterin der Energieabteilung am Deutschen Institut für Wirtschaftsforschung: »Man macht sich da in hohem Maße abhängig. Dass man hier bislang kein Gefahrenbewusstsein entwickelt hat, dass man da so blauäugig war, ist grob fahrlässig.«

Nach Ansicht der Energie-Expertin besteht bei einer derart hohen Abhängigkeit nicht nur die Gefahr, dass aus politischen Gründen am Gashahn gedreht wird; technische Probleme könnten ebenso zu unerwünschten Lieferengpässen führen wie überhöhte Preisforderungen des Fast-Monopolisten oder Naturkatastrophen, beispielsweise in den USA der Wirbelsturm Katrina. Auch Terroranschläge sind in Russland mit seinen schwelenden Konflikten im Kaukasus nicht auszuschließen. Jede unvorhergesehene Verknappung der Rohstofflieferungen könne angesichts einer so starken Abhängigkeit zur wirtschaftlichen Katastrophe führen. »Energie ist das Blut der Volkswirtschaft. Ohne Blut kann niemand lange überleben«, so Kemfert weiter. Die Gasvorräte für 65 Tage, die Deutschland heute habe, seien im Ernstfall nicht ausreichend.

Dass der Anteil russischen Gases nach derzeitigen Prognosen so stark steigen wird, ist auch eine Folge der Energiepolitik der früheren Bundesregierung. So verzichtete Deutschland während der Kanzlerschaft Schröders auf den Bau von so genannten Flüssiggas-Terminals, womit Rohstoffe via Schiff aus beliebigen Erzeugerländern bezogen werden können. Stattdessen forcierte Rot-Grün den Ausbau der Ostsee-Pipeline, an dem Gasprom mit 51 und die deutschen Konzerne E.on und BASF mit 49 Prozent beteiligt sind. Die 4 bis 6 Milliarden Euro teure und 1200 Kilometer lange Leitung durch die Ostsee von Wyborg bis Greifswald soll ab 2010 bis zu 55 Milliarden Kubikmeter Gas jährlich am Baltikum, an Polen und der Ukraine vorbei direkt aus Russland nach Deutschland transportieren.

Schröder hält das Projekt für einen großen Schritt zur Sicherstellung einer unabhängigen deutschen Energieversorgung. Anhänger dieser Sichtweise machen geltend, die Pipeline bringe Deutschland einen Vorteil gegenüber anderen potentiellen Kunden, wenn Gas knapp werde. Außerdem würden durch die Direktverbindung Versorgungsunsicherheiten wie beim Gas-Konflikt zwischen Russland und der Ukraine ausgeschlossen.

Gegner halten die Ostsee-Pipeline für wirtschaftlich unvernünftig, da sie zwei- bis dreimal mehr kostet als eine über Land – etwa durch Polen – führende Gaspipeline, zumal die bestehenden Gasleitungen nicht voll ausgelastet seien. Im Endeffekt müssten wegen der höheren Baukosten die deutschen Verbraucher über ihre Gasrechnung die außenpolitischen Ambitionen und das Großmachtstreben Russlands mitfinanzieren.

Die osteuropäischen Staaten fühlen sich durch das Projekt hintergangen. Polen, seit langem auf Konfrontationskurs mit Russland und aus Moskauer Sicht Hauptfeind unter den EU-Ländern, fürchtet nicht nur um die Erlöse aus dem Gastransit, sondern bangt auch, Moskau könne dem inzwischen ungeliebten Bündnisgenossen von einst in einer Krise den Gashahn zudrehen. Die Wochenzeitung *Tygodnik Powszechny* sah sich gar an den Rapallo-Vertrag erinnert. Darin vereinbarten Deutschland und die Sowjetunion 1922 eine enge Zusammenarbeit, mit der sie später Auflagen der Siegermächte umgingen. Das polnische Wochenjournal *Wprost* sprach angesichts der Pipelinepläne gar von einem »Putin-Schröder-Pakt« – in gewagter Anspielung an den »Hitler-Stalin-Pakt«, der 1939 zur Teilung Polens führte.

Offiziell hat Moskau im Jahr 2006 als Vorsitzender der G8, der Gruppe der führenden Industrienationen, Energiesicherheit angeboten. Bereits im Jahr 2001 überraschte der Kremlchef seine europäischen Gegenüber mit dem Vorschlag, den rohstoffreichen sibirischen Raum mit dem technisch höher entwickelten Westeuropa eng aneinander zu binden. Ein Schulterschluss mit dem Energie-Imperium und der zweitgrößten Atommacht werde den Westen und seine Märkte langfristig sicherer machen, glaubt Alexander Rahr. Der als kremlnah geltende Russland-Experte warnt vor der Entstehung einer Gas-OPEC in Russland und den Staaten Zentralasiens und dem Iran, die gemeinsam 60 Prozent der weltweiten Gasreserven besäßen. Im Vergleich zur OPEC, die 40 Prozent der Weltölreserven kontrolliert, könnten sie dieses mächtige Kartell übertrumpfen. Die globale Sicherheitslage werde ein Zugehen des Westens auf Russland erfordern, glaubt Rahr.[56] EU-Kommissionspräsident José Manuel Barroso vermeldete nach einem Besuch im Kreml im März 2006, Putin sei sehr daran interessiert, Russland als Energielieferanten zu einem stabilen Partner Europas zu machen. »Ich bin überzeugt, dass es für weitere Verhandlungen und eine echte Partnerschaft Raum gibt«, sagte Barroso.

Skeptiker halten das russische Angebot einer Energiepartnerschaft dagegen eher für einen Versuch Moskaus, die EU-Staaten noch stärker abhängig zu machen. Diplomaten berichten von entsprechenden Bemühungen Moskaus. »Moskau tut alles, um den Bau von Pipelines zu verhindern, die an Russland vorbei gehen, und es macht massiv Druck auf die zentralasiatischen Staaten, dass diese ihr Gas und Öl nach China verkaufen und entsprechende Leitungen bauen und nicht nach Europa«, berichtet ein hochrangiger EU-Diplomat im Kaukasus.

Im März 2006 besuchte Putin Algerien, das Land, das nach Russland das meiste Gas nach Europa liefert. Im Tross hatte der

Staatschef vor allem Energie-Fachleute. Bei dem Besuch sei es darum gegangen, die Zusammenarbeit mit den Algeriern auszubauen und Energieunternehmen dort unter russische Kontrolle zu bekommen, erzählt einer der früher wichtigsten russischen Politiker, der anonym bleiben möchte: »Ziel des Kreml ist es, Europa in Sachen Gas von beiden Seiten in die Zange zu nehmen, damit es ganz von uns abhängig ist. Wir könnten dann die Preise fast beliebig diktieren – und nicht nur die.«

Deutschland hinke seinen Nachbarn beim energiepolitischen Diskurs hinterher, klagt der deutsche Sicherheitsexperte Frank Umbach von der Deutschen Gesellschaft für Auswärtige Politik. In der Bundesrepublik »verengen sich die energiepolitischen Debatten in ideologische Auseinandersetzungen zwischen Befürwortern und Gegnern von Kernenergie sowie erneuerbaren Energien und bleiben bis zuletzt in hohem Maße provinziell«. Der Zusammenhang »zwischen der Liberalisierung des Gasmarktes in Deutschland und der EU, der monopolistischen Marktmacht von Gasprom und dem problematischen Abhängigkeitsverhältnis zu Lasten des Verbrauchers, der deutschen Wirtschaft und letztlich der Versorgungssicherheit wird nicht erkannt«, klagt der Energie-Fachmann: Dass Vertreter der deutschen Gaswirtschaft »die russische Propaganda« in der Gaskrise mit der Ukraine unkritisch übernahmen, überraschte kaum, sagt er.[57]

»Er sitzt im Kreml und freut sich. Jahr für Jahr wird sein Imperium mächtiger«, kommentiert der Berliner *Tagesspiegel* Putins Position: »Europa liegt ihm zu Füßen. Die Kritik ist daher verstummt. Stattdessen hagelt es Lobhudeleien. Denn wer abhängig ist, wehrlos am Energietropf hängt, kann sich honorige Prinzipien nicht leisten, sondern muss kuschen. Auf geradezu unheimliche Weise ist Russlands Präsident Wladimir Putin unantastbar geworden. Es ist die Unantastbarkeit des Dealers, der den Stoff hat, nach dem der Junkie giert.«[58]

Der Vorschlag Polens, innerhalb der EU eine Art »Gas-NATO« zu gründen, deren Mitglieder füreinander einstehen, wenn einem von ihnen der Gashahn zugedreht wird, fand bislang keine breite Unterstützung. Befürworter einer solchen Idee beklagen, sie scheitere an den nationalen Egoismen der einzelnen Staaten. Gegner machen geltend, ein solches Projekt würde in Moskau als »antirussischer Energiepakt« aufgefasst werden und den Kreml in die Arme der asiatischen Energiekunden treiben.

Beim Treffen mit Bundeskanzlerin Merkel im sibirischen Tomsk verwahrte sich Putin gegen westliche Kritik. Es würde immer nur über eine drohende Abhängigkeit von russischem Gas und Öl und über die Notwendigkeit, den Zugang russischer Unternehmen zu den Märkten der EU zu begrenzen, lamentiert. »Aber dann müssen Sie auch uns verstehen und versuchen, das einmal von unserem Standpunkt aus zu betrachten. Wenn man täglich ein und dasselbe zu hören bekommt, begreift man das als eine Drohung, unseren Zugang zum Markt zu begrenzen. Dann fängt man an, sich nach anderen umzuschauen«, sagte der Staatschef. Ständig werde im Westen über Investitionen und Globalisierung geredet. »Wenn wir versuchen, da Fuß zu fassen, ist das auf einmal die Expansion russischer Firmen«, so Putin.

Der russische Staatschef findet mit seiner Haltung auch in Europa Fürsprecher. »Gasprom-Chef Millers jüngste Äußerungen, seine Firma werde sich bei anhaltender politischer Obstruktion durch die EU wohl oder übel nach anderen Absatzmärkten umsehen müssen, wurden dieser Tage zur ›Drohung‹ hochgeschrieben«, beklagte *Welt*-Chefredakteur Köppel in seinem Leitartikel unter der Überschrift »Respekt für Russland«: »Was unternehmerisch verständlich ist – weshalb soll ein Konzern in widrigem Gelände investieren? –, geriet im Misstrauensklima zum Anlass einer antirussischen Kampagne.«[59]

Energiefachleute sehen das anders. Russland könne nicht von der EU das fordern, was es ausländischen Unternehmen selbst verweigere. So wünscht sich Putin zwar größere westliche Investitionen im russischen Energiesektor, lehnt aber Mehrheitsbeteiligungen ab und lässt den westlichen Firmen damit nur die Rolle des weitgehend machtlosen Juniorpartners. Nach wie vor weigert sich der Kreml, sein Pipelinesystem für den Transit aus Drittländern zu öffnen, wie es die von Gasprom als »Totgeburt« bezeichnete EU-Energiecharta von 1991 vorsieht; Russland hat diese zwar 1994 unterzeichnet, weigert sich aber, sie zu ratifizieren. »Die russischen Firmen haben ein legitimes Interesse, im Westen auch an den Endkunden zu verkaufen«, meint Energie-Expertin Kemfert: »Aber auch der Westen hat ein legitimes Interesse daran, Monopole und marktbeherrschende Stellungen zu unterbinden; das gilt doch gegenüber den eigenen Firmen genauso. Bei uns müssen sich auch alle Gesetzen und Regeln beugen, aber Gasprom fällt das nicht leicht.«

Ein breiter Zugang von Gasprom zu den Endkunden würde die Abhängigkeit von dem Konzern verstärken, so Kemfert weiter. Als »unternehmerische Selbstverständlichkeit« will sie Millers Worte nicht durchgehen lassen: »Man muss doch sehen, wie Gasprom agiert. Der Lieferstopp für die Ukraine zeigt, wie der Konzern Wirtschaft mit Politik vermischt, und genau vor diesem Hintergrund sind Millers Worte als Drohung zu sehen.« Hier mit rein westlichen Maßstäben zu messen sei naiv, glaubt Kemfert: »Der deutsche Energiekonzern E.on würde nicht im Traum daran denken, etwa in Spanien zu verlangen: ›Gebt uns dieses oder jenes Zugangsrecht, oder wir suchen uns alternative Kunden für den Strom, den wir euch heute liefern.‹ Das sind doch Methoden, von denen man nur hoffen kann, dass sie sich bei uns nicht breitmachen.«

Millers Äußerungen seien »ein Warnzeichen und sollten den europäischen Politikern die Augen öffnen«, glaubt auch Fatih Birol, Chefvolkswirt der Internationalen Energieagentur (IEA). Die Organisation warnt – ebenso wie die EU ihre Mitgliedsstaaten – vor der Unzuverlässigkeit von Gasprom; die Länder müssten dringend ihre Energiepolitik ändern, um nicht »in gefährliche Abhängigkeit von Russland zu geraten.«[60]

»Wir sehen anhaltende russische Versuche, Einfluss auf europäische Energiekonzerne zu gewinnen und diese sogar aufzukaufen. Am Ende könnte Moskau die Energieversorgung der ganzen EU kontrollieren«, warnt Lettlands Außenminister Artis Pabriks.[61] Im Baltikum, wo generell Skepsis gegenüber dem Kreml herrscht, berichtet die Presse gar über Pläne Moskaus, einen russisch-italienisch-deutschen Energieriesen zu schmieden. So wolle man langfristig versuchen, die Vereinigten Staaten aus Europa hinauszudrängen und selbst die Führungsrolle auf dem alten Kontinent zu übernehmen. Solche Berichte sind sicher ebenso überzogen wie die Warnung des US-Investmentbankers George Soros, Europa habe im Energiekrieg bedingungslos kapituliert und hoffe nun auf die »Gnade Russlands«.[62] Wenn der Westen standhaft bleibe und seinen Markt schütze, werde er die Stategie des Kreml, Europa in die Energiezange zu nehmen, erfolgreich durchkreuzen, schreibt die Moskauer Oppositionszeitung *Kommersant*.[63] Tatsächlich glauben selbst viele Kremlkritiker in Moskau, dass es für die russische Führung derzeit keine Alternative zum Gasverkauf nach Westen gibt und sie, zumindest auf absehbare Zeit, ebenso auf die Euros aus der EU angewiesen ist wie umgekehrt die Europäer auf russisches Gas.

Eine Entwarnung wäre dennoch leichtfertig. Solange in Moskau nicht Gesetz und Recht herrschen, sondern das Wort des Präsidenten entscheidet, kann sich durch einen Machtwechsel von einem Tag auf den anderen alles ändern. So unwahrscheinlich es ist, dass im Kreml etwa ein wenig berechenbarer Nationalist auf den rationalen Machtstrategen Putin folgen könnte, so wenig kann man dies definitiv ausschließen. Es gibt keine Garantie dafür, dass nicht in ein paar Jahren in Russland nationalistische Herrscher von Problemen im eigenen Land mit der Behauptung abzulenken versuchen, an allem seien die viel zu geringen Gaspreise schuld, der Wohlstand der Europäer sei von den Russen gestohlen und man müsse die Preise für das Gas vervielfachen. Ebenso wenig ist auszuschließen, dass es plötzlich und unerwartet zu technischen Störungen oder Explosionen an den Pipelines nach Westen kommt.

Selbst ohne politische Risiken droht Gefahr. Mitten in der Kältewelle Ende Januar 2006 ordnet die italienische Regierung per Gesetzesdekret an, die Heizungen in allen Privathäusern und Büros um ein bis zwei Grad herunterzuschalten. Von der Regelung ausgenommen sind lediglich Krankenhäuser, Seniorenheime, Grundschulen und Kindergärten. Rumänien stellt einen Teil der Stromversorgung auf Kohle und Öl um. Der Grund: Die beiden Länder erhalten ebenso wie Ungarn, Serbien und Kroatien zu wenig Gas aus Russland. Gasprom hat nach eigenen Angaben die Lieferungen in diese Länder auf das vertraglich garantierte Mindestmaß gedrosselt, um auf die höhere Nachfrage in Russland zu reagieren. Die Angaben aus Moskau sind widersprüchlich. Offiziell besteht Gasprom auf seiner Darstellung, es liefere »europäischen Verbrauchern 7 Prozent mehr Gas als vertraglich vereinbart«. Wenige Stunden später kündigt der Konzern dagegen Lieferbeschränkungen für europäische Kunden an. Auch die Ukraine bestätigt, dass sie in Absprache mit Gasprom 40 Millionen Kubikmeter Gas weniger als üblich durchgeleitet habe.[64]

Eine weitere Gefahrenquelle sind die maroden Leitungen: Drei Viertel der Pipelines von Gasprom sind nach Expertenmeinung verschlissen.[65] Rohstoffminister Juri Trutnew warnt, dass Russland keine ewig sprudelnden Ölquellen hat: Bereits im Jahr 2015 könnten die Vorräte des schwarzen Goldes erschöpft sein.[66] Die Gasvorräte reichen nach Einschätzung Trutnews hingegen für 70 Jahre. Auch ein schlechtes Management der Energiekonzerne kann die Lage von heute auf morgen ändern. Der frühere Vizeminister Wladimir Milow warnt, Gasprom könne die Förderrückgänge schon ab 2008 wegen Misswirtschaft nicht mehr ausreichend kompensieren, obwohl Russland ein Drittel der weltweiten Gasreserven besitzt.[67] Auch die EU-Kommission fürchtet, dass Europa künftig mit Engpässen bei Gaslieferungen aus Russland rechnen müsse. Wenn es wieder so kalt werde wie im vergangenen Winter, frage er sich, wie Russland die vereinbarten Mengen liefern wolle, warnt EU-Energiekommissar Andris Piebalgs. »Ein kalter Winter könnte alles kaputtmachen.« Die Zuverlässigkeit Russlands ist für ihn kein Problem. Er sorgt sich um das Leitungs- und Exportmonopol Gasproms, das ausländische Investoren abschrecke und »planwirtschaftliches Verhalten« fördere, warnt der EU-Kommissar. Auch die Internationale Energiebehörde (IEA) warnt vor einer Versorgungskrise bei russischem Gas. Europa sollte in jedem Fall seine Lehren aus dem russisch-ukrainischen Gas-Krieg im Winter 2006 ziehen. Die EU-Staaten müssen ihre Naivität ablegen, enger untereinander kooperieren und ihre Energieversorgung auf eine umfassendere Basis stellen, etwa durch die Nutzung breiterer alternativer Energiequellen, durch Energiesparen, alternative Pipelinerouten und Flüssiggas-Terminals.

Über eine Nutzung der Atomkraft kann man unterschiedlicher Ansicht sein. Allerdings geht ein Aspekt in der Diskussion völlig unter. Wegen der Abschaltung der Atommeiler benötigt Deutschland mehr Öl und Gas, wovon ein großer Teil aus Russland bezogen wird. In den nächsten zwanzig Jahren muss Deutschland vor allem aufgrund des ausfallenden Atomstroms bis zu 40 Gigawatt Kapazität ersetzen – etwa indem es Gas und Öl zu Strom verfeuert.[68] Mindestens 40 Gigawatt Kapazität will Russlands Atombehörde bis 2030 durch neue Kernkraftwerke schaffen – auch, um mehr Öl und Gas exportieren zu können.[69] Allein bis 2020 will Moskau vierzig neue Atomreaktoren bauen. Je mehr Atomstrom ins russische Netz fließt, umso schneller rollt der Rubel, denn statt Öl und Gas im Inland zu staatlich fixierten Billigstpreisen zu Strom zu verfeuern, kann Moskau sie zu Weltmarktpreisen exportieren und dabei etwa das Achtfache kassieren.[70]

Die Situation ist paradox: Der zusätzliche Bedarf an Öl und Gas, den in Deutschland wegen der geplanten Abschaltung seiner eigenen Kernkraftwerke hat, wird zumindest teilweise durch den Bau neuer Atommeiler gedeckt. Die Entfernung zu diesen Reaktoren mag zwar – trotz der Erfahrung von Tschernobyl – für eine gewisse Beruhigung sorgen; andererseits ist aber fraglich, ob die russischen Meiler sicherer sind als deutsche.[71] Insofern ist es höchste Zeit, bei der Diskussion um die Kernenergie die komplexen Zusammenhänge zu berücksichtigen.

Als Anteilseigner an den neuen Kernkraftwerken ist eine altbekannte Firma im Gespräch: Gasprom. Mit der Beteiligung an den neuen Reaktoren würde der Riesenkonzern nicht nur ins Atomgeschäft einsteigen; damit flössen dann auch deutsche Gelder in russische Atommeiler – wobei hier weniger die realen Summen von Bedeutung sein dürften als die Symbolik. Wie in anderen Branchen auch will der Staat die größten privaten Unternehmen in der bereits heute staatlich dominierten Atomwirtschaft aufkaufen.

Ebenso wichtig wie die Suche nach Energie-Alternativen ist ein Verzicht auf den vorauseilenden Gehorsam im Umgang mit Moskau. Während man zu Sowjetzeiten die Kommunisten im Kreml offen kritisierte, ohne sich ernsthaft Sorgen zu machen, sie könnten deshalb am Gashahn drehen, so fordern westliche Politiker heute regelmäßig dazu auf, kritische Töne allenfalls im Flüsterton vorzubringen, um die Energieversorgung nicht zu gefährden.

Damit unterstellen sie den Mächtigen im heutigen Russland praktisch, weniger zuverlässig und berechenbar zu sein als die Sowjets – und im Gegensatz zu diesen die Bereitschaft zu haben, die »E«-Waffe auch einzusetzen. Doch auch die funktioniert, ebenso wie Atomwaffen, hauptsächlich nach dem Abschreckungsprinzip: Wer sie einsetzt, schadet auch sich selbst. Deutlichere Worte, etwa in Sachen Menschenrechte und Demokratie, würden die Schwelle für ihren Einsatz wohl kaum senken.

»Eine naive und unkritische Haltung Deutschlands ist nicht nur aus außenpolitischen Gründen – Schweigen für Gas – naiv, sondern sie hilft auch den innenpolitischen Reformern in Russland nicht, die sich für eine marktwirtschaftliche Ausrichtung der Energiepolitik Moskaus einsetzen«, mahnt der Energie-Experte Frank Umbach.[72] Liefersicherheit werde es nur geben, wenn längerfristig Recht, Gesetz und Marktwirtschaft in Russland an Bedeutung gewönnen und es nicht vom jeweiligen Kremlherrscher abhinge, ob er den Gashahn zudreht oder nicht. Doch so wenig der Westen Wunder in Sachen Demokratisierung vollbringen kann, so schnell kann er Schaden anrichten. Der jüngste Gasstreit liefert ein Beispiel: Gasprom-Vize Alexander Medwedew warf den Europäern vor, seinen Konzern zu diskriminieren: Die Absichtserklärungen der EU, die Rohstoffabhängigkeit von Russland zu reduzieren, seien ein »versteckter Angriff«.[73] Die Position des Gasprom-Managers ist durchaus nachvollziehbar. Aus dem eigenen Land ist er es nämlich gewohnt, dass Gesetze und Regeln bei Bedarf ebenso leicht zur Seite geschoben werden, wie man sie anwendet, wenn man jemandem eins auswischen will. Wenn sich die EU nun in ihrer Auseinandersetzung mit Gasprom auf Richtlinien und Prinzipien beruft, klingt das in den Ohren der Gasprom-Leute genauso wie die Worte der russischen Verbraucherschützer, die Weinimporte aus Georgien aus »Sorge um die Gesundheit der Kunden« verbieten. Sie sind überzeugt davon, dass es sich um eine politische Aktion handelt und fühlen sich diskriminiert und angegriffen.

Die zwei parallelen Welten und die unterschiedlichen Bewusstseinsebenen sind die Grundprobleme der Kommunikation zwischen Ost und West. Die Europäer sehen sich längst als Teil der

EU. In Russland hält sich dagegen bis heute die Auffassung, die EU sei eine Fassade und ihre Mitglieder ließen sich gegeneinander ausspielen. Moskau sieht entsprechend in Brüssel einen ungleichen, unterlegenen Partner: Hier das eigene riesige Land, dort eine schwache internationale Organisation.[74]

Manchmal treibt der Mentalitätsunterschied skurrile Blüten: So fand Gerhard Schröder bei seinem Russland-Besuch zum orthodoxen Weihnachtsfest 2001 bei den Putins ein Jagdgewehr auf dem Gabentisch vor. »Der Kanzler, der ungern eine Waffe in die Hand nehmen würde«, empfand mehr Schreck als Freude, hieß es aus Delegationskreisen. Gattin Doris schenkten die Russen einen Pelzmantel. Die First Lady konnte die Weihnachtsgabe gerade noch rechtzeitig vor ihrer Tochter verstecken, die bekennende Tierschützerin ist.[75]

Glaubt man dem oben erwähnten Leitartikel der *Welt*, dann ist die EU »von einer derartigen Unzahl demokratischer Defizite gekennzeichnet, dass ihre weltweiten Demokratiebemühungen bizarr anmuten«. Zahlreiche europäische Staaten hätten »ihre Völker demokratisch teilentmündigt«. Trotzdem würden ständig Forderungen an Russland herangetragen, die man bei sich zu Hause – also in Europa – kaum ertrage. Der Artikel fand weite Verbreitung und große Resonanz in Russland.[76] Dankbar wurde die Botschaft aufgenommen, dass es in Europa alles auch nicht viel anders sei, sondern lediglich mit zweierlei Maß gemessen werde. Welchen Reim sich die russischen Leser darauf machen, zeigt ein Kommentar auf einer russischen Webseite: »Es scheint, dass Schröder hart arbeitet für sein Geld. Wir müssen noch mehr Präsidenten und Kanzler einkaufen, dann werden wir die Weißesten und die Schönsten sein.«

(Alb-)Traum in Orange

Der Fahrer des schicken BMW M6 hatte kein glückliches Händchen bei der Parkplatzsuche. So sperrig parkte er die Nobelkarosse aus dem fernen Bayern mitten auf der engen Straße im Zentrum von Kiew, dass er andere Autofahrer in die Bredouille brachte. Dennoch zeigte sich die Verkehrspolizei ungewohnt kurzsichtig. Schließlich stieg kein geringerer aus dem Luxuswagen als Andrej Juschtschenko, der älteste Sohn des ukrainischen Präsidenten und Revolutionshelden. Doch ausgerechnet die Milde der Miliz hatte böse Folgen: Weil der 19-jährige Politikerspross unbehelligt blieb, entfachte sich ein Skandal von nationalem Ausmaß: mit bösem Verdacht und noch böseren Worten, mit einer erzürnten Öffentlichkeit und einem noch erzürnteren Präsidenten. Die Parkaffäre steht symbolisch für all die Widersprüchlichkeit und all die Gegensätze, die in der Ukraine nach der friedlichen Revolution vom November 2004 zu finden sind.

Da ist die bittere Erkenntnis, dass viele der orangen Revolutionäre vor allem auch deshalb gegen die Männer des alten Regimes kämpften, um deren Plätze an den Futtertrögen des Staates einzunehmen. Zahlreichen ehemaligen Mitstreitern und Finanziers von Juschtschenko wird nachgesagt, dass sie sich ihre neuen Posten in der Regierung versilberten. Was abstrakt klingt, hat konkrete Folgen. Galina Iwanowa stand im November 2004 noch auf dem Kiewer Unabhängigkeitsplatz und schrie »Juschtschenko«, so gut das mit den wackligen dritten Zähnen ging. Im Juni 2005 steht die von den Jahren gebeugte Rentnerin fünf Gehminuten weiter mit einem Zigaretten-Bauchladen am Bessarabski-Markt und klagt an: Die Zuckerpreise seien explodiert, und das ausgerechnet mitten in der Einmachsaison – wo sie doch jetzt ihren Haushalt mit Marmelade winterfest kochen müsse. Die Übeltäter sieht sie in der Regierung: »Die machen den Reibach, und wir Alten sind die Dukatenesel«, zischt die Rentnerin durch die wackeligen Zahnreihen.

Den Reibach mit den hohen Zuckerpreisen soll, so das Gerücht, ausgerechnet der Süßwaren- und Zuckermagnat Pjotr Poroschenko machen. Der Unternehmer, der Figur nach zu urteilen den eigenen Produkten nicht abgeneigt, verdiente sich 2004 den Spitznamen »Geldbeutel der Revolution«. Nach Juschtschenkos Wahlsieg wurde er Chef des Sicherheitsrats, und obwohl er inzwischen zurücktreten musste, gilt er immer noch als einer der wichtigsten Politiker der neuen Ukraine. Sein Einfluss zeigt sich auch daran, dass die Volksvertreter im Parlament ihre Fürsorgepflicht sehr genau nahmen, zumindest in Sachen Zahngesundheit: Sie sorgten durch Schutzzölle dafür, dass ihr Volk vor billigem Zucker aus dem Ausland bewahrt wird – und die heimischen Hersteller vor sinkenden Gewinnen.

So kann es kaum verwundern, dass der gemeine, auf Zuckersparration gesetzte Ukrainer dem Präsidentensohn das süße Luxusleben mit dem 130 000 Euro teuren BMW neidet. Zumal sich der Filius angeblich noch andere Annehmlichkeiten gönnt, beispielsweise einen deutschen Zweitwagen mit Stern sowie regelmäßige Besuche in den teuersten Restaurants der Stadt, bei denen allein die Trinkgelder ein Vielfaches des ukrainischen Durchschnittslohns ausmachen. Noch bösere Gerüchte wissen von weit intimeren und nicht minder teuren Vergnügungen.

»Glauben Sie, in der Ukraine, das war eine Revolution? Da sind sich zwei Banden von Gaunern in die Haare geraten«, empört sich der Chef der Jugendbewegung »Die Unsrigen« in Moskau, Wassili Jakemenko: »Das war keine Revolution, das war ein Putsch, ein Staatsstreich.« Die Mehrheit der Demonstranten sei nur deshalb auf die Straße gegangen, weil sie Geld dafür bekommen hätte, so der »Unsrigen«-Chef. Die Gegenfrage, ob auch in Moskau Hunderttausende bei eisigem Winterwetter für ein paar US-Dollar tagelang auf die Straße gehen würden oder ob dazu nicht eine gewaltige Unzufriedenheit vorhanden sein müsse, beantwortet der adrette Oberkommissar der Jugendbewegung ausweichend. »Die Ukraine war eine Kolonie Russlands, jetzt ist sie eine Kolonie Europas«, sagt Jakemenko.[1] Die Opposition glaubt, dass »Die Unsrigen« im April 2005 auf Anweisung des Kreml als Kampftruppe gegen die orange Gefahr gegründet wurden. Präsident Juschtschenko sei ein Handlanger Amerikas, beteuerte Putins langjähriger PR-Berater Gleb Pawlowski im Fernsehen.[2]

Die orange Revolution ist das Schreckgespenst der Moskauer Elite. »Die Farbe Orange ist die Farbe des Afro-Drogen-Messianismus, sie hat psychantrope Wirkung«, wettert der im Staatsfernsehen gern gesehene Moskauer Vordenker der Konservativen, Alexander Dugin: »Es ist symbolträchtig, dass Orange in der Ikonenmalerei fehlt. Der chemische Charakter der Farbe deutet auf synthetische Prozesse hin, auf Drogen mit halluzinierender Wirkung. Normalerweise werden auf orangem Hintergrund Marihuanastängel abgebildet. Juschtschenko wendet sich an die Jugend: ›Nehmt einen Joint, Brüderchen‹«, treibt Dugin seine abenteuerliche Interpretation weiter. »Das ist fast afrikanischer Stil – die neue Ukraine sieht sich als Land mit dem Motto ›Mach, was immer du willst‹.«[3] Gleb Pawlowski behauptet in seiner Fernsehsendung »Realpolitik« gar, ein großer Teil der Ukrainerinnen habe seit der demokratischen »orangenen Revolution« Orgasmusprobleme. Der Tenor: Demokratie ist schlecht für die Lust.

Vergleicht man russische und ukrainische Nachrichten, so könnte man zu dem Schluss kommen, dass in Kiew heute ein noch schlimmerer Sumpf herrscht als vor der Revolution und dass Moskau dagegen ein Hort von Ordnung und Stabilität ist. Tatsächlich ist es ein Zeichen für den Erfolg der Revolution, wenn in Kiew heute viel über Skandale und Machtmissbrauch berichtet wird. Und dass die sauberen Bilder des russischen Fernsehens für eine Politik stehen, in der Zensur herrscht und Probleme unter den Teppich gekehrt statt diskutiert werden.

Eine Schlägerei in der Rada, dem ukrainischen Parlament, bei der unter Einsatz von Lautsprecherkästen und Fäusten mehrere Mikrophone zu Bruch und Anzüge in Fetzen gingen und die jedem zünftigen Volksfest in Bayern zur Ehre gereicht hätte, wurde im russischen Fernsehen fast genüsslich ausgekostet. Kiew antwortete mit Spott: Die russischen Journalisten seien nur neidisch auf eine Volksvertretung, in der noch Meinungsstreitigkeiten ausgetragen werden – und sei es mit Fäusten. Denn im Vergleich zum leblosen Geschehen im politisch kastrierten Parlament Russlands zeige das immerhin Aktivität.

Wer am 5. Januar 2006, kurz nach der Gaskrise, die Nachrichtensendung »Westi« im russischen Staatskanal »RTR« ansah, bekam es beinahe mit der Angst zu tun. Diskussionen gebe es jetzt in Kiew, sagte der Sprecher mit einem Tonfall, als rede ein Geistlicher von einem Rotlichtviertel. »Ich bin überzeugt, die Opposition in Kiew wird das für ihre politischen Zwecke nutzen«, empörte sich dann ein kremltreuer Politologe auf dem Bildschirm – als sei dies nicht die ureigenste Aufgabe jeder Opposition. Es sei eben schwer, mit Ländern zu verhandeln, in denen es »keine Übereinstimmung gibt zwischen den wichtigsten politischen Kräften«. Dass vor den Parlamentswahlen in der Ukraine der Sieger noch nicht feststand, war in den Augen der Moskauer Kommentatoren keine Selbstverständlichkeit für eine Demokratie, sondern ein Anzeichen für Instabilität und Chaos und für das Fehlen einer starken Hand.

Nur wenige Moskauer Nachrichtensendungen enthalten keine Berichte über Probleme und Skandale in der Ukraine. Zu sehen sind Beiträge wie der über den neuen S-Klasse-Mercedes, den sich der Chef des staatlichen ukrainischen Gaskonzerns anschaffte, mit DVD-Spieler, Kühlschrank und Massagesitzen. Allenfalls am Rande erfahren die russischen Zuschauer, dass Präsident Juschtschenko sich einschaltete und den Staatsdiener zur Ordnung rief: »Steig auf den Wagen um, mit dem du früher gefahren bist.«

Anders als viele seiner Politikerkollegen lässt Juschtschenko vor Interviews keine Liste mit Tabuthemen verteilen. Auch nach den Vorwürfen gegen seinen ältesten Sohn stand der Präsident Rede und Antwort: Den Luxuswagen hätte sein Sprössling nur gemietet, »dafür hat er genug eigene Mittel«. Juschtschenko junior führe ein eigenes Unternehmen und arbeite in einer Consulting-Firma. Sein Sohn, so der Präsident, sei gottesfürchtig und rechtschaffen. Nicht so indes der Journalist, der den ganzen Skandal mit seinem Bericht ins Rollen gebracht habe: Der sei ein »Auftragsmörder«, empörte sich der Präsident. Eine böse Entgleisung, die nicht gerade von demokratischer Gesinnung und einem Verständnis für Pressefreiheit zeugt. Aber immerhin war der öffentliche Druck so groß, dass sich Juschtschenko später entschuldigen musste. Anders in Russland, als – wie erwähnt – der Sohn von Verteidigungsminister Iwanow eine Frau tödlich anfuhr. Dass die Staatsanwaltschaft das Verfahren gegen den Ministersohn sang- und klanglos einstellte, war für die allermeisten Medien kein Thema.

Niemand konnte erwarten, dass nach der orangen Revolution aus Apparatschiks von heute auf morgen Musterdemokraten würden. Tatsächlich sind in der Ukraine weiter all jene Untugenden verbreitet, die dem Land auch vor der Revolution zusetzten: Vetternwirtschaft und Korruption blühen, die herrschende Klasse fühlt sich noch immer als Staat im Staate und bis zu Rechtsstaatlichkeit und echter Demokratie ist es noch ein weiter Weg. Neu ist, dass sich die »Korruptionäre« nicht mehr so sicher fühlen können wie früher, dass Apparatschiks damit rechnen müssen, über ihre eigenen Willkürakte etwas in der Zeitung zu lesen.

Durchschlagende Erfolge blieben den Kiewer Revolutionären bislang verwehrt. Die einstigen Kampfgefährten haben sich zerstritten. Das politische Traumpaar Juschtschenko/Timoschenko liefert sich einen erbitterten Rosenkrieg. »Es gab einen radikalen Schnitt. Leider sind die Früchte von Demokratie und Freiheit nicht sofort zu ernten. Aber die Ernte wird kommen«, beteuert der Präsident, bevor er fortfährt: »Heute gibt es Meinungsfreiheit, jeder darf den Präsidenten kritisieren. Der war bis vor einem Jahr eine heilige Kuh. Seine Worte waren Gesetz, niemand durfte ihn kritisieren. Auch heute ist die Presse nicht immer objektiv. Vor einem Jahr wurde sie von drei großen Clans kontrolliert. Die gibt es leider noch. Oft bestimmt der Geldbeutel die Meinung.«[4] Aber niemand würde heute mehr Wahlen fälschen, beteuert Juschtschenko. Seine Niederlage bei den Parlamentswahlen im März 2006 ist ein bitterer Beleg für diese Worte. Obwohl die Partei des Präsidenten bei dem Urnengang anderthalb Jahre nach der Revolution herbe Verluste erlitt, kamen die ehemaligen Revolutionäre zusammen auf eine Mehrheit. Allen Unkenrufen zum Trotz haben die Ukrainer damit ein Zeichen gesetzt und den Demokraten eine Bewährungsfrist zugestanden.

Dennoch: Die Ukrainer verlieren zunehmend die Geduld. Es ist jetzt an Juschtschenko und seinen Mitstreitern von einst, der eigenen Gier und der der Apparatschiks Grenzen zu setzen und Rückfälle in undemokratisches Verhalten so weit wie möglich zu verhindern. Vieles spricht dafür, dass dies nicht gelingt. Die Ukrainer würden sich verraten fühlen und enttäuscht abwenden von der Politik, wie die Russen nach dem Umsturz 1991, warnen kremlnahe Politikforscher in Moskau. Die Menschen würden begreifen, dass sie ausgenutzt wurden für den Kampf verfeindeter Clans.

»Selbst wenn das so gewesen wäre – auch das würde nichts daran ändern, dass die Menschen bei der Revolution verstanden haben, dass sie Macht besitzen, dass sie keine rechtlose Masse sind, die man endlos erniedrigen und betrügen kann«, hält Julia Timoschenko dagegen: »Und selbst wenn sie betrogen würden – sie geben ihre Macht nicht mehr aus der Hand, sie wollen nicht noch einmal rechtlos werden. Im Notfall gehen sie ein zweites Mal auf die Straße und wechseln ein zweites Mal die Machthaber.«[5]

Ausblick

Die Feierstimmung ist verdorben, bevor der erste Tropfen fließt. »Gott sei Dank hat man diesem verrückten Saakaschwili das Handwerk gelegt und diese Jauche in Russland verboten«, empört sich mein Bekannter, als ich bei meiner Geburtstagsfeier georgischen Wein ordern will – vergeblich. »Vor ein paar Jahren hast du selbst noch gerne georgischen Wein gekauft«, halte ich dagegen. Das Lächeln verschwindet vom Gesicht meines Geburtstagsgastes. Er sieht mich entsetzt an, als wollte ich ihn attackieren. »Damals waren die Georgier noch nicht so aggressiv und haben uns Russen nicht bedroht«, sagt er und klingt dabei, als erwarte er jeden Moment ihren Angriff. »Wie soll das winzige Georgien eine Bedrohung für Russland sein?«, frage ich, doch er hört nicht zu und holt zur Gegenattacke aus: »Es reicht, dass ihr den Georgiern eure westliche Lebensweise aufzwingen wollt.« Sein Nachbar – vor fünf Jahren noch Demokrat – fällt ihm ins Wort: »Demokratie ist nichts für uns. Selbst im Tierreich gibt es nur drei Arten, die demokratisch leben.« Niemand am Tisch widerspricht.

»Bitte, lasst uns nicht über Politik sprechen, es ist doch mein Geburtstag«, flehe ich. Umsonst. Dass nach dem Mord an dem neunjährigen Mädchen aus Tadschikistan die Beteiligten nur wegen Rowdytums verurteilt wurden, sei gerecht, muss ich mir anhören. Schließlich habe man ihnen den Mord nicht nachweisen können. Die liberalen Medien würden den Fall aufblasen, um eine antirussische Stimmung zu erzeugen. Gerecht sei es hingegen, wie ein Moskauer Gericht ein paar Tage zuvor mit einer 21-Jährigen verfahren ist: Wegen des gleichen Strafbestands – Rowdytum – wurde sie zu einer längeren Haftstrafe verurteilt als sieben von acht Angreifern auf das Kind. Die junge Frau muss dreieinhalb Jahre ins Gefängnis, weil sie öffentlich den Rücktritt von Präsident Putin forderte – auf einem riesigen Plakat, das sie gegenüber vom Kreml aus einem Fenster des Hotels »Rossia« hängte. Das Urteil für die Putin-Gegnerin sei zu milde, weil sie mit einem Feuerwerkskörper hantiert habe und das ganze Hotel hätte abfackeln können, ereifern sich die beiden Geburtstagsgäste: »Sag bloß nicht, bei euch sei das nicht so! Andersdenkende werden bei euch genauso verfolgt!«

Moskau im Mai 2006. Wenn es um das Ausland und den Westen geht, ist die Stimmung so aufgeheizt, dass sie nicht einmal vor privaten Feiern Halt macht. »Russlands Problem ist doch nicht Georgien, und im Westen ist nicht alles genauso!«, gebe ich zu bedenken. »Ich habe noch nie im Leben in Deutschland Bestechungsgeld bezahlt, nie tagelang Schlange stehen müssen, um einen Pass zu bekommen oder die TÜV-Plakette«, sage ich. Doch einer meiner Widerredner schüttelt den Kopf: »Ich habe selbst gesehen, wie bei euch in Deutschland Neger verprügelt werden und die Polizei wegsieht.«

Der Blick ins Ausland lenkt ab von den Problemen im Inland: Von unglaublichen Geschichten, die man sehr oft zu hören bekommt wie jener, die eine junge, hübsche Kollegin vom Fernsehen flüsternd erzählt: »Die Ermittler haben mir gesagt, wenn ich mit ihnen schlafe, wird mir nichts passieren. Aber wenn ich mich weigere, mit ihnen ins Bett zu gehen, könne ich ins Gefängnis kommen.« Bei der Agentur der Moskauerin war – offenbar nach einem Fingerzeig der Konkurrenz – plötzlich aus heiterem Himmel die Miliz aufgetaucht und hatte die ahnungslosen Mitarbeiter allesamt ins Kreuzverhör genommen. Die junge Frau beißt sich bei der Erinnerung auf die Zunge, Tränen laufen ihr aus den Augen: »Das Schlimmste ist, dass du völlig rechtlos bist. Immer. Überall. Du bist den Beamten ausgeliefert wie Freiwild. Ich will nur eines: weg!«

Doch statt Rechtlosigkeit, Beamtenwillkür und Korruption ist heute die Bedrohung von außen in Russland das vorherrschende Thema: die Feinde ringsum. Unwillkürlich denkt man an Shakespeares *Heinrich IV*: »Beschäft'ge stets die schwindlichten Gemüter/Mit fremdem Zwist.« Unterdrückung schreit nach Ablenkung und Abenteuern jenseits der eigenen Grenzen, schreibt Josef Joffe in der *Zeit*.[1] Tatsächlich sucht und findet die russische Gesellschaft ihre nationale Identität nicht mehr durch eine Idee oder ein soziales Projekt, sondern durch Feindbilder – die zwar auch die Sowjets eifrig nutzten, aber eben nur als Beigabe zum kommunistischen Heilsversprechen: Boris Jelzin ließ 1994 seine Truppen in Tschetschenien einmarschieren in der Hoffnung, ein kleiner, siegreicher Krieg würde von den innenpolitischen Problemen ablenken. Für Jelzins Wiederwahl zwei Jahre später wurde das Gespenst der kommunistischen Gefahr und eines möglichen Bürgerkrieges beschworen. Auch Putin kam im Jahr 2000 an die Macht, weil er als Verteidiger des Vaterlands gegen tschetschenische Terroristen kämpfte. Seine Wiederwahl vier Jahre später erfolgte im Zeichen der Yukos-Affäre und des Kampfes gegen die Oligarchen.

Im Sinne von Max Webers Herrschaftssoziologie ist Wladimir Putin ein charismatischer Herrscher. Sein Charisma beruht weniger auf persönlichen Eigenschaften als darauf, dass er in den Medien geschickt als Projektionsfläche für die Wünsche und Sehnsüchte der Russen, ihre Hoffnung auf ein Ende der Jelzinschen Zeit der Wirren und Schwäche ein Wiedererstarken Russlands präsentiert. Das Image eines Politikers ist auch im Westen oft wichtiger als sein echtes Sein und Tun; in Putins Demokratur ist dieses Prinzip derart vorherrschend, dass die Bilder vielfach das Tun ersetzen. Putins medialer Nimbus ist aber nicht nur das Geheimnis seines Erfolgs, sondern auch sein Verhängnis. Die Menschen verlangen vor allem in Krisensituationen nach einem charismatischen Herrscher. Nur in einer Krise projiziert die Gesellschaft ihre Erwartungen und Wünsche auf eine einzige Führergestalt und verschließt sich gegen rationale Kritik. Charismatische Herrschaft ist deshalb frei nach Max Weber immer labil, weil sie die Ausnahmesituation, die Krise benötigt – oft in zunehmenden Dosen. Fehlt plötzlich die Bedrohung, erscheint der imposante Habitus charismatischer Herrscher schnell lächerlich, wenn nicht gar paranoid.[2]

Rechtzeitig vor den Wahlen im Jahr 2008 werden in Russland bereits heute Drohkulissen gepflegt und aufgebaut. Nach dem

Motto »Jedem sein Feindbild« präsentieren Medien und kremlnahe Politiker den Westen mitsamt Georgien und der Ukraine, die liberale Opposition und Homosexuelle als Bedrohung; gleichzeitig warnen sie vor einer faschistischen Gefahr. Die Machthaber gleichen damit einem Brandstifter, der sich über die Flammen beklagt – und Gefahr läuft, sie nicht in den Griff zu bekommen. Die Folgen eines solchen Feuers – und damit einer Destabilisierung Russlands – wären auch für den Westen verheerend. Die aggressive Außenpolitik Russlands, vor allem gegenüber den kaum weniger aggressiven Ländern Georgien und Moldawien, birgt schon heute das Risiko lokaler Kriege.

Immer häufiger klingen in Moskau die Töne des Kalten Krieges an. Bei seiner Rede an die Nation im Mai 2006 kritisierte Putin die Vereinigten Staaten von Amerika – ohne sie beim Namen zu nennen: »Kamerad Wolf weiß, wen er zu fressen hat. Er frisst, ohne hinzuhören und hat auch nicht vor zuzuhören«.[3] Russland müsse wachsam und wehrhaft sein, mahnt der Präsident – und stellt ein neues Wettrüsten in Aussicht. Doch das Säbelrasseln dient eher dem Hausgebrauch: Abseits der Fernsehkameras ist Moskaus neue Elite ganz auf den Westen ausgerichtet. Sie will zwar nicht westlich sein, aber westlich leben: Viele ranghohe Politiker und Apparatschiks haben ihren inoffiziellen Familien-Zweitwohnsitz in der Schweiz, in Frankreich oder England, ihre Kinder studieren an westlichen Hochschulen. Vieles spricht dafür, dass sie auch stattliche Vermögen und Unternehmensanteile auf Konten im Westen gehortet haben. Auch für die »Kreml-AG«, also die wirtschaftlichen Interessen der Männer an der Staatsspitze, sind gute Beziehungen zum Westen die Voraussetzung, um üppige Renditen einzustreichen. Wirtschaftlich ist Russland stark von der EU abhängig. Der Kreml droht zwar mit der Drosselung von Energielieferungen, dabei ist er aber selbst auf die Deviseneinnahmen angewiesen und hat aufgrund der bestehenden Pipelines auf viele Jahre keine Alternative.

Wladimir Putin und seine Petersburger Weggefährten sind rational genug, um sich diesen Sachzwängen zu beugen. So ist die Sorge um das Ansehen im Westen und die westlichen Geschäftskontakte in Putins Demokratur vielleicht die wirksamste Bremse gegen ein Abgleiten in den Totalitarismus. Radikale Maßnahmen, wie eine öffentliche Überprüfung unerklärlicher Vermögen, die der Duma-Abgeordnete Wladimir Ryschkow dem Westen empfiehlt, sind vielleicht riskant – aber ein wichtiges Faustpfand. Der Westen muss seine Einflussmöglichkeiten nutzen, solange es nicht zu spät ist: Wladimir Putin hat als rational gesteuerter Politiker nicht das Zeug zum kriegerischen Despoten. Aber es ist nicht auszuschließen, dass nach einem möglichen Machtwechsel in Moskau Hardliner an die Macht kommen, die vor Eskalationen nicht zurückschrecken. Alexander Herzen, der große russische Dissident des 19. Jahrhunderts, fürchtete für die Zukunft einen »Dschingis Khan mit einem Telegrafen« – einen traditionellen Despoten, der die gewaltige Macht eines modernen Staates zur Verfügung hat.

Noch hat sich Herzens Befürchtung nicht bewahrheitet. Doch viele Voraussetzungen für ihre Erfüllung sind vorhanden. In Russland ist die Staatsgewalt heute monopolisiert, die Gewaltenteilung aufgehoben; Parlament, Justiz und Medien sind weitgehend gleichgeschaltet. Die Opposition wird unterdrückt, die Bürgerrechte sind eingeschränkt, es gibt keine Rechtsstaatlichkeit, dafür eine Allmacht der Bürokratie. Russland erfüllt damit die wesentlichen Merkmale einer autoritären – nicht totalitären – Diktatur, auch wenn sie in einem neuen Gewande auftritt – als »Demokratur«: Sie setzt mehr auf Bestechung als auf Verfolgung von Gegnern, nutzt geschickt die Ängste und die Unterwürfigkeit der sowjetisch geprägten Gesellschaft und erinnert ein wenig an eine Zwangskreuzung zwischen den Versionen von Orwell und Huxley, mit Anleihen an den »Großen Bruder« und die »Schöne neue (Konsum-)Welt« mit der Entmündigung des Individuums – beim einen durch Manipulation und Kontrolle, beim anderen durch Konsumversprechen. So kann sie es sich leisten, kritische Bücher nicht zu verbieten, weil sie die Mehrheit der Menschen durch ihre gesteuerte Medienlandschaft dazu bringt, sie gar nicht erst lesen zu wollen. Putins »Demokratur« imitiert Demokratie weitaus geschickter als etwa die Sowjetführung. Sie nutzt geschickt die Funktionsweisen etwa der ausländischen Medienwelt, in der die Darstellung der Zusammenhänge oft dem Wunsch nach Kürze und griffigen Schlagworten zum Opfer fallen – etwa wenn über Putins Bekenntnisse zum Kampf gegen den Extremismus berichtet wird, nicht aber darüber, dass er fast zeitgleich dem lautstärksten Extremisten im Kreml Orden umhängt.

»Meine Leute werden verfolgt, und niemand im Westen schreibt darüber«, beklagte sich Garri Kasparow, als Geheimdienst und Miliz vor dem Merkel-Besuch in Tomsk im April 2006 seine Anhänger verfolgten und einschüchterten, um eine Protestaktion zu verhindern. Die russische Opposition und die westlichen Medien leben in zwei verschiedenen Welten: Kasparow ließ stolz vermelden, dass er trotz massiven Drucks 50 Demonstranten auf die Straße brachte. Als die westlichen Medien schwiegen, witterte er Zensur. Dabei war nach deren Maßstäben das armselige Häuflein kein ausreichender Grund, um darüber zu berichten.

Putins Demokratur ist gekennzeichnet von einem Paradoxon: Auf der einen Seite ist ihr wichtigster Antrieb, dass die Elite nach Legitimation (und Kontenführung) im Westen strebt, auf der anderen Seite ist die Verurteilung und die Abgrenzung vom Westen ihr Leitmotiv und Lebenselixier. Egal, ob man von einem Milizionär geschlagen wird, ob man sich über die allgegenwärtige Korruption aufregt oder über die Zensur in den Medien: Wer in Putins Russland Kritik übt, bekommt in einem fort zu hören, im Westen sei doch alles genauso schlimm – und nur die Propaganda besser. So eine Pseudo-Argumentation ist die Folge der Indoktrinierung und etwa so vernünftig, als würde ein Arzt einem Kranken die Diagnose oder Behandlung mit dem Hinweis darauf verweigern, dass andere Patienten genauso krank seien. Der ständige Vergleich mit anderen Ländern, der Irrglaube, überall auf der Welt seien Willkür, Korruption und Unterdrückung gottgegebenes Recht der Herrscher, sind heute die wichtigsten ideologischen Stützpfeiler des Systems.

»Wo bleibt all das Pathos für die Achtung von Demokratie und Menschenrechten, wenn es um die Wahrung ihrer eigenen Interessen geht?«, fragte Putin im Mai 2006 bei seiner Rede an die Nation provokant in Richtung USA. Die liefern ihm mit ihrer häufig anzutreffenden Doppelmoral tatsächlich Steilvorlagen. Gerade deshalb müssen die europäischen Politiker klipp und klar machen, dass Machtmissbrauch, Verletzungen der Menschenrechte und demokratische Defizite bedauerlicherweise zwar auch im Westen vorkommen, aber nicht als Regel, sondern als Ausnahmen, die bekämpft werden. Fatal ist es dagegen, wenn westliche Kremlunterstützer behaupten, europäische Staaten hätten »ihre Völker demokratisch teilentmündigt« und trügen »Idealforderungen« an Russland heran, die sie bei sich zu Hause kaum ertrügen.[4] Oder wenn der Russland-Chef der Friedrich-Ebert-Stiftung in Moskau die »gesteuerte Demokratie« beschwichtigend mit Deutschland unter Ludwig Erhard vergleicht – mit dem Hinweis, auch damals habe es ja eine »Formierung« der Gesellschaft gegeben.

So wie der einfache Russe von der Straße nicht glaubt, dass es in Deutschland eher unüblich ist, Polizisten zu bestechen, so ist es für die russische Machtelite unvorstellbar, dass etwa ausländische Journalisten in Russland unabhängig berichten. Hinter der Kritik an Moskau in den westlichen Medien stehe eine zielgerichtete Kampagne, eröffnete Putin denn auch im Sommer 2004 seinen Auslandsbotschaftern bei einer Zusammenkunft in Moskau. Eine solche Fehleinschätzung hat verheerende Folgen: Statt den Dialog mit den Journalisten und der Öffentlichkeit zu suchen, igelt sich der Kreml ein und hält Pressekonferenzen ab, die eher PR-Veranstaltungen gleichen. Ebenso absurd ist die regelmäßige Forderung von Politikern und Bürgern gegenüber den in Russland arbeitenden Korrespondenten, sie sollten doch bitteschön über Probleme in anderen Ländern berichten.

Solange im Kreml und in den russischen Führungsetagen im Stile aller autoritären Systeme Kritik als feindliche Propaganda aufgefasst wird und die Herrschenden statt gegen die Ursachen von schlechten Nachrichten gegen deren Übermittler vorgehen, wird ein grundlegender Wandel zum Besseren auf sich warten lassen. Erst wenn die Fehler der totalitären Vergangenheit analysiert statt glorifiziert werden, kann die russische Gesellschaft den Geist der Despotie abschütteln und den einzelnen Menschen in den Mittelpunkt des staatlichen Handelns stellen – anstelle des abstrakten Begriffs »Vaterland«, hinter dem sich die Apparatschiks verschanzen.

Die Ukraine zeigt einen Ausweg: Zwar machen die Erfahrungen nach der Revolution dort deutlich, dass die alten Krebsgeschwüre, etwa Vetternwirtschaft und Behördenwillkür, wohl alle Gesellschaften der früheren Sowjetunion noch lange plagen werden. Die Chance liegt jedoch darin, dass sie allmählich nicht mehr als Standard empfunden werden – sondern als Krebsgeschwüre.

Die Unterschiede zwischen Russland und der Ukraine verdeutlicht ein Vergleich mit zwei Lungenkranken. Der eine redet sich ein, er sei eigentlich kerngesund – nur die Ärzte stellten ihm falsche Diagnosen aus: Die schädliche Gewohnheit – das Rauchen – sei in Wirklichkeit nur hilfreich, und sie werde ihm nur ausgeredet, damit er geschwächt wird. Dieser Patient wird munter weiterrauchen; er wird die Krankenschwestern aus seinem Zimmer verscheuchen, um in Ruhe und mit Genuss seine Glimmstängel anzuzünden. Der zweite Lungenkranke kann ebenfalls nicht vom Rauchen lassen. Er glaubt auch nicht so recht, dass Tabak wirklich gefährlich ist – aber er verbietet auch niemandem, darüber zu sprechen, und hört sich verschiedene Meinungen an. Weil die Krankenschwester kritisch und streng ist, greift er nur noch heimlich zur Kippe – und damit seltener. Je weniger er raucht, desto stärker merkt er, dass ihm der Tabak gar nicht so gut tut. Bleibt man in der Parabel, wären die Kremlunterstützer im Westen Besucher, die ständig ins Krankenzimmer kommen und dem uneinsichtigen Lungenkranken ein »Weiter so« zurufen: Es sei ganz normal, dass er noch rauche, man könne nichts anderes von ihm erwarten. Dabei wäre zu hinterfragen, ob solche Besucher ihre Ratschläge arglos erteilten – oder einen finanziellen Vorteil aus dem Siechtum des Kranken ziehen – etwa, indem sie selbst Zigaretten verkaufen.

Das Bild zeigt, wie gefährlich die Politik des Schulterklopfens und Wegsehens ist, und welche Folgen es hat, wenn westliche Russland-Experten behaupten, der »Streit zwischen Russland und dem Westen« sei »unnütz, die Wertediskussion, die Russland als westliche Lehrmeisterei auffasst, eine Scheindebatte«.[5] Tatsächlich loben den Kreml heute am lautesten diejenigen, die Geschäfte in Russland machen. Kurzfristig können Unternehmer mit einem autoritären Land, in dem Aufträge statt durch faire Ausschreibungen per Handschlag und das Überreichen eines Geldkoffers abgeschlossen werden, vielleicht mehr verdienen als in einer demokratischen Gesellschaft. Längerfristig sind aber die Risiken einer Gesellschaft ohne verbindliche Regeln teurer als dieser schnelle Rubel.

Die Ukraine ist die real existierende Widerlegung der These, es gebe keine Alternative zum autoritären Kurs Russlands. In Kiew ist nach dem demokratischen Umsturz kein Chaos ausgebrochen, auch ein Zerfall oder wirtschaftlicher Niedergang ist trotz aller Probleme nicht in Sicht. Während sich Moskau schnellen Schrittes den Methoden der Vergangenheit zuwendet und auch Georgien sich erschreckend schnell von den verkündeten demokratischen Idealen abgewendet hat, bewegt sich die Ukraine weiter Richtung Modernisierung – wenn auch mit winzigen Schritten und im Zickzackkurs. Mehr ist leider nicht zu erwarten. Und größere Hoffnungen dürfte auch niemand guten Gewissens an den Kreml und die russische Opposition setzen.

Während sich die Ukraine zum westlichen Demokratiemodell bekennt, bleibt abseits von belanglosen Sonntagsreden unklar, in welche Zukunft Putin Russland führen will. Statt Strategie herrscht Taktik vor, statt Inhalten vermittelt die Politik ideologische Schlagworte wie »Liebe zum Vaterland«, »Steigerung der Geburtenzahlen« und »Wohlstand für alle«. Die neuen Herrscher erlagen der gleichen Versuchung wie die Bolschewisten – der Machterhalt wurde für sie zum Selbstzweck. Das Denken und Handeln der Politelite kreist darum, die Macht bei den Wahlen 2008 zu sichern; mit den Mitteln von vorgestern und unter dem ständigen Zwang, sich mit immer neuem Aktionismus demagogisch zu legitimieren. Alles spricht dafür, dass es keine faire Wahl wird und die Kremlführung den Menschen ihren Kandidaten aufzwingt. Ob Putin dabei selbst ein Schlupfloch in der Verfassung schafft und für eine dritte Amtszeit antritt oder einer seiner Kollegen aus dem »Petersburger Politbüro« in den Kreml einzieht, ist eher zweitrangig – bis auf einige Nuancen wird sich an der politischen Linie so oder so kaum etwas ändern.

Putins Vordenker haben nach der ukrainischen Revolution den Begriff »souveräne Demokratie« geprägt – was in offizieller Lesart bedeutet, dass »Russlands Volk selbst die Frage der Macht entscheiden soll«.[6] Nach westlichem Verständnis meint das eher das

Gegenteil von Demokratie: dass man sich keine fremden Vorstellungen von Volksherrschaft aufzwingen lassen will. »Wir haben keine amerikanische Art der Demokratie, sondern eine russische. Und damit muss sich Amerika abfinden«, fordert Juli Woronzow, Exbotschafter in Washington. Auf geradezu tragikomische Weise scheinen ausgerechnet Lenins Urenkel eine alte Theorie von Karl Marx zu bestätigen: Alle großen Ereignisse passierten einmal als Tragödie und einmal als Farce, schrieb der Begründer des Kommunismus frei nach Hegel im *Achtzehnten Brumaire des Louis Bonaparte* – einem Werk über das Zweite Kaiserreich in Frankreich. Marx zufolge war die Machtergreifung und Herrschaft Napoleons III. eine Karikatur der Französischen Revolution. Der selbsternannte Kaiser hebelte mit Tricks und Finten die Demokratie aus, machte das politische Leben zur Farce und lenkte mit außenpolitischen Abenteuern von inneren Problemen ab. Gerade in Phasen von Umwälzungen beschwören die Menschen »ängstlich die Geister der Vergangenheit zu ihrem Dienste herauf, entlehnen ihnen Namen, Schlachtparole, Kostüm, um in dieser alt-ehrwürdigen Verkleidung und mit dieser erborgten Sprache die neue Weltgeschichtsszene aufzuführen«, schrieb Marx. Überträgt man seine Worte auf die Gegenwart, könnte man das heutige Russland als Karikatur der Sowjetunion bezeichnen.

Viele westliche Politiker nehmen die Maskerade für bare Münze. Putin habe »einer auseinanderkrachenden Staatsruine Stabilität verschafft« und Russland als Nationalstaat rekonstruiert, behaupten Unterstützer des Kremlkurses.[7] Sie verwechseln die politische Friedhofsstille mit Stabilität. Dabei besteht die Gefahr, dass es sich um eine Ruhe vor dem Sturm handelt – etwa weil wirklich funktionierende und nicht auf bloße Imitation ausgerichtete politische Institutionen und Mechanismen fehlen. Wenn auf einem Schiff kein Matrose einen Handgriff macht, ohne den Kapitän zu fragen, wird bei ruhiger See vorbildliche Ordnung an Bord herrschen; in stürmischem Gewässer hingegen drohen Chaos und Untergang. Konnte Jelzin nach der Krise im August 1998 durch ein Bündnis mit der Opposition Einheit und Frieden retten, stünden unter Putin heute im Falle eines Falles nicht einmal entsprechende Ansprechpartner zur Verfügung: Die Proteste im Lande wären nicht mehr zu kanalisieren und damit umso gefährlicher. Stabilität entsteht durch ein dynamisches, auf Widerspruch und Ausgleich von Interessen beruhendes System, in dem sich die verschiedenen Kräfte nach festen Regeln messen. Macht man diese Kräfte jedoch mundtot und sperrt sie in ein Zwangskorsett, brechen sie, wie uns die Sowjetunion lehrte, irgendwann aus. Die Frage ist nicht, ob es zu diesem Ausbruch kommt, sondern wann und wie. Je schneller die russische Gesellschaft ihr Zwangskorsett sprengt, umso größer ist die Wahrscheinlichkeit, dass der Umbruch friedlich vonstatten geht und die Einheit Russlands gewahrt werden kann. Vieles spricht dafür, dass es sich eher um Jahre als um Jahrzehnte handeln wird. Eine solche Umwälzung wird kaum demokratische Verhältnisse bringen. Unter glücklichen Umständen kann sie der Anfang eines langen Weges in die richtige Richtung werden – unter schlechten Vorzeichen driftet Russland völlig vom Westen ab und es kommt schlimmstenfalls zu einer aggressiven Isolation des Vielvölkerstaates, die sich später in einer Explosion zu entladen droht.

Ebenso wie die vermeintliche Stabilität in Russland beruht die im Westen verbreitete Begeisterung über den wirtschaftlichen Aufschwung auf einem Trugbild: Das Wachstum und der nicht zu übersehende Boom sind dem hohen Ölpreis zu verdanken, der die gewaltigen Strukturprobleme verdeckt. Die zunehmende Einmischung des Staates in die Wirtschaft ist kontraproduktiv. Selbst wenn der Ölpreis nicht fallen sollte: Die Krise ist spätestens dann kaum noch vermeidbar, wenn der immer schneller wachsende Appetit des korrupten Apparats den Anstieg des Ölpreises überholt.

Kremlunterstützer beklagen, der westliche Blick auf Russland sei »geprägt von besserwisserischer Arroganz, Ignoranz im Umgang mit Fakten und hämischer Schadenfreude über den stolpernden Erzrivalen aus dem Kalten Krieg«.[8] *Die Welt* etwa zeigt Sympathie für eine »autoritäre Etappe« – ein Rezept, das nach Ansicht von Historikern schon Nikolaus II. ins Verderben stürzte und zu Lenins Putsch führte. »Der Zar hätte seine Dynastie vielleicht retten können, wenn er sich im ersten Jahrzehnt seiner Regierung … weg von der Autokratie hin zum konstitutionellen Regime bewegt hätte«, schreibt Orlando Figes in seinem exzellenten Buch *Die Tragödie eines Volkes*.[9] *Die Welt* mahnt mit Blick auf Putin-Kritiker zu »Respekt für Russland«[10], bezeichnet russische Wähler als »käuflich« und äußert Zweifel, ob man sie »mit Urnengängen zwangsbeglücken« solle. Das wirft die Frage auf, wer mehr Respekt für die Russen aufbringt: solche Verteidiger des Kremlkurses, die glauben, die Menschen seien noch nicht reif, um ihr Schicksal selbst zu bestimmen, oder Kremlkritiker, die Demokratie einfordern. Die Russen haben tatsächlich höchste Achtung und Respekt verdient. Ob Kultur oder Wissenschaft, Herz oder Seele: Die Russen haben viele Gründe, stolz zu sein. Aber nicht auf ihre totalitäre Vergangenheit, wie es ihnen die Propaganda heute einbläut. Es ist ihr Verdienst, dass sie diese Vergangenheit – im Gegensatz etwa zu den Deutschen – aus eigener Kraft und friedlich überwunden haben. Sie mussten dafür einen hohen Preis zahlen: den wirtschaftlichen Zusammenbruch, das Chaos des Übergangs, das Zurückbleiben von Millionen Russen in den Staaten, die zu Ausland wurden.

Gegen die Rückkehr in die autoritäre Vergangenheit regt sich in Russland nicht so wenig Widerstand, wie es die Medien glauben machen. Manchmal ist Auflehnung sogar erfolgreich – wie etwa der Protest gegen den Bau einer Gaspipeline direkt am Ufer des Baikalsees im Frühjahr 2006. Die demokratischen Kräfte brauchen Unterstützung. Es war ein wichtiges Signal, dass sich Bundeskanzlerin Merkel bei ihrem ersten Moskau-Besuch im Januar 2006 auch mit Bürgerrechtlern traf. Als ehemalige DDR-Bürgerin kennt Merkel die Besonderheiten des sowjetischen Systems nicht nur vom Hörensagen. Sie tut sich deshalb viel leichter als westliche Politiker, Potemkin'sche Dörfer zu durchschauen und die Handschrift des KGB zu erkennen. Selbst wenn ihr vieles nicht behagt, muss sie sich natürlich trotzdem um gute Beziehungen zum Kreml bemühen. Doch im Gegensatz zu manchen anderen westlichen Politikern werde sich Angela Merkel nicht als »nützlicher bourgeoiser Idiot« einspannen lassen, hoffen russische Oppositionelle – und spielen damit auf Lenin an, der sich einst mit diesen Worten über blauäugige Anhänger im Westen lustig machte.[11] Die Kremlkritiker bauen auf den »Kwasniewski-Effekt«: Zum Höhepunkt der ukrainischen Revolution kamen der polnische Präsident, sein litauischer Kollege Valdas Adamkus – ein früherer US-Bürger – und EU-Chefdiplomat Javier Solana als Vermittler nach Kiew. Hochrangige Revolutionäre empörten sich später, die »Westler« Solana und Adamkus seien naiv auf die Forderung des alten Regimes eingegangen, erst einmal die Menschen von der Straße zu holen und alle Streitfragen in Verhandlungen zu klären. Das wäre in etwa so, als hätte man 1989 die Leipziger Montagsdemonstranten aufgefordert, nicht mehr auf die Straße zu gehen und sich mit Honecker an den Runden Tisch zu setzen. Kwasniewski war es, der als »gelernter Ostblock-Bürger« die Taktik des Regimes durchschaute, sich auf die Seite der Opposition stellte und seine EU-Kollegen überzeugte.

In Moskau regt sich selbst innerhalb des Apparats Widerspruch. Unerklärliche, willkürlich wirkende Entlassungen von ergebenen Beamten wie Generalstaatsanwalt Ustinow schüren bei den Apparatschiks Urängste um ihre Pfründe und könnten langfristig den Glauben ans System untergraben – auch wenn der Chefankläger wie fast alle hohen Beamten unter Putin sehr weich fiel und nun als Justizminister immerhin noch zur zweiten Garnitur im Moskauer Machtgefüge gehört. Wie zu Breschnews Zeiten durchschauen viele die politische Maskerade, spielen sie aber notgedrungen mit. Anderen geht Putins Politik der engen Verquickung von Politik und Geschäft zu weit – sie fürchten, mit in den Sog möglicher späterer Aufklärungen und Enthüllungen gerissen und so um das eigene, nicht immer ganz lupenreine Vermögen gebracht zu werden. Hier liegt die »Sollbruchstelle« im System Putin: Hat der Unmut von Teilen des Apparats die kritische Masse erreicht, wird er sich mit den bestehenden Protestkräften in der Gesellschaft verbünden und es kann zu einem lawinenartigen Einsturz des morschen Systems kommen wie in der DDR. In einer Umfrage im Juli 2005 meinten 42 Prozent der Russen, Massenproteste wie in der Ukraine und in Georgien seien auch in Russland möglich, weil es Gründe dafür gebe – vor allem Armut und Unzufriedenheit mit der Regierung; ebenfalls 42 Prozent waren der Ansicht, es ließen sich politische Kräfte finden, die diese Proteste anführten.[12] Hinter vorgehaltener Hand ermuntern schon die ersten Männer aus dem Umfeld der Macht westliche

Korrespondenten, sich »nicht unterkriegen zu lassen und weiter die Wahrheit zu schreiben«. Solche heimlichen Ausbrüche sind wohl auch darauf zurückzuführen, dass der Kreml seinen Anhängern demütigende Loyalitätsbekundungen abverlangt – etwa wenn Sergej Karaganow, Präsident des Rates für Außenpolitik, verkündet: »Als Mann mit demokratischen und liberalen Überzeugungen kann ich sagen, dass Russland noch nie freier und reicher war.«

Parolen wie diese treiben manche Oppositionelle in ihrer Wut so weit, nach bösen Beispielen in ferner Vergangenheit zu suchen. Im alten China wollte 207 v. Chr. der nach der Macht greifende Eunuch Zhao Gao prüfen, wer am Hof bedingungslos zu ihm hielte und für einen Staatsstreich zu gebrauchen wäre, berichtet die Schriftstellerin Julia Latynina: Er führte dem Hofstaat einen Hirsch vor – und pries ihn als besonders edles Pferd an. Weder die Beamten noch der Kaiser selbst wagten zu widersprechen; beklommen sprachen alle von dem »Pferd«.[13] Doch Russland im 21. Jahrhundert ist nicht das alte China, und irgendwann werden die Menschen die Dinge beim Namen nennen, hoffen Russlands Oppositionspolitiker – und setzen ausgerechnet auf die Lebensweisheit eines Amerikaners – des US-Präsidenten Abraham Lincoln: »Man kann einen Teil des Volkes die ganze Zeit täuschen, und das ganze Volk einen Teil der Zeit. Aber man kann nicht das ganze Volk die ganze Zeit täuschen.«

Danksagung

Mein besonderer Dank gilt der brillanten Redakteurin Anja Strauß, die mir mit unermüdlicher Energie und immer neuen Ideen zur Seite stand, dieses Buch auf den richtigen Weg brachte und ihm entscheidende Striche verlieh.

Unermüdlich zur Seite stand mir Irina Charitonowa, die gute Seele des Moskauer *Focus*-Büros. Mit beeindruckendem Wissen und Geistesblitzen prägte der Historiker Eberhard Riegele meine Arbeit. Wichtige Anregungen und Hilfestellung lieferten mir der exzellente Russland-Experte Dr. Rainer Lindner von der Stiftung Wissenschaft und Politik, der Anwalt Dr. Felix Renner mit seinem brillanten Sachverstand und meine *Focus*-Kollegen Margot Zeslawski, Wolfgang Donauer und Dmitri Popow. Zu großem Dank verpflichtet bin ich meinen Lektoren Silvie Horch und Thomas Bertram sowie meinem Agenten Thomas Montasser.

Entscheidend für das Buch war der Gedankenaustausch mit zahlreichen Gesprächspartnern wie Hansdietrich Genscher, Otto Graf Lambsdorff, Claudia Roth, Gernot Erler, Otto von Habsburg, Sabine Leutheusser-Schnarrenberger, Wladimir Ryschkow, Lilia Schewzowa, Leonid Sedow, Boris Nemzow, Garri Kasparow, Sergej Mitrochin, Andrej Illarionow, Dmitri Rogosin, Valentin Gefter, Natalia Pasternak, Grigori Jawlinski, Juri Afanassjew, Sonja Margolina, Georgi Satarow, Roman Schlejnow, Michail Deljagin, Claudia Kemfert, Thomas Schmidt und vielen anderen – auch den vielen, die aus Angst vor Unannehmlichkeiten hier nicht erwähnt werden möchten.

Dankbar bin ich vielen, die ich persönlich nicht kenne – aber deren Arbeiten mir ganz wesentliche Anregungen lieferten, allen voran Josef Joffe, Jürgen Roth, Heinrich Vogel, Stefan Dietrich und Orlando Figes. Besonderer Dank gebührt den Journalistenkollegen, deren Artikel eine enorme Hilfe waren.

Nicht möglich wäre dieses Buch ohne Helmut Markwort, Ulrich Schmidla und Hanspeter Oschwald, die mich für den *Focus* nach Moskau schickten und mir auch in stürmischen Zeiten stets eindrucksvoll den Rücken stärken.

Zutiefst dankbar bin ich meiner Familie, die mich mit aller Kraft unterstützte, trotz aller Risiken bestärkte und viel zu viele Wochen auf die verdiente Aufmerksamkeit von mir verzichten musste.

Anmerkungen

Vorwort

1 Im Interview mit dem Autor
2 Im Interview mit dem Autor

Der Gasschock – Moskaus Warnschuss

1 *Bild*, 30.12.2005
2 Echo Moskwy, 31.12.2005
3 Michail Leontjew, Echo Moskwy, 30.12.2005
4 *Die Welt*, 1.5.2006, »Respekt für Putin«
5 Im Interview mit dem Autor
6 *Frankfurter Allgemeine Zeitung*, 2.5.2006
7 In der russischen Originalbezeichnung ist Schröder »Chef des Rats der Aktionäre«; dies entspricht dem deutschen Begriff Aufsichtsrat und wird in der Regel so wiedergegeben
8 *Der Standard*, 3.1.2006, »Gaskrieg eskaliert«, vgl. Inforadio RBB sowie Spiegel Online, 2.1.2006
9 *Handelsblatt*, 2.1.2006
10 ARD, 3.1.2006, Tagesschau
11 *Frankfurter Allgemeine Zeitung*, 3.1.2006
12 *Focus*, 02/2006, »Kalter Krieg um Gas«
13 Financial Times, 14.3.2006, »Gazprom acts as lever in Putin's power play« sowie *Financial Times Deutschland*, 10.1.2006
14 Im Interview mit dem Autor
15 Russisches Außenministerium, 1.1.2006, www.ln.mid.ru/brp_4.nsf/sps/4353C4608DE8A569C32570E90031EFAA
16 *IP (Internationale Politik)*, Nr. 2, Februar 2006
17 Nach Angaben von Prof. Claudia Kemfert, Deutsches Institut für Wirtschaftsforschung (DIW Berlin), im Interview mit dem Autor
18 Ebd.

Mit Stalin in die Zukunft – die verratene Revolution

1. Oleg Blotzkij, »Wladimir Putin – Istoria schisni«, Moskau 2001
2. Wladimir Putin, »Ot perwogo liza«, Moskau 2000
3. Ebd.
4. Alexander Rahr, »Wladimir Putin – Der ›Deutsche‹ im Kreml«, München 2000
5. Rosbalt, 21. 12. 2004
6. Jamestown Foundation Monitor, Washington D. C., 6. 2. 2001, zitiert nach Jürgen Roth, »Gangster aus dem Osten«, Hamburg 2003
7. Vgl. Friedrich-Ebert-Stiftung, Christian Forstner: »Hintergründe und Perspektiven der Krise«, Bonn 1999
8. Im Interview mit dem Autor
9. Im Interview mit dem Autor
10. Im Interview mit dem Autor
11. Igor Burenkow im Interview mit dem Autor

Demokratie à la KGB – Andropows Zauberlehrlinge

1. Im Interview mit dem Autor
2. Pressekonferenz im Kreml, Februar 2006
3. Dmitri Wolkogonow, »Die sieben Führer«, Frankfurt 2001
4. *Die Presse*, 16. 2. 2006, »Fast wie zu Stalins Zeiten«
5. Olga Kryschtanowskaja, Leiterin des Instituts für angewandte Politik in Moskau und eine der führenden Expertinnen für den Sicherheitsapparat, im Interview mit dem Autor sowie in ihrem Buch »Die Anatomie der russischen Elite«, Köln 2005
6. Olga Kryschtanowskaja im Interview mit dem Autor
7. Verfassungsschutzbericht 2003, S. 238 ff.
8. Bundesgesetz »Über die Organe des Bundesdienstes für Sicherheit in der Russischen Föderation«, Artikel 24 vom 3. 4. 1995, Nr. 40-F3
9. Newsru.com, 15. 7. 2004
10. *Komsomolskaja Prawda*, 28. 12. 2004
11. Nikita Petrow, Wissenschaftlicher Mitarbeiter der Bürgerrechtsorganisation »Memorial«, www.boell.de/de/05_world/ 2646.html
12. Vgl. *Süddeutsche Zeitung*, 14. 11. 2005, »Entsetzen und Hoffnung« sowie Olga Kryschtanowskaja im Interview mit dem Autor und in ihrem Buch »Anatomie der russischen Elite«
13. »Arbeitsgruppe Landesverrat«, zitiert nach *Spiegel*, 12. 7. 2006
14. *Westnik*, 16/2000, 1. 8. 2000, »Putin i buduschtschee Rossij«

15 Interview im Kommersant, 10.3.2000
16 *Nowaja gaseta*, 35–36, 24.5.2004, »Stukatsch po pomoike«
17 Arzt einer Moskauer Privatklinik im Gespräch mit dem Autor
18 www.pravda.info, 20.12.2005
19 *Kommersant*, 30.1.2006, »A kamen prosto otkrylsa«
20 *Focus*, 28.6.2004, »Willkür des Gesetzes«
21 Prawosaschtschitnaja set, 14.4.2006
22 *Focus*, 31.1.2005, »In flagranti erwischt«
23 *Focus*, 24.11.2003, »Diplomaten in der Liebesfalle«
24 Ebd.
25 Im Interview mit dem Autor
26 Dmitri Furman, Politologe, Moskau, im Interview mit dem Autor
27 Im Interview mit dem Autor
28 *Nesawissimaja gaseta*, 24.3.2006, »Vosvrachenie Partii«
29 A. A. Muchin, »Kremljowskoje dsjudo«, Moskau 2004
30 Im Interview mit dem Autor sowie *Nowye Iswestia*, 11.4.2004, »Golovu emu otorvat ne budem«
31 www.grani.ru, 5.8.2003
32 Die korrekte Schreibweise des Konzerns im Deutschen lautet entsprechend der Duden-Transkription »Jukos«. Eingebürgert hat sich jedoch die englische Schreibweise »Yukos«. In diesem wie in anderen Fällen wird bei der Umschreibung kyrillischer Namen der Lesbarkeit Vorrang eingeräumt.
33 RIA Nowosti, 30.6.2005, »Etu partiu Kasparov ne spasjot«
34 Wladimir Putin, »Ot pervogo liza«, Moskau 2000
35 Im Interview mit dem Autor
36 Im Interview mit dem Autor
37 *Das Parlament*, 10.10.2005
38 *Der Spiegel*, 13.10.2003, Walter Mayr, »Die bleierne Stille«
39 www.newsru.com, 10.3.2004
40 Prava cheloveka w Rossii, 15.3.2004, »Kak delali prozenty«
41 Echo Moskwy, 6.6.2005
42 Ebd.
43 Meinungsumfragen der Stiftung »Öffentliche Meinung«, 16.7.2005 sowie www.newsru.com, 15.7.2005
44 www.idiot.ru, 21.3.2006
45 *Focus*, 29/2005, 18.7.2005, »Freundschaftsgrüße aus Moskau«
46 www.newsru.com, 27.4.2006
47 *Nesawissimaja gaseta*, 28.4.2006
48 Im Interview mit dem Autor
49 www.newsru.com, 1.11.2005
50 Zitiert nach *Der Tagesspiegel*, 10.9.2004, »Pressefreiheit, Herr Putin!«

51 *Iswestia*, 13.4.2006
52 Westi, 23.5.2005, laut www.vesti.ru
53 *Frankfurter Allgemeine Zeitung*, 30.9.2005, Kerstin Holm, »Putins Medienpolitik: Aufklärung war gestern«
54 www.newsru.com, 27.9.2005
55 »Baschkirowa und Partner«, zitiert nach www.newsru.com, 21.10.2005
56 www.newsru.com, 16.10.2005
57 www.aktuell.ru, 2.8.2004
58 Im Interview mit dem Autor

Korruption und Willkür – die Diktatur der Apparatschiks

1 *Focus*, 30.9.2000, »Mit Leibwächtern spaßt man nicht«
2 *Komsomolskaja prawda*, 29.10.2005
3 *Leningradskaja prawda*, 25.11.2004
4 www.newsru.com, 26.5.2005
5 www.newsru.com, 27.12.2005
6 Westi, 21.5.2004, 20 Uhr
7 www.newsru.com, 26.5.2005
8 www.newsru.com, 28.3.2006
9 Im Interview mit dem Autor
10 *Sowjetskaja Rossia*, 25.3.2006
11 *Eschenedelnij Schurnal*, 15.2.2006, »Spezoperazia Rossija 2«
12 Im Interview mit dem Autor
13 Im Interview mit dem Autor
14 Reline, www.reline.ru/cgi-bin/event.pl?=11402
15 Vgl. IHK Berlin, www.berlin.ihk24.de
16 *Die Welt*, 23.11.2005, »Der Staat als Raubtier«
17 Rosstat zitiert nach http://news.samaratoday.ru, 12.4.2006
18 *Die Welt*, 23.11.2005, »Der Staat als Raubtier«
19 Ebd.
20 Im Interview mit dem Autor
21 www.newsru.com, 9.12.2005
22 *Nowye Iswestia*, 13.2.2006
23 *Finans*, Nr. 6 (143) 13.–19. Februar 2006
24 Andrej Beljaninow, einst Finanzkurier zwischen Moskau und der DDR, zitiert nach *Iswestia*, 13.5.2006
25 *Welt am Sonntag*, 2.11.2003, »Stalinistischer Kapitalismus«
26 Leiter des Zentrums für strategische Forschung in Moskau, im Interview mit dem Autor

27 Im Interview mit dem Autor
28 Aus Sicherheitsgründen sind in Russland alle Angeklagten, die sich in Untersuchungshaft befinden, vor Gericht in Gitter- oder Glaskäfigen untergebracht. Die oft geäußerte Kritik an der Vorführung von Chodorkowski im Käfig richtet sich damit gegen dessen Untersuchungshaft, die nach Ansicht seiner Verteidiger rechtswidrig verhängt wurde.
29 *Kommersant*, 13. 4. 2005
30 www.newsru.com, 2. 3. 2005
31 RIA Nowosti zitiert nach www.russland.ru, 29. 6. 2005 sowie www.grani.ru
32 Deutschlandradio, 5. 7. 2005, »Wie zu Stalins Zeiten«
33 www.lenta.ru, 8. 11. 2005
34 Anfrage des *Focus* bei der Moskauer Generalstaatsanwalt
35 Interview des Autors mit den Anwälten
36 Interview des Autors mit Anton Drel
37 Ebd.
38 *Bolschoi gorod*, 22. 4. 1006, »Otez Sergej«, www.newsru.com, 31. 10. 2005
39 Russkoje Radio Tschita, 1. 6. 2006
40 Im Interview mit dem Autor
41 *Die Welt*, 22. 12. 2004
42 *Moskowski Komsomolez*, 14. 11. 2003 sowie *Kommersant*, 13. 4. 2005
43 *Die Welt*, 20. 3. 2006, »Russischer Staat greift nach Yukos-Resten«
44 Ebd.
45 *Frankfurter Allgemeine Zeitung*, 23. 12. 2004, »Yukos-Öl in staatlicher Hand«
46 www.newsru.com, 18. 4. 2006
47 *Welt am Sonntag*, 19. 2. 2006, »Kreml setzt auf Staatskapitalismus«
48 *Das Parlament*, 21. 11. 2005
49 *Nowaja gaseta*, 2. 2. 2006, »Pobediteli trub«
50 Vgl. *Die Welt*, 18. 11. 2005, »Der Staat sollte sich weniger einmischen«
51 *Das Parlament*, 21. 11. 2005
52 *Frankfurter Allgemeine Zeitung*, 11. 1. 2006, »Hohe Rohstoffpreise sind für Rußland nicht nur ein Segen«
53 »Deklaration über die Einkünfte« von Wladimir Putin vor den Wahlen 1999 sowie *La Repubblica*, 13. 07. 2001
54 *Nowaja gaseta*, 13. 3. 2000, »Kolbasa dlja Pitera«
55 *La Repubblica*, 13. 7. 2001
56 Ebd.
57 Jürgen Roth, »Die Gangster aus dem Osten«, Hamburg 2003
58 Ebd.

59 *Telegraf*, 1. 7. 2005
60 Ebd.
61 Interfax, 7. 3. 2003
62 Homepage von Techsnabexport, www.tenex.ru
63 *Focus*, 21/2003, »Das Russland-Haus«
64 *Telegraf*, 30. 6. 2005
65 *La Repubblica*, 13. 7. 2001
66 Im Interview mit dem Autor
67 Internetseite »Bank Rossia«, 1. 4. 2006
68 Ebd.
69 Sogas, zitiert nach *Nesawissimaja gaseta*, 30. 9. 2005 sowie *Wedomosti*, 1. 3. 2005
70 *Leningradskaja prawda*, 23. 12. 2003
71 Igor Lewitin, 1998–2004, Vizedirektor von »Sewerstal-Trans«
72 *Iswestia*, Beilage »Nauka«, 4. 2. 2006 sowie Iwan Rybkin, zitiert nach *Moskowskie Nowosti*, 4/2004
73 Iwan Rybkin, zitiert nach *Moskowskie Nowosti*, 4/2004
74 *Forbes Russland*, 20. 4. 2004, unter Berufung auf Hermitage Capital Management, das sich auf das Zollkomitee beruft
75 *Forbes Russland*, 20. 4. 2004, »Tajnij Kasnatschei Kremlja«, unter Berufung auf Hermitage Capital Management sowie den Duma-Abgeordneten und früheren Transneft-Manager Dmitrij Saweljow, nach dessen Angabe der übliche Rabatt für Zwischenhändler 17 mal geringer ist und bei 2 Dollar pro Tonne liegt.
76 *Nowaja gaseta*, 9. 2. 2004
77 Im Interview mit dem Autor
78 Im Interview mit dem Autor
79 *Kommersant*, 11. 7. 2005
80 *Handelsblatt*, 17. 8. 2005, »Die Kreml AG legt ein Erfolgsjahr hin«
81 *Die Zeit*, 4. 8. 2005
82 Ebd.
83 *Berliner Zeitung*, 27. 7. 2005, »Der Geldwäscheskandal bei der Commerzbank erregt auch in Russland Aufsehen«, sowie *Handelsblatt*, 22. 6. 2005, sowie www.orf.at
84 *The Moscow Times*, 24. 5. 2006, »Tribunal: Reiman abused his Post«, sowie *Neue Zürcher Zeitung*, 23. 5. 2006
85 RIA Nowosti, 25. 5. 2006
86 Im Interview mit dem Autor
87 Ebd.
88 Im Gespräch mit dem Autor
89 *Frankfurter Allgemeine Zeitung*, 14. 10. 2004, »Putin schützt als einziger die Rechte der Aktionäre«
90 *The Times*, 5. 2. 2005, »Russian roulette«

91 *Handelsblatt*, 27.1.2005, »In Russland ist es gar nicht so schlimm«
92 *Die Welt*, 1.4.2006, »Liebesgrüße aus Moskau«
93 Ebd.
94 *Frankfurter Allgemeine Zeitung*, 22.3.2006, »Wer Geld verdienen will, darf sich keine persönlichen Gefühle erlauben«
95 www.russland.ru, 17.4.2006
96 *The Atlantic Monthly*, March 2005
97 Außenhandelsstatistik 2005, Statistisches Bundesamt
98 IHK Berlin
99 *Gaseta*, 1.2.2006
100 Landwirtschaftsminister Gordejew am 22.2.2006 im Föderationsrat unter Berufung auf Angaben der Statistikbehörde »Rosstat«, zitiert nach www.advis.ru, 26.2.2006
101 *Moskowskie Nowosti*, 17.2.2006
102 www.newsru.com, 15.2.2006
103 Ernst & Young, Deutsche Unternehmen zieht es nach Osteuropa, Pressemitteilungen 2003
104 *Süddeutsche Zeitung*, 8.9.2005, »Der Fall Yukos schreckt noch immer«
105 *Nesawissimaja gaseta*, 19.5.2006 sowie NTW, Segodnja, 18.5.2006
106 www.newsru.com, 12.6.2006
107 *Focus Online*, http://focus.msn.de/finanzen/aktien/russland/politische-risiken_aid_16578.html
108 *Die Welt*, 12.10.2005, »Unternehmen Moskau«
109 *Der Spiegel*, 12.7.1999
110 Im Interview mit dem Autor
111 Im Interview mit dem Autor
112 Jahresbericht Bayerisches Landesamt für Verfassungsschutz, 2002
113 *Focus*, 31.1.2005, »In flagranti erwischt«
114 Jürgen Roth, »Die Gangster aus dem Osten«, Hamburg 2003
115 www.newsru.com, 18.4.2006
116 Wremja, 1. Kanal, 15.5.2006 sowie AFP, 15.5.2006
117 *Öffentliche Sicherheit*, Magazin des österreichischen Innenministeriums, 1.2.2001
118 Ebd.
119 *Moskowski Komsomolez*, 28.1.2006.
120 IA Regnum, 25.1.2006
121 *Die Welt*, 6.2.2006, »Nebelvorhang um Russlands Armee wird löchrig«
122 *Nowye Iswestia*, 14.2.2006 sowie Interfax
123 www.newsru.com, 9.6.2006

124 Bei einem Treffen mit Mitgliedern der Jugendbewegung »Die Unsrigen« am 18.5.2006, Internet-Seite des Präsidenten, 18.5.2006, www.kremlin.ru/appears/2006/05/18/0000_type 63376_105768.shtml
125 *Studentscheskaja Prawda*, 5.12.2005 sowie »Peterburg Argumenty i fakty«
126 *Die Zeit*, 20.4.2006, »Väterchen Rost«
127 Ebd.
128 *Die Welt*, 14.9.2005
129 Rainer Lindner, Stiftung Wissenschaft und Politik, 11.12.2005, »Wohin steuert Putins Russland«
130 *Die Zeit*, 20.4.2006, »Väterchen Rost«
131 Ebd.
132 Alexander Golz im Interview mit dem Autor
133 Im Interview mit dem Autor
134 *Financial Times Deutschland*, 11.5.2006 sowie *Spiegel Online*, 11.5.2006
135 *Die Zeit*, 20.4.2006, »Väterchen Rost«
136 Ebd.
137 Alexander Golz im Interview mit dem Autor
138 Stiftung Wissenschaft und Politik, »Das Verfassungsreferendum in Tschetschenien«, Diskussionspapier der Forschungsgruppe Rußland/GUS, 2003/Nr. 04, März 2003
139 Human Rights Watch am 21.3.2005 laut Fischer-Weltalmanach, Frankfurt am Main 2005, zitiert nach Bundeszentrale für politische Bildung, www.bpb.de
140 Die exakte Bezeichnung zu Sowjetzeiten lautete: Tschetschenisch-Inguschetische Autonome Sowjetische Sozialistische Republik
141 N24.de, 30.8.2004 sowie *taz*, 21.8.2004, »Schöner siegen in Tschetschenien sowie Gesellschaft für bedrohte Völker«
142 *Die Welt*, 10.3.2005, »Maschadows Tod verschärft die Lage«
143 *Wremja nowostei*, 12.5.2004
144 *Die Welt*, 14.10.2005, »Rebellen überfallen Stadt im Kaukasus«
145 Vgl. *Sowjetskaja Rossia*, 18.10.1995, *taz*, 25.11.2005, »Regime der Angst im Nordkaukasus«
146 Zitiert nach *Kommune*, 01/2006, Sonja Margolina, »Geisel im Kaukasus«
147 Bundesamt für Migration und Flüchtlinge, Einzelentscheider-Briefe 2000
148 dpa, 10.5.2006, zitiert nach www.stern.de, »EU richtet ihr Augenmerk auf die Krisenregion Kaukasus«

Der kalte Frieden – ein Feind, ein guter Feind

1 Interview mit dem Autor im Jahr 2000
2 Radio Swobody, 7.9.2005
3 Interview mit dem Autor im Jahr 2000
4 www.newsru.com, 14.4.2006, *Moskowski Komsomolez*, 14.4.2006
5 *Kommune*, 01/2006, Sonja Margolina, »Geisel im Kaukasus«
6 Umfrage des Lewada-Centrums, www.newsru.com, 15.5.2006
7 Website des russischen Präsidenten, www.kremlin.ru/appears/2005/01/27/1914_type63374type63377type82634_83095.shtml
8 www.newsru.com, 24.1.2005 sowie *David*, Jüdische Kulturzeitschrift, »Antisemetische Initiative im russischen Parlament«, http://david.juden.at/kulturzeitschrift/61–65/65-Malek.htm
9 www.netzeitung.de, 29.6.2005
10 Rosbalt, 28.6.2005
11 Ebd.
12 www.juden.de/newsarchiv/juli_2001/18_07_01_01.shtml
13 *Rosbusinessconsulting*, 20.4.2006
14 Internet-Seite »President Rossii«, http://president.kremlin.ru/eng/speeches/2006/05/09/1341_105494.shtml
15 *Frankfurter Allgemeine Zeitung*, 23.3.2005, S. N3, Rubrik Geisteswissenschaften
16 *Frankfurter Allgemeine Zeitung*, 23.3.2005, S. N3, Rubrik Geisteswissenschaften
17 *Die Welt*, 16.9.2005
18 Interview mit der Betroffenen
19 *Gazeta*, 12.1.2006
20 *www.religare.ru*, 26.10.2004
21 NTV, »K bareru«, 25.5.2006
22 *Spiegel Online*, 27.5.2006
23 *Spiegel Online*, 29.5.2006
24 *Iswestia*, 3.5.2006
25 Im Interview mit dem Autor, vgl. www.grani.ru, 5.8.2003
26 Brockhaus, Die Enzyklopädie in 24 Bänden, Studienausgabe, Leipzig 2001
27 *Der Standard*, 11.5.2006, »Was der Kreml unter Demokratie versteht«, Gastbeitrag von Jegor Gaidar, von Juni bis Dezember 1992 kommissarischer Ministerpräsident Russlands
28 Interview des Autors mit Galina Koschewnikow, Vizeleiterin Sowa
29 Pressekonferenz im Kreml, 1.2.2006
30 *Liberation*, 7.6.2006.
31 Ebd.
32 www.neswru.com, 25.4.2006

33 Bericht 2004, www.ombudsman.gov.ru/doc/ezdoc/04.shtml
34 *Kommersant*, 31. 8. 2005
35 www.newsru.com, 25. 7. 2005
36 NZZ.online, 26. 9. 05
37 1. Kanal, 5. 3. 2006
38 www.utro.ru/news/2006/03/27/534314.shtml
39 www.strana.ru, 4. 9. 2006
40 Delfi, Estland, 18. 1. 2006, zitiert nach Inosmi.ru, www.inosmi.ru/translation/224906.html
41 Dmitri Wolkogonow, »Die sieben Führer«, Frankfurt 2001
42 *Frankfurter Allgemeine Zeitung*, 23. 3. 2005, S. N3 Rubrik Geisteswissenschaften sowie *Eurasisches Magazin*, 02–02, 17. 6. 2002 »Zentrum für geopolitische Studien des Experten-Beirates für Probleme der nationalen Sicherheit beim Präsidenten der Staatsduma der Russischen Föderation«
43 Panorama, 21. 12. 2004, zitiert nach www.evrazia.org/modules.php?name=News&file=article&sid=2138
44 www.newsru.com, 15. 7. 2004
45 Vgl. Anders Aslund, *Le Figaro*, 14. 10. 2005
46 *Cicero*, November 2004, Alexander Rahr, »Unser Mann in Moskau«
47 Im Interview mit dem Autor
48 *Neue Zürcher Zeitung*, 8. 8. 2005, Manfred Huterer und Arndt Freytag von Loringhoven, »Wird Russlands Ferner Osten chinesisch?«
49 Ebd.
50 www.aktuell.ru, 6. 2. 2004
51 RIA Nowosti, 9. 2. 2006
52 www.aktuell.ru/russland/politik/russland_in_der_kritik_wegen_einladung_an_hamas_3044.html
53 *St. Galler Tagblatt*, 3. 3. 2006
54 Interfax, 7. 3. 2003
55 www.strana.ru, 2. 5. 2006
56 Pressemitteilung von TVEL vom 26. 5. 2006
57 »1. Kanal«, Woskresnoje Wremja, 5. 3. 2006
58 Sergej Osnobischtschew, Direktor des Instituts für strategische Schätzungen und Analysen, Moskau, zitiert nach RIA Nowosti, 25. 3. 2006
59 *Parlament*, 13. 2. 2006, »Irans offenes Fenster«
60 *Die Welt*, 25. 4. 2006, »Rußland liefert Iran Raketen«
61 Netzeitung, 5. 12. 2005
62 Vgl. *Parlament*, 13. 2. 2006, »Irans offenes Fenster«
63 Vgl. *Parlament*, 13. 2. 2006, »Irans offenes Fenster«
64 Bruno Schirra, »Iran – Sprengstoff für Europa«, Econ, Berlin 2006

65 *Frankfurter Rundschau*, 3. 5. 2006, »Verbündete gegen die US-Hegemonie«
66 *Frankfurter Allgemeine Zeitung*, »Der Atompate hält schützend die Hand über Teheran«
67 *Der Tagesspiegel*, 3. 5. 2006, »Warum Iran die Bombe bekommt«
68 *Der Tagespiegel*, »Russlands Weinkrieg«, 19. 4. 2006
69 Natalia Petrowa, Vizechefin des russischen wissenschaftlichen Zentrums für Rehabilitation und Kurwesen, zitiert nach www.newsru.com, 28. 5. 2006
70 www.russland.ru, 20. 4. 2006
71 *Komsomolskaja Prawda*, 5. 5. 2006
72 *Der Tagesspiegel*, »Russlands Weinkrieg«, 19. 4. 2006
73 NTW, Strana i mir, 17. 4. 2006
74 www.russland.ru, 20. 4. 2006
75 www.newsru.com, 10. 4. 2006
76 *Nowye Iswestia*, 12. 5. 2006
77 Interfax, 10. 5. 2006
78 Vitalij Jakemenko im Interview mit dem Autor
79 Im Gespräch mit dem Autor
80 Sergej Iwanow, *Wall Street Journal*, 11. 1. 2006
81 Pressekonferenz am 31. 1. 2006 im Kreml
82 Alexej Mitrofanow, lt. www.newsru.com, 22. 11. 2005
83 Konstantin Satulin, zitiert nach www.russland.ru, 10. 11. 2005
84 www.newsru.com, 13. 1. 2006
85 *Basler Zeitung*, 13. 1. 2006
86 www.newsru.com, 17. 1. 2006
87 *Die Welt*, 19. 1. 2006, »Streit um die Schwarzmeerflotte«
88 *The Daily Express*, 4. 7. 2005
89 www.ozodovoz.org/ru/contents.php?cid=121
90 *Focus Online*, 1. 6. 2006
91 www.tagesschau.de, 24. 3. 2006. 12:03 Uhr
92 RTR, Westi, 24. 3. 2006
93 www.newsru.com, 21. 4. 2006
94 Ebd.
95 Alexander Milinkewitsch, Juri Chaschtschewatski, Anatoli Lebedko, Alexander Potupa, alle im Interview mit dem Autor
96 Die drei baltischen Staaten Litauen, Lettland und Estland, die heute zur EU und NATO gehören, spielten sofort nach Auseinanderfallen der UdSSR eine eigenständige, am Westen orientierte Rolle und sind nur nach formalen Gesichtspunkten dem postsowjetischen Raum zuzurechnen.
97 *Die Welt*, 20. 12. 2005, Alexander Rahr, »Europa erlebt einen ›kalten Frieden‹«

98 Tadschikistan, Kirgisien, Kasachstan, Usbekistan

Energie statt Raketen – mit Gas zur Großmacht

1 *Swobodnaja Grusia*, 24.1.2006
2 *Nowye Iswestia*, 10.4.2006
3 www.newsru.com, 22.1.2006
4 Webseite des russischen Außenministeriums, Erklärung 68–22–01–2006, www.mid.ru/brp_4.nsf/sps/639DBEB9537CBDD8C3 2570FF002A9904
5 www.newsru.com, 24.1.2006
6 *Newsweek*, 2.5.2006, »Partner, or Bully?«
7 Zapisi gornogo instituta, 199, T. 144 (1)
8 Der Beitrag weist in weiten Teilen Parallelen zu Wladimir Putins Doktorarbeit auf, mit der er 1997 an der Petersburger Bergbau-Hochule promoviert wurde.
9 *Welt am Sonntag*, 19.2.2006, »Kreml setzt auf Staatskapitalismus«
10 Matra Olkott, »Wladimir Putin i neftjanaja politika Rossii«, *Kommersant*, 2.2.2006
11 Wladimir Milow, Präsident der Hochschule für Energiepolitik und früherer Vizeenergieminister, *Bolschaja Politika*, Prognos 2006
12 *Der Tagesspiegel*, 28.4.2006, Alexander Rahr, Interview, »Es gibt keinen Anlass, an Moskaus Loyalität zu zweifeln«
13 Aus einem Interview des Autors mit Jewgeni Primakow, Ex-Ministerpräsident und Vorsitzender der Industrie- und Handelskammer
14 Auf der Pressekonferenz im Kreml am 31.1.2006
15 *Welt am Sonntag*, 7.8.2005
16 *The Moscow Times*, 26.–28.5.2006, »State May Squeeze Sakhalin Majors« sowie *Financial Times Deutschland*, 26.5.2006
17 *Russki Newsweek*, Nr. 22/2005, 20.–26. Juni, »Gosudarstwennaja dobytscha«
18 Ebd.
19 Ebd.
20 Im Gespräch mit dem Autor
21 *Westi*, 25.5.2006
22 Mit 278,21 Milliarden US-Dollar Marktkapitalisierung, nach Exxon Mobil und General Electric, zitiert nach *Spiegel Online*, 3.5.2006
23 Ebd.
24 Stefan Scholl, IP, Februar 2006
25 Pjotr Rodionow im Interview mit dem Autor

26 Stefan Scholl, IP, Februar 2006
27 Ebd.
28 Wladimir Milow, Präsident der Hochschule für Energiepolitik und früherer Vizeenergieminister, Bolschaja Politika, Prognos 2006, die Osteuropa-Bank geht von einem Investitionsbedarf von 200 Mrd. $ in den russischen Energiesektor bis 2020 aus, zitiert nach *Financial Times Deutschland*, 19.5.2006
29 *Die Welt*, 13.12.2005, »Wenig Markt – Viel Macht« sowie E.on Ruhrgas, www.eon-ruhrgas.com/deutsch/glossar/gazprom.htm
30 Zitiert nach Wadim Kleiner, Chefanalyst bei Hermitage Capital, einem Minderheitsaktionär, sowie nach *Die Welt*, 13.12.2005, »Wenig Markt – Viel Macht«
31 *Sowerschenno sekretno*, Juni 2004
32 Jürgen Roth im Hessischen Rundfunk, www.hr-online.de/website/rubriken/kultur/index.jsp?rubrik=8912&key=standard_document_763167
33 Viktor Schenderowitsch im Interview mit dem Autor, siehe *Focus*, 23.4.2001, »Handzahm wie zu Sowjetzeiten«
34 Sergej Markow, Direktor des Instituts für politische Forschungen in Moskau im Interview mit dem Autor
35 Juli Kwizinskij, kommunistischer Duma-Abgeordneter und von 1986 bis 1990 sowjetischer Botschafter in Bonn, im Interview mit dem Autor
36 *Frankfurter Allgemeine Zeitung*, »Kein Zurückweichen vor dem Freund«, 1.12.2004
37 *Financial Times Deutschland*, 3.7.2004
38 *Bild*, 15.12.2005
39 *Süddeutsche Zeitung*, 13.12.2005
40 www.handelsblatt.de, 1.4.2006
41 *Focus Online*, 30.3.2006, »Der Rubel rollt für Schröder«
42 Sergej Mitrochin, Jabloko und Stanislaw Belkowski im Interview mit dem Autor
43 *Handelsblatt*, 30.3.2006, »PR-Agentur Gerhard«
44 *Spiegel Online*, 30.5.2006, »Hamas, Ben Schröder und die ›Bild‹«
45 Stefan Voss (dpa) bei N24, 3.4.2006, »›Gastarbeiter‹ Schröder im Gaspromland«
46 Ebd.
47 Ebd.
48 Sergej Markow, Direktor des Instituts für politische Forschungen in Moskau im Interview mit dem Autor
49 Jürgen Roth, »Gangster aus dem Osten«, Hamburg 2003
50 *Frankfurter Allgemeine Zeitung*, 28.11.2005, »Mit der Temperatur sinkt die Stimmung«

51 Ebd.
52 WDR, Panorama, 28. 11. 2005
53 Ebd.
54 *Die Welt*, 24. 4. 2006
55 Claudia Kemfert, DIW Berlin, im Interview mit dem Autor, vgl. Dr. Frank Umbach, »Europas nächster Kalter Krieg«, IP, Februar 2006
56 IP, Februar 2006, »Die neue OPEC«
57 IP, Februar 2006, »Europas nächster Kalter Krieg«
58 *Der Tagesspiegel*, 25. 4. 06, »Hilflose Junkies«
59 *Die Welt*, 1. 5. 2006, »Respekt für Putin«
60 *Financial Times Deutschland*, 21. 4. 2006
61 *Die Presse*, 10. 5. 2006
62 *Telegraf Litauen*, 19. 4. 2006 sowie *Newsweek*, 1. 5. 2006
63 *Kommersant*, 20. 4. 2006
64 dpa, 24. 1. 2006, bei www.verivox.de sowie www.ntv.de
65 Lidia Schewzowa, Carnegie-Center Moskau, im Interview mit dem Autor
66 ROL, 15. 6. 2005
67 Obschtschaja gaseta.ru, 19. 11. 2005, sowie Wladimir Milow, Präsident der Hochschule für Energiepolitik und früherer Vizeenergieminister, Bolschaja Politika, Prognos 2006
68 Claudia Kemfert, DIW, im Interview mit dem Autor, sowie *Novo-Magazin*, März-April 2006
69 RIA Nowosti, 16. 3. 2006
70 *Der Standard*, 13. 3. 2006, »Russlands große Atomkraft-Pläne«
71 Ebd.
72 IP, Februar 2006, »Europas nächster Kalter Krieg«
73 www.russland.ru, 26. 4. 2006
74 Alexander Rahr, *Eurasisches Magazin*, Interview, 02/2005
75 *Focus*, 29. 1. 2001, »Unangenehme Bescherung«
76 *Die Welt*, 1. 5. 2006, »Respekt für Putin«

(Alb-)Traum in Orange

1 Vitalij Jakemenko im Interview mit dem Autor
2 Realnaja politika, 20. 5. 2006, NTW
3 Panorama, 21. 12. 2004
4 Im Interview mit dem Autor
5 Im Interview mit dem Autor

Ausblick

1. *Die Zeit*, 24. 11. 2005, Josef Joffe, »Macht der Moral«
2. Sehepunkte, 5 (2005), Nr. 4, 15. 4. 2005, Markus A. König, Rezension von Frank Möllers »Charismatische Führer der deutschen Nation«, München/Oldenbourg 2004
3. Vgl. *taz*, 11. 5. 2006, »Russland soll gebären und marschieren«
4. *Die Welt*, 24. 4. 2006, »Respekt für Russland«
5. *Cicero*, November 2004, Alexander Rahr, »Unser Mann in Moskau«
6. A. Tschadajew, »Putin. Ego ideologia«, Moskau 2006
7. *Die Welt*, 24. 4. 2006, »Respekt für Russland«
8. *Cicero*, November 2004, Alexander Rahr, »Unser Mann in Moskau«
9. Orlando Figes, »Die Tragödie eines Volkes«, Berlin 1998
10. *Die Welt*, 24. 4. 2006, »Respekt für Russland«
11. Andrej Piontkowski im Gespräch mit dem Autor
12. Stiftung »Obschtschestwennoe Mnenie FOM«, 14. 6. 2005
13. Echo Moskwy, 1. April 2006

Personenregister

Abramowitsch, Roman 31, 80, 111, 129, 143 f.
Adamkus, Valdas 309
Afanassjew, Juri 54, 147, 311
Alchanow, Alu 182
Aleksanjan, Wassili 126
Alijew, Ilham 245
Anda, Béla 264, 272
Andrew, Christopher 46
Andropow, Juri 39–42, 48

Bachmina, Swetlana 119
Balujewski, Juri 216 f.
Barroso, José Manuel 282
Barsukow, Wladimir 139, *siehe auch* Kumarin
Bassajew, Schamil 237
Beck, Volker 206
Belkowski, Stanislaw 133, 145
Below, Alexander 210
Beresowski, Boris 31, 33 f., 140
Bergmann, Burckhard 20, 262
Berlusconi, Silvio 83, 220, 267
Birol, Fatih 285
Bokeria, Leo 212 f.
Borodin, Pawel 105
Brandt, Willy 46
Breschnew, Leonid 56, 73, 224, 309
Broder, Hendryk M. 269
Brodsky, Josef 203
Browder, William F. 148–152
Brzezinski, Zbigniew 207
Burdschanadse, Nino 235 ff., 250

Bush, George W. junior 78, 87, 175, 216, 228, 238, 243 ff.
Bush, George W. senior 87, 228
Bykow, Anatoli 119

Chakamada, Irina 67
Chodorkowski, Michail 67, 71 f., 82, 107–122, 125, 126, 128, 143, 146, 255, 257

Danilow, Valentin 50
Dawydow, Wladimir 70 f.
Djomuschkin, Dmitri 210
Dershowitz, Alan 231
Dietrich, Stefan 271, 311
Dugin, Alexander 219, 293

Figes, Orlando 151, 307, 312
Fradkow, Michail 91, 130, 142
Fursenko, Andrej 141

Gaidamak, Arkadi 80
Gaidar, Jegor 209
Gavrilov, Igor 159 f.
Gawrilenkow, Jewgeni 132
Gelauri, Nika 253
Gilinski, Jakow 165
Glos, Michael 20
Golz, Alexander 175
Gongadse, Georgi 69 f.
Gorbatschow, Michail 26, 54, 57, 85, 95, 98, 184, 228
Gordon, Alexander 118
Gore, Al 228 f.

Gorschkow, Michail 105
Gref, German 130, 155, 158
Gromow, Alexej 128
Gryslow, Boris 29
Guldimann, Tim 71
Gasmanow, Oleg 78
Gussinski, Wladimir 263
Gutiontow, Pawel 95

Habsburg, Otto von 207, 311
Heil, Hubertus 274
Herzen, Alexander 301
Honecker, Erich 26, 73, 309
Hussein, Saddam 229

Illarionow, Andrej 17, 19 f., 112, 127, 145, 257
Iwanow, Alexander 93 f.
Iwanow, Sergej 54, 91, 93 f., 145 f., 149, 168 f., 171, 214, 229, 236, 241, 295
Iwanow, Viktor 145, 229, 269

Jablokow, Alexej 230
Jakemenko, Wassili 143, 211, 292 f.
Jakowenko, Igor 77
Jakowlew, Alexander 54, 99, 207
Jakunin, Wladimir 135 f., 141
Jawlinski, Grigori 14, 146, 311
Jechanurow, Juri 17
Jelzin, Boris 15, 30–37, 42, 44, 76, 84 f., 91, 98, 105, 107 ff., 113, 128, 131, 143, 146 f., 152 f., 162, 178 f., 190, 218 f., 222, 230, 237, 255, 299, 306
Jermolin, Anatoli 54
Jessenin, Sergej 203
Juschtschenko, Andrej 291
Juschtschenko, Viktor 17, 219, 236, 242, 291–296

Kabanow, Kirill 102 f.

Kadyrow, Achmat 65, 181
Kadyrow, Ramsan 73, 182 f.
Karaganow, Sergej 310
Karimow, Islam 243
Kassjanow, Michail 63 ff.
Kasparow, Garri 55–63, 67 f., 143, 302, 311
Kemfert, Claudia 280 f., 285, 311
Kljujew, Nikolaj 203
Koch, Tobias 156 ff.
Köppel, Roger 18, 190, 284
Kohl, Helmut 37, 76
Kolesnikow, Alexander 165
Kolesnikow, Wladimir 130
Kolesnikowa, Irina 113, 116
Kononenko, Maxim 69
Kosak, Dmitri 185, 187
Kowaljow, Sergej 52 f.
Kowaltschuk, Boris 142
Kowaltschuk, Juri 135 f., 140 ff., 145
Kowaltschuk, Michail 141
Kraus, Eric 155
Krjutschkow, Wladimir 218
Kryschtanowskaja, Olga 42 f., 128
Kudrin, Alexej 133
Kumarin, Wladimir 136, 138 f.
Kutschma, Leonid 69, 139

Lafontaine, Oskar 46
Latynina, Julia 187 f., 310
Lawrow, Sergej 72, 118, 207, 213 f., 216, 228, 244
Lazis, Otto 68
Lebedew, Platon 110, 113–116
Lenin, Wladimir 28, 33, 61 f., 74, 240, 306 ff.
Leontjew, Michail 18
Lincoln, Abraham 310
Lipskerow, Dmitri 118
Litwinowitsch, Marina 67–70
Lukaschenko, Alexander 243 ff.

Lukin, Wladimir 111, 211
Luschkow, Juri 131, 207
Lutz, Hermann 147 f., 163, 277

Magomadow, Mairbek 193
Malaschenko, Alexej 183
Mandelstam, Ossip 203
Marx, Karl 306
Maschadow, Aslan 59, 73, 179, 182 f.
Mashaal, Khaled 226
Maslow, Alexej 168
Mau, Wladimir 130
Medwedew, Alexander 260, 289
Medwedew, Dmitri 79, 82, 146 ff., 265
Melnikowa, Valentina 170 f.
Merkel, Angela 74 f., 79, 87, 190, 221, 271, 284, 302, 308
Miller, Alexej 262, 265, 267 f., 278 f., 284 f.
Milosevic, Slobodan 162, 212 f.
Milow, Wladimir 19, 287
Mitrochin, Wassili 46
Mordaschow, Alexej 141
Morosow, Pawlik 71

Neistat, Anna 45
Nemzow, Boris 65, 68, 143, 311
Newslin, Leonid 102, 121 f., 143 f.
Nilus, Sergej 203
Njago, Alexander 227
Nowodworskaja, Valeria 266

Onischtschenko, Gennadi 232, 234 f.
Ordschonikidse, Alexander 95
Orwell, George 73, 301

Pabriks, Artis 285
Panfilow, Oleg 11
Parfjonow, Leonid 78

Pasternak, Boris 203
Patruschew, Nikolaj 79, 135
Pawlowski, Gleb 211, 216, 293
Piebalgs, Andris 287
Piontkowski, Andrej 87, 112
Poroschenko, Pjotr 292
Posner, Wladimir 77
Pribylowski, Wladimir 124
Pugatschow, Sergej 137
Putin, Igor 92
Putin, Wladimir 11, 14 f., 17, 19–22, 25–29, 33–37, 39–55, 58, 61, 63 ff., 67, 69, 70–87, 90, 92 f., 96, 98, 102–105, 107 ff., 110, 112, 117 f., 122 f., 125–131, 134–137, 139–142, 144–153, 156, 165, 169, 171, 174, 179, 181, 181 ff., 185 ff., 189 f., 200, 202, 208 f., 211 f., 216 f., 219 ff., 224–230, 234, 238, 242, 244 f., 253–262, 264–276, 278 f., 282 ff., 286, 290, 293, 298–303, 305 f., 308 f.
Putina, Ljudmila 83

Rahr, Alexander 86 f., 118, 269, 282
Reagan, Ronald 175
Reiman, Leonid 144 f., 227
Rice, Condoleezza 83
Rieger, Frank 126
Rodionow, Pjotr 260
Rogosin, Dmitri 77
Romanowa, Olga 94 f.
Roth, Jürgen 263, 276
Rühle, Hans 230
Rybkin, Iwan 140 ff.
Ryschkow, Wladimir 66, 142 f., 145, 301

Saakaschwili, Michail 239, 250 ff., 297
Schenderowitsch, Viktor 65

Schewzowa, Lilia 147
Schirinowski, Wladimir 195, 202, 208
Schirra, Bruno 230
Schitrit, Meir 226
Schröder, Gerhard 13 f., 19, 21, 36, 51, 74 ff., 79, 87, 118, 124, 141, 158, 220 f., 263–275, 277, 281 f., 290
Schtschekotschichin, Juri 68, 162
Schuschkewitsch, Stanislaw 99
Schuwalow, Igor 118
Sedow, Leonid 84, 162, 266, 311
Setschin, Igor 65, 110, 125, 143, 145, 147, 169
Sintschenko, Serhij 173
Sjuganow, Gennadi 30, 78, 91
Skuratow, Juri 33 f., 36, 140
Smirnow, Wladimir 135–139, 227, 254
Smorodinskaja, Natalia 105
Sobjanin, Sergej 227
Sobtschak, Anatoli 36, 135
Solana, Javier 309
Soros, George 286
Stalin, Josef 17, 25, 28 f., 35, 46, 61, 63, 69, 71, 81, 112, 161, 175–178, 233, 237
Starikow, Iwan 68, 143
Steinmeier, Frank-Walter 265
Stepaschin, Sergej 92
Straw, Jack 272
Subow, Waleri 106
Surabow, Michail 92
Surabowa, Julia 92

Surkow, Wladislaw 143, 211
Sutjagin, Igor 50

Theede, Steven 126
Timtschenko, Gennadi 140, 142
Timoschenko, Julia 20, 242, 295 f.
Tjutschew, Fjodor 155
Tregubowa, Jelena 78
Trenin, Dmitri 222
Trojanski, Michail 218
Trutnew, Juri 287
Tschadajew, Alexej 70
Tscherkessow, Viktor 45 f., 135, 219
Tschesnokow, Sergej 39, 48, 54
Tschubais, Anatoli 131

Umbach, Frank 283, 289
Ustinow, Wladimir 110, 118, 125, 165, 169, 173, 201, 309

Wainschtok, Semjon 279
Warnig, Matthias 125, 141, 266
Weizsäcker, Richard von 15
Westerwelle, Guido 272
Wjachirew, Rem 259
Wolkogonow, Dmitri 42
Wolodin, Wjatscheslaw 106
Woloschin, Alexander 146
Woronin, Wladimir 240
Woronzow, Juli 306

Zapatero, José Luis Rodríguez 225

Homepage des Autors

Außergewöhnliches, Alltägliches und Analytisches aus Russland ist regelmäßig im Internet nachzulesen auf der Homepage des Autors

www.reitschuster.de

Das Angebot reicht von Kommentaren über aktuelle politische Ereignisse und Reaktionen auf das vorliegende Buch bis hin zu russischen Alltagsgeschichten und Episoden aus dem Kampf gegen die Moskauer Bürokratur.

Reise in die islamische Finsternis

Bruno Schirra · **Iran – Sprengstoff für Europa**
332 Seiten, Klappenbroschur mit Iran-Karten
€ [D] 18,00 · € [A] 18,50 · sFr 31,80
ISBN-13: 978-430-17957-7 · ISBN-10: 3-430-17957-2

Das umstrittene Nuklearprogramm und die Drohung des Staatspräsidenten Ahmadinejad, Israel zu vernichten: Der Iran hält die Welt in Atem. Der Reporter Bruno Schirra bereist das Land seit 25 Jahren und ist ein intimer Kenner der iranischen Kultur und Politik. In einer einzigartigen Mischung aus Reisereportage, investigativem Journalismus und politischer Analyse erklärt er, wofür die islamistischen Machthaber Teherans stehen und welche Gefahren das für Europa birgt.

»Pflichtlektüre« (Tagesspiegel)

Econ